suhrkamp nova

Nora
Hespers

Mein Opa, sein Widerstand gegen die Nazis und ich

Suhrkamp

Erste Auflage 2021
suhrkamp taschenbuch 5163
Originalausgabe

Satz: Greiner & Reichel, Köln
Druck: C.H.Beck, Nördlingen
Umschlagfoto: Privatbesitz
Umschlag: Rothfos & Gabler, Hamburg
Printed in Germany
ISBN 978-3-518-47163-0

Mein Opa, sein Widerstand gegen die Nazis und ich

Ich bin die Summe all dessen, was vor mir geschah,
all dessen, was unter meinen Augen getan wurde,
all dessen, was mir angetan wurde.
Ich bin jeder Mensch und jedes Ding,
dessen Dasein das meine beeinflusste
oder von meinem beeinflusst wurde.

Ich bin alles, was geschieht,
nachdem ich nicht mehr bin,
und was nicht geschähe,
wenn ich nicht gekommen wäre.

Salman Rushdie

Inhaltsverzeichnis

Prolog Wenn dir die Geschichte vors Schienbein tritt 9
Die Vorgeschichte 1923-33 Wie man zum Feind der Nazis wird 12
Herbst 2012 Klopf, klopf – jemand zu Hause? 27
Frühjahr 1933 Kein Weg zurück 36
1998 Und dann ist er weg 46
1933-34 Ein Reformhaus in Holland 61
Sommer 2014 Das erste Interview 71
1934-35 Die Widerstandsgruppe fliegt auf 82
2014 Auf ein Buch kann ich nicht warten 98
1935 Over de Waterkant – Flucht ins Landesinnere 104
Weihnachten 2014 Der Stoff, der mich nicht schlafen lässt 112
1937 Eine neue Widerstandsgruppe formiert sich 122
2015 Auf der Suche nach der Stimme meines Großvaters 133
1937 Ein journalistisches Leben im Exil 143
2015 Blogger für Flüchtlinge 153
1937-38 Ist Hitler legal? 163
2015-16 Widersprüche aushalten 175
1938 Warum selbst Pogrom ein Euphemismus ist 183
2016 Terror, Wut und Angst 191

1938 Hochverrat durch Demokratie 199
2016 Ich lese, er weint 211
2017 Ein Auftritt vor Zeitzeug:innen 220
1939 Der Venlo-Zwischenfall 226
Januar 2018 Ein Zimmer voller Erinnerungen 236
1940 Deckname »Katholik« 248
1940 Es hätte klappen können – Fluchtversuch nach London 268
2018 Wer bestimmt die Perspektive? 279
1940-41 Der Junge wird sonst komisch 288
1942 Die Verhaftung 297
2018/2019 Hannibal 308
1942 »Sie sagen hier wissentlich die Unwahrheit« – Verhör in Wilhelmshaven 314
2019 #nazisraus 326
1943 »Und sag den Freunden, dass ich niemanden verraten habe« 334
2019 Faschismus tötet – immer noch 341
1943 Hochverräter müssen hängen 352
2020 Omagate, Thüringen, Hanau, Corona 364
1943 Die Blutnächte von Plötzensee 374
2020 Hand in Hand mit Rechten 382
2018 Das Wettrennen ist zu Ende 395
Epilog 405

Danksagung 411
Abbildungsnachweis 413
Anmerkungen 415

Prolog

Wenn dir die Geschichte vors Schienbein tritt

Ich habe noch nie so geweint. So still. So tief erschüttert. So fassungslos. So überwältigt von Schmerz, Trauer und Bewunderung gleichzeitig. Auf dem Bildschirm meines Laptops stehen Worte, die aus einer Vergangenheit zu mir sprechen, die mir bis dahin zu den Ohren raushing. Weil ich nichts mit dieser Welt anzufangen wusste, von der mein Vater immer erzählt hat. Mein Vater, der sogar ein Jahr älter ist als meine Oma mütterlicherseits. Er, geboren am 21. Februar 1931, wurde nie müde zu erzählen, wie sein Vater vor den Nazis fliehen musste. Wie er deswegen als kleiner Junge in den Niederlanden aufgewachsen ist. Wie seine Eltern ihn später in einem Kinderheim in Belgien versteckt haben. Wie sie dort Rattenköttel ins Mehl gemahlen haben, weil sie zu faul waren, die aus dem Hafer rauszusortieren. Wie die Nazis seinen Vater am Fleischerhaken erhängt haben. Wie er in Mönchengladbach von Bomben verschüttet wird und neben ihm seine Tante stirbt, während er mit geplatztem Trommelfell überlebt. Ich kenne all diese Geschichten. Mein Vater ist ein großartiger Geschichtenerzähler. Er performt sie mit donnernder Stimme und großen Gesten. Wie ein Theaterschauspieler. Ich habe als Kind fasziniert zugehört. Aber wirklich verstanden habe ich das nicht.

Bis zu diesem Tag. Dem Tag, an dem ich eigentlich nach einem Thema für meine Diplomarbeit suche. Es ist 2006, Frühjahr und neben meiner Studentenbude fährt der Aufzug in unregelmäßigen Abständen auf und ab. Ansonsten ist es still. Zumindest erinnere ich mich nicht an irgendwelche Geräusche. Aus Neugier

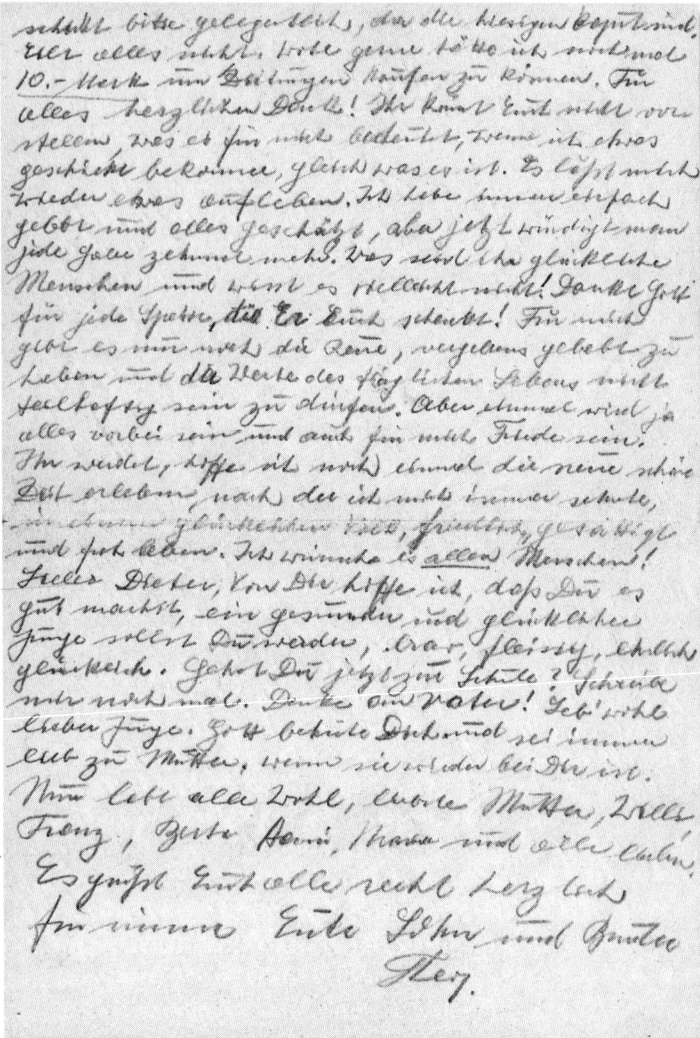

schickt bitte gelegentlich, da alle [illegible] sind.
Ich alles nicht. Sehr gerne hätte ich noch mal
10.- Mark um Zeitungen kaufen zu können. Für
alles herzlichen Dank! Ihr könnt Euch nicht vor-
stellen, was es für mich bedeutet, wenn ich etwas
geschickt bekomme, gleich was es ist. Es läßt mich
wieder etwas aufleben. Ich habe immer einfach
gelebt und alles geschätzt, aber jetzt würdigt man
jede Gabe zehnmal mehr. Was seid Ihr glückliche
Menschen und wißt es vielleicht nicht! Danke Gott
für jede Speise, [illegible] Er Euch schenkt! Für mich
gibt es nur noch die Reue, vergebens gelebt zu
haben und der Werte des täglichen Lebens nicht
teilhaftig sein zu dürfen. Aber einmal wird ja
alles vorbei sein und auch für mich Friede sein.
Ihr werdet, hoffe ich noch einmal die neue schöne
Zeit erleben, nach der ich mich immer sehnte,
~~in einer glücklichen Welt,~~ friedlich, gesättigt
und froh leben. Ich wünsche es allen Menschen!
Lieber Dieter, von Dir hoffe ich, daß Du es
gut machst, ein gesunder und glücklicher
Junge sollst Du werden, brav, fleissig, ehrlich,
glücklich. Gehst Du jetzt zur Schule? Schreibe
mir noch mal. Danke Deinem Vater! Leb' wohl
lieber Junge. Gott behüte Dich und sei immer
gut zu Mutter, wenn sie wieder bei Dir ist.
Nun lebt alle wohl, liebste Mutter, [illegible]
Franz, Berta, Anni, Hanna und alle Lieben.
Es grüßt Euch alle recht herzlich
für immer Euer Sohn und Bruder
Herz.

Da steht er, der Satz, der bei mir alle Schleusen öffnet. Der mich so erschüttert, dass es mir den Boden unter den Füßen wegzieht.

und Langeweile tippe ich meinen Familiennamen in eine Suchmaschine und lande bei einem Wikipedia-Artikel über Theo Hespers. Bis zu diesem Tag war mir nicht mal klar, dass mein Opa da überhaupt einen Eintrag hat. Verlinkt ist ein Referat aus dem Quickborn von Meinulf Barbers. Keine Ahnung, was der Quickborn ist oder wer Meinulf Barbers, aber das Referat klingt spannend, also klicke ich darauf. Ich bin seltsam gefangen von dem, was ich da lese, und tauche tief in die Geschichte ab. Plötzlich bin ich dabei, als die Gestapo das Haus meines Großvaters mit Flakscheinwerfern anstrahlt und alles auf den Kopf stellt, um angebliche Flugblätter zu finden. Es ist ein Tag im Frühjahr 1933, kurz danach flieht mein Großvater von Mönchengladbach nach Venlo. Mutmaßlich zu Fuß. Ich lese von seiner politischen Arbeit im Exil, seinen Artikeln für die Widerstandszeitschrift. Von seiner Verhaftung. Und dann sind da diese Briefe aus der Gestapo-Haft an seine Familie. Mir ist längst klar, dass mein Großvater weiß, dass er nicht lebend aus der Sache rauskommt. Er weiß, dass er sterben wird. Ich weiß, dass er sterben wird. Und dann lese ich diese Zeilen, die alle Schleusen öffnen und mich gleichzeitig stockstarr werden lassen.

> Aber einmal wird ja alles vorbei sein und auch für mich Friede sein. Ihr werdet, hoffe ich, noch einmal die neue schöne Zeit erleben, nach der ich mich immer sehnte, in einem glücklichen Volk, friedlich, gesättigt und froh leben. Ich wünsche es allen Menschen![1]

Die Tränen tropfen auf meinen Schreibtisch. Ich starre auf den Bildschirm und bin nicht fähig, mich zu bewegen. Minutenlang hält dieser Zustand an. Und auch Tage später fühle ich mich noch, als wäre ich nicht richtig wach geworden aus einem schrecklichen Albtraum. Es wird sechs Jahre dauern, bis ich mich erneut mit dieser Geschichte beschäftige.

Die Vorgeschichte 1923-33

Wie man zum Feind der Nazis wird

Jede Geschichte ist ein Prozess. Eine Aneinanderreihung von Ereignissen. Eine Abfolge von Entscheidungen, die durch Individuen getroffen werden. Wenn diese Abfolge von Ereignissen und Entscheidungen einen besonders großen, kollektiv spürbaren Einfluss hat, dann sprechen wir davon, etwas Historisches erlebt zu haben. Dann erleben wir uns selbst als Teil dieser Geschichte. Dann sind wir zum Beispiel Weltmeister geworden. So entstehen historische Daten. All die kleinen Entscheidungen auf dem Weg dorthin – und besonders die vielen kleinen Momente des Scheiterns – treten dahinter zurück. Oder werden in der Retrospektive als Heldengeschichten erzählt. Meistens. Manchmal gibt es auch Heldinnengeschichten. Die wurden bislang allerdings deutlich seltener erzählt.

Am Ende aber ist jedes einzelne Leben durch die persönlichen und individuellen Entscheidungen unserer Vorfahr:innen geprägt. Wir sind jetzt hier an diesem Punkt, weil zu jedem anderen Zeitpunkt davor Menschen Entscheidungen getroffen haben. Die Entscheidung, etwas zu tun, oder auch die Entscheidung, etwas zu lassen. Und es ist schon einigermaßen erstaunlich, dass wir trotz aller Grausamkeiten, trotz all der Gewalt, die wir uns als Menschen gegenseitig Tag für Tag überall auf der Welt antun, so weit gekommen sind. Die Optimistin würde sagen: Ist doch alles in allem gut gelaufen! Die Pessimistin würde zurückblicken und fragen: Aber war es das wert? All diese Menschenleben? Ich frage mich: Wie weit sind wir wirklich gekommen? Und wo in diesem ganzen Prozess stehen wir eigentlich heute?

Warum ich mich das frage? Nun, die jüngere deutsche Geschichte ist hinlänglich bekannt. Für alle jene, die eine kleine Zusammenfassung brauchen: Nach einer kurzen Phase der Demokratie während der Weimarer Republik (1918 bis 1933) riss im Januar 1933 die Nationalsozialistische Partei Deutschlands (NSDAP) die Macht an sich und ernannte den gebürtigen Österreicher Adolf Hitler zum deutschen Reichskanzler. Es folgten die grausamsten, unmenschlichsten und zerstörerischsten zwölf Jahre in der deutschen und europäischen Geschichte. Ja, ja, ich weiß, das haben wir alle mal im Geschichtsunterricht gelernt. Ich auch. Und ich kann eins verraten: Ich hatte genau null Interesse an Geschichte und habe aus dieser Zeit ungefähr nichts behalten. Bis auf diesen einen Satz einer älteren Geschichtslehrerin, den ich damals als Pubertierende absurd lustig fand und deswegen bis heute zitieren kann: »Die russische Revolution ist auch mal lecker ins eigene Auge gegangen.« Ich habe immer noch nicht die leiseste Ahnung, was dieser Satz konkret bedeuten soll.

Ich bin keine Historikerin. Ich bin Journalistin. Eine, die Sportwissenschaften studiert hat. Im historischen Fach bin ich komplette Quereinsteigerin. Mit einem allerdings sehr besonderen Zugriff auf die jüngere deutsche Geschichte: Denn mein Großvater Theo Hespers war Widerstandskämpfer gegen das nationalsozialistische Regime in Deutschland. Und sein Sohn Dietrich Franz Hespers ist nicht nur mein Vater, sondern auch Zeitzeuge. Denn er wurde am 21. Februar 1931 geboren. Zum Zeitpunkt der sogenannten Machtergreifung der Nazis ist er gerade mal zwei Jahre alt. Bereits wenige Monate danach, im Frühjahr 1933, muss sein Vater Theo Deutschland verlassen. Was Theo damals nicht weiß: Es wird keinen Weg zurück geben. Er wird die Stadt, in der er aufgewachsen ist, nie wiedersehen. Er wird als Gefangener der Nazis zurück nach Deutschland gebracht werden. Inhaftiert, verhört, gefoltert, zum Tode verurteilt und am 9. September 1943 in einer Garage der Haftanstalt Berlin-Plötzensee erhängt werden. Über 250 politische Gefangene werden in den Blutnächten von Plötzensee zwischen dem 7. und 12. September 1943 im Akkord hingerichtet.[1] Bei vielen läuft das Begnadigungsverfahren noch. Jeweils acht Menschen werden mit Drahtschlingen an den Fleischerhaken aufgeknüpft, die an einem schwarzen Balken im hinteren Teil der Garage befestigt sind. Weil bei Angriffen durch die Alliierten das Fallbeil zerstört wurde. Aber der Reihe nach.

Mein Großvater Theodor Franz Maria Hespers wurde am 12. Dezember 1903 in Mönchengladbach geboren. Einer mittelgroßen Stadt am Niederrhein, nahe der niederländischen Grenze, in der heute etwas mehr als 260 000 Menschen leben. Als mein Großvater geboren wird, ist Mönchengladbach eine Stadt mit einer florierenden Textilindustrie. Theo geht dort aufs Stiftisch Humanistische Gymnasium, das auch ich über siebzig Jahre später besuchen werde. Tradition ist Tradition. Im Gegensatz zu mir darf mein Großvater dort aber nicht sein Abitur machen. Denn sein Vater erlaubt ihm das nur, wenn er ein Theologiestudium anschließt. Was zur damaligen Zeit heißt: Priesterweihen und Zölibat. Denn die Familie meines Großvaters ist streng katholisch. Zwei seiner Onkel – Pater Alvaro und Pater Bruno – dienen dem Papst in Rom. Seine Tante Maria ist als Schwester Christophera Priorin eines Klosters in der Nähe von Venlo. Auch mein Großvater Theo ist überzeugter Katholik. Nur von der Kirche als Institution ist er nicht ganz so überzeugt. Und die Aussicht auf ein Leben im Zölibat – nun ja –, die schien ihm wohl nicht allzu attraktiv.[2]

Also macht mein Großvater kein Abitur, geht demzufolge auch nicht studieren und absolviert stattdessen eine Ausbildung. Eine kaufmännische Lehre bei einer Buntweberei. Und, was soll ich sagen, auch mein Lebensweg wird diesbezüglich

1919/20: Mein Großvater Theo (2. v.r.) als Schüler des Stiftisch Humanistischen Gymnasiums in Mönchengladbach mit Mitschülern und Lehrer. So lässig, wie nur ein Teenager in eine Kamera guckt.

ähnlich verlaufen. Das soll natürlich nicht heißen, dass ich die Reinkarnation meines Großvaters bin – das wäre eine sehr tragische Geschichte. Aber es tauchen bei meiner Recherche immer wieder Parallelen auf, die mich stutzig werden lassen. Von den meisten dieser Überschneidungspunkte hatte ich bis vor kurzem nicht die leiseste Ahnung, weil ich bei den sich immer und immer wiederholenden Geschichten meines Vaters über »den Krieg« die Ohren auf Durchzug stelle. Denn, mal ehrlich, wenn man sowohl zu Hause als auch in der Schule ständig mit den historischen Ereignissen aus dem »Dritten Reich« beschallt wird, dann stellt sich bei aller künstlerischer Performance eine Art Abnutzungseffekt ein.

Nach seiner Ausbildung geht mein Großvater an die Preußische Höhere Fachschule für Textilindustrie und macht dort einen Werkmeister-Kursus. Heute wäre das ein Studium zum Textilingenieur. Auch ich werde nach der Ausbildung studieren – Sportjournalismus ist allerdings wirklich was komplett anderes. Während ich in meinem Studium mit Anfang zwanzig gegen Hürden, Stoppuhren und Bänderrisse kämpfe, wird damals mein gerade neunzehn Jahre alter Großvater Theo politisch aktiv – und macht das erste Mal Bekanntschaft mit einer Gefängniszelle. Denn im Oktober und November 1923 kommt es in einigen größeren Städten im Rheinland zu Auseinandersetzungen mit separatistischen Gruppen.[3]

Für alle, die in Geschichte genauso wenig aufgepasst haben wie ich: Zu dieser Zeit, also nach Ende des Ersten Weltkrieges, waren große Teile des Rheinlandes von Frankreich und Belgien besetzt. Und es gab separatistische Bestrebungen, die das Rheinland und auch Teile des Ruhrgebiets komplett unter französischer Führung wissen wollten. Da die französischen und belgischen Soldaten die deutsche Bevölkerung massiv drangsalierten, waren nicht alle so begeistert von der Idee einer Abspaltung unter französischer oder belgischer Führung. Auch meinem Großvater gefiel das nicht, und so beteiligte er sich »aktiv und führend« am Widerstand gegen die Separatisten.[4] Als eine separatistische Gruppe die Fahne der »Rheinischen Republik«[5] auf dem Mönchengladbacher Rathaus Abtei hisst, holt mein Großvater sie wieder runter – und wird dafür von den belgischen Behörden ins Gefängnis geworfen. Nach drei Tagen kommt er wieder frei und hat großes Glück, dass er nicht vor einem Kriegsgericht angeklagt wird. Funfact: Auch der spätere Reichspropagandaminister Joseph Goebbels, der gebürtig aus Rheydt stammt, das heute ebenfalls zu Mönchengladbach gehört, hat wie mein Großvater gegen die Separatisten gekämpft. Das heißt: Die beiden standen mal auf der gleichen Seite der

Geschichte. Mein Großvater wird den Kampf gegen die Separatisten später als großen Fehler bezeichnen. Also zumindest gegenüber seinen Freunden. Aber wer konnte 1923 schon absehen, wozu all das mal führen wird?[6] Gegenüber den Nazis wird er nach seiner Verhaftung versuchen, dieses Ereignis zu seinem Vorteil zu nutzen. Vorteil im Sinne von: wenigstens keine Todesstrafe.[7]

An dieser Stelle muss ich, glaube ich, nochmal einen kleinen Einschub machen. Keine Sorge, es wird noch spannend genug. Aber ein paar Dinge aus der Zeit und aus dem Umfeld meines Großvaters sind heute für viele Menschen erklärungsbedürftig. Und ich möchte niemanden hier verlieren, weil die Zusammenhänge nicht klar sind.

Mein Großvater war in verschiedenen Jugendbünden aktiv. Das war zu seiner Zeit recht normal. Es gab die verschiedensten Organisationen, die sich über das gesamte politische Spektrum erstreckt haben. Es gab linke und rechte, katholische, evangelische, freikirchliche und jüdische Jugendbünde. Einige glichen eher einer Wehrsportgruppe und dienten als Vorbereitung für den Dienst beim Militär. Auch nationalistisch geprägte Jugendbünde waren keine Seltenheit. Viele davon sind in der Zeit *vor* dem Nationalsozialismus entstanden und deshalb waren das jetzt auch nicht zwingend Nazi-Vereinigungen.[8] Die NSDAP als Partei mit eigener Jugendgruppe wird erst 1923 gegründet, die Hitlerjugend (HJ) 1926. Sie ist damals zunächst einfach eine von vielen Jugendgruppen. Klar, in einigen dieser Bünde war das Nationalistische bereits angelegt. Auf der anderen Seite war Deutschland zu diesem Zeitpunkt ohnehin stark nationalistisch geprägt. Wir befinden uns ja in einer Zeit des Wandels. Des Wandels von einer kaiserlichen Monarchie hin zu einer noch sehr jungen, parlamentarischen Demokratie. Und deshalb ist es für viele eben kein Widerspruch, für eine

Dr. jur. Werner Becker

Leipzig W 33, den 16.Nov.42
Karl-Heine-Str. 110

Hierdurch bescheinige ich Herrn Theodor Hespers, früher M. Gladbach, Am Kämpchen, dass er im Oktober 1923 Mitglied des Jungnationalen Selbstschutzes war, den wir jungen Studenten damals in unserer Vaterstadt zur Verteidigung gegen die Separatisten gegründet hatten. In der Nacht vom 23. zum 24. Okt. 1923 war er mit zur Verteidigung des Rathauses gegen die Separatisten ausgerückt. Er wurde damals mit mir und den andern Verteidigern des Rathauses zusammen von der belgischen Besatzung festgenommen und war anschliessend bis zum 25. Okt. 1923 im Gefängnis zu Anrath bei Krefeld in politischer Haft. Ich habe mir darüber am 10. März 1937 vom Sekretariat des Gefängnisses eine Bescheinigung ausstellen lassen. Dass Th. Hespers damals mit dabei war, könnte ich auch durch Aussagen anderer Zeugen erhärten.

Dr. Werner Becker.

Bescheinigung von Dr. jur. Werner Becker, dass mein Großvater 1923 für die Separatisten gekämpft hat und verhaftet wurde.

parlamentarische Demokratie zu sein und dabei ein ausgeprägtes nationales Bewusstsein zu haben. Und sich damit gegen eine Abspaltung des Rheinlandes von Deutschland zur Wehr zu setzen.

Über alle diese Gruppen hinweg gibt es eine Gemeinsamkeit: das Bewegen in der freien Natur. Das Wandern. Auf lange gemeinsame Fußmärsche durch die Landschaft und auf Zeltlager konnten sich irgendwie all diese Jugendorganisationen als verbindendes Element einigen. Der Oberbegriff für diese Organisationen, die später samt und sonders von den Nazis verboten oder in die Hitlerjugend überführt wurden, ist Bündische Jugend. Auch Jugendbewegung oder Wandervogel werden mitunter synonym verwendet. Aber der Begriff suggeriert eine Homogenität, die es so nie gegeben hat.

Mein Großvater war gleich in mehreren Jugendbünden organisiert und hat dort leitende Funktionen übernommen. Dabei war es vielen dieser Bünde wichtig, dass ihre Führer – ja, die hießen so, aber *den* Führer gab es ja auch noch nicht – von der Gruppe akzeptiert wurden. Also es gab eine Hierarchie, aber eine leitende Funktion hatte man nur so lange inne, wie die Gruppe mit der Führung zufrieden war. War sie es nicht, wurde ein neuer Führer gewählt. Demokratie im Kleinen sozusagen. Zumindest ist das in den Gruppen so, in denen mein Großvater aktiv ist. Während des Kampfs gegen die Separatisten ist er im Jungnationalen Selbstschutz organisiert. Eine weitere geistige Heimat findet er im Quickborn. Der Quickborn ist im Prinzip eine kleine katholische Revoluzzer-Gruppe, die sich ihre eigenen Regeln macht. Sie ist freikirchlich organisiert, das macht es leichter, Forderungen zu stellen wie etwa – Achtung – sexuelle Aufklärung für Jungen und Mädchen. Und mehr noch: Sie wollen die Trennung der Geschlechter in den Gruppen aufheben. Allein diese Forderung sorgt innerhalb der katholischen Kirche für so viel Schnappatmung, dass auf der deutschen Bischofskonferenz ein Antrag eingeht, die Organisation doch bitte zu verbieten. Für alle, die jetzt an Hippie-Kommunen und freie Liebe denken: Der Quickborn ist gleichzeitig eine Abstinenzler-Bewegung, die Genussgiften wie Tabak und Alkohol entsagt, weil man ein Leben führen will frei von körperlicher Abhängigkeit, in Selbstbehauptung und ohne Gruppenzwang. In den 1920er Jahren sind das ziemlich revolutionäre Gedanken. Und ehrlich gesagt: In Bezug auf die katholische Kirche sind es einige dieser Gedanken bis heute. Zum Beispiel, wenn es um die Gleichstellung der Geschlechter geht. Hashtag Maria 2.0.[9]

Die Mitgliedschaft in diesen Bünden prägt meinen Großvater auf verschiedenen Ebenen. Zum einen bildet er so schon sehr früh ein großes Netzwerk und verbindet sich mit Menschen, die später in seinem Leben eine entscheidende Rolle spielen sollen. Zum anderen lernt er über den Quickborn seine Frau kennen, Katharina Kelz, genannt Käthchen. Meine Großmutter. Die ist Mitglied im Jungborn, wo sich die Jugendlichen der kleinbürgerlichen Familien und Handwerker zusammenschließen. Meinem Großvater gefällt das Temperament meiner Großmutter und ihr loses Proletariermundwerk. Es wird mehr und lauter gelacht als in seinem streng katholischen Elternhaus, in dem sein Vater Franz ein eisernes Regiment führt. Durch seine Arbeit in den verschiedenen Bünden wächst der junge Theo mehr und mehr zu einem politischen Aktivisten heran. 1925 wird er Teil der christlich-sozialen Bewegung unter Vitus Heller. Die Leitmotive der Bewegung sind zum Beispiel Pazifismus, soziale Gerechtigkeit und ein einfaches Leben im Einklang mit der Natur. Im Prinzip genau die Themen, für die eine junge, politisierte Generation heute weltweit wieder auf die Straßen geht: Fridays for Future, Seebrücke, die ganze Nachhaltigkeitsbewegung, Zero Waste, Einsatz für Geflüchtete, Einsatz für soziale Gerechtigkeit und antirassistisches Engagement, um ein friedliches Miteinander zu gewährleisten. Und ja, es hat natürlich immer Menschen gegeben, die sich dafür einsetzen. Gerade in der jungen Generation. Aber wir sehen zum einen gerade eine globale Bewegung. Und zum anderen finde ich es spannend, dass das keine neuen Themen sind. Das heißt: Wir haben da was gemeinsam mit unseren Vorfahr:innen, auch wenn die längst nicht mehr unter uns weilen.

Bevor mein Großvater aber sein erstes politisches Amt antritt, geht er 1926 zusammen mit einem Freund auf Weltreise – zu Fuß, versteht sich. Also, er hat zumindest vor, die ganze Welt zu sehen. Und das, obwohl er mit seiner Ausbildung richtig gute Chancen auf eine bürgerliche Karriere hat. Aber er pfeift auf Karriere. Denn er hat sich längst anderen Werten verschrieben. Und so macht es ihm wenig aus, auf Luxus zu verzichten. Denn Backpacking heißt damals nicht, per Eurorail-Ticket mit dem Zug durch die Gegend zu fahren und in Jugendherbergen, Airbnbs oder kleinen Hotels zu übernachten. Sondern tatsächlich auf Schusters Rappen unterwegs zu sein – also zu Fuß. Oder eben zu trampen. Allerdings weniger als Mitfahrer in Autos, die sind ja noch recht selten, sondern eher als Gast auf einem Eselskarren oder illegal an Zügen hängend. Und das alles ohne Smartphone, digitale Navigationsgeräte, Wetter-Apps und Messenger. Gekommen ist er bis Spanisch-Marokko. Immerhin. Sein Weg dahin führt über die Schweiz, Italien und Südfrankreich. In Spanien arbeitet mein Großvater einige Monate in Barcelona als Monteur in der Textilindustrie.[10] Indien und Persien will er eigentlich auch noch bereisen, aber dafür hat er kein Geld mehr, und für sein weiteres Wunschziel Russland bekommt er kein Einreisevisum. Immerhin schaut er auf dem Rückweg noch bei einem seiner Onkel in Rom vorbei. Kleiner Abstecher zum Vatikan mit persönlicher Betreuung – hat auch nicht jede:r.

Was er auf seiner Reise sieht, lässt ihn nicht los. Vor allem die Armut der Arbeiter:innen in den südlichen Ländern und die soziale Ungerechtigkeit geben ihm zu denken. Auch deshalb will er sich den gelebten Sozialismus mal aus nächster Nähe ansehen. Ist eine andere Welt möglich? Eine sozialere? Eine gerechtere? Um doch noch in die UdSSR zu kommen, tritt mein Großvater Theo in die Internationale Arbeiterhilfe (IAH) ein und wird dort zweiter Vorsitzender. Nicht weil er überzeugter Kommunist ist, sondern weil er als Angehöriger einer kommunistischen Delegation die Chance auf ein Visum hat. Und so gelingt es ihm im Oktober 1927, als Teil der sogenannten Dritten Russland-Delegation acht Wochen lang durch die Sowjetunion zu reisen. Eine Reise, für die er mal wieder seinen Job aufgibt. Bürgerliche Werte und so. Er sieht nicht nur Moskau, sondern darf mit einer Sondergenehmigung auch das Textilgebiet an der oberen Wolga und den Kaukasus bereisen. Von seiner Reise bringt er neben vielen Eindrücken des gelebten Kommunismus auch russische Lieder mit nach Hause. Weshalb auch mein Vater später oft russische Weisen auf der Balalaika spielt, wenn seine Freunde bei uns zu Gast sind. Bis heute geht mir das Herz auf, wenn ich jemanden Balalaika spielen höre.

Als mein Großvater zurück nach Mönchengladbach kommt, geht es politisch bereits hoch her. Die NSDAP gewinnt zunehmend an Macht und an Zulauf. Sie ist offen antisemitisch. Die Aberkennung der deutschen Staatsbürgerschaft für Juden steht von Anfang an im Parteiprogramm. Die Parteipropaganda der NSDAP ist bereits zu Beginn darauf angelegt, Angst, Hass und Neid zu schüren. Die Weltwirtschaftskrise trifft auch Deutschland hart, und so fallen die Spaltungsbemühungen der Partei auf fruchtbaren Boden. Die Bauern haben wegen der komplett verfallenen Agrarpreise Angst um ihre Existenz, Einzelhändler haben Angst vor der Konkurrenz jüdisch geführter Kaufhauskonzerne und das akademische Bürgertum hat Angst vor einer Verproletarisierung. Mein Großvater sieht früh, wohin das führt, und engagiert sich politisch. Als katholischer junger

Mann, der sich vor allem für die sozialen Belange der Menschen einsetzt, wäre eigentlich die Zentrumspartei die erste Anlaufstelle für ihn. Aber es gibt etwas, das ihn entschieden stört. Sowohl an den katholischen Vertretern als auch an den Vertretern der sozialdemokratischen Parteien.

> Wir sahen, dass die Vertreter des Sozialismus sich nicht entschieden für eine soziale Neuordnung einsetzten, dass die Vertreter des Nationalismus nicht das Wohl des Volkes und der Nation, sondern egoistische Ziele im Auge hatten, dass die Vertreter des Katholizismus nicht die Weite zeigten, die der Weltkirche ansteht, dass die Vertreter des Christentums mit der Nächstenliebe nicht ernst machten.[11]

Jedes Mal wenn ich diese Zeilen lese und jedes Mal wenn ich in den letzten sechs Jahren in der *taz*, im *Spiegel*, der *Tagesschau* oder einer Lokalzeitung eine Nachricht über rechtsextreme Organisationen, rechtsextrem motivierte Gewalt, rassistische Übergriffe, Aufmärsche, Hetzjagden, rechtsextreme, nationalistische und völkische Verbindungen bei Polizei und Bundeswehr lese, höre und sehe – jedes Mal dann stelle ich mir die Frage: Und wie ist das heute? Was machen die Vertreter:innen sozialer Werte? Was machen die Vertreter:innen christlicher Werte? Leben sie, was sie vorgeben, leben zu wollen? Und was mache ich? Denn klar, es ist immer einfach, von anderen zu fordern, sie mögen doch bitte etwas tun. Aber selber etwas zu tun, das ist eine ganz andere Nummer. Mein Großvater beantwortet diese Frage für sich so: Er geht in die Politik. 1928 kandidiert er als Stadtverordneter. Er wird zwar als Zweiter auf der Liste nicht gewählt, kann aber trotzdem in verschiedenen Ausschüssen der Stadtverordnetenversammlung aktiv werden, wie zum Beispiel Jugendpflege, Sport, Erziehung und Gesundheitswesen.[12]

Trotz seines politischen Engagements hat mein Großvater aber wohl noch Zeit für ein Privatleben. Und so heiratet er am 3. Mai 1930 meine Oma Käthchen. Pünktlich neun Monate später, am 21. Februar 1931, kommt mein Vater zur Welt. Getauft auf den Namen Dietrich Franz Hespers. Mein Vater erzählt später ganz gerne, er wäre eines dieser Frühchen gewesen, die damals recht häufig erstaunlich propper und gesund zur Welt kamen. Aber wenn ich das so nachrechne ... ist das wohl eher sowas wie der Ehering danach. Die Pille danach gab's ja nicht. Oder es hat einfach sofort geklappt. Fragen kann ich das weder meine Oma noch meinen Opa Theo. Und mein Vater hat immer schon am liebsten gute Geschichten erzählt, deren Wahrheitsgehalt nicht immer einer Überprüfung standhält.

Neben der Freude über seine junge Familie dürften bei meinem Großvater aber auch die Sorgenfalten tiefer geworden sein. Denn sein Engagement beschränkt sich nicht nur auf die Aufgaben in den Ausschüssen. Er spricht sich auch immer wieder öffentlich gegen die NSDAP aus – sogar auf Veranstaltungen der Partei selbst. Etwas, für das er sich später in den Verhören sogar rechtfertigen muss. Am 13. Juni 1942, einem der ersten Verhöre im Reichssicherheitshauptamt in Berlin, gibt er zu seinem Lebenslauf an:

> Ich entsinne mich jedoch, einmal im Jahre 1930, im ersten Jahre meiner Ehe, als wir in dem Dorfe Hardt b. M.-Gladbach wohnten, in einer Versammlung der NSDAP. als Diskussionsredner aufgetreten zu sein, in welcher ich lediglich meine politische Anschauung im Sinne der christlich-sozialen Reichspartei vertreten habe. Wenn mir vorgehalten wird, dass ich also gegen die NSDAP. bei dieser Gelegenheit gesprochen hätte, dann erwidere ich, dass dies nicht zutrifft, zumal es sich

Frühjahr/Sommer 1931: Eine glückliche Familie: Meine Oma Käthe (l). und mein Opa Theo mit Klein-Dietrich auf dem Arm, meinem Vater.

> damals mehr um eine freundliche Aussprache mit den Anwesenden handelte, von denen verschiedene sogar gute Bekannte von mir waren.[13]

Das mag vielleicht bei dieser Veranstaltung so gewesen sein, aber seine Schwester Maria weiß auch andere Geschichten dieser Zusammenkünfte zu erzählen. Denn die Anhänger der NSDAP äußern ihr Missfallen über die Äußerungen meines Großvaters durchaus auch mal mit Fäusten. Und so kommt er von der ein oder anderen Parteiveranstaltung mit einer blutigen Nase nach Hause. Wer von den Schlägertrupps der damals schon aktiven SA weiß, die solche Parteiveranstaltungen geschützt haben, den überrascht die Geschichte nicht. Mein Großvater, überzeugter Pazifist, lässt sich dadurch nicht einschüchtern. Im Gegenteil. Er setzt sogar noch eins drauf, als die Nazis längst an der Macht sind.

Herbst 2012

Klopf, klopf – jemand zu Hause?

»Wir haben da etwas gemeinsam«, sagt mein Kollege Matthias. Er steht in der geöffneten Bürotür, als ich den Gang entlang zu meinem Dienst stürmen will. Es ist Oktober, ich bin, wie so oft, mit dem Fahrrad zum Sender gefahren und, auch wie so oft, ein bisschen spät dran. Meine Spätschicht beginnt eigentlich um 13 Uhr, jetzt ist es schon fünf nach. Aber als Matthias mich mit diesen Worten auf dem Flur abfängt, muss ich einfach stehenbleiben. Denn ich kann mir nicht im Ansatz vorstellen, was wir gemeinsam haben sollten.

Seit knapp drei Jahren sitzen mein Kollege Matthias von Hellfeld und ich in einer Redaktion. Oft Rücken an Rücken. Er an der Viererinsel für die Sendungsplaner:innen. Ich an der Viererinsel für die Online-Redakteur:innen. Er promovierter Historiker und Mitte fünfzig. Ich diplomierte Sportjournalistin und Mitte dreißig. Er ein erfahrener Redakteur, der schon ewig beim Deutschlandfunk arbeitet. Ich die junge Hoodiejournalistin, die irgendwas mit Internet macht und sich nach Jahren in der Sportredaktion des WDR auch mal mit anderen Themen beschäftigen und Fuß beim Hörfunk fassen will. Das damalige DRadio Wissen ist dafür die perfekte Anlaufstelle. Denn beim jungen Programm des Deutschlandfunks entwickeln sich gerade erst die Strukturen. Das heißt, es wird viel ausprobiert und es bietet sich die Chance, irgendwie auch mal irgendwo on air reinzurutschen. Eine Chance, die ich definitiv nutzen will. Leider habe ich jedes Mal furchtbares Herzrasen, wenn das Rotlicht am Mikrofon angeht. Aber da muss ich wohl durch, wenn ich meinen Traum verwirklichen möchte. An diesem Tag allerdings habe ich Dienst in der Online-Redaktion. Also fernab irgendwelcher Mikrofone. Denke ich.

Der Satz »Wir haben da etwas gemeinsam« kommt so unerwartet, dass ich einfach wissen muss, was das bitte sein soll. Ich kann mein Gesicht nirgendwo sehen, aber gefühlt bekommt Matthias den Blick ab, den ich sonst für Typen reserviert hab, die mich in der Bar doof von der Seite anquatschen. In meinem Kopf ist für nur einen Gedanken Platz: »Was, bitte, sollen wir gemeinsam haben?!«

»Ich habe über deinen Großvater promoviert.«

Bitte, was? Ich habe diese Information noch nicht ganz verdaut, da erzählt Matthias auch schon weiter: »Und ich habe heute Abend eine Sendung über Erinnerungskultur geplant. Darin wollte ich auch über deinen Großvater sprechen. Ich wusste gar nicht, dass du heute Dienst hast. Aber wo du schon mal da bist: Hättest du nicht Lust, mein Gast zu sein?«

Um das mal langsam abzuarbeiten. Mein Nachname lautet Hespers. Der Nachname meines Großvaters lautet ebenfalls Hespers. Matthias' Promotion liegt schon einige Zeit zurück. Wir arbeiten seit fast drei Jahren zusammen. Warum hat er mir vorher nie davon erzählt? Seine Antwort klingt banal: »Ich wusste nicht, dass du eine direkte Nachfahrin bist.«

Erst da dämmert es mir, wie unwahrscheinlich das auch sein muss. Mein Großvater wurde 1903 geboren. Mein Vater 1931. Meine Oma, mütterlicherseits, 1932. Ja, genau, mein Vater ist ein Jahr älter als meine Oma. Es wäre also weitaus wahrscheinlicher gewesen, dass mein Großvater mein Urgroßvater ist. Und wer interessiert sich schon für die Geschichte seiner Urgroßeltern? Eben. Und deshalb hatte Matthias das auch nicht für so wichtig gehalten. Was mir also selbstverständlich erscheint, ist am Ende dann doch ungewöhnlicher als gedacht.

Die zweite Überraschung für mich ist, dass überhaupt jemand außerhalb meiner Familie oder des Dunstkreises meines Vaters Theo Hespers kennt. Und dann auch noch im Rahmen einer Promotion zu ihm geforscht hat. Ich selbst kenne ja nur die Geschichten meines Vaters. Und mein Vater ist das, was man durchaus einen Angeber und Wichtigtuer nennen kann. Ja, das darf ich über ihn sagen. Er würde das lachend bestätigen und sich über sich selbst amüsieren. Denn seine Methode, damit Aufmerksamkeit zu erlangen, ist durchaus erfolgreich. Die Menschen hören ihm und seiner Geschichte zu und lassen sich von ihr forttragen. Allerdings nicht immer gerne, und das ist durchaus ein Problem. Aber dazu später mehr. Bei mir hat die Art und Weise, mit der mein Vater seine Lebensgeschichte präsentiert, lange Zeit vor allem immer eins ausgelöst: Schamgefühle. Wie habe ich mich für ihn geschämt, wenn er von meinem Opa Theo, dem Widerstandskämpfer, erzählt hat, um sich damit in den Mittelpunkt zu stellen. Er, der wichtige Zeitzeuge, der Sohn des großen Widerstandskämpfers, den aber leider niemand kennt. Boden, tu dich auf. Und jetzt steht da Matthias von Hellfeld und eröffnet mir, dass er meinen Großvater nicht nur dem Namen nach kennt, sondern auch weiß, was er getan und welche Rolle er im Widerstand gegen den Nationalsozialismus gespielt hat. Es ist also wirklich wahr. Mein Großvater war jemand. »Ein wichtiger Mann«, wie mein Vater bedeutungsschwanger sagen würde.

Jetzt soll ich also Gast sein in der Sendung, die Matthias für den Abend geplant hat. Und davon erzählen, wie die Familie mit der Erinnerung an meinen Großvater umgeht. Natürlich fühle ich mich geehrt, darüber sprechen zu dürfen. Aber im Prinzip weiß ich gar nichts. Also gut, ein bisschen was weiß ich. Aber an die meisten Erzählungen meines Vaters erinnere ich mich null. Und das letzte Mal, dass ich mit meinem Vater über die Zeit gesprochen habe, ist ewig her. Es ist überhaupt ewig her, seit ich das letzte Mal mit meinem Vater gesprochen habe. Fünfzehn

Jahre, um genau zu sein. Und eigentlich habe ich im Oktober 2012 mit dem Thema bereits abgeschlossen. Im Prinzip ist mein Vater zu diesem Zeitpunkt für mich nicht mehr existent.

Bis zur Sendung sind es noch fünf Stunden. Fünf Stunden, in denen ich einige Online-Artikel zu schreiben habe. Als ich an meinen Schreibtisch komme, fehlen mir bereits dreißig Minuten, weil ich die quatschend mit Matthias auf dem Gang verbracht habe. Zwischen den Artikeln, die ich für die Website schreiben soll, versuche ich mir wenigstens ein paar Eckdaten in den Kopf zu hämmern. Wie gut, dass es die Wikipedia-Seite über meinen Großvater gibt. Und ich suche auch das Referat nochmal, das mich vor Jahren so aufgewühlt hat, dass ich drei Tage lang mit einem Gefühl durch die Gegend gelaufen bin, in einem Albtraum gefangen zu sein, aus dem ich nicht richtig aufwachen kann. Lesen werde ich es aber nicht nochmal. Ich will es bei der Gelegenheit nur einfach abspeichern. Für später. Für den Tag, an dem ich den Mut finde, das doch nochmal zu lesen. Für heute und für die Sendung muss der Wikipedia-Artikel reichen.

Zwischendurch kommt Matthias immer mal wieder vorbei, um zu fragen, ob alles in Ordnung ist: »Und du sagst, wenn dir das zu privat ist, okay? Dann brechen wir da jederzeit ab«, sagt er. Und ich denke: Klar, mach ich. Aber was, bitte, soll daran privat sein? Immerhin hat mein Vater tagaus, tagein von dieser Geschichte gesprochen. Er hat sie überall erzählt. Ob die Leute das nun hören wollten oder nicht. Für mich ist es völlig normal, dass diese Familiengeschichte in der Öffentlichkeit erzählt wird. Nein, daran ist nun wirklich nichts privat. Denke ich – und werde in der Sendung eines Besseren belehrt.

Kurz nach 18 Uhr, direkt nach den Vollnachrichten, gehen wir on air. Mit im Studio sind zwei Kolleginnen aus der Nachrichtenredaktion. Die *Redaktionskonferenz* ist ein offenes Format. Neunzig Minuten. Ein Thema. Außerdem bieten wir Hintergrundinformationen und erklären zum Beispiel, warum es bestimmte Nachrichten nicht ins Programm schaffen. Im Prinzip machen wir Hörerinnen und Hörern so den Redaktionsalltag transparent. Inzwischen ist das Format eingestellt. Leider, wie ich finde. Denn mehr Transparenz ist gerade jetzt wichtig, um das Vertrauen der Hörer:innen zu erhalten.

Matthias moderiert, stellt alle Anwesenden im Studio vor und leitet dann über zum Tagesthema »Erinnerungskultur«. Bevor wir aber über Theo Hespers sprechen, senden wir zwei Reporterstücke zum Thema »Mahnmal«. Dann darf ich Kommentare von Menschen vorlesen, die uns via Social Media mitgeteilt haben, was sie von der Erinnerungskultur in Deutschland halten. Ich haspel mich ein bisschen rein in die Sendung, und als nach einer halben Stunde die Sprache auf meinen Großvater kommt, fühle ich mich einigermaßen sicher. Dann fragt Matthias mich, was ich von meinem Großvater weiß. Ich erzähle bruchstückhaft von dem, was mir eben so – unterstützt auch durch den Wikipedia-Artikel – in Erinnerung ist. Bruchstückhaft, aber es kommt doch eine Menge zusammen. Und dann erzähle ich von den Briefen meines Großvaters aus der Haft in Berlin, die ich damals gelesen hatte, als ich eigentlich auf der Suche nach einem Diplomarbeitsthema war. Es ist tatsächlich das erste Mal, dass ich davon erzähle. Und dann auch noch öffentlich. Mit den Worten kommt die Erinnerung an das Gefühl von damals, und ich kämpfe mit den Tränen. Es gelingt mir weiterzusprechen, aber es ist deutlich zu hören, wie sehr mich diese Erinnerung aufwühlt. So war das nicht geplant. Und so langsam bekomme ich eine Ahnung davon, was Matthias wohl damit gemeint hat, als er sagte, wir könnten jederzeit unterbrechen, wenn es zu privat würde. Ich laviere mich mit einem mauen Schlussgag über meine Suche nach einem Diplomarbeitsthema aus dieser emotionalen Situation. Erleichtertes Gelächter. Es kommt ein Musikbreak, und ich habe Zeit, mich wieder zu sammeln.

Und dann stellt Matthias von Hellfeld den Zuhörenden meinen Großvater noch ein bisschen genauer vor. Was bei mir besonders hängenbleibt, sind diese Sätze von ihm. »Wir werden ein bisschen auch Theo Hespers noch vorstellen, der wirklich ein mutiger, ein großer Mann war. Er hat eben auch einen großen Einfluss gehabt auf Menschen, die sich nicht den Nazis unterworfen haben. Deshalb ist der Satz richtig, den du vorhin gesagt hast, dass er eben ein kleines Rädchen war, das das Scheitern dieses Systems bewirkt hat.«[1]

Es sind diese Sätze von Matthias, die dazu führen, dass bei mir ein Schalter umkippt. Es ist nicht nur mein Vater, der unbedingt will, dass sein Vater Theo als Held anerkannt wird, damit er sich wichtig fühlen kann. Mein Großvater war auch nach objektiven Maßstäben ein Mensch, der Großes geleistet hat.

Ich weiß, das klingt unglaublich naiv, aber das war mir bislang nicht wirklich klar. Ich hatte einfach keine Bemessungsgrundlage. Mir fehlte die Perspektive von außen. Und da war sie. Mitten in dieser Sendung. Und daran anschließend liest Matthias von Hellfeld Sätze aus zwei Texten vor. Einer der beiden Texte wird auch in der Urteilsbegründung zum Todesurteil gegen meinen Großvater zitiert. Etwas, das ich erst viel später rausfinden werde. Aber dieser Text, den ich bis dahin gar nicht kannte, ist der Ausgangspunkt für eine Erkenntnis, die mich mit voller Wucht trifft. Mitten in der Sendung. Matthias liest vor: »Schwer lastet das Joch der Gewaltherrschaft auf Deutschland. Das deutsche Volk ist durch das totalitäre Hitlersystem seiner Freiheit beraubt, rechtlos und unterdrückt.«[2]

Heute verstehe ich die Bedeutung dessen, was mein Großvater geschrieben hat, sehr viel besser. Aber bereits in der Sendung haben diese Sätze eine Kraft, die meine Stimme schwanken lässt. Denn mir wird schlagartig klar: Wir, die wir da sitzen, können heute frei sprechen und unbedroht unseren Beruf ausüben, weil es Menschen wie meinen Großvater gab, die dafür gekämpft haben. Und zwar nicht, indem sie Schilder auf Demos hochgehalten haben. Nein, sie haben ihr Leben dafür eingesetzt, dass es einmal so werden wird. Und im Falle meines Großvaters und vieler, vieler anderer Widerstandskämpferinnen und -kämpfer haben sie diesen Einsatz auch mit ihrem Leben bezahlt.

Und mir wird plötzlich noch etwas bewusst: In einer Sache bin ich meinem Großvater bereits gefolgt. Und zwar, ohne es zu ahnen. Denn die Arbeit meines Großvaters an der Widerstandszeitschrift war nicht einfach nur »politische Arbeit«, wie es mein Vater immer genannt hat. Es war journalistisches Handwerk.

Als Matthias mich irgendwann im Verlauf dieser Sendung danach fragt, ob ich stolz auf meinen Großvater bin, kann ich mit dem Wort wenig anfangen. Ein großes Wort. Stolz. Ich finde nicht, dass ich einen Grund habe, stolz zu sein auf meinen Großvater. Na klar, es ist irgendwie toll, dass der eigene Großvater auf der Seite der Guten gestanden und gegen die Nazis gekämpft hat. Aber ich persönlich habe bis dahin nichts beigetragen zum Kampf gegen rechts. Und für mich würde stolz sein bedeuten, mir etwas von seinem Ruhm anklemmen zu wollen. Und das fühlt sich falsch an. Was ich aber empfinde, sind Bewunderung und tatsächlich auch Demut und Dankbarkeit. Dafür, dass er für mich und für uns alle diese Freiheiten erkämpfen wollte.

Gleichzeitig verspüre ich aber auch schon immer einen großen Druck. Mein Großvater ist ein Mann, zu dem ich aufschaue. Im wortwörtlichen Sinne. Denn in unserem Wohnzimmer hing ein Schwarz-Weiß-Foto von ihm. Darauf zu sehen ein junger Mann, der durchaus Ähnlichkeit mit Kafka hat, der aus strengen Augen in die Welt blickt. Und als ich klein war, hing dieses Foto hoch über mir, während mein Vater mit donnergrollender Stimme erzählte, wie die Nazis meinen Opa Theo im Gefängnis in Berlin-Plötzensee »am Fleischerhaken erhängt« haben. Wie kann man einem solchen Vorbild, einem solchen Helden gerecht werden?

»Es ist schon so, dass da eine fast unmenschliche Leistung quasi ganz vorne steht«, sage ich deshalb, »die man auch nicht mehr erbringen kann. Was gut ist. Weil wir Gottseidank im Frieden und nicht im Krieg leben. Aber es ist schon so, dass es einen daran erinnert, dass, wenn die Zeit gekommen ist, man aufstehen muss und was tun muss. Also man kann nicht ... man wird nicht immer auf seinem Popo sitzen bleiben können und sagen können: ›Och, ist voll schön hier mit dem Frieden und so.‹ Sondern man wird wahrscheinlich irgendwann – ich hoffe nicht, dass es sein muss – aber, wenn es sein muss – vielleicht muss man dann auch seinem Erbe gerecht werden.« Als ich das 2012 sage, kann ich mir nicht im Traum vorstellen, in welcher Situation wir uns acht Jahre später befinden werden. Und das, obwohl erst ein Jahr zuvor eine neonazistische Terrororganisation mit dem Namen »Nationalsozialistischer Untergrund« (NSU) öffentlich bekannt geworden ist.

Im Prinzip ist diese Sendung eine Art Initialzündung. Ein Tritt vors Schienbein. Los, erzähl die Geschichte deines Großvaters! Aber bevor ich das tun kann, muss ich noch eine Menge lernen. So unterscheide ich in der Sendung damals noch nicht deutlich zwischen der Zeit vor 1939 und der Zeit danach. Für mich bestand der Nationalsozialismus immer aus zwei Dingen: Krieg und Judenverfolgung. Aber die Entwicklung dahin, die Verfolgung, das mehr oder weniger stille Töten politischer Gegner:innen, das ist mir gar nicht so präsent. Für mich spielt die Geschichte meines Opas immer im Krieg. So hatte ich das abgespeichert und mich nach der Schule auch nicht mehr wirklich um diese Geschichte gekümmert. Wie wenig doch hängenbleibt von dem, was man im Geschichtsunterricht lernen soll. Und wie viel ich im Geschichtsunterricht auch nie gelernt habe über diese Zeit. Zum Beispiel, wie wichtig es ist, sich vor allem die schleichende Entwicklung anzusehen. Das Gedachte und Gesprochene von beiden Seiten dieser Zeit. Ich werde so unfassbar viel lernen darüber.

Aber bevor ich anfangen kann zu lernen, brauche ich erst wieder Kontakt zu meinem Vater. Denn diese Geschichte kann ich nur mit ihm erzählen …

Frühjahr 1933

Kein Weg zurück

Die Lage ist ernst. Mein Großvater hat längst begriffen, welche Gefahr von der NSDAP ausgeht. Während die christlich geprägte Zentrumspartei und die Christlich-Soziale Reichspartei (CSRP) noch immer versuchen, irgendwie diplomatisch mit der NSDAP umzugehen, kritisiert mein Großvater vehement die mangelnde Entschiedenheit im Kampf gegen die Braunen. Also schart er 1932 eine Gruppe von Personen aus den Reihen der CSRP um sich und führt sie unter dem Namen »Front der Werktätigen« weiter. In den Gestapo-Akten über ihn taucht auch der Name »Kampffront« auf. Aber die Nationalsozialisten hatten schon immer einen Hang zur Dramatisierung und Übertreibung.

Das politische Engagement meines Großvaters beschränkt sich nicht nur auf Reden halten in irgendwelchen Sitzungs- und Versammlungsräumen. Wenn das stimmt, was mein Vater erzählt, dann verteilt mein Opa Theo auch gerne mal Spitzen im öffentlichen Raum. So soll er während der Wahlzeit – welche genau, lässt sich leider nicht recherchieren, denn es wurde 1932 ja mehrfach gewählt – die Menschen in seiner Umgebung ganz schön provoziert haben. So erzählt es mein Vater: »Mit dem Janse Hennes hat der Oppa ja verschiedene Meutzkes gemacht. Da wollte einer, das war ein total Stockkonservativer, der wurde später ein Nazi, der hat so ein kleines Fabrikchen, und der hieß Weufen Alex, und der war total Zentrum. Und dann ist der Opa eines Sonntags zur Wahlzeit mit dem Janse Hennes dahin gegangen und hat auf dieses weiß gekälkte Häuschen draufgeschrieben: Alex – also Alex war grade zur Kirche, ne –, Alex wählt heute Liste 5. Das waren die Kommunisten. Als der zurückkam ... Isch weet jenau wer dat jewess is, datt kütt he aus de Hütt do, dat is de Döres [Gladbacher Platt für Theodor] jewess und der Janse Hennes. Aber beweisen konnte der es nicht.«[1]

Es ist nahezu unmöglich, diese Anekdoten über meinen Großvater zu überprüfen. Es ist überhaupt schwer, konkrete Aussagen über ihn zu treffen, weil ich ihn nur aus Erzählungen kenne und aus Dokumenten. Eine gewisse Heroisierung kann ich natürlich nicht ausschließen. Aber ich bekomme dadurch einen recht lebendigen Eindruck davon, was meinen Opa ausgemacht hat. Er ist nicht nur ein Mann des Wortes, sondern auch ein Mann der Tat. Und trotz seiner pazifistischen Grundhaltung schreckt er offensichtlich nicht vor bewussten Provokationen zurück. Ob das jetzt so klug ist, sei mal dahingestellt. Heute gäbe es auf jeden Fall eine Anzeige wegen Sachbeschädigung. So viel ist sicher.

Manche Dinge lassen sich aber auch einfach faktisch belegen. Zum Beispiel, dass mein Großvater sich für die Reichstagswahl am 5. März 1933 als Spitzenkandidat für die eigens dafür gegründete »Einheitsliste der Arbeiter und Bauern« aufstellen lässt. Zusätzlich kandidiert er für die »Front der Werktätigen« bei der Stadtverordnetenwahl in Mönchengladbach, die sieben Tage später, am 12. März 1933, stattfinden soll. Und das ist in der Tat ganz schön mutig. Denn diese Wahlen stehen bereits unter der sich ankündigenden Diktatur Hitlers.

Warum? Nun, dass am 30. Januar 1933 Reichspräsident Paul von Hindenburg den Parteiführer der NSDAP, Adolf Hitler, zum Reichskanzler ernennt, ist ein alter Hut. Es folgt der Reichstagsbrand in der Nacht vom 27. auf den 28. Februar 1933. Dass das Reichstagsgebäude vorsätzlich in Brand gesteckt wurde, ist als Tatsache allgemein anerkannt, aber wer das letzten Endes getan hat, wird bis heute kontrovers diskutiert. Den Nazis jedenfalls kommt der Brand gerade recht. Für sie ist klar: Die

Kommunisten haben das Reichstagsgebäude angezündet, um eine Revolution zu starten. Und damit begründen sie auch den Erlass einer Notverordnung, die sie – rein zufällig – am 28. Februar 1933 schon parat haben. Die »Verordnung des Reichspräsidenten zum Schutz von Volk und Staat« soll, so wörtlich, »zur Abwehr kommunistischer staatsgefährdender Gewaltakte« eingesetzt werden.[2] Unter Paragraf 1 des Reichsgesetzblattes mit Datum vom 28. Februar 1933 werden weitreichende Grundrechtseinschränkungen vorgenommen.

> Die Artikel 114, 115, 117, 118, 123, 124 und 153 der Verfassung des Deutschen Reichs werden bis auf weiteres außer Kraft gesetzt. Es sind daher Beschränkungen der persönlichen Freiheit, des Rechts der freien Meinungsäußerung, einschließlich der Pressefreiheit, des Vereins- und Versammlungsrechts, Eingriffe in das Brief-, Post-, Telegraphen- und Fernsprechgeheimnis, Anordnungen von Haussuchungen und von Beschlagnahmen sowie Beschränkungen des Eigentums auch außerhalb der sonst hierfür bestimmten gesetzlichen Grenzen zulässig.[3]

Auch wenn in der Notverordnung nicht explizit steht, dass ab sofort politische Gegner verfolgt werden – bietet sie genau dafür eine Grundlage. Die Konsequenzen der unter Paragraf 1 der Notverordnung vorgenommenen Grundrechtseinschränkungen bekommt mein Großvater postwendend zu spüren. Beziehungsweise seine Familie.

Das genaue Datum ist nicht ganz klar, aber irgendwann Anfang April steht die Gestapo nachts unangekündigt vor der Tür, um das Haus meines Großvaters zu durchsuchen. In einem kleinen, abgelegenen Stadtteil in der Nähe von Rheydt – dem

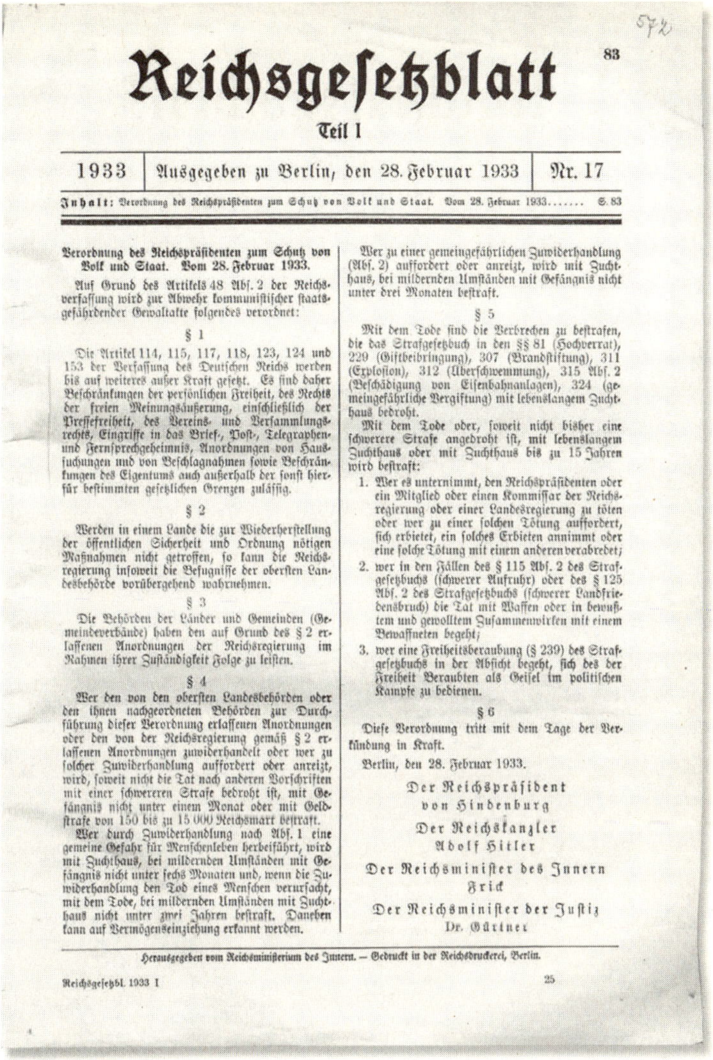

572

Reichsgesetzblatt

83

Teil I

1933	Ausgegeben zu Berlin, den 28. Februar 1933	Nr. 17

Inhalt: Verordnung des Reichspräsidenten zum Schutz von Volk und Staat. Vom 28. Februar 1933....... S. 83

Verordnung des Reichspräsidenten zum Schutz von Volk und Staat. Vom 28. Februar 1933.

Auf Grund des Artikels 48 Abs. 2 der Reichsverfassung wird zur Abwehr kommunistischer staatsgefährdender Gewaltakte folgendes verordnet:

§ 1

Die Artikel 114, 115, 117, 118, 123, 124 und 153 der Verfassung des Deutschen Reichs werden bis auf weiteres außer Kraft gesetzt. Es sind daher Beschränkungen der persönlichen Freiheit, des Rechts der freien Meinungsäußerung, einschließlich der Pressefreiheit, des Vereins- und Versammlungsrechts, Eingriffe in das Brief-, Post-, Telegraphen- und Fernsprechgeheimnis, Anordnungen von Haussuchungen und von Beschlagnahmen sowie Beschränkungen des Eigentums auch außerhalb der sonst hierfür bestimmten gesetzlichen Grenzen zulässig.

§ 2

Werden in einem Lande die zur Wiederherstellung der öffentlichen Sicherheit und Ordnung nötigen Maßnahmen nicht getroffen, so kann die Reichsregierung insoweit die Befugnisse der obersten Landesbehörde vorübergehend wahrnehmen.

§ 3

Die Behörden der Länder und Gemeinden (Gemeindeverbände) haben den auf Grund des § 2 erlassenen Anordnungen der Reichsregierung im Rahmen ihrer Zuständigkeit Folge zu leisten.

§ 4

Wer den von den obersten Landesbehörden oder den ihnen nachgeordneten Behörden zur Durchführung dieser Verordnung erlassenen Anordnungen oder den von der Reichsregierung gemäß § 2 erlassenen Anordnungen zuwiderhandelt oder wer zu solcher Zuwiderhandlung auffordert oder anreizt, wird, soweit nicht die Tat nach anderen Vorschriften mit einer schwereren Strafe bedroht ist, mit Gefängnis nicht unter einem Monat oder mit Geldstrafe von 150 bis zu 15 000 Reichsmark bestraft.

Wer durch Zuwiderhandlung nach Abs. 1 eine gemeine Gefahr für Menschenleben herbeiführt, wird mit Zuchthaus, bei mildernden Umständen mit Gefängnis nicht unter sechs Monaten und, wenn die Zuwiderhandlung den Tod eines Menschen verursacht, mit dem Tode, bei mildernden Umständen mit Zuchthaus nicht unter zwei Jahren bestraft. Daneben kann auf Vermögenseinziehung erkannt werden.

Wer zu einer gemeingefährlichen Zuwiderhandlung (Abs. 2) auffordert oder anreizt, wird mit Zuchthaus, bei mildernden Umständen mit Gefängnis nicht unter drei Monaten bestraft.

§ 5

Mit dem Tode sind die Verbrechen zu bestrafen, die das Strafgesetzbuch in den §§ 81 (Hochverrat), 229 (Giftbeibringung), 307 (Brandstiftung), 311 (Explosion), 312 (Überschwemmung), 315 Abs. 2 (Beschädigung von Eisenbahnanlagen), 324 (gemeingefährliche Vergiftung) mit lebenslangem Zuchthaus bedroht.

Mit dem Tode oder, soweit nicht bisher eine schwerere Strafe angedroht ist, mit lebenslangem Zuchthaus oder mit Zuchthaus bis zu 15 Jahren wird bestraft:

1. Wer es unternimmt, den Reichspräsidenten oder ein Mitglied oder einen Kommissar der Reichsregierung oder einer Landesregierung zu töten oder wer zu einer solchen Tötung auffordert, sich erbietet, ein solches Erbieten annimmt oder eine solche Tötung mit einem anderen verabredet;
2. wer in den Fällen des § 115 Abs. 2 des Strafgesetzbuchs (schwerer Aufruhr) oder des § 125 Abs. 2 des Strafgesetzbuchs (schwerer Landfriedensbruch) die Tat mit Waffen oder in bewußtem und gewolltem Zusammenwirken mit einem Bewaffneten begeht;
3. wer eine Freiheitsberaubung (§ 239) des Strafgesetzbuchs in der Absicht begeht, sich des der Freiheit Beraubten als Geisel im politischen Kampfe zu bedienen.

§ 6

Diese Verordnung tritt mit dem Tage der Verkündung in Kraft.

Berlin, den 28. Februar 1933.

Der Reichspräsident
von Hindenburg

Der Reichskanzler
Adolf Hitler

Der Reichsminister des Innern
Frick

Der Reichsminister der Justiz
Dr. Gürtner

Herausgegeben vom Reichsministerium des Innern. — Gedruckt in der Reichsdruckerei, Berlin.

Reichsgesetzbl. 1933 I 25

Dahl – wohnt mein Opa Theo mit seiner Frau und meinem damals zweijährigen Vater in einer selbstgebauten Blockhütte. Direkt daneben wohnt die Familie seiner Frau, bestehend aus den Schwiegereltern sowie Brüdern und Schwestern meiner Oma nebst Ehepartner:innen. Wie das damals halt so üblich ist in einer Handwerkerfamilie. Einer der Brüder meiner Oma, Onkel Johannes, ist ein stadtbekannter Schläger, der ziemlich viele Flausen im Kopf hat und auf der Suche nach Ärger durch die Altstadtkneipen von Mönchengladbach zieht. Wenn mein Vater über ihn spricht, sagt er immer: »Viel hier«, während er auf seinen Bizeps zeigt, um sich danach mit dem Zeigefinger an die Schläfe zu tippen, »und wenig hier«.

Es muss irgendwann gegen Mitternacht sein als die Gestapo-Beamten begleitet von SA-Schlägern in ihren Wagen den Hügel hochbrausen. Damit auch ja niemand entkommen kann, umstellen sie das Haus und strahlen es mit Flakscheinwerfern an. Sie pochen an Fensterläden und Türen und verlangen, eingelassen zu werden. Sobald sie sich Zutritt verschafft haben, stürmen sie hoch in das Schlafzimmer meiner Großeltern. An dieser Stelle schmückt mein Vater die Geschichte gerne noch ein bisschen aus, nachzulesen in seinem selbst verlegten Buch *Rot Mof.*[4] In seiner Version treten die Gestapo-Schergen mit ihren schweren Lederstiefeln gegen das handgezimmerte Ehebett und fluchen dabei unentwegt Dinge wie »Ihr verdammten Kommunistenschweine. Ihr Vaterlandsverräter! Ihr Abschaum Deutschlands. Wir werden euch schon kriegen!«.

Wäre das meine Geschichte, würde ich wahrscheinlich sagen, wie viel Angst mir das gemacht hat. Was das für eine traumatisierende Erfahrung war, nachts von der Polizei aus dem Bett geholt worden zu sein. Vielleicht würde ich mich empören. Aber von solchen Nebensächlichkeiten hat sich mein Vater nie aufhalten lassen. Und deshalb hört sich das alles eher an wie ein schauriges Theaterstück. Eine Abenteuergeschichte. Bisschen gruselig, aber eben auch immer ein bisschen absurd und lustig.

Und so baut er in seine Geschichte Namen und Charaktere ein, die er eigentlich nur aus Erzählungen seiner Mutter kennen kann. Denn er selbst ist viel zu klein, um das alles so genau beobachtet zu haben. In seiner Geschichte gibt es den stiernackigen, leicht debilen Rambo-Nazi, den vogelgesichtigen, stotternden Mitläufer und den Anführer der Truppe mit Pepitahütchen und Ledermantel, der das R genauso rollt wie der Führer. Während mein Vater sowas erzählt, spielt er all diese Rollen nach. Es ist fesselnd, aber gleichzeitig ist es immer auch ein bisschen schwer zu glauben, dass das Ganze genau so passiert sein soll. Wahrscheinlich ist es eine Mischung aus Wahrheit und Dichtung.

Auf der Suche nach kommunistischen Flugblättern – oder im Nazijargon »roten Lügen- und Hetzblättern« – nehmen die Gestapo-Schergen das komplette Schlafzimmer auseinander. Sie stechen die Kissen auf, werfen die Matratze aus dem Fenster in den Garten, leeren Schubladen auf dem Fußboden aus, reißen Bettwäsche und Kleider aus den Schränken. Aber sie finden weder irgendwelche Schriften noch meinen Opa. Durch den Krach werden auch die anderen Familienmitglieder wach und versammeln sich im Erdgeschoss. Onkel Johannes, der Schläger, erkennt einen der Gestapo-Leute und droht ihm Prügel an. Das ist nicht der cleverste Move. Der Anführer mit dem rollenden R holt seinen Armeerevolver raus und befiehlt der ganzen Familie, sich mit erhobenen Händen und dem Gesicht zur Wand aufzustellen. Weil Onkel Johannes sich nicht beruhigen will, wird er mit einem Schlag in den Nacken erstmal kaltgestellt. Von dem Lärm wird jetzt auch der zweijährige Dietrich wach, mein Vater. Nichtsahnend tappst er in die Szenerie und will von seiner Mutter wissen: »Mama, was sind das für Onkels? Sind die böse?«

Meine Oma löst eine Hand von der Wand und streicht ihrem kleinen Sohn zur Beruhigung über die wilden blonden Locken. Während der Rest des Trupps sich auf dem Rückzug befindet, wittert das rollende R eine letzte Chance, doch noch herauszukriegen, wo sich Theo Hespers aufhält. Schließlich sagen kleine Kinder immer die Wahrheit! Da hat er allerdings die Rechnung ohne meinen Vater gemacht – und Onkel Johannes.

Der soll nämlich dem kleinen Dietrich allerhand Unsinn beigebracht haben. Unter anderem auch eine passende Antwort auf die Frage, wo denn der Papa ist. Und genau diese Frage stellt jetzt das rollende R. In der Version meines Vaters sagt er: »Na, mein süßer, kleiner, blonder Lockenschopf, wo ist denn dein Vater?«

»In Spanien!«, antwortet Klein-Dietrich prompt.

»Was tut er denn dort, mein liebes Kerlchen?«

»Isst Äpfel, Nüss, Kastanien!«, sagt Klein-Dietrich triumphierend, weil das die Antwort ist, die sein Onkel Johannes ihm eingebläut hat.

Wahrscheinlich hat der Kommissar mit dem rollenden R mit allem gerechnet, aber nicht damit. Da hilft ihm auch sein Armeerevolver nicht weiter. Um sich der peinlichen Situation schnellstmöglich zu entziehen, wendet er sich abrupt ab. Nicht ohne sich beim Abgang den Kopf an einem Holzbalken zu stoßen – und sein Pepitahütchen zu verlieren. Er wird es nicht wieder aufheben. Auch, weil Johannes inzwischen wieder auf den Beinen ist und mit weiteren Schlägen droht. Als der komplette Trupp abgezogen ist, drehen sich langsam alle zueinander um – und lachen. Vor Erleichterung, aber auch, weil ein kleiner, zweijähriger Junge einen Gestapomann in die Flucht geschlagen hat.

Die Geschichte klingt unglaubwürdig? Finde ich auch. Die Geschichte ist eigentlich zu gut, um wahr zu sein. Zu lustig auch. Aber, das werde ich später lernen, ich habe meinem Vater so einige Geschichten nicht geglaubt, bei denen sich hinterher herausgestellt hat, dass da mehr als ein Körnchen Wahrheit dran ist. Ob es sich wirklich, wirklich so zugetragen hat, werden wir nie erfahren. Meine Oma können wir nicht fragen, weil die Anfang der Neunziger gestorben ist. Und selbst wenn, bezweifle ich, dass sie zugegeben hätte, dass die Geschichte so vielleicht doch nicht ganz stimmt. Es ist eine Art Familiensaga. Und meine Oma hatte einen ziemlich trockenen Humor. Auch mein

Vater hätte keinen Grund gesehen, an der Geschichte zu zweifeln. Immerhin hat er darin einen großen Auftritt und schon als Zweijähriger einen Nazi in die Flucht geschlagen. Und mein Großvater? Mal davon abgesehen, dass er 1943 von den Nazis umgebracht wird, ist der gar nicht dabei, als die Gestapo sein Haus auf links zieht. Der hat nämlich Glück im Unglück.

Warum auch immer er an diesem Abend noch nicht zu Hause ist, es ist seine Rettung. Vielleicht war er länger bei einer Versammlung in der Mönchengladbacher Altstadt, weil er sich mit Freunden und Mitstreitern beraten hat, was jetzt zu tun ist. Mit großer Wahrscheinlichkeit ist er die zwei Kilometer nach Hause zu Fuß gegangen. Auf jeden Fall muss er am Haus von Hans Jansen vorbei – oder Janse Hennes, wie er im Gladbacher Platt heißt. Also dem Kumpel, mit dem er während des Wahlkampfs die Hauswand des Fabrikanten angemalt hat. Und der warnt ihn: »Döres, geh nicht nach Hause. Die warten auf dich.«

Also geht mein Großvater nicht nach Hause, sondern kehrt um und geht zurück in Richtung Stadt. Knapp eineinhalb Kilometer sind es bis zu seinem Elternhaus Am Kämpchen 1. Also circa zwanzig Minuten zu Fuß. Während die Gestapo sein Haus auf den Kopf stellt, hat er so genügend Zeit, bei seinen Eltern aufzuschlagen. Denn dort hat er seinen Pass deponiert. Eine Vorsorgemaßnahme. Für den Fall, dass die Nazis ihn tatsächlich festnehmen oder seinen Pass einkassieren wollen, um eine Flucht zu verhindern. Es gibt unterschiedliche Angaben darüber, ob er sofort von dort aufgebrochen ist, um in den Niederlanden Unterschlupf zu finden, oder ob er sich erst ein paar Tage bei seinen Eltern aufhält, bevor er flieht.

In einem Verhör vom 13. Juni 1942 im Reichssicherheitshauptamt in Berlin gibt er die Geschehnisse wie folgt an:

> Von Nachbarsleuten, die vor ihrer Tür standen, wurde mir erzählt, dass bei mir eine Wohnungsdurchsuchung

> stattfände. An dieser wollen nach späteren Erzählungen meiner Frau ca. 40 Personen teilgenommen haben. Ich vermutete, dass ich festgenommen werden sollte. Um einer Festnahme zu entgehen, fasste ich also sofort den Entschluss zu flüchten, d. h., ich begab mich erst einmal für einen Tag zu meinen Eltern, um von dort aus die Lage zu beobachten. Als ich jedoch dann am anderen Tage feststellte, dass meine Wohnung noch immer besetzt war, ging ich erst dann nach Holland.[5]

Es gibt auch Quellen, die angeben, mein Großvater wäre einige Tage bei seinen Eltern gewesen. Ich für meinen Teil kann mir nicht vorstellen, dass er noch länger dageblieben ist. Dort hätte ihn die Gestapo doch als Erstes gesucht. Ich glaube eher an die Version, die er im Verhörprotokoll angibt. Wenn er ohnehin schon seinen Pass dort liegen hatte, hatte er vielleicht auch schon einen Tornister gepackt, um im Notfall schnell verschwinden zu können. Von seinem Elternhaus aus sind es nur knapp zwölf Kilometer[6] bis zum nächsten Grenzübergang in die Niederlande. Das sind zu Fuß so zwei bis zweieinhalb Stunden, je nachdem, wo mein Großvater damals langlief. Vielleicht hat er sich eher abseits der Hauptwege gehalten, im Grenzgebiet war damals noch deutlich mehr Wald als heute. Für meinen Großvater keine allzu große Herausforderung, denn er kennt die Gegend gut, sie war Ziel vieler Wochenendwanderungen und Zeltlager. Und von der reinen körperlichen Belastung her ist die Strecke eher ein kleiner Spaziergang.

Aber ich frage mich oft, worüber er wohl nachgedacht hat auf diesem Weg. Weiß oder ahnt er, dass er diese Grenze nie wieder als freier Mensch überqueren wird? Werden ihm die Beine schwer, wenn er an seine Frau und seinen kleinen Sohn denkt? Verkrampft sich sein Herz, weil er nicht weiß, ob die Nazis seiner Familie etwas antun? Es muss schrecklich gewesen sein, zu wissen, dass die Gestapo das ganze Haus auf den Kopf stellt, in dem sich seine Frau und der erst zweijährige Sohn befinden. Und der hitzköpfige Schwager, der immer nur Ärger macht. Ob mein Großvater sich Vorwürfe macht, weil er seine Familie nicht mitnehmen kann? Oder redet er sich gut zu, um sich zu beruhigen, sagt sich, dass schon nichts passieren wird? Es ist so unglaublich schwer, sich das alles vorzustellen. Denn anders als heute kann er nicht mal Kontakt aufnehmen. Kein Anruf, denn das ist ja alles noch vor der Zeit, in der sich in jedem Haus ein Festnetzanschluss befindet. Keine Briefe, denn die hätten abgefangen werden können. Keine Chance, auch nur das kleinste bisschen Information zu bekommen – auf unbestimmte Zeit. Ich scheitere kläglich an dem Versuch, mir auszumalen, wie das gewesen sein muss.

Mein ganzes Leben habe ich in einem friedlichen, demokratischen Deutschland verbracht, in dem ich nichts von alledem erleben musste. Im Gegensatz übrigens zu vielen, vielen anderen Menschen, die hier leben. Für sie ist das Teil ihrer Lebensgeschichte. Zum Beispiel für Menschen, die vor dem Mauerfall aus der DDR geflohen sind, oder jene, die in den 90ern vor dem Bosnienkrieg flüchteten – wenn sie denn bleiben durften. Es ist Realität für alle, deren vietnamesische Eltern als Boatpeople Zuflucht in der DDR gefunden haben. Und für die Menschen, die vor dem Krieg in Syrien fliehen. Für politisch Verfolgte und ihre Familien aus allen Teilen der Welt. Denn so speziell die Geschichte meines Großvaters für mich ist – so real und gegenwärtig ist sie für viele, viele Millionen Menschen überall auf dieser Welt.

1998
Und dann ist er weg

»Und du hast gar keinen Kontakt mehr zu deinem Vater?«

Ich weiß nicht, wie oft mir diese Frage gestellt wurde. Vor allem zu Beginn meines Studiums in Köln, als ich nach dem Ende meiner Ausbildung endlich wegziehe aus Mönchengladbach und mich plötzlich in einem komplett neuen Umfeld befinde. Egal wem ich diese Frage beantworte, am Ende bleibt häufig ein Achselzucken. Eines, das sagt: Ja gut, Eltern trennen sich, das läuft natürlich selten schön ab. Aber das ist doch kein Grund, den Kontakt zu seinem Vater abzubrechen. Das ist ja eine Sache zwischen deinen Eltern. Damit musst du halt auch irgendwann mal deinen Frieden machen. Eltern und Kinder halten doch zusammen, egal, was passiert. Dafür ist Familie ja da. Im Prinzip war genau das der Knackpunkt. Ich hab das damals nur selber noch nicht verstanden. Meine Kommiliton:innen und ich hatten einfach komplett unterschiedliche Vorstellungen davon, was diese Vaterfigur angeht. Beziehungsweise: Im Prinzip hatten wir ziemlich ähnliche Vorstellungen, nur mein Vater hat diese Vorstellungen einfach nicht erfüllt.

Es gab in meinem Leben keinen Vater, der sich um mich gekümmert hat. Der sich dafür interessiert hat, wie es mir geht. Mein Vater wollte wissen, was ich kann. Wenn er auf mich stolz sein konnte, war ich »gut geraten«. Und natürlich wollte ich gerne, dass er stolz auf mich war. Und das war er dann, wenn ich gute Noten nach Hause brachte. Oder gut im Sport war. Wenn ich was Schönes gemalt hatte oder ein Gedicht geschrieben. Wenn ich eines seiner Lieder auf dem Akkordeon begleiten konnte, dann war das prima. Überhaupt war »prima« eines seiner Lieblingswörter. Weniger prima war allerdings, wenn etwas Geld kostete. Die Akkordeonlehrerin etwa. Oder Kleidung. Wenn ich Taschengeld wollte, hat er gelacht. Wenn ich Geld haben will, hat er dann gesagt, könnte ich ja Pfandflaschen sammeln gehen. Er hätte damals als Kind auch kein Taschengeld bekommen. Im Gegenteil, er musste sich sogar sein Essen erbetteln. Dabei hatte er immer Klimpergeld in den Hosentaschen. Er hätte nur reingreifen und mir eine Mark geben müssen. Oder fünfzig Pfennig. Manchmal gab's die dann auch, weil er keinen Bock mehr auf das Genöle hatte. Wesentlich öfter habe ich mich aber selbst an seinen Hosentaschen bedient, wenn er schlief. Ich hab nie viel genommen. Aber ich wusste schon, dass die silbernen Münzen mehr wert waren als die kupfernen oder messingfarbenen. Und so hab ich mir zwischen Knöpfen, benutzten Stofftaschentüchern, Plektren und was er sonst noch so mit sich rumschleppte, ein paar Münzen rausgesucht. Das Geld hab ich dann gegen eine Tüte Buntes am Kiosk eingetauscht. Oder Esspapier. Ob meine Mutter das wusste? Keine Ahnung. Sie selbst musste mit meinem Vater so häufig und so heftig über Geld streiten, damit auch er sich an den Haushaltsausgaben beteiligte, dass ich das ganz okay fand. Wir haben allerdings nie darüber gesprochen.

Ein wirklich liebevolles Verhältnis war es also nicht. Und gekümmert hat sich mein Vater im Prinzip auch nie wirklich. Mein Vater hat nicht nur Hunde angeleint irgendwo vergessen, sondern auch Kinder unterwegs »verloren«. Es ist eine der Geschichten, die immer und immer wieder über meinen Vater erzählt werden. Dass er mich – als Drei- oder Vierjährige – bei einem Musikfestival mitten auf dem Marktplatz in Mönchengladbach einfach vergisst. Er zieht mit mir los und kommt dann ohne mich wieder zurück nach Hause, weil er beim Klönen und Selbstdarstellen nicht mehr dran denkt, dass seine kleine Tochter auch noch da ist. Ich selber habe genau gar keine Erinnerung an diese Geschichte, aber ich kann mir lebhaft vorstellen, wie meine Mutter ausgeflippt ist. Zu Recht. Angeblich haben sie mich fröhlich tanzend auf der Bühne wiedergefunden. Ich kann meinen Vater also nicht allzu sehr vermisst haben. Lebensgeschichten mit Comic Relief kann meine Familie.

Während meines Studiums mache ich mir aber all diese Gedanken nicht. Da zweifle ich vor allem an mir selbst. Was stimmt mit mir nicht? Warum bin ich so anders? Warum kann ich nicht erklären, dass ich keinen Kontakt mehr zu meinem Vater haben will? Für mich selbst fühlt sich die Entscheidung vollkommen richtig und gut an, auch wenn es eine schmerzhafte Entscheidung war. Eine, die ich in jahrelangen Selbstgesprächen immer wieder diskutiere. Aber ich bin einfach so unglaublich wütend auf ihn.

Vielleicht hätte ich besser erklären müssen, wie ich aufgewachsen bin. Meine Mutter ist die zweite Frau meines Vaters. Mit seiner ersten Frau, von der er geschieden ist, hat er bereits Kinder, die alle deutlich älter sind als ich, weshalb wir nicht in einem gemeinsamen Haushalt aufwachsen. Mein Vater arbeitet als Grundschullehrer. Und in seinem Fall muss ich leider sagen: Ja, er erfüllt durchaus das ein oder andere Klischee des Lehrers, der den Job nur ausübt, um möglichst viel Freizeit zu haben. Wobei mein Vater keineswegs faul ist. Für ihn ist der Lehrerberuf eben nur Mittel zum Zweck. Er selbst versteht sich als Künstler. Und da ist der Job als Grundschullehrer perfekt. Ab dem frühen Nachmittag frei und jede Menge Ferien, also jede Menge Zeit für seine Leidenschaften. Er steckt all seine Freizeit und Energie in sein künstlerisches Schaffen. Da ist er unglaublich produktiv. Ständig schreibt er neue Lieder, spielt auf seiner Gitarre oder der Balalaika oder verfasst Texte. Er gründet einen eigenen Verlag, um seine Schallplatten mit Widerstandsliedern und seine Bücher, die niemand drucken will, produzieren und veröffentlichen zu können. Ein Hobby, für das sein ganzes Geld draufgeht. Für das er aber auch gefeiert und bewundert wird. Zumindest in den Kreisen der Bündischen Jugend. Viele Pfadfinder in Deutschland kennen mindestens ein Lied, das mein Vater geschrieben hat, weil sie es regelmäßig am Lagerfeuer singen. »Trampt durch Länder, Kontinente« zum Beispiel. Wer jemals in seinem Leben einer Pfadfindergruppe angehört hat, wird dieses Lied aller Wahrscheinlichkeit nach kennen. Es stammt aus der Feder meines Vaters aus der Zeit, als er selbst zu Fuß die Welt bereist hat, irgendwann Anfang der Fünfziger.

Um einen kleinen Einblick in seine »pädagogischen Fähigkeiten« zu geben, die sich zu Hause nicht wesentlich von denen in der Schule unterscheiden: Ich gehe unglaublich gerne zur Grundschule. Ich mag Rechnen. Und Schreiben. Und Lesen. Und mir Geschichten ausdenken. Irgendwann zeige ich eine dieser Geschichten meinem Vater. Schließlich ist er der Lehrer im Haus, also ist auch er derjenige, dem die Hausaufgaben vorgelegt werden. Meine Mutter hätte mit ihrem Fulltimejob ohnehin keine Zeit gehabt. Ich rechne mit einem Lob, schließlich habe ich mir große Mühe gegeben, schön und leserlich zu schreiben. Mein Vater aber wird schrecklich wütend und poltert mit seiner Donnerstimme los. In seiner Schimpftirade kommt unter anderem die Bezeichnung »du Esel« vor – eine seiner Lieblingsherabwürdigungen und keinesfalls liebevoll gemeint. Warum er so schimpft? Nun, ich habe Rechtschreibfehler gemacht. Rechtschreibfehler, die Schüler in seiner Klasse niemals machen würden. Was schlicht heißt, ich bin noch dümmer als die Kinder, die er unterrichtet. Um mich zu bestrafen, reißt er die Seiten mit den Rechtschreibfehlern aus meinem Heft und lässt mich das Ganze nochmal schreiben. Ich soll es ihm erst wieder zeigen, wenn ich keine Fehler mehr mache. Ich kann mich nicht erinnern, wie oft ich die Geschichte neu schreiben muss. Aber ich kann mich an das Gefühl erinnern, das ich damals habe, als seine Wut über mich hereinbricht. Es ist einer dieser Momente, in denen das Herz ganz schwer wird und eine tiefe Traurigkeit in einem aufsteigt, die die Beine lähmt und jeden Schritt zu einem Kraftakt werden lässt. Ich habe diesen Tag durchgehalten. Irgendwann steht eine Geschichte in meinem Heft, in der keine Rechtschreibfehler mehr sind. Aber ich zeige ihm nie wieder auch nur irgendeine Hausaufgabe.

Klar, jetzt könnte man sagen: Na ja, gut, da hat er sich dir gegenüber nicht gut verhalten. Ausnahmesituation. Alte Schule, schließlich stammt seine pädagogische Bildung aus den Fünfzigern. Vielleicht hatte er keinen guten Tag. Vielleicht hast du das auch ein bisschen zu schwer genommen. Alles Argumente, die ich gehört habe. Heute weiß ich: Das alles ist kein Grund, ein Kind zu demütigen. Später gehe ich mit einigen der Kinder, die er in der Grundschule unterrichtet hat, aufs Gymnasium. Sie alle können ähnliche Geschichten erzählen. Mein Vater wirft mit Kreide oder dem Schlüsselbund nach dem Klassenclown, zieht Schülerinnen und Schüler an den Ohren, macht sie »zur Minna«, wie er es nennt, wenn er verschimmelte Butterbrote in ihren Tornistern findet. Und so sind die ersten Worte, die ich mit meinen neuen Mitschüler:innen wechsele: »Der Herr Hespers war mein Klassenlehrer in der Grundschule. Der hat mir mal an den Ohren gezogen!« Super Einstand. Ich wäre am liebsten im Boden versunken. Und gleichzeitig denke ich: Ja, was glauben die denn, wie es bei uns zu Hause abgeht? Glauben die wirklich, ich weiß das nicht? Oder würde das selber nicht erleben? Aber mit wem soll man darüber schon reden?

Die eigentliche Frage ist ohnehin: Warum flippt mein Vater so aus? Ich habe schließlich nur ein paar Rechtschreibfehler gemacht. Aber, und das ist auch so eine zweifelhafte Gabe meines Vaters, er nimmt solche Dinge persönlich. Meine Rechtschreibfehler sind im Prinzip eine Beleidigung für ihn als Grundschullehrer. Das ist nicht hinnehmbar. Und wenn er sich persönlich angegriffen fühlt – und das ist meistens –, dann lässt er das sein Gegenüber auch spüren. Dann wird er herablassend und verletzend. Nicht nur mir gegenüber. Auch gegenüber allen anderen Menschen. Ich weiß genau, wie peinlich ich es fand, wenn er mal wieder irgendwen zusammenfaltete. Gerne publikumswirksam. Und dazu muss ich sagen, dass in dem kleinen Vorort von Mönchengladbach, in dem wir gelebt haben, wirklich alle meinen Vater kannten. Er machte den Leuten die Hölle heiß. Und ich möchte nicht ausschließen, dass er sie häufig für Dinge verantwortlich machte, die eigentlich eher sein Fehler waren. Zum Beispiel in der Bank, wenn Überweisungen nicht getätigt wurden. Meist aus dem einfachen Grund, dass nicht genügend Geld auf dem Konto war. Aber das war meinem Vater egal. Er sah den Vorgang als persönlichen Affront und polterte los.

Warum da kein Geld auf dem Konto war? Nun, mein Vater ging recht großzügig damit um, zumindest, wenn er es für sich und seine Produktionen verwenden konnte. Sobald Geld da war, gab er es aus. Er fuhr zum Beispiel mit seinem VW-Bus kreuz und quer durch Europa. Oder mit dem alten, grünen Mercedes. Dabei pflegt mein Vater keinen extravaganten Lebensstil. Auf Kleidung legt er nicht viel Wert, er kauft im Discounter, geht selten Essen, trinkt nicht übermäßig, wenn er mit Freunden unterwegs ist. Aber wenn man ihn fragt, hat er nie Geld. Nie. Viele in seinem Umfeld haben gemutmaßt, dass er die Kohle zur Seite geschafft hat. Auf ein Schweizer Bankkonto oder so. Weil sich niemand vorstellen kann, wie jemand, der so wenig Geld zum Leben braucht, trotzdem so viel verpulvert. Und es ist auch schwer vorstellbar. Aber sobald mein Vater von irgendwoher Geld bekommt, gibt er es einfach aus. Es kommt ja, dank Beamtensalär, immer neues. Er macht übrigens auch vor dem Geld anderer Leute nicht Halt. Es gibt mehr als eine Geschichte darüber, dass er Gelder veruntreut, die eigentlich für andere Zwecke gedacht sind. Warum ich das Thema Geld hier so ausführlich behandele? Nun, es war einer *der* Gründe, warum mein Vater immer wieder in Streit mit anderen Menschen geriet. Und ich meine nicht einfach nur verbale oder schriftliche Auseinandersetzungen. Ich meine juristische. Eines der Lieblingshobbys meines Vaters war es, andere Menschen zu verklagen. Er hat diese juristischen Streitigkeiten gar nicht mal so oft gewonnen – aber auch dabei wieder jede Menge Geld ausgegeben. Wenn es nicht so traurig wäre und wenn es nicht dazu geführt hätte, dass er auch meiner Mutter, meiner Schwester und mir das Leben zur Hölle gemacht hätte, man könnte fast drüber lachen.

Sein Arbeitszimmer, schon damals eine absolute Rumpelkammer, ist sein Hoheitsgebiet. Ebenso wie das Wohnzimmer, in dem seine Schlafcouch steht. Eine für unsere Verhältnisse teure Ledercouch, die meine Mutter angeschafft hat, denn – richtig – mein Vater hält solchen Luxus für unnötig. Also gibt's dafür auch kein Geld von ihm. Nicht selten stammten unsere Möbel vom Sperrmüll. Nicht, dass mich das je gestört hätte. Für mich war das normal, weil ich es nicht anders kannte. Aber meiner Mutter ging das wohl irgendwann auf den Zeiger. Vielleicht vergleichbar mit dem Tag, an dem man die IKEA-Möbel leid ist und endlich mal »was Vernünftiges« haben will. Mein Vater schläft mit dem Kopf auf der Armlehne der Couch. Die Stelle ist durch einen Fettfleck deutlich erkennbar. Denn was seine Haare angeht, ist mein Vater dann doch ziemlich eitel. Und so versucht er, seinen dünner werdenden, schwarzgrauen Locken mit Birkenhaarwasser neues Leben einzuhauchen.

Er zieht nicht ganz freiwillig auf die Couch. Mein Vater schnarcht einfach unfassbar laut, hat einen seltsamen Schlafrhythmus und geht nachts gerne an den Kühlschrank, um sich den Bauch vollzuschlagen. Und meine Mutter, die als Selbständige einen Fulltimejob hat und im Prinzip alleine für Kinder und Haushalt zuständig ist, während mein Vater an seiner Selbstverwirklichung arbeitet, braucht ihren Schlaf. Er hätte auch einfach ein anderes Zimmer nehmen oder irgendwo ein Bett aufbauen können, aber das kommt meinem Vater nicht in den Sinn. Er ist ohnehin stolz darauf, sich jederzeit und überall schlafen legen zu können. Und das tut er auch regelmäßig. Oft macht er einfach in seinem Auto ein Nickerchen. Aber er legt sich auch einfach auf Parkbänke, auf Rasenflächen oder irgendwo in den Wald – wenn er müde ist, sucht er sich einen Platz zum Schlafen. Und nicht nur das. Mein Vater sieht dabei oft aus wie jemand, der keine Wohnung hat. Auch darauf ist er stolz. Er sieht und inszeniert sich gerne als Vagabund und Clochard. Nicht selten hat er eine Plastiktüte dabei. Lidl oder Aldi waren seine Lieblingsmarken. Oder Kaiser's Kaffee, als es das noch gab. Das hätte nämlich fast mal seinem Opa gehört – noch so eine Familiensaga. Zur Plastiktüte trägt er Karohemd und Pullunder, braune Cordhosen und Ledersandalen ohne Strümpfe. Im Gesicht, an seinen Händen und Füßen ist mitunter deutlich die Schuppenflechte zu erkennen, die ihn zeitweise mit starken Entzündungen plagt. Wenn so eine Person auf der Parkbank liegt, daneben eine stark abgenutzte Plastiktüte, was denkt man wohl über sie? Mein Vater fasst das aber nicht als Beleidigung auf, sondern eher als Kompliment. Was mein Vater da tut, ist der Inbegriff seiner Freiheit. Ein ausgestreckter Mittelfinger gegen die ollen Spießer, die sich mit Statussymbolen schmücken müssen, um in dieser Gesellschaft wer zu sein. Mein Vater ist überzeugt: Er ist schon wer. Er ist Künstler, Sohn eines Widerstandskämpfers, Verfechter der Mundart, Bewahrer der bündischen Widerstandslieder und -kultur, Autor, Komponist, ein Freigeist. Was kümmert es ihn, ob andere Menschen ihn für einen Obdachlosen halten? Er ist frei. Alle anderen sind Gefangene. So sieht er das.

Das klingt für den einen oder die andere vielleicht ein bisschen wildromantisch. Und auch ich bin manchmal insgeheim ein wenig neidisch darauf, dass mein Vater anscheinend nie so etwas wie materielle Existenzangst kannte. Oder den Wunsch, sich anzupassen und dazuzugehören. Auf der anderen Seite war alles an der Welt, in der ich groß wurde, komisch für andere: der Altersunterschied zwischen meinen Eltern; dass mein Vater so alt war wie bei anderen die Großeltern; dass mein Vater als Musiker und Künstler eine Art Lokalpromi war; dass bei uns zu Hause Menschen mit Klampfe und Barett – Wandervögel und andere seltsame Gestalten aus dem Umfeld der Bündischen Jugend – bis spät in die Nacht Lieder gesungen haben; dass mein Vater zu jeder Tages- und Nachtzeit bloß mit einer Unterhose bekleidet durch die Wohnung lief, sobald es warm genug dafür war, und zwar auch dann, wenn wir Besuch hatten. Ich selbst hab lange keinen Anstoß genommen. Für mich war das ja alles Alltag. Aber für viele, viele andere Menschen eben nicht. Irgendwann weiß man, dass man zu »den Komischen« gehört.

In Wahrheit ist das alles also nicht annähernd so wildromantisch, wie es klingt. Dieses Verhalten, das sich mein Vater tatsächlich sehr geschickt zunutze macht, ist die Folge der Traumata, die er erlitten hat. Mein Vater hatte sein Leben lang einen intermittierenden Schlafrhythmus. Etwas, das typisch ist für Menschen, die Extremsituationen überlebt haben. Bei vielen Geflüchteten aus Kriegsgebieten lässt sich ein ähnliches Phänomen beobachten. Es ist Teil des Überlebensmodus, in den wir Menschen schalten können. Und im Prinzip heißt das, mein Vater war sein ganzes Leben lang auf der Flucht. Und deswegen hat er auch nachts den Kühlschrank geplündert. Er aß, wenn es was zu essen gab. Manchmal maßlos. Als Kind habe ich das natürlich überhaupt nicht verstanden. Wie auch. Kriegstraumata oder die Traumata von Flucht und Verfolgung waren nie Thema. Also, wir haben in der Schule natürlich gelernt, was Krieg ist. Dass Menschen dann flüchten müssen, um nicht zu sterben. Aber was das für Folgen hat für diese Menschen, darüber habe ich nie was gelernt. Dabei hatte ich ein Paradebeispiel dafür als Vater. Aber dass sein Verhalten mit dem in Zusammenhang steht, was er als Kind und Jugendlicher während des Nationalsozialismus erlebt hat, das habe ich erst sehr viel später erfahren. Es gab ja auch niemanden, mit dem ich mich hätte austauschen können. Die Eltern meiner Klassenkamerad:innen waren so alt wie meine Mutter, also Nachkriegskinder. Und die Großelterngeneration, die in aller Regel zu den Täterinnen und Tätern gehörte, war jetzt auch nicht ganz so erpicht darauf, darüber zu sprechen.

Es gibt so viel, das ich gerne früher gewusst hätte. Aber dafür hätte es hier in Deutschland ein Bewusstsein geben müssen für die psychischen Spätfolgen von Flucht und Verfolgung. Ein Thema, das in den USA oder in Israel sehr viel besser erforscht und viel intensiver besprochen worden ist. Und das ist auch kein Wunder. Denn viele der Verfolgten flüchteten, wenn sie konnten, in die USA oder wanderten ins heutige Israel aus, darunter viele jüdische Familien. Und die Kinder und Nachfahr:innen dieser Verfolgten studierten nicht selten Psychologie und beschäftigten sich mit den Traumata, die durch Verfolgung und Genozid entstanden sind. Eine der Ersten, die sich mit den Kriegstraumata der Kinder in Deutschland intensiver auseinandergesetzt hat, ist Sabine Bode mit ihren Büchern über Kriegskinder und Kriegsenkel.[1]

Aber noch weiß ich von alldem nichts. Stattdessen pubertiere ich mich latent depressiv durch die noch verbleibenden Schuljahre und vermeide es so gut es geht, zu Hause zu sein. Die Stimmung da ist mies. Und so sitze ich mit meinen meist männlichen Kumpels in irgendwelchen Partykellern und mache dort das, was man Mitte der Neunziger so macht: Saufen, Playstation zocken, dummes Zeug reden und Metal hören. Als die Abiprüfungen anstehen, ziehe ich eine Woche zu meinem damaligen Freund und seiner Familie, um in Ruhe lernen zu können. Weil ich ja nicht studieren darf – zu teuer, wer soll das bezahlen? –, fange ich, noch bevor ich mein Abi-Zeugnis überreicht bekomme, als Aushilfe bei einer großen Einzelhandelskette an, um mein erstes Geld zu verdienen. Es ist das gleiche Unternehmen, bei dem ich wenige Monate zuvor einen Ausbildungsplatz als Werbekauffrau ergattert habe. Mit dem Aushilfsjob überbrücke ich die Zeit bis zum Start der Ausbildung am 1. August 1997, während ein großer Teil meiner Klassenkamerad:innen die Freiheit nach dem Abi genießt und vor dem Studium ausgedehnte Auslandsaufenthalte sponsored by Mama und Papa macht. Und ja, ich gebe zu, ich bin damals neidisch auf alle, die nach dem Abi ihr Leben genießen dürfen, aber ich bin auch ganz schön stolz darauf, endlich mein eigenes Geld zu verdienen. Zu Hause kann ich endlich eine kleine Miete zahlen und mich so an den Lebenshaltungskosten beteiligen – nie im Leben wäre ich darauf gekommen, dass andere Menschen in meinem Alter Wohnungen von ihren Eltern finanziert bekommen. Oder sogar das komplette Studium. Ich war tatsächlich davon überzeugt, dass es für mich nun mal keine andere Möglichkeit gibt, weil wir kein Geld haben. Ausbildung, Freund, heiraten, Kinder – das schien mir der vorgezeichnete und für mich adäquate Lebensweg.

Ich beginne also meine Ausbildung, zahle brav zu Hause Miete, kümmere mich um Hund und Pferd (ja, wir haben damals ein Pferd, und ja, das ist Luxus) und bin möglichst wenig zu Hause. Ohnehin habe ich genug damit zu tun, in dieser neuen Welt klarzukommen, die sich Bürojob nennt. Die Arbeitsprozesse sind nicht das Problem. Aber mich den Hierarchien unterzuordnen – puh, das gelingt mir schlecht. Im Prinzip merke ich zum ersten Mal, dass die Welt da draußen anders tickt als zu Hause. Ich bin dazu erzogen worden, allein klarzukommen, Entscheidungen selbständig zu treffen. Bei einer Vollzeit arbeitenden Mutter und einem größtenteils abwesenden Vater geht das auch gar nicht anders. Jetzt plötzlich bin ich eine Auszubildende, die zwar Sachen kann und begriffen hat, aber trotzdem nachfragen muss, ob sie das umsetzen darf. Denn hier entscheidet der Chef und nicht Frollein »Ich hab nen Abischnitt von eins Komma vier, ich bin doch nicht doof, das kann ich alleine«. Und auch nicht Frollein »Machst du mich doof an, mach ich dich doof an«. Beides sorgt für ziemlich viel Ärger – für mich versteht sich – und einige Gespräche mit der Personalabteilung, in denen mir ordentlich der Kopf zurechtgerückt wird.

Ich habe also wirklich genug damit zu tun, mich irgendwie in dieser Arbeitswelt zurechtzufinden. Das, was wenige Tage vor Weihnachten 1997 passiert, kommt für mich aus dem Nichts. Ich kann mich nicht mehr genau erinnern, ob ich den Zettel als Erste finde oder ob meine Mutter ihn mir zu lesen gibt. Aber auf unserem Esstisch im Wohnzimmer liegt ein handgeschriebener Zettel von meinem Vater, adressiert an meine Mutter. Das Geschriebene ist in einem Ton verfasst, dass man diesen Zettel auch gut hätte an den nächsten Baum tackern können. Im Mittelalter hätte er wahrscheinlich mit den Worten begonnen: »Hiermit tue ich kund, um zu wissen, dass ich meine Familie verlasse.« Ich will nicht näher auf den Wortlaut eingehen, um die Privatsphäre meiner Mutter nicht zu verletzen. Aber dieser Brief ist eine Aneinanderreihung absurder Anschuldigungen und Rechtfertigungen, mit dem Fazit, dass er, mein Vater, im Grunde keine andere Wahl hat, als die Familie zu verlassen, wenn er sein Gesicht als Mann wahren will. Schuld an alledem, das macht er ziemlich deutlich klar, ist ausschließlich meine Mutter. Alles klar. Abgang. Mit einem Brief. Nach zwanzig Jahren Ehe. Nur wenige Tage vor Weihnachten. Und nein, es gibt nie einen guten Zeitpunkt für eine Trennung. Aber ich fand das damals – gelinde gesagt – kackendreist. Und ziemlich feige. Haut der einfach ab!

Vielleicht hätte ich ihm das irgendwann verzeihen können.

Keine Ahnung. Aber das Nachfolgende kann ich ihm dann wirklich nicht mehr verzeihen. Denn er droht damit, das Haus zu verkaufen. Das Haus, in dem meine Mutter einer Arbeit nachgeht, die man nicht so einfach an einen anderen Ort verlegen kann. Sie ist selbständig, braucht nicht einfach nur ein Büro, sie braucht speziell eingerichtete Räumlichkeiten, für die man eine Genehmigung benötigt. Das Haus läuft auf den Namen meines Vaters. Und weil meine Eltern einen Gütertrennungsvertrag haben, heißt das: Wenn er das Haus verkaufen will, kann er das durchaus tun. Laut Ehevertrag gehört ihm nämlich nicht nur das Haus, sondern auch alles, was sich darin befindet, und zwar egal, von wessen Geld es angeschafft wurde. Mit dem Verkauf des Hauses würde er die Existenzgrundlage meiner Mutter zerstören. Der Frau, mit der er seit zwanzig Jahren verheiratet ist, die ihm immer den Rücken freigehalten und das künstlerische Schaffen unterstützt hat, die fast im Alleingang die gemeinsamen Kinder großgezogen hat – und die diese künftig allein weiter versorgen soll, da er keinerlei Anstalten macht, auch nur irgendeine Form von Unterhalt zu zahlen.

Um uns Kinder geht es ohnehin an keiner Stelle. In den Augen meines Vaters sind wir quasi erwachsen und müssen da durch. Er hat ja noch ganz andere Dinge überlebt. Außerdem ist es ja auch nicht seine Schuld, dass alles so gekommen ist. Er ist ja das Opfer in der Geschichte. Zumindest in seiner Welt.

Jetzt ist er also weg. Wohin, das weiß ich zunächst gar nicht. Es ist mir auch egal. Soll er doch bleiben, wo der Pfeffer wächst. Wir können auch ohne ihn Weihnachten feiern. Vielleicht das schönste Weihnachten seit langer Zeit. Denn neben dem Schock über seinen Abgang ist da auch eine seltsame Form von Erleichterung bei mir. Als wäre eine schwere, dunkle Gewitterwolke nach vielen Jahren endlich abgezogen. Ein Jahr später werden zum ersten Mal überhaupt die Eltern meiner Mutter bei uns feiern. Mit denen war der Kontakt bis dahin eher sporadisch. Mein Vater konnte seinen Schwiegervater nicht ausstehen, weil er ihn für einen verkappten Nazi hielt. Und der wiederum konnte meinen Vater nicht ausstehen, weil er es zum einen unsittlich fand, dass ein Mann seines Alters eine Frau heiratete, die seine Tochter sein könnte, und weil mein Vater kein fleißiger Malocher war, sondern ein Hallodri. Ein Träumer, der sich durch das Leben schwadronierte. Alles in allem also keine gute Kombi, die beiden. Aber jetzt, wo mein Vater nicht mehr da ist, können sie das erste Mal Weihnachten mit uns feiern. Ein Fest der Versöhnung, bei dem der Satz »Ich hatte dich ja schon immer vor diesem Mann gewarnt!« selbst da noch über dem festlich gedeckten Tisch schwebt.

Als mein Vater im neuen Jahr kommt, um seine Sachen abzuholen, kann er es nicht lassen, meine Mutter immer und immer wieder zu provozieren. Das ist die tiefdunkle Seite meines Vaters. Auf Menschen treten, die schon am Boden liegen. Seine ganze Überlegenheit ausspielen und auskosten. Es ist kaum auszuhalten, wie er im Schutze einiger Freunde immer wieder irgendwelche herablassenden Sprüche in Richtung meiner Mutter absondert. Sie, die gerade vor den Trümmern ihrer Existenz steht und keine Ahnung hat, wie es weitergehen soll. Die nicht weiß, wie sie ihre Kinder ernähren soll. Wo sie wohnen soll. Ob und wie sie irgendwo arbeiten kann. Meinem Vater kann das ja alles egal sein, er hat als pensionierter Lehrer und Konrektor einer Grundschule ein mehr als solides und vor allem regelmäßiges Einkommen. Meine Mutter steht mit zwei Kindern im Schlepptau buchstäblich vor dem Nichts. Kurz nachdem mein Vater seine letzten Sachen geholt hat, wird sie einen Nervenzusammenbruch erleiden, von dem sie sich lange Zeit nicht erholt.

Ich erinnere mich, dass auch ich kurz mit meinem Vater spreche, vielleicht ist es aber auch an einem anderen Tag. Es ist jedenfalls um diese Zeit herum. »Warum bist du hier?«, fragt er und grinst hämisch. »Haben sie dich etwa schon rausgeschmissen?« Das klingt komisch, aber ich weiß, er hätte sich diebisch darüber gefreut, wenn ich es nicht geschafft hätte in meinem Ausbildungsberuf. Ich kann kaum in Worte fassen, wie wütend mich das macht. Und genau darum geht es. Es geht nur darum, mich zu provozieren und zu verletzen. Denn eigentlich ist ihm herzlich egal, was ich mache.

Ein Mal noch besuche ich ihn danach. Er hat sich in einer kleinen Wohnung einquartiert in der Nähe der Grundschule, an der er gearbeitet hat. Ich erzähle ihm, dass es meiner Mutter nicht gut geht und wir nicht wissen, wie wir ein neues Zuhause finden sollen, in dem sie weiter ihrer Arbeit nachgehen kann. Dass obendrein auch noch das Pferd erkrankt ist und die Tierarztkosten uns Sorgen machen. »Dann bringt das Pferd doch zum Schlachter«, ist seine Antwort. Es wird das letzte Mal sein, dass ich mit ihm spreche. Bis auf ganz wenige Ausnahmen folgt auf diese Zeit eine Funkstille, die fünfzehn Jahre anhalten wird. Fünfzehn Jahre, in denen er nicht ein einziges Mal versucht, seinerseits den Kontakt wieder aufzunehmen. Für mich ist er ab diesem Zeitpunkt gestorben.

1933-34
Ein Reformhaus in Holland

Zweieinhalb, vielleicht drei Stunden wandert mein Großvater, bis er hinter der niederländischen Grenze in Sicherheit ist. Wahrscheinlich ist es nicht allzu warm in diesen frühen Morgenstunden irgendwann Anfang April 1933. Und allzu viele beleuchtete Wege gibt es damals ja auch noch nicht. Dafür umso mehr Wald. Viel mehr als heute. Ich bin mit meinen Eltern häufiger spätabends im Hunsrück gewandert. Immer dann, wenn wir von irgendwelchen abendlichen Zusammenkünften kommen, auf denen mein Vater Gitarre spielt, das Lagerfeuer knistert und alle durcheinander singen und reden, während wir Kinder uns irgendwie selbst beschäftigen oder schlafen. Und wenn dann doch das eine oder andere Glas zu viel getrunken wird, gehen wir auch gerne mal zu Fuß die paar Kilometer bis zu unserem Ferienhaus in einem Hundert-Seelen-Dorf. Ein umgebauter Kuhstall ohne Heizung mit zugigen Fenstern. Ich liebe es. Und finde unsere Wanderungen immer total spannend und abenteuerlich. Aber ich bin ja auch klein, meine Eltern sind an meiner Seite – und das Einzige, was uns hätte verfolgen können, wären ein paar Wildschweine gewesen.

In einer Schilderung seines Wegbegleiters Hans von Dahlen steht, dass mein Großvater Theo einige Zeit in den Wäldern an der niederländischen Grenze umherirrt.[1] Ohne Obdach, ohne Nahrung, ohne Kontakte. Ich bin mir ganz sicher, dass das die Version ist, die mein Großvater damals erzählt hat. Ich weiß aber inzwischen auch, dass das nicht ganz der Wahrheit entspricht. Denn da gibt es ja noch diese eine Tante, die Priorin im Dominikanerinnenkloster in Marienthal ist. Marienthal bei Venlo. Warum deutsche Dominikanerinnen ein Kloster in den Niederlanden haben, ist wieder eine ganz eigene Geschichte. Auf jeden Fall ist dieses Kloster seine erste Anlaufstelle. Den Weg dorthin wird er wohl gekannt haben. Und selbst wenn nicht: Von der Grenze aus musste er nur weiter nach Westen Richtung Maas laufen und dann flussaufwärts bis Venlo. Für jemanden, der so viel gewandert ist wie mein Opa Theo, dürfte das kein Problem gewesen sein, sich da zurechtzufinden. Je nachdem, wo er langgelaufen ist, wäre das ein Fußmarsch von sieben bis acht Stunden gewesen. In den Verhörprotokollen gibt er an, dass er etwa einen Monat im Kloster untergekommen ist. Direkt im Anschluss bekommt er Unterstützung von einem niederländischen Friedensring.

Das Kloster Marienthal hat wahrscheinlich obendrein noch einen Vorteil: Er kann von dort Nachrichten an seine Familie schicken. Im Zweifel sogar so, dass sie nicht nachverfolgbar sind. Zum Beispiel, indem Tante Christophera den Brief an einen katholischen Geistlichen in Mönchengladbach adressiert und der meine Großmutter aufsucht, um ihr den Brief zu übergeben. So ein Geistlicher ist Dr. Josef Thomé, der damals als Kaplan eine Art geistiger Ziehvater meines Großvaters ist und auch seine Trauung im Gladbacher Münster im Mai 1930 vornimmt. Es wäre völlig natürlich gewesen, wenn er als geistlicher Unterstützer zu meiner Großmutter und ihrem kleinen Sohn gegangen wäre, um dort nach dem Rechten zu sehen – und bei der Gelegenheit eine Nachricht zu überbringen. Da hätte die Gestapo trotz Auflösung des Brief- und Telegraphengeheimnisses gar nichts ausrichten können.

Dass mein Großvater diese Verbindungen nicht einmal Hans von Dahlen verrät, ist mehr als verständlich. Denn er kann sich sicher sein: Die Gestapo wird versuchen, alle, die zusammen mit ihm auf der Einheitsliste standen, in die Finger zu bekommen.

Außerdem sind alle KPD-Mitglieder unmittelbar in Gefahr. Und mit einigen von ihnen ist mein Großvater bereits seit Jahren befreundet, was heißt: Die wissen eine ganze Menge über ihn. Und dass die Gestapo und die Schlägertrupps der SA besonders einfühlsam mit ihren politischen Gefangenen umgehen würden, ist nicht zu erwarten. Ihr brutales Vorgehen hatten bereits vor der Machtergreifung einige deutlich zu spüren bekommen. Zahlreiche Kritiker:innen der NSDAP wurden von den »Ordnertrupps« der SA regelmäßig vermöbelt. Auch mein Großvater. Er weiß also ziemlich genau, mit wem er es zu tun hat.

Der Unterschlupf im Dominikanerinnenkloster ist allerdings keine Dauerlösung. Aber zurück nach Mönchengladbach, das wird ihm nach einiger Zeit klar, wird er vorerst auch nicht können. Viele seiner Freunde werden verhaftet und gefoltert. Einige überleben die »Sonderbehandlung« während der Verhöre nicht. Sie werden schlicht totgeprügelt. Zurück nach Hause zu gehen ist also keine Option. Das heißt: Er braucht eine Wohnung. Und zwar eine, in die er auch seine Familie nachholen kann. Denn wenn er seine Frau und seinen kleinen Sohn in Mönchengladbach zurücklässt, so fürchtet er, ist er erpressbar. Außerdem leidet er unter der Trennung. Vielleicht ist das die Zeit, in der er sich schwört, dass er nie, nie wieder irgendwohin geht ohne seine Familie. Eine Entscheidung, die ihn am Ende das Leben kosten wird. Aber das weiß er damals natürlich noch nicht. Was ihm jetzt hilft, sind die guten Kontakte vieler Mönchengladbacher in der Grenzregion. Von einem Josef Weber aus Rheydt erhält mein Großvater die Adresse von einem gewissen Max Behretz in Roermond.[2]

Max ist zehn Jahre jünger als mein Großvater und 1933 gerade mal zwanzig Jahre alt. Er ist Mitglied im Nederlandse Trekkersbond, also dem niederländischen Wandervogel, und ab 1932 in der »Jongeren Vredes Actie« (JVA), einer Friedensbewegung der niederländischen Jugend. Außerdem ist er zu diesem Zeitpunkt im NBAS, dem Nederlandse Bond van Abstinent Studerenden, einem studentischen Abstinenzlerbund. Da haben Max und mein Opa Theo schon mindestens zwei Gemeinsamkeiten. Eins unterscheidet sie allerdings: Max ist Jude. Meinen Großvater stört das nicht sonderlich. Also nicht nur, weil er sich nicht aussuchen kann, von wem er sich helfen lässt, sondern auch, weil er ohnehin eine etwas freiere Interpretation des Katholizismus lebt. Und dazu gehört auch, dass er sich von den antisemitischen Vorurteilen freimacht, wie sie bei den strengen Katholiken in Mönchengladbach keine Seltenheit sind. Unter anderem dieser in der christlichen Religion verankerte Antisemitismus war der fruchtbare Boden, auf den die Hass- und Hetzkampagnen der Nationalsozialisten fielen. Das gilt allerdings nicht nur für die Katholiken, sondern auch für viele Protestanten.

Max und Theo interessiert das nicht. Die beiden jungen Männer verstehen sich blendend. Max hat gerade seine Ausbildung zum Elektromonteur beendet und arbeitet bei der Firma Philips in Eindhoven als Radiotechniker. Mein Vater beschreibt »Onkel Max«, wie er ihn bis ins hohe Alter nennt, als Mann mit viel Courage. Und so wundert es nicht, dass sich Max bereit erklärt, meinem Opa Theo zu helfen. Er bringt ihn zunächst in der Wohnung seiner Eltern unter. Das gefällt seinem Vater David, einem strenggläubigen Juden, allerdings weniger. Der hat Vorbehalte gegen Theo. Zum einen, weil er Deutscher, zum anderen, weil er Katholik ist. Und irgendwie ist das verständlich, wenn man sich die Geschichte mal so ansieht. Aber Max lässt sich davon nicht beeindrucken. Glück für meinen Opa.

Aufgabe Nummer eins für die beiden: Eine Wohnung finden. Möglichst im Grenzgebiet. Nicht zu nah an der Grenze, aber auch nicht zu weit weg. Und dann müssen natürlich auch meine Oma und Klein Dietrich ein bisschen Platz haben. Und am Ende muss diese Bleibe für jemanden bezahlbar sein, der als politischer Flüchtling in den Niederlanden nicht arbeiten darf und

Das Haus in Melick, in dem mein Großvater vom Sommer 1933 bis Februar 1935 mit meinem Vater und meiner Oma gewohnt hat. Wenn es schon damals so baufällig war wie hier auf dem Bild, dann hat es sich gut gehalten.

deshalb nicht allzu viel Geld hat. Also organisiert Max unter den Mitgliedern der Friedensgesellschaft (im Niederländischen *Vredeskring*), in der Mehrzahl bestehend aus älteren Personen des Mittelstands, wie er in einem Verhör angibt, Spenden für Theo.[3]

Mit Hilfe der Friedensgesellschaft findet sich ein kleines Häuschen in einem Vorort von Roermond, etwa zehn Kilometer von der deutsch-niederländischen Grenze entfernt. In Melick, Gebroeck 138, heute Heidebaan 16. »Ein altes Häuschen von nem Bauern, das der seinen Knechten früher übergeben hatte, was total verseucht war mit Tbc-Bazillen, da sind wir eingezogen«, beschreibt mein Vater die neue Bleibe.

Ein einziges Foto kenne ich von dieser Unterkunft. Darauf zu sehen ist eine Doppelhaushälfte. Innen gibt es nur einen Raum, in dem ein gußeiserner Ofen zum Heizen steht. Wenn es eine zweite Etage gab, dann war die unter dem Dach. Aber Luxus hatte auch niemand erwartet. Und auch nicht gewollt. Denn mein Großvater ist im Prinzip das Sinnbild von Understatement. Trotz seiner guten Ausbildung hat er auch in Mönchengladbach schon immer eher in Handwerksbetrieben gearbeitet und in bescheidenen Verhältnissen gelebt. Auf dem Grundstück seiner Schwiegereltern hat er eine Fläche gerodet und darauf eigenhändig eine Blockhütte gebaut, zumindest schreibt das Theos Mutter Berta 1943 so in einem Gnadengesuch an den »Reichskanzler« Adolf Hitler. Und weiter:

»Auch als er die Möglichkeit hatte, wieder in seinen Beruf als kaufmännischer Angestellter zu kommen, blieb er Arbeiter – wohl nur aus einem Idealismus, um das Los der Arbeiter zu teilen, da er für sie ein grosses soziales Verständnis hatte. [...] Für sich selbst hat er niemals einen Vorteil im Auge gehabt, sondern lebte selbst mit Frau und Kind in sehr bescheidenen Verhältnissen.«[4]

Meinem Großvater reicht das als Unterkunft also vollkommen. Und meine Großmutter Käthe, die ohnehin aus einer Handwerkerfamilie stammt und deshalb ebenfalls nie im Luxus schwelgte, würde da sicher auch mit zurechtkommen. Und wenn nicht – tja, in diesen Zeiten hat sie dann einfach Pech gehabt. Denn ob sie will oder nicht, sie hat kaum eine andere Wahl, als ihrem Mann ins Exil zu folgen.

Die Mitglieder der Friedensgesellschaft organisieren aber nicht nur eine Unterkunft für meinen Großvater. Sie helfen ihm außerdem dabei, Geld für sich und seine Familie zu verdienen. Mit ihrer Hilfe baut er ein Lebensmittelgeschäft auf. Das kann er selbständig betreiben. Seine Kunden sind samt und sonders die Mitglieder der Friedensgesellschaft sowie deren Freunde und Bekannte. Denen verkauft er Reformwaren. Darunter zum Beispiel Kräutertinkturen als Naturheilmittel, Vollkornprodukte, Pflanzenbutter als Alternative zu tierischen Fetten, Obst- und Gemüsesäfte als Alternative zu alkoholischen Getränken, die mein Großvater als Abstinenzler ja ohnehin ablehnt. »Ich glaub, das war das erste Reformhaus, das es jemals in Holland gab! Die Holländer, die guckten Bauklötze! Die kamen jeden Augenblick in den Laden rein und wollten Zigaretten haben! Normalerweise in jedem Laden konnte man Zigaretten kaufen, ne.«

Mein Vater erzählt diese Geschichte immer mit leuchtenden Augen, stolzgeschwellter Brust und großem Enthusiasmus. Und ich sitz dann da und muss mir überlegen, was davon jetzt stimmen könnte und was nicht. Was logisch klingt: Mein Großvater ist gelernter Kaufmann. Mit dem Beschaffen, Verbuchen und Verkaufen von Waren kennt er sich also aus. Da ist es naheliegend, dass er sich mit einem Handelsgeschäft selbständig macht. Außerdem ist das die einzige Möglichkeit für ihn, als Flüchtling überhaupt Geld zu verdienen. Denn es ist ihm ja nicht erlaubt, sich irgendwo anstellen zu lassen. Genauso wenig wie politische Arbeit im Übrigen. Dann besteht die Friedensgesellschaft vor allem aus älteren Personen aus dem Mittelstand.[5] Was schlicht heißt, dass er es da mit einer Klientel zu tun hat, die sich diese Waren leisten kann. Und drittens hat mein Vater die Waren, die Theo verkauft hat, ja tatsächlich gesehen, auch wenn er da noch sehr klein war. Und zu guter Letzt war meine Oma Käthchen, seine Mutter, zeit ihres Lebens treue Reformhaus-Kundin. Ich erinnere mich noch gut daran, wie wir ihre Fruchtriegel als Kinder immer verschmäht hatten, weil die am Gaumen klebten, und an das Knirschen zwischen den Zähnen, als ich mal probieren wollte, wie ihr Kieselerde-Gel so schmeckt. Bah! Also: Reformhaus it is. Aber es ist eben nicht das erste Reformhaus überhaupt in Holland. Denn bereits seit 1927 gibt es ein Reformhaus in Den Haag. Huis Reurik heißt es, gegründet vom Hamburger Hendrik Reurik. Und von dem bezieht mein Großvater seine Waren. Zumindest schließe ich das aus einem Zahlungsbeleg, den ich in den Gestapo-Akten finde.

Ich stell mir ja gerne vor, was mein Großvater heute so machen würde. Ich finde, er würde gut in unsere Zeit passen. Wahrscheinlich würde er vorne mitlaufen bei Fridays for Future, hätte einen Unverpackt-Laden und einen Schrebergarten oder ein kleines Stück Acker, auf dem er sein eigenes Obst und Gemüse anbaute. Seine Klamotten würde er Secondhand kaufen, sein Sohn hätte einen Naturkautschuk-Schnuller, und er wäre auf jeden Fall politisch aktiv. Bei »Köln gegen Rechts« zum Beispiel. Oder irgendeiner anderen antifaschistischen Organisation. Wirklich. Ich kann ihn mir so gut vorstellen als einen Menschen, der heute lebt. Und, oh, wie scheitere ich, seine Enkelin, an seinen Idealen.

Aber zurück zu 1933: Denn schließlich fehlen immer noch sein Sohn und seine Ehefrau. Er lässt sie im Juli 1933 nachkommen – mit Hilfe von Max, der sich als ziemlich unerschrockener Zeitgenosse herausstellt. Die Friedensgesellschaft streckt die Kosten für den Umzug vor, so dass Max zunächst mit einem Spediteur nach Mönchengladbach fahren kann, um die Möbel abzuholen. Ich gehe davon aus, dass er sie einigermaßen unbehelligt im Häuschen meines Großvaters einladen kann, da ja zu dem Zeitpunkt niemand eine Verbindung zwischen ihm und meinem Großvater herstellt. Meine Oma und meinen Vater kann er bei dieser ersten Tour nicht gleich mitnehmen, weil beide keine Papiere zur Einreise in die Niederlande haben.

Als Max die Möbel bei meinem Großvater abliefert, lässt er ihn wissen, dass er dagegen ist, Frau und Kind nachzuholen.

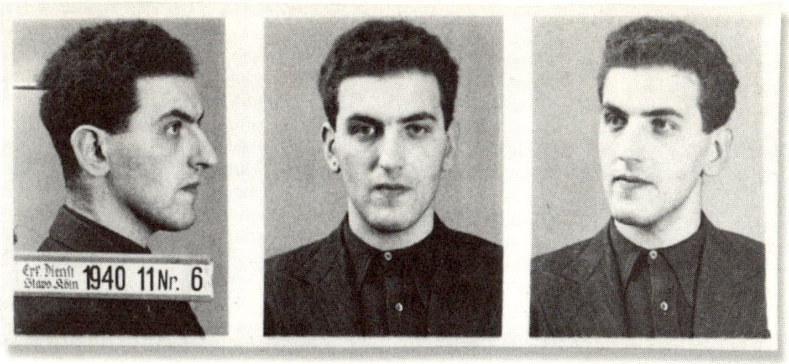

»Onkel Max«, wie mein Vater ihn liebevoll nennt, war ein abenteuerlustiger, junger Mann. Ein Mann mit Courage. Unter anderem war er als Rettungsschwimmer in den Niederlanden aktiv.

Aber mein Großvater soll ihn überredet haben, es doch zu tun. So steht es zumindest in einem der ersten Protokolle von den Verhören, die Max nach seiner Verhaftung 1940 im Gefängnis in Köln über sich ergehen lassen muss. Warum er das im Verhör sagt, weiß ich nicht. Es kommt mir irgendwie seltsam vor, dass er meinen Großvater direkt in so ein schlechtes Licht setzt.

Trotz seiner angeblichen Bedenken macht Max mit meiner Oma Käthe aus, dass er sie zwei Tage später an einem Treffpunkt in Arsbeck abholt, um dort mit ihr und meinem Vater die Grenze zu überqueren. Das ist übrigens genau die Stelle, an der vermutlich auch mein Großvater über die Grenze geflohen ist. Ich weiß nicht, ob meine Oma da zu Fuß mit dem Kinderwagen hin ist oder ob sie irgendjemand gefahren hat. Aber es ist gar nicht so unwahrscheinlich, dass sie die Strecke gewandert ist. Schließlich ist ja auch sie Teil der Jugendbewegung und das Wandern gewohnt. Ich stelle mir das mit einem kleinen, vorlauten zweieinhalbjährigen Jungen im Schlepptau nur nicht allzu einfach vor. Das ist ja durchaus ein Alter, in dem Kinder sich allein fortbewegen wollen und nicht immer in die von den Eltern intendierte Richtung. Dass sie ihn die zweieinhalb bis drei Stunden getragen hat, kann ich mir ebenfalls nicht vorstellen. Denn meine Oma war recht klein. Und in einem Kinderwagen lässt sich ja auch ein bisschen was transportieren. Wie auch immer sie unterwegs ist, sie erscheint zur vereinbarten Zeit am Treffpunkt, und Max überquert mit ihr und meinem Vater unbehelligt die deutsch-holländische Grenze. Von dort aus sind es nochmal knapp zehn Kilometer bis zum Häuschen in Melick – also etwa zwei Stunden zu Fuß ohne Kinderwagen. Egal, wie es letztendlich gelaufen ist – für Menschen, die regelmäßig zu Fuß unterwegs sind, ist die Strecke gut machbar. Aufregend ist es sicher trotzdem gewesen. Ich selbst hätte mir – glaube ich – ins Hemd gemacht.

Sommer 2014

Das erste Interview

Wie nimmt man eigentlich mit jemandem Kontakt auf, mit dem man fünfzehn Jahre lang so gut wie kein einziges Wort gewechselt hat? Man nimmt ein Telefon, wählt die Nummer und ruft an. So einfach ist das. Wobei, ganz so einfach ist es dann doch nicht. Denn eigentlich hatte ich mich ja schon von meinem Vater verabschiedet. Für immer.

Irgendwann im Jahr 2012 wird mein Vater plötzlich schwer krank. Körperlich hatte er bis dahin ohnehin schon einiges durchgemacht, er hatte mehrere Stents, eine »Schweineherzklappe«, wie er sagte, und eine Prostatakrebs-Operation. Das alles hatte er einigermaßen gut weggesteckt. Mein Vater ist ein zäher Hund, der in seinem Leben schon mehrfach dem Tod von der Schippe gesprungen ist. Aber diesmal ist es anders. Er zeigt starke psychische Auffälligkeiten. Aus Angst, jemand wolle ihn vergiften, verweigert er zum Beispiel jegliche Nahrung. Er wird depressiv, hört auf, Gitarre zu spielen und zu singen. Er, der zu jeder Tages- und Nachtzeit seine Klampfe hervorkramt, um Lieder zu schreiben und zu komponieren, der niemals Ruhe findet und sich ständig neue Texte ausdenkt, verstummt. Seine dritte Ehefrau, er hat nur kurz nach der Trennung von meiner Mutter erneut geheiratet, findet das Essen, das sie ihm hinstellt, bevor sie zur Arbeit geht, versteckt hinter Büschen im Garten. Er klagt ständig über Verstopfung, so dass mein Halbbruder Dirk, der als Krankenpfleger arbeitet, ihm Einläufe machen muss. Außerdem leidet er unter Panikattacken und will um keinen Preis alleine sein. Ich habe zu der Zeit zwar keinen Kontakt zu meinem Vater, telefoniere aber mehrfach mit meinem Halbbruder. Ich fühle mich schlecht, weil er sich so viel kümmern muss und ich ihn mit der Pflege meines Vaters alleinelasse. Nicht, dass ich emotional in der Lage gewesen wäre, diesen Part zu übernehmen, aber ich will auch nicht, dass das alles nur an ihm hängenbleibt. Das kommt mir nicht richtig vor, also biete ich finanzielle Unterstützung an, die er aber nie in Anspruch nimmt.

Niemand weiß so richtig, was mit meinem Vater los ist. Er ist inzwischen 81 Jahre alt, und die Ärzte vermuten, dass er einfach dement wird. Seine Mutter hatte bereits Alzheimer, und da liegt es irgendwie nahe, dass ihn das gleiche Schicksal ereilt hat. Weil er nicht essen will, nimmt er extrem ab, wiegt nur noch knapp sechzig Kilo bei einer Größe von 1,70 Meter. Keine Besserung in Sicht. Als seine Ehefrau versucht, ihn in einer Tagespflege unterzubringen, weil sie tagsüber arbeiten muss, weigert er sich, da hinzugehen. »Da sind aber nur alte Leute!«, beschwert sich mein Vater. Auf Gesellschaftsspiele und Beschäftigungstherapie hat er mal so gar keinen Bock, weil ihn das intellektuell komplett unterfordert. Sein Kopf funktioniert ja noch. Nur seine Psyche spielt halt nicht mit. Davor war er bereits für einige Zeit stationär untergebracht. Auf eigenen Wunsch. Irgendwann im Herbst lässt er sich in eine private Schlafklinik einweisen. Als pensionierter Lehrer mit privater Krankenversicherung geht das immerhin. Ich recherchiere derweil im Internet, was mit meinem Vater los sein könnte, weil vieles eben nicht nach Alzheimer klingt. Ich finde nicht besonders viel. Aber einiges deutet darauf hin, dass mein Vater eine Art posttraumatische Belastungsstörung haben könnte. Und so vermute ich, dass die alten Traumata seiner Kindheit es irgendwie an die Oberfläche geschafft haben und dort das auslösen, was er so viele Jahre mit eisernem Willen unter Kontrolle gehalten hat. Aber ich bin keine Psychotherapeutin, ich kann das nur mutmaßen. Weihnachten 2013 steht es jedenfalls nicht gut um meinen Vater. Und irgendwie muss ich darüber nachdenken, was wohl passiert, wenn er jetzt stirbt. Viele, viele Jahre war ich wütend auf ihn. Ich habe ihn dafür gehasst, dass er uns im Stich gelassen hat. Ich habe ihn dafür gehasst, dass ich mich alleine durchschlagen musste. Ohne Eltern, die mich unterstützen. Denn die Trennung hatte meine Mutter so hart getroffen, dass sie Jahre brauchte, um sich wieder zu stabilisieren. Auch das habe ich ihm übelgenommen. Dass er ihr so sehr das Herz gebrochen hat. Aber als ich Weihnachten 2013 darüber nachdenke, ihn zu besuchen, um mich zu verabschieden, bevor er möglicherweise das Zeitliche segnet, ist da keine Wut mehr.

Stattdessen habe ich mich damit abgefunden, dass die Dinge so gelaufen sind, wie sie nun mal gelaufen sind. Lässt sich ja eh nicht mehr ändern. Aber ich habe auch etwas ganz Entscheidendes verstanden: Dass er sich nie um mich gekümmert hat, dass ich nie das Gefühl hatte, ihm irgendwas zu bedeuten, das liegt nicht an mir. Das liegt nicht daran, dass ich nicht gut genug bin oder nicht liebenswert. Das liegt daran, dass er als Kind so viele schlimme Dinge erlebt hat, dass er einfach nicht anders konnte. Er hat so früh so viele Menschen verloren, die ihm ans Herz gewachsen waren, dass er sich nur noch um eins gekümmert hat: zu überleben. Ich zuerst – und der Rest muss zusehen, wie er klarkommt. Er hat einfach keine richtigen Beziehungen mehr aufgebaut, weil der mögliche Verlust zu schmerzhaft gewesen wäre. So habe ich mir das erklärt. Eine ebenso traurige wie erleichternde Erkenntnis. Denn natürlich hätte ich ihm gerne was bedeutet. Er ist ja mein Vater. Ich hätte mir das so sehr gewünscht. Auf der anderen Seite heißt das aber auch: Ich bin nicht schuld daran, dass wir keine Verbindung hatten. Es liegt nicht daran, dass ich es nicht wert bin. Es liegt daran, dass dieses Drecksnaziregime, dass Krieg und Verfolgung eine Kinderseele zerstört hatten. Im Prinzip hatten mir die Nazis meinen Vater weggenommen, lange bevor er überhaupt Vater geworden ist. Das ist keine Entschuldigung für alles, was er getan hat. Aber für mich ist es eine Erklärung.

Eine, die mir hilft, dieses Buch zu schreiben.

Zusammen mit meiner jüngeren Schwester, Milli, fahre ich also am ersten Weihnachtstag in die Privatklinik. Sie ist schon immer eher ein Papakind und hat die ganze Zeit über Kontakt zu ihm. Obwohl auch sie mit meinem Vater Erfahrungen macht, bei denen ich fassungslos danebenstehe und mich frage, warum sie sich das eigentlich noch weiter antut. Und die mich immer wieder in meiner Entscheidung bestärken, dass ich diese Verletzungen in meinem Leben nicht brauche.

Als ich in der Klinik ankomme, ist von dem Mann, auf den ich so viele Jahre so wütend war, nicht mehr viel da. Als wir am Nachmittag des ersten Weihnachtstags sein Zimmer in der Privatklinik betreten, stehe ich vor einer hageren, gebeugten Gestalt. Die Gitarre steht unangetastet auf einem Sessel neben dem Fenster und hat schon eine leichte Staubschicht angesetzt. Mein Vater ist seltsam unsicher. Wirklich. Bis dato lebten Unsicherheit und mein Vater auf zwei verschiedenen Planeten. Wenn er einen Raum betrat, dann erfüllte seine Präsenz den letzten Winkel. Er hat einen enormen Brustkorb, den er wie kaum ein anderer als Resonanzkörper einsetzen kann. Wenn er früher wütend auf mich war und meinen Namen rief, dann hallte sein »NOOOORRRRRAAAA« von den Wänden wider und ließ die Holzvertäfelung zittern, ganz zu schweigen von seinem donnergrollenden R. Mich hat das als Kind immer tief beeindruckt – und verängstigt. Nichts davon ist mehr übrig. Alle Spannung scheint aus seinem Körper gewichen. Er spricht leise, ohne jeglichen Raum in der Stimme. Nein, das ist nicht der Mann, auf den ich so wütend war. Das ist eine arme, traurige Gestalt, der ich nur schwer böse sein kann. Wir reden ein bisschen. Ich vermisse sein Lachen. Dieses tiefe, dröhnende Lachen, für das ich mich immer dann geschämt hatte, wenn er es einsetzte, um andere Leute lächerlich zu machen. Das aber auch ansteckend war, wenn es aus tiefstem Herzen kam.

Irgendwann – ich weiß gar nicht mehr, wieso – erzähle ich ihm von einem Streit zwischen uns, als ich ein Teenager war. »Du guckst zu viel Fernsehen. Du hast doch alle deine Argumente aus dem Fernsehen!« Das war sein Standardsatz, wenn er keinen Bock hatte auf eine Diskussion. Bei uns zu Hause galt ohnehin der Grundsatz: »Fernsehen macht dumm.« Damit waren meine Argumente aus dem »dummen Fernsehen« natürlich auch dumm. Außerdem sprach er mir die Fähigkeit ab, selbständig zu denken. Dabei hab ich gar nicht so viel ferngesehen damals. Wir hatten eh nur drei Programme. Selbst dann noch, als bei allen anderen in der Klasse schon RTL und MTV liefen. Wenn ich dann wütend wurde, lachte er nur amüsiert. »Du musst an deiner Frustrationstoleranz arbeiten«, empfahl er dann. Ich sage ihm, wie erniedrigend ich das immer fand und wie sehr mich das immer getroffen hat. Und dann passiert ein Wunder. »Hab ich das wirklich gesagt?«, fragt er ungläubig. Er schaut mich ganz traurig an und sagt dann mit aller Ernsthaftigkeit: »Es tut mir leid, dass ich dich damit so verletzt habe.«

Das ist der Moment, in dem in mir jeder Widerstand zerbröselt. Eine Entschuldigung. Das war alles, was es all die Jahre gebraucht hat. Ein einfaches, aber ernst gemeintes »Es tut mir leid«. Für eine ganz banale Geschichte, die zu dem Zeitpunkt schon fast zwanzig Jahre zurückliegt. Ich kann mich nicht daran erinnern, dass er sich je für irgendetwas bei mir entschuldigt hätte. Es ist der Moment, der mich mit allem versöhnt. Nicht, weil diese Worte alles ungeschehen und vergessen machen, was passiert ist. Aber weil es heißt, dass ich ihm doch etwas bedeute. Was immer das auch ist. Es ist nicht so, dass ich ihm in diesem Moment um den Hals falle. Es gibt keine tränenreiche Umarmung, kein hollywoodreifes Happy End, aber etwas in mir, das die ganze Zeit sehr fest war, wird plötzlich weich. Ich kann akzeptieren. Und ich kann loslassen. Und das tue ich an diesem Tag. Alles Geschehene ist unabänderlich geschehen, aber ich habe an diesem Tag meinen Frieden gemacht damit. Und wenn es jetzt seine Zeit ist zu gehen, dann ist das okay. Aber er geht nicht.

Ein halbes Jahr später, es ist Ende Juli. Nach zwei Monaten, in denen ich nonstop gearbeitet habe, gönne ich mir eine Auszeit. Acht Wochen war ich nur unter Kolleg:innen, habe erst in Baden-Baden fünfeinhalb Wochen für die ARD an der Berichterstattung über die Fußball-Weltmeisterschaft in Brasilien mitgearbeitet und dann zehn Tage in Aachen über Reitsport berichtet. Wir sind Fußball-Weltmeister – und ich bin fix und alle. Ich muss weg. Möglichst alleine. Also schnappe ich mir ein Zelt, packe ein paar Sommerklamotten ein und fahre kurzentschlossen mit dem Zug nach Sylt auf einen Campingplatz. Vier Tage allein. Ohne Menschen, die ich kenne. Wenn ich nicht will, muss ich mit niemandem reden. Ich freue mich wie Bolle auf diese Auszeit. Morgens Yoga am Strand, ein Buch lesen, gutes Essen, lange Spaziergänge und einfach in den Tag hineinleben. Nur Strom fürs Handy ist ein Problem. Nicht, dass ich das zwingend brauchen würde, aber so ganz alleine unterwegs – da hab ich lieber mein Smartphone dabei. Die einzigen Steckdosen befinden sich in den Duschen. Und bis so ein Smartphone geladen ist, dauert es schon mal eine Weile. Außerdem sind die Buchsen auch bei den Teenies sehr beliebt. Also stöpsel ich mein Telefon ein, während andere ihre Haare föhnen, stehe daneben, lese ein Buch und warte, dass mein Handyakku sich füllt. Dann klingelt es. Eine Telefonnummer aus Mönchengladbach. Ich gehe ran. »Ja?«, sage ich.

»Hallo! Ist da die Nora?«

Ich erkenne die Stimme meines Vaters sofort. Ich weiß nicht mehr genau, was ich sage. Aber ich bin schon neugierig, warum er anruft. Schließlich hat er das fünfzehn Jahre lang nicht gemacht. »Ja, du hast doch jetzt irgendwann Geburtstag gehabt. Ich wollte dir zum Geburtstag gratulieren.«

Ich lache. »Ja, danke. Das war vor einem Monat.« Wie typisch für ihn, nicht mal die Geburtstage seiner Kinder zu kennen. Außer den von seinem ersten Sohn. Den kann er auswendig. Das ist aber auch leicht – die beiden haben am gleichen Tag Geburtstag. Ich bin dank Urlaub so entspannt, dass wir ins Plaudern geraten. Während um mich herum Mütter versuchen, ihre Kinder zum Föhnen zu überreden und Teenager lautstark Beautytipps austauschen, telefoniere ich mit meinem Vater und führe das erste Mal seit über fünfzehn Jahren ein wirkliches Gespräch mit ihm. Wir diskutieren sogar richtig. Über die Fußball-Weltmeisterschaft und Politik zum Beispiel. Und schon während wir uns unterhalten, muss ich zugeben: Mein Vater mag zwar menschlich echt ein Arsch sein (ich darf das hier schreiben, ich hab es ihm sogar ins Gesicht gesagt), aber er ist auch ein wacher Geist, mit dem es sich großartig diskutieren lässt. Und im Gegensatz zum vermeintlichen Abschiedsbesuch an Weihnachten klingt er plötzlich wieder so fit und fröhlich, als wäre nie was gewesen. Lebenslustig. Lebensgierig geradezu. Aber auch auf eine Art weicher. Früher war es unglaublich schwer, mit ihm zu diskutieren. Wenn ihm ein Argument nicht passte, ging er zum Angriff über, ließ herabwürdigende Kommentare ab oder lachte einen aus. »Papperlapapp!«, konstatierte er dann. »Das ist doch Unsinn!« Oder noch lieber: »Das ist völlig idiotisch!« Nicht selten langte er dabei verbal und taktisch unter die Gürtellinie. Viele dieser Gespräche endeten mit Tränen der Wut bei mir. Diesmal ist es anders. Wenn ich ein Gegenargument bringe, wischt er es nicht direkt beiseite. Ich werde nicht als Idiotin oder Esel beschimpft, sondern der Austausch geht munter weiter, auch wenn wir uns nicht immer auf einen Standpunkt einigen können. Das ist der Tag, an dem ich beschließe: Ich werde ein Buch über meinen Großvater schreiben. Und meinen Vater all das fragen, was ich dazu wissen muss. Er ist jetzt 83 Jahre alt, und so oder so würde uns nicht mehr allzu viel Zeit bleiben. Nach meinem Urlaub würde ich ihn besuchen fahren. Ihn und seine dritte Frau, die ich bis dahin noch gar nicht kenne.

Eine Sache muss ich allerdings noch erledigen, bevor ich mit meinem Vater über seine Erinnerungen sprechen kann. Ich brauche mehr Hintergrundwissen. Und deshalb frage ich den Mann, der das Tor in diese Welt für mich aufgestoßen hat: Matthias von Hellfeld. Er soll mir alles über die Jugendbewegung und die Bündische Jugend erzählen. Und ich will auch wissen, was er über meinen Großvater recherchiert hat. Ich kann gar nicht mehr so genau sagen, warum ich zuerst mit Matthias sprechen will. Aber ich hab da so eine Vermutung. Ich brauche »neutrale« Informationen. Die Perspektive von jemandem, der die Geschichte meines Großvaters von einer anderen Seite aus betrachtet hat. Damit ich besser einschätzen kann, was von dem, was mein Vater mir erzählt, wirklich stimmt. Oder zumindest im Kern der Wahrheit entspricht. Matthias gibt mir in diesem Gespräch eine Menge Wissen mit. Und so fühle ich mich einigermaßen vorbereitet, als ich am 28. August 2014 zu meinem Vater fahre, der inzwischen in Bracht bei Brüggen wohnt, nur knapp sechs Kilometer von der niederländischen Grenze entfernt.

Wer da von Köln aus mit Bus und Bahn hinmöchte, muss ganz schön viel Zeit mitbringen. Und die habe ich nicht. Deshalb fahre ich mit dem Auto. Auch, weil ich dann jederzeit wieder abhauen kann, wenn ich mich doch nicht mehr wohlfühle. Ich habe mein Aufnahmegerät dabei und bin etwas angespannt. Das hier wird nicht der Besuch einer Tochter, die ihren Vater sehen möchte. Das hier wird der Besuch einer Journalistin, die einen Zeitzeugen interviewt, der zufällig ihr Vater ist. Ich brauche diese emotionale Distanz. Auch wenn ich mich mit der Ver-

Mein Vater im Frühjahr 2015. Ich hatte zum Interview meine Kamera mitgebracht und das Portraitobjektiv aufgeschraubt. Eines der wenigen Fotos, auf denen er sich nicht hochherrschaftlich in Pose schmeißt. Denn eigentlich braucht er das auch gar nicht.

gangenheit versöhnt habe, ich weiß immer noch, wen ich da vor mir habe. Ich weiß, wozu mein Vater fähig ist. Und so wird auch das Gespräch: ein vorsichtiges Abtasten.

An der Tür werde ich freundlich begrüßt. Ich stehe grade und signalisiere, dass ich nicht bereit bin für eine Umarmung. Mein Vater, der sonst nicht sonderlich bekannt ist für sein Taktgefühl, versteht. Wir geben uns die Hand. Ich werde hereingebeten. Die Frau meines Vaters bietet mir Wasser, Tee und Schokolade an. Das Getränkeangebot nehme ich dankend an, auf die Schokolade verzichte ich. Nicht, weil ich keine Schokolade mag, im Gegenteil, ich bin nur sehr, sehr vorsichtig, was Essen angeht, wenn es mit meinem Vater zu tun hat. Ein Verfallsdatum ist für ihn nicht mehr als eine Verzierung. Grundsätzlich ist da nichts gegen einzuwenden. Aber auch sichtlich verdorbene Lebensmittel gehören seiner Ansicht nach nicht unbedingt in den Müll. Das weiß ich nur zu gut von etlichen Episoden am sonntäglichen Frühstückstisch. Schimmel auf der Marmelade? Kann abgekratzt werden. Selbst wenn die schon leicht muffig schmeckt. Leicht vergorener Geruch? Macht nix. Bisschen Alkohol. Kann gegessen werden. Schimmel auf dem Käse? Kann man abschneiden oder abwaschen. Schimmel auf dem Brot? Kann man ebenfalls abschneiden oder abwaschen. Und ja, wir sind heute tatsächlich ziemlich verwöhnt, was die Qualität unseres Essens angeht, und wir schmeißen auch viel weg. Aber mein Vater hat Dinge gegessen, die vielen anderen Menschen ernsthafte Magenbeschwerden verursachen würden. Und mein Vater war sehr stolz darauf, was er so alles vertrug und essen konnte. Er hat die Tatsache, dass er als Kind und Jugendlicher Hunger leiden und essen musste, was er finden konnte, für sich einfach ins Positive gewendet. Eine erstaunliche Überlebensstrategie. Aber bei aller Bewunderung: Ich will möglichst nicht ausprobieren müssen, ob ich das auch überleben würde. Also keine Schokolade für mich. Bei Wasser und Tee hingegen kann nicht viel schieflaufen.

Es ist von vornherein klar, dass wir zum Interview verabredet sind. Mein Vater freut sich sichtlich über mein Interesse an seiner Geschichte. Wir setzen uns ins Wohnzimmer. Ich erkenne einige Möbel wieder, die früher bei uns zu Hause gestanden haben. Und einige Bilder und Zeichnungen. Auch sonst erinnert viel an früher. Überall verstreut liegen Papiere herum und Bücher und Zeitschriften und Zettel, auf denen deutlich die große, raumgreifende Handschrift meines Vaters zu sehen ist. Seine Frau hat einige davon gestapelt und zur Seite gelegt. Ich setze mich auf die Couch, und mein Vater setzt sich über Eck in seinen Sessel. Irgendwo auf dem Couchtisch finde ich einen Platz für mein Aufnahmegerät. Es liegt eigentlich viel zu weit weg für eine gute Aufnahme, aber ich will ja ein Buch schreiben, da ist die Aufnahmequalität nicht so wichtig. Denke ich. Wir steigen mittendrin ein. Mit der Geschichte der Bündischen Jugend, über die ich Matthias von Hellfeld in der Woche zuvor ausgefragt habe.

Fast zwei Stunden sitzen wir da, und mein Vater erzählt und erzählt und erzählt. Und ich versuche, ihm zu folgen. Stelle Fragen. Erkenne manche Geschichten wieder. Andere sind mir komplett neu. Im Hintergrund tickt eine Uhr. Sie zählt unerbittlich und stoisch die Zeit runter. Wie viel wird uns wohl noch bleiben?

1934-35

Die Widerstandsgruppe fliegt auf

In dem kleinen Häuschen in Melick bei Roermond ist es alles andere als still.[I] Mein Großvater ist zwar im Exil, aber nicht vergessen. Im Gegenteil. Wer aus Mönchengladbach und Umgebung kommt und keinen Bock auf Nationalsozialisten hat, fährt zu Theo Hespers nach Melick. Jenseits der deutschen Grenze kann die Gestapo nicht viel ausrichten. Und es ist nicht verboten, nach Holland zu fahren. Es gibt sogar einen recht regen Grenzverkehr und gute wirtschaftliche Beziehungen. Natürlich beobachtet die Gestapo das Treiben, aber eine Handhabe hat sie vorerst nicht.

Die meisten Informationen über das, was bei meinem Großvater damals vor sich geht, habe ich aus einem Bericht von Hans von Dahlen. Auch er stammt aus Mönchengladbach und ist als junger Mann politisch aktiv. Er spricht Niederländisch und hat bereits gute Kontakte in die Region um Roermond. Unter anderem zu der Friedensgesellschaft, die auch Theo im Exil unterstützt. Der gemeinsame Kontakt ist Josef Weber, den er in seinen Berichten Jupp nennt. Das ist der Mann, von dem mein Großvater den Kontakt zu Max Behretz hat. Zusammen mit der Friedensgesellschaft erarbeitet Hans von Dahlen einen Plan, wie politische Flüchtlinge in den Niederlanden in Sicherheit gebracht werden können. Bereits Ende März wird er zum ersten Mal aktiv. Er bringt einen KPD-Reichstagsabgeordneten aus Dresden über die Grenze. »Ich holte ihn an einer vereinbarten Stelle in Rheydt ab, er blieb eine Nacht in meiner Wohnung. Am nächsten Tag besorgte ich für ihn ein Fahrrad und über

Feld- und Waldwege ging es auf die Grenze zu. Unbehelligt kamen wir an und über die Grenze. Dort fing nun, wie kurz vorher vereinbart, die Arbeit der holländischen Organisation an.«[2]

Bei einem weiteren Ausflug über die Grenze bekommt Hans von Dahlen die Adresse meines Großvaters in Melick. »Ich fuhr also einige Km weiter nach Holland hinein zu der mir mitgegebenen Anschrift und kam an ein kleines Häuschen ganz am Rande von Roermond. Dort wohnte Theo Hespers, dessen Namen ich bereits mehrfach gehört hatte, den ich aber nun zum ersten Male sah. Auch er hatte von mir gehört, wir konnten uns also absolut frei unterhalten. Von diesem Zeitpunkt an trat Theo Hespers in unserem Kreis auf. Er wohnte für uns sehr günstig, was sich im Laufe der Zeit für unsere Arbeit sehr vorteilhaft auswirken sollte.«[3]

Diese Aussage macht mich übrigens ein wenig stutzig. Denn das klingt nicht so, als wäre mein Großvater zufällig in Melick untergebracht worden. Im Gegenteil. Es klingt nach einem Plan. Es klingt danach, dass mein Großvater von Anfang an vorhat, auch im Exil weiter gegen die Nazis zu kämpfen. Und klar, warum sollte er auch von heute auf morgen damit aufhören? Er hat ja aus Überzeugung gehandelt. Aber als Flüchtling hat er eine deutlich eingeschränkte Bewegungsfreiheit, muss irgendwie nebenbei sein Leben organisieren und hat obendrein eine Familie zu versorgen. Selbst wenn, wovon ich ausgehe, er sich weder großartig um den Haushalt noch um die Erziehung seines Sohnes kümmert. In meiner Vorstellung sind das nicht die günstigsten Voraussetzungen, um nebenbei auch noch politisch aktiv zu sein. Auf der anderen Seite geht es um Leben und Tod. Nicht im übertragenen Sinne, sondern ganz real. Denn auch in Roermond bekommt mein Großvater natürlich mit, wen seiner Freunde die Gestapo verhaftet hat, wer verurteilt wird, wie die Behandlung in den Gefängnissen ist. Dass gefoltert wird. Und dass manche seiner Freunde und Bekannten die Verhöre nicht überleben.

Ich habe mich oft gefragt, ob mein Großvater überlebt hätte, wenn er in Mönchengladbach geblieben wäre. So wie ebenjener Hans von Dahlen.

Der wird übrigens nur mit sehr viel Glück überleben. Gleich mehrfach landet er im Gefängnis und schlussendlich im KZ Buchenwald. Er gehört zu den Wenigen, die einen der Todesmärsche aus Buchenwald überleben. Es gab definitiv mehr Chancen zu sterben, als lebend aus der Sache rauszukommen. Wem es also gelingt zu fliehen, der hat wenigstens die Chance zu kämpfen. Mein Großvater hat sich für die Flucht entschieden – und fürs Kämpfen. Er will nicht einfach nur seinen Arsch in Sicherheit bringen und mit seiner Familie irgendwo Unterschlupf finden, bis das alles vorbei ist. Er will Veränderung. Er will zurück in seine Heimat und dort ein politisches System aufbauen, in dem Menschen friedlich und frei miteinander leben können. Mein Großvater ist ohne Frage ein Idealist – und bereit, alles dafür zu geben, um seine Ideale zu verwirklichen. Und Hans von Dahlen ist einer der Männer, die bereit sind, ihn dabei zu unterstützen. Und das, obwohl beide das Risiko kennen.

Ab Sommer 1933, so schreibt Hans von Dahlen in seinem Bericht, sehen sich die beiden Männer mindestens ein Mal die Woche. Zu ihnen gehört ein Kreis »mutiger Sportler«, die allesamt Mitglieder des im März 1933 verbotenen Schwimmvereins »Freie Schwimmer Rheydt« sind. Sie bilden eine illegale Organisation, »deren Wirken sehr umfangreich und nachhaltig wurde, deren Opfer aber auch enorm wurden. Dennoch hat die Gestapo nie den gesamten Umfang, die Arbeitsmethode und die Auswirkungen der Arbeit dieser Organisation ermitteln können, eine Tatsache, auf die ich und die jetzt noch lebenden Mitglieder dieser damaligen Gruppe besonders stolz sind.«[4] Ein Grund dafür: Viele Mitglieder der Gruppe haben selbst in den brutalen Verhören und unter Folter selten mehr als das zugegeben, was die Gestapo ohnehin schon wusste. Auch mein Großvater wird später nicht anders vorgehen. Er weiß, dass sie ihn ohnehin umbringen werden. Die Namen derer, die ihn unterstützt haben, wird er mit sich in die Ewigkeit nehmen.

Hans von Dahlen bezeichnet das kleine Häuschen meines Großvaters in Melick als »Schmuggelbude«. Denn hier treffen sich Widerstandskämpfer:innen nicht nur aus Mönchengladbach, sondern auch aus vielen anderen Städten in der Nähe der holländischen Grenze. Es gibt sogar Verbindungen nach Düsseldorf und ins Ruhrgebiet. Viele der ebenfalls in die Niederlande emigrierten Leiter von eher links orientierten Bünden und Vereinigungen treffen sich ebenfalls in Melick. Hans von Dahlen schreibt, dass von diesem Häuschen aus Fäden und Verbindungen kreuz und quer durch Europa gehen. Und das kann tatsächlich sein. Denn viele der politisch Verfolgten fliehen auch nach Belgien, Frankreich, England, Schweden, Dänemark und in die damalige Tschechoslowakei. Spätestens ab 1935 kann ich Kontakte in diese Länder durch die Unterlagen über meinen Großvater auch belegen.

»Von diesem Häuschen aus gingen auch die sorgfältig gehüteten Verbindungen in das illegale, kämpfende Deutschland. Was die Mauern dieses Häuschens erzählen könnten, ist wahrscheinlich eines der ruhmreichsten Kapitel des Deutschen Widerstandes. Seele und Motor der Arbeit war Theo Hespers. Was alles von der Wohnung des Theo Hespers aus, also von Melick aus be- und verarbeitet wurde, ist noch gar nicht bekannt. Welche wichtigen Konferenzen in den Räumen dieses Häuschens stattgefunden haben, wird wahrscheinlich nie mehr zu ermitteln sein.«[5] Und wurde auch nie ermittelt. Dieses »ruhmreiche Kapitel des Deutschen Widerstandes« ist in Deutschland fast gänzlich unbekannt. Ein kleiner Kreis, vornehmlich bestehend aus Mitgliedern der Jugendbewegung, die es auch heute noch gibt und die sich auch heute noch redlich mühen, das Andenken an den deutschen Widerstand hochzuhalten, kennen Theo

Hespers. Es gibt eine Hespers-Straße im Widerstandsviertel in Mönchengladbach. Seit 2019 gibt es außerdem eine Schule, die nach meinem Großvater benannt wurde. Aber weder er noch andere Mitglieder dieses Widerstandskreises haben je größere Bekanntheit erlangt. Stattdessen werden Heldengeschichten erzählt über Claus Schenk Graf von Stauffenberg und das Attentat vom 20. Juli 1944. Es wird der Männer gedacht, die zunächst Teil des Hitlerregimes waren, dieses sogar erst möglich gemacht haben und dann einen Läuterungsprozess durchmachten. Also in Teilen zumindest. Denn gegen Hitler und das Morden zu sein macht noch niemanden zum Antifaschisten. Da gehört schon noch einiges mehr dazu.

Und wir kennen – hoffentlich – alle die Geschichte der Geschwister Hans und Sophie Scholl und »Die Weiße Rose«. Aber die Menschen, die sich, wie mein Großvater, von Beginn an gegen die Nazis gestellt haben, die kennen wir nicht. Und ich frage mich ernsthaft, warum das so ist?

Dass wir die Namen derer nicht kennen, die für uns alle Vorbild sein könnten, wenn es darum geht, sich gegen Rechtsextremismus und Faschismus zu stellen, macht mich einigermaßen ratlos. Und es bricht mir das Herz zu wissen, dass mein Vater zeit seines Lebens so sehr um Anerkennung für das kämpfen musste, was sein Vater geleistet und was er selbst erlitten hat. Ich habe so einen Verdacht, warum mein Großvater und viele, die mit ihm gegen die Nazis kämpften, nicht zu Helden taugen für eine große Erzählung. Weil es eben nicht das eine große Ereignis gab. Kein Attentatsversuch. Keine Flugblattaktion. Und er war auch kein junger Mensch, der sein ganzes Leben noch vor sich hatte. Er hat im Verborgenen gearbeitet. Und er hat sich nicht klar genug von »den Linksextremen« abgegrenzt. Denn natürlich waren unter denen, die sich aktiv gegen die Nationalsozialisten zur Wehr setzten, viele KPD-Mitglieder. Mein Großvater selbst stand auf der Liste einer linken Partei zur

Wahl. Was, wenn er einfach »nur ein Linker« war? Kann man die »Kommunisten« dafür feiern, dass sie sich gegen Hitler und die Nazidiktatur stellten? Ich kann ziemlich sicher sagen: Es ist viel komplizierter als das.

Aber zurück ins Jahr 1933 und zur Arbeit meines Großvaters in Roermond. Das Häuschen ist ein Umschlagplatz für illegale Zeitungen, Zeitschriften und Flugblätter. Die werden von dort aus nach Deutschland geschmuggelt. Mit dem Fahrrad, mit Lieferwagen, die Gemüse aus Holland ins Rheinland und ins Ruhrgebiet bringen, und mit Schiffen, denn Roermond liegt direkt an der Maas. Blöd nur, dass die Wände des Häuschens in Melick Augen und Ohren haben. Die Unterkunft meines Großvaters ist eine Doppelhaushälfte.

Nebenan wohnt »Prüße Jupp«, der Preußen-Jupp, den ich später in den Gestapo-Akten als Josef Heinrichs oder auch H20 identifiziere. Er arbeitet als Maurer bei der Baufirma Hilgers in Mönchengladbach-Rheydt. Im 1. Weltkrieg gehört Josef Heinrichs zum Infanterieregiment 25 in Odenkirchen, später zum Infanterieregiment 69 in Trier. Am 20. Mai 1918 scheidet er aufgrund einer Verwundung aus dem Militärdienst aus. Mein Vater will sich erinnern, dass der »Prüße Jupp« immer nach Flugblättern fragt, weil er die angeblich nach Deutschland schmuggeln will. »›Theo‹, sagt der, ›Theo, donn misch noch en paar Fluchbläer, nähm isch die mit übber die Jrenz, wenn isch ströpe jonn!‹ Also er gab sich als Ströper, als Schmuggler aus. Weißt du, was ein Ströper ist? Das ist ein Wilderer, der mit Ströpe, mit Stricken, ein Fallensteller, der damit Hasen fängt, mit Drahtfallen, mit Schlingen, Drahtschlingen. So verkaufte der sich.«

Dass mein Großvater so jemandem vertraut und ihm tatsächlich Flugblätter mitgibt, scheint mir seltsam. Aber irgendwie ist »Prüße Jupp« an das brisante Material rangekommen. In den Gestapo-Akten finde ich Hinweise darauf, dass »Prüße Jupp« schon damals zur Stapo-Stelle in Mönchengladbach rennt und die Flugblätter dort abliefert. Er ist es, der dazu beiträgt, dass die Widerstandsgruppe auffliegt. Ein Jahr lang können die Männer und Frauen dieser Gruppe unbehelligt arbeiten. Am 19. August 1934 werden die ersten Mitglieder verhaftet. Weitere Verhaftungen folgen im September 1934. Anfang 1935 findet der Prozess gegen sie statt. Viele von ihnen werden mit einigen Jahren Zuchthaus und Gefängnis bestraft. Die höchste Strafe erhält ein gewisser Otto Engels, einer der engsten Mitarbeiter meines Großvaters. Er wird zu acht Jahren Zuchthaus verurteilt. Zuvor allerdings wird die Gestapo versuchen, ihn als Lockvogel einzusetzen, um meinen Großvater an der Grenze zu entführen.

Bevor ich die Geschichte mit Otto Engels erzählen kann, muss ich aber erst eine weitere Person vorstellen: Alfred Katzenstein. Alfred stammt aus Mönchengladbach und kommt am 17. Februar 1934 über Umwege zu meinem Großvater nach Roermond. Auch er hat bereits Bekanntschaft mit der Gestapo gemacht, weil er im Sommer 1933 ein Flugblatt in die Finger bekommen hat. Darin wird die von den Nazis verbreitete Version, ein Kommunist habe den Reichstag angezündet, angezweifelt. Alfred, damals noch Schüler an einem jüdischen Jungengymnasium in Mönchengladbach, tippt das Flugblatt zu Hause auf der Schreibmaschine ab, um es unter seinen Mitschülern zu verteilen. Daraufhin wird er von der Gestapo verhaftet und nach Düsseldorf ins Gefängnis gebracht. Seinem Vater, einem angesehenen Kaufmann aus Mönchengladbach, gelingt es, seinen Sohn freizukaufen. Weil der zuständige Gestapo-Beamte droht, Alfred für immer wegzusperren, wenn er ihn noch einmal erwischt, fährt der Vater mit ihm direkt vom Gefängnis aus zu Verwandten nach Frankreich. Dort schließt sich Alfred einer kommunistischen Studenten-Vereinigung an, gerät dabei nicht unerheblich in Schwierigkeiten und muss schlussendlich Frankreich verlassen, wenn er nicht dort im Gefängnis landen will. Und so gelangt der damals erst Achtzehnjährige nach Roermond zu meinem Großvater und findet dort Unterschlupf.

Wenn mein Vater von »Onkel Alfred« spricht, dann leuchten seine Augen. Denn neben Max ist Alfred eine weitere Bezugsperson für ihn. In der privaten Biografie von Alfred Katzenstein, die er irgendwann Ende der Achtziger geschrieben haben muss, ist auch ein Foto von meinem Vater veröffentlicht. Darin lehnt der keck an einem windschiefen Baum in Melick. Bildunterschrift: »Theo's und Kate's Sohn Dieter war ein ganz lieber kleiner Kerl. Max und ich versuchten, ihn so gut es ging zu verwöhnen.«[6]

Dass mein Vater ein »lieber, kleiner Kerl« war, wage ich zu bezweifeln. Zumindest sprach er von sich selbst immer als kleinem »Ruppsack«, was ungefähr das genaue Gegenteil ist. Aber Selbstwahrnehmung und Fremdwahrnehmung können sich ja durchaus voneinander unterscheiden.

Die Stimmung im Hause Hespers muss trotz allem vornehmlich gut gewesen sein. Zumindest zu diesem Zeitpunkt. Eine Szene bleibt meinem Vater besonders in Erinnerung. Seine Mutter bereitet gerade das Frühstück zu. Wahrscheinlich ist es ein Sonntag, denn es gibt Eier. Während meine Oma also am Herd steht und Kaffee kocht, was nicht gerade zu ihren herausragendsten Fähigkeiten gehört, werfen sich die jungen Erwachsenen die Sprüche zu. Dazu muss man wissen, dass meine Oma ziemlich schlagfertig war, einen herrlich trockenen Humor hatte und als Tochter eines Handwerkers auch nicht gerade auf den Mund gefallen war. Einer der Sprüche von Max geht ihr dann aber wohl doch zu weit. »Und dann nahm die sich spontan ein Ei und schlug das dem Max auf den Kopf. Ich weiß nicht, ob ich gelacht habe. Nee, ich fand das nicht so gut. Ich fand das gar nicht so gut. Ich mochte den Max. Ich fand, das war ne Aggres-

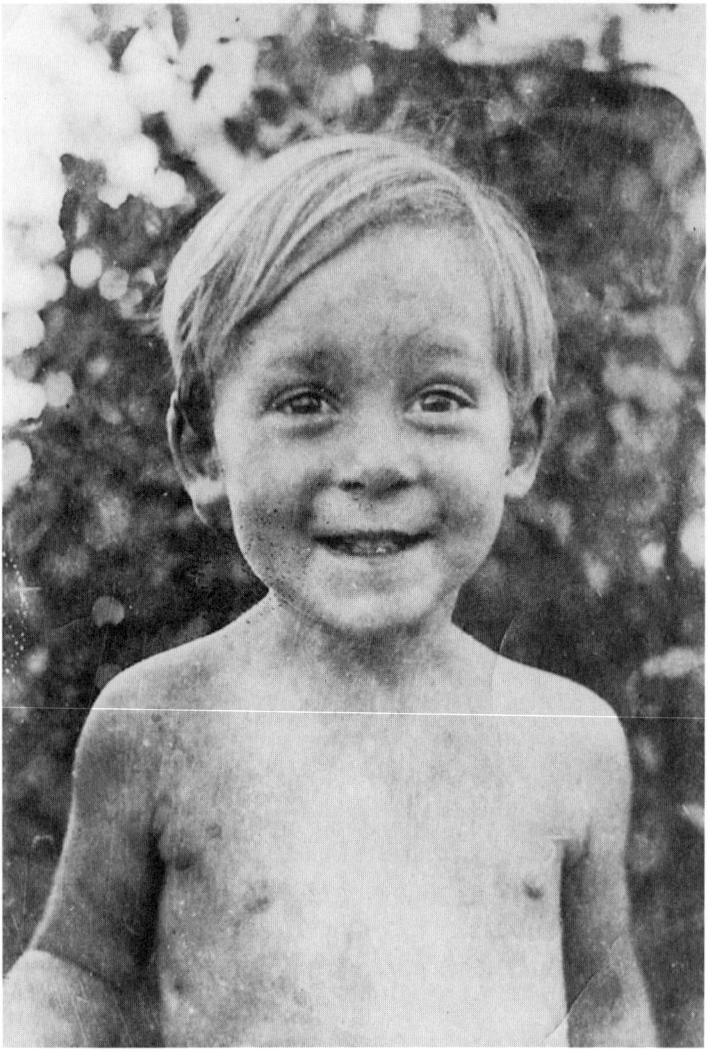

So muss »der liebe, kleine Kerl« ungefähr ausgesehen haben. Zu diesem Zeitpunkt hieß er schon nicht mehr Dietrich, sondern Dieter, weil der Name so weniger deutsch klingt.

sion von ihr. Meine Mutter lachte natürlich wie verrückt – der Max, der konnte nicht anders, der lachte auch.«

Ich kann mir die Szene so lebhaft vorstellen! Wie meine Oma laut und dreckig lacht, wie mein kleiner Vater da sitzt und schmollt, wie Max sich erst erschreckt und dann mitlachen muss, während ihm das rohe Ei durch die dunklen Locken rinnt, wie mein Opa vielleicht kopfschüttelnd danebensteht, weil es sowas bei ihm in seinem bürgerlichen Zuhause nie gegeben hätte. Es ist eine so lebendige, so wunderschöne Szene. Ich glaube, die hätte sich mir auch ins Gedächtnis gebrannt. Und jemand wie Alfred Katzenstein, den ich hier einfach mal als Glücksritter charakterisiere, passt nur allzu gut da rein.

Max und Alfred verstehen sich hervorragend, obwohl beide durchaus recht unterschiedlich sind. Während nämlich Max handwerklich begabt und frei von Angst ist, hat Alfred zwei linke Hände und regelmäßig die Hosen voll. Zumindest wenn es darum geht, Max bei seiner Arbeit zu helfen. Denn damit Alfred nicht den ganzen Tag zu Hause rumsitzen muss, beschließt Max kurzerhand, ihn in das Handwerk des Radiotechnikers einzuführen. Mit mäßigem Erfolg, denn Alfred bekommt regelmäßig eine gewischt, wenn er versucht an den Radiogeräten rumzuschrauben, oder, wie er es in seiner Biografie nennt, »einen beträchtlichen elektrischen Schlag«.

Auch auf den Dächern rumklettern, um dort Radioantennen zu installieren oder zu reparieren, ist nicht so ganz Alfreds Fall. Max hingegen turnt katzengleich und ohne Angst über die Dächer. Meine Großeltern unternehmen zusammen mit Max, Alfred und Klein-Dietrich regelmäßig Ausflüge, bei denen sie sich immer wieder auch mit den Widerstandskämpfer:innen aus Mönchengladbach und Rheydt treffen. »Alles war sehr schön! Wir waren eine herrliche Gemeinschaft, in die auch Paul und Elli (meine Geschwister) aufgenommen waren. Da blieben eines Tages die Rheydter Freunde zur verabredeten Zeit aus.«[7]

Irgendwann im Spätsommer 1934, schreibt Alfred Katzenstein, wird es also mit einem Schlag ziemlich ruhig. Nur wenige Tage später bekommt er Besuch von einem ihm unbekannten Mann, der sich Johann Kurz nennt. Er behauptet, er sei von Otto Engels geschickt worden, weil der krank geworden sei. Otto Engels kommt wie Alfred aus Mönchengladbach und war regelmäßiger Besucher der Gruppe in Melick. Alfred will natürlich helfen, checkt aber nicht gleich, was los ist. Johann Kurz scheint zur Gladbacher Arbeiterbewegung zu gehören. Damit ist er erstmal unverdächtig. Aber um wirklich rauszufinden, was mit Otto Engels ist und was er will, müsste Alfred nach Mönchengladbach fahren. Da kann er aber selber nicht mehr hin, so viel ist klar. Also verspricht er, jemand anderen zu schicken, der sich mit Otto Engels treffen kann. Als Treffpunkt vereinbaren sie den Vorraum des Kinos in Mönchengladbach. Wen er schickt, lässt er offen. Aber es schien wohl am wahrscheinlichsten, dass eine männliche Person kommen wird. Und in dem Glauben lässt er Johann Kurz auch.

Stattdessen schickt Alfred aber seine Schwester Elli zum vereinbarten Treffpunkt. Und nur um die Dramatik der Situation nochmal deutlich zu machen: Alfred und Elli sind Juden. Glücklicherweise ist Elli nicht auf den Kopf gefallen und nimmt eine Freundin mit ins Kino. »Als die beiden nun in den Vorraum des Kinos kamen, sah Elli sofort Otto vor einem Kinoplakat stehen. Als die Mädels aber auf ihn zugingen, macht er ein so abweisendes und fremdes Gesicht, und wie sie sich dann neben ihn stellten und scheinbar auch das Plakat betrachteten, blieb er starr und stumm stehen, was gar nicht zu ihm paßte. Da bekamen sie Angst und verließen plaudernd das Kino.«[8]

Es stellt sich heraus, dass Otto Engels von der Gestapo verhaftet worden war und als Lockvogel eingesetzt werden sollte, um mögliche Verbündete von ihm in die Finger zu bekommen.[9] Damit ist auch klar: Johann Kurz, der das Treffen arrangiert hat, arbeitet für die Gestapo. Und Alfred macht sich in seinen *Einblicken* schwere Vorwürfe, seine Schwester derart in Gefahr gebracht zu haben.

Dass die Gestapo einem von ihnen eine Falle gestellt hat, wollen die drei Freunde aus Roermond nicht auf sich sitzen lassen. Sie hecken einen Plan aus, für den Fall, dass Johann Kurz sich nochmal blicken lassen sollte. Und das tut er. Alfred bietet ihm an, Otto Engels am Grenzweg im Dahlheimer Wald zu treffen, um wichtige Dinge mit Theo, Max und ihm zu besprechen. Eigentlich planen die drei, ihren Freund bei der Gelegenheit zu befreien und ihm zur Flucht zu verhelfen. Aber Otto Engels wird von mehreren Gestapo-Beamten in Zivil zum vereinbarten Treffpunkt begleitet, die ihn an einen Baum binden und sich in der Nähe verstecken. Ein Glück, dass die drei Freunde den Bruder von Max in ihre Pläne einweihen. Der war einige Jahre bei der französischen Fremdenlegion. Er beobachtet das Geschehen aus einem sicheren Versteck – und warnt die Freunde. Sie lassen das Treffen erneut platzen.

Für Johann Kurz sind das natürlich keine allzu guten Nachrichten. Aber statt sich geschlagen zu geben, sucht er Alfred wieder in Roermond auf, um sich über das geplatzte Treffen zu beschweren. In den Gestapo-Akten von Max Behretz ist als Datum dafür der 20. September 1934 angegeben. Es ist der Tag, an dem Max unter irgendeinem Vorwand ein Foto von Johann Kurz macht.

Dass der einen neuen Versuch unternimmt, die Freunde in eine Falle zu locken, obwohl bereits zwei Treffen geplatzt sind, scheint einen Grund zu haben: Er kann auf keinen Fall mit leeren Händen zur Gestapo zurückkehren. Die macht ordentlich Druck, weil in Mönchengladbach, aber auch in Düsseldorf und im Ruhrgebiet eine erneute Verhaftungswelle vorbereitet wird, bei der zahlreiche politische Aktivisten festgenommen werden sollen. Da wäre es nur allzu praktisch, auch gleich die Kontakte

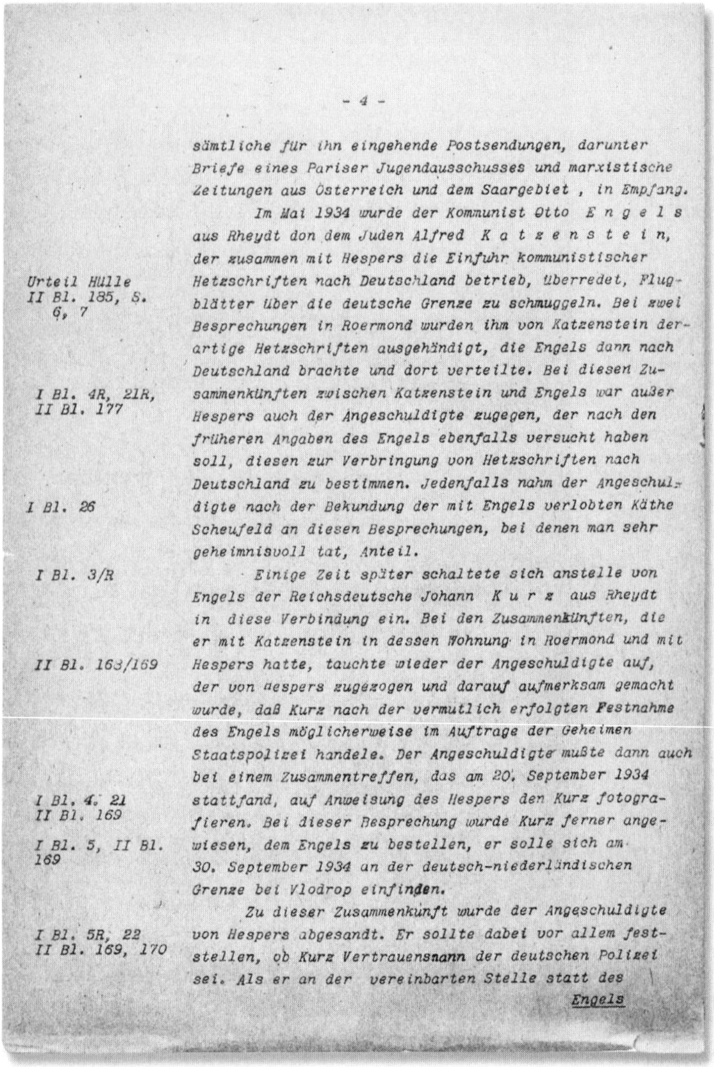

- 4 -

sämtliche für ihn eingehende Postsendungen, darunter Briefe eines Pariser Jugendausschusses und marxistische Zeitungen aus Österreich und dem Saargebiet , in Empfang.

Im Mai 1934 wurde der Kommunist Otto E n g e l s aus Rheydt don dem Juden Alfred K a t z e n s t e i n, der zusammen mit Hespers die Einfuhr kommunistischer

Urteil Hülle II Bl. 185, S. 6, 7

Hetzschriften nach Deutschland betrieb, überredet, Flugblätter über die deutsche Grenze zu schmuggeln. Bei zwei Besprechungen in Roermond wurden ihm von Katzenstein derartige Hetzschriften ausgehändigt, die Engels dann nach Deutschland brachte und dort verteilte. Bei diesen Zu-

I Bl. 4R, 21R, II Bl. 177

sammenkünften zwischen Katzenstein und Engels war außer Hespers auch der Angeschuldigte zugegen, der nach den früheren Angaben des Engels ebenfalls versucht haben soll, diesen zur Verbringung von Hetzschriften nach Deutschland zu bestimmen. Jedenfalls nahm der Angeschul-

I Bl. 26

digte nach der Bekundung der mit Engels verlobten Käthe Scheufeld an diesen Besprechungen, bei denen man sehr geheimnisvoll tat, Anteil.

I Bl. 3/R

Einige Zeit später schaltete sich anstelle von Engels der Reichsdeutsche Johann K u r z aus Rheydt in diese Verbindung ein. Bei den Zusammenkünften, die er mit Katzenstein in dessen Wohnung in Roermond und mit

II Bl. 168/169

Hespers hatte, tauchte wieder der Angeschuldigte auf, der von Hespers zugezogen und darauf aufmerksam gemacht wurde, daß Kurz nach der vermutlich erfolgten Festnahme des Engels möglicherweise im Auftrage der Geheimen Staatspolizei handele. Der Angeschuldigte mußte dann auch bei einem Zusammentreffen, das am 20. September 1934

I Bl. 4, 21 II Bl. 169

stattfand, auf Anweisung des Hespers den Kurz fotografieren. Bei dieser Besprechung wurde Kurz ferner ange-

I Bl. 5, II Bl. 169

wiesen, dem Engels zu bestellen, er solle sich am 30. September 1934 an der deutsch-niederländischen Grenze bei Vlodrop einfinden.

Zu dieser Zusammenkunft wurde der Angeschuldigte

I Bl. 5R, 22 II Bl. 169, 170

von Hespers abgesandt. Er sollte dabei vor allem feststellen, ob Kurz Vertrauensmann der deutschen Polizei sei. Als er an der vereinbarten Stelle statt des

Engels

Die Geschichte über die Enttarnung des Gestapo-Spitzels Johann Kurz kenne ich von klein auf. Ich finde sie nicht nur in der Anklageschrift für Max Behretz vom 6. Mai 1942 belegt, sondern auch in den Verhören meines Großvaters und in den Erinnerungen von Alfred Katzenstein.

Engels den Kurz antraf, weigerte er sich, das Reichsgebiet zu betreten, da er glaubte, man wolle ihm eine Falle stellen. Sodann vereinbarte er mit Kurz, den er auf niederländisches Gebiet hatte kommen lassen, eine weitere Besprechung, die nach einigen Tagen in Roermond stattfinden sollte. Als sich Kurz zur festgesetzten Zeit dort einfand, wurde er bereits an der Grenze von dem Angeschuldigten in Empfang genommen und in ein Zimmer geführt, in dem Hespers und Katzenstein ihn erwarteten. Hier wurde er, nachdem das Zimmer abgeschlossen worden war, als Polizeispitzel bezeichnet und einer Durchsuchung unterzogen. Man nahm ihm auch seinen deutschen Paß ab, den der Angeschuldigte dadurch unbrauchbar machte, daß er auf mehreren Seiten in großer Schrift das Wort "Polizeispitzel" eintrug. Kurz wurde darauf von dem Angeschuldigten noch mehrmals mit der Faust ins Gesicht geschlagen und an die Reichsgrenze gebracht, wo er den Paß zurückerhielt.

I Bl. 3R, 21R
II Bl. 170

Paß Beiakten
6 OJs 4/35
Hülle Bl. 30

Wegen dieses Vorfalls wurde der Angeschuldigte später von der Polizeibehörde in Roermond vernommen. Er behauptete bei dieser Gelegenheit, daß nur er selbst, nicht aber Hespers und Katzenstein an dem Hetzschriftenschmuggel beteiligt seien. Ferner wurde E n g e l s durch Urteil des Oberlandesgerichts in Hamm vom 29. März 1935 wegen Vorbereitung eines hochverräterischen Unternehmens im Sinne der §§ 83 Abs. 2 und 3 StGB. zu acht Jahren Zuchthaus verurteilt.

II Bl. 171

Urteil Hülle II
Bl. 185

Bei den engen Beziehungen des Angeschuldigten zu Hespers kann es nicht zweifelhaft sein, daß er sich auch in den folgenden Jahren gegen das Deutsche Reich staatsfeindlich betätigt hat. Jedoch lassen sich erst wieder für die Zeit nach dem Ausbruch des gegenwärtigen Krieges sichere Feststellungen in dieser Beziehung treffen. Jedenfalls erzählte ihm Hespers, etwa im Oktober 1939, daß er sich mit der Sammlung von Nachrichten über die deutschen Truppen im Grenzgebiet befasse, einmal im Interesse der deutschen Emi-

II Bl. 59,60,87,
88

granten,

in den Niederlanden mit einkassieren zu können. Am 3. Oktober 1934 macht er einen allerletzten Versuch, ein Treffen zu vereinbaren. Aber statt endlich einen Erfolg zu vermelden, kommt es noch dicker für Johann Kurz.

Die Freunde haben nämlich eine kleine »Überraschung« vorbereitet. Alfred lockt den Gestapo-Spitzel in die Radiowerkstatt von Max, die unmittelbar an der Maas liegt. Dort eröffnen sie ihm, dass sie längst wissen, dass er mit der Gestapo zusammenarbeitet. Auch mein Großvater ist bei diesem Treffen dabei. Und so nehmen die drei den kurzzeitig Festgesetzten ins Verhör. Nach anfänglichem Leugnen gibt Kurz schließlich zu, für die Gestapo zu arbeiten. Das allein reicht den dreien aber noch nicht. Sie fragen ihn aus. Wollen wissen, warum ein ehemals kommunistischer Arbeiter die Seiten wechselt. Johann Kurz erzählt, dass die Gestapo ihn unter Druck setzt. Er sei bei einem Fahrraddiebstahl erwischt worden. Daraufhin hätte die Gestapo ihm gedroht, dass er als ehemaliger Kommunist, der obendrein auch noch klaut, ratzfatz im KZ verschwinden würde. Es sei denn, er wäre bereit, ehemalige Parteigenossen ans Messer zu liefern. Ob das wahr ist, kann ich nicht beurteilen. Aber es wäre definitiv ein Beispiel dafür, wie die Gestapo ihre Macht ausgespielt hat, wie schnell man unter Druck geraten konnte, und das schon bei bloßem Verdacht, ein Kommunist zu sein. Und zwar unabhängig davon, ob die mutmaßlich kommunistische Tätigkeit zur Zeit der Machtaneignung stattfand oder lange Zeit davor.[10]

Um zu verhindern, dass Johann Kurz für die Gestapo weiter als Spitzel arbeiten kann, verbreitet die Gruppe das Foto, das Max gemacht hat, unter den Freunden in Mönchengladbach und Rheydt. Außerdem schreiben sie dem 26-Jährigen »Vorsicht, Polizeispitzel!« in den Reisepass. Damit ist Kurz für die Gestapo als Spitzel verbrannt – und bringt obendrein noch eine Botschaft mit, die getrost als ausgestreckter Mittelfinger in Richtung der Nazis bezeichnet werden kann.

Diese Geschichte, die mein Vater liebend gern erzählt, finde ich nicht nur in der privaten Biografie von Alfred Katzenstein, sondern auch in den Verhör-Protokollen von Max Behretz und meinem Großvater erwähnt. Darin wird den beiden jeweils vorgeworfen, Johann Kurz mit Schlägen misshandelt zu haben. Beide streiten jegliche Gewaltanwendung ab.

Ich kann mir so gut vorstellen, wie die drei Freunde sich nach diesem Abenteuer feiern. Zusammen haben sie einen Gestapo-Spitzel enttarnt und unschädlich gemacht. Die Erleichterung muss, zumindest für den Moment, riesig sein. Im Übrigen ist das nicht der einzige Versuch der Gestapo, meinen Großvater über die Grenze zu entführen, aber der bekannteste. Was die drei zu diesem Zeitpunkt allerdings nicht wissen: Das Ganze wird ein Nachspiel für sie haben, vor allem für meinen Großvater.

2014

Auf ein Buch kann ich nicht warten

Geschichten wie die über Johann Kurz hat mein Vater immer und immer wieder erzählt. Und ich? Ich war zwar fasziniert, das Meiste hab ich aber nicht behalten. Und irgendwann waren mir die Geschichten über. Dann rollte ich innerlich mit den Augen und hatte dieses genervte »Oppa erzählt vom Krieg«-Gefühl. Mit mir hatte das alles nichts zu tun. Also klar, das waren spannende Geschichten. Mit einigen konnte ich sogar was anfangen. Zum Beispiel mit der vom Waisenhaus in Belgien. Dort, erzählte mein Vater immer, mussten die Jungs für ihren Frühstücksbrei den Hafer verlesen, um den Mäuse- und Rattenkot rauszuholen. Je eher sie fertig waren, desto eher konnten sie raus zum Spielen. Die Sorgfalt dabei kann man sich ja vorstellen. Und deshalb gab es häufig »Haferbrei met Strontjes« – Strontjes, das waren Mäuseköttel. Und Mäuseköttel sehen aus wie die Schokostreusel, die meine Eltern immer aus Holland mitgebracht und die wir als Kinder geliebt haben. *Hagelslag*! Das war das Allerbeste! Damit konnte ich was anfangen. Also, Mäuseköttel, ihhhh! Aber ich hatte dadurch eine klare Vorstellung von der Szene. Mein Vater hat immer schallend gelacht, wenn er das erzählt hat. Bei ihm klang das trotz allem nach Abenteuer. Das war halt seine Lebensgeschichte.

Oder wenn er von der Hinrichtung meines Opas erzählte. Diesem ernst blickenden, jungen Mann, den ich nur von diesem Schwarz-Weiß-Foto kannte, das in einem dicken schwarzen Rahmen über dem antiken Sekretär im Wohnzimmer hing und zu dem ich immer aufblickte. »Und dann haben sie ihn an einem Fleischerhaken …« – mein Vater machte eine Pause, in der er die Hand Richtung Hals führte, um dort an einem imaginären Strick zu ziehen und den Kopf ruckartig zur Seite zu werfen – »… erhängt!« Es war immer wieder eine dramatische Performance, die er da ablieferte. Mit intensivem, grimmigem Blick und dröhnender Stimme. Mein Vater konnte nicht nur mit seiner Präsenz, sondern auch mit dem Klang seiner Worte einen ganzen Raum füllen. Ich hab ihn dann mit großen Augen angeschaut und hing an seinen Lippen. Weil ich noch so klein war, stellte ich mir die Szene so vor: Mein Großvater war am Kragen seines Anzugs an einen Fleischerhaken gehängt (die kannte ich ja vom Metzger), wie man eine Jacke an eine Garderobe hängt. Er hatte einen Hut auf dem Kopf, weil wenn man rausging, dann trug man früher so einen Hut, dachte ich, seine Augen waren geschlossen, und sein Kopf hing zur Seite. Und er war tot. Er würde da also hängen bleiben. Das war's. Ich wusste ja noch nicht, was tot sein bedeutet. Oder Krieg. Oder Hunger. Oder Flucht. Geschweige denn, die eigenen Eltern zu verlieren. Und deshalb musste ich auf das zurückgreifen, was meiner kindlichen Vorstellung zugänglich war. Und diese Vorstellung hat mich immer begleitet. Ich hab sie auch später nie mit Szenen in Westernfilmen in Verbindung gebracht, obwohl da ja ständig Menschen erhängt werden. Weil das für mich alles nicht real war. Das war eine Zeit, die es nicht mehr gab. Das war weit weg.

Inzwischen dämmert mir, dass all das sehr wohl etwas mit mir zu tun hat. Und zwar ziemlich unmittelbar. Unter anderem nämlich mit meinem Herzrasen, wenn ich in ein Mikrofon spreche und mich veröffentliche. Denn irgendwo in meinem Inneren hat sich der Gedanke festgesetzt: Wenn ich in der Öffentlichkeit etwas sage, was jemandem nicht gefällt, dann kann ich am Ende dafür umgebracht werden. Und ja, das ist natürlich ein sehr verkürzter und sehr extremer Gedanke, aber ich weiß, seit ich ein kleines Kind war, dass mein Großvater Widerstandskämpfer war. Ich weiß, dass er Mitherausgeber einer Widerstandszeitschrift war, in der er sich gegen das Hitlerregime ausgesprochen hat, und ich weiß, dass er deshalb umgebracht worden ist. Und dieses Wissen hat sich ganz tief eingegraben und macht mir Angst vor den Konsequenzen. Und mit dieser Angst lässt es sich nun mal nicht so leicht in der Öffentlichkeit sprechen. Vor dem Hintergrund ist es entweder völlig bescheuert, dass ich Journalistin geworden bin, oder eben determinierend. Seit ich mir dessen bewusst bin, was diese Angst auslöst, kann ich besser mit ihr umgehen. Gleichzeitig finde ich es ziemlich unfair, dass ich diese Angst haben muss. Was aber viel wichtiger ist: Ich habe inzwischen eine erste Ahnung davon, wie lang der Atem der Geschichte ist. Ich kann ihn spüren. An mir.

Als ich 2014 die ersten Interviews mit meinem Kollegen Matthias von Hellfeld und mit meinem Vater führe, will ich eigentlich nur vorbereitet sein. Für den Fall, dass mein Vater stirbt, will ich wenigstens ein paar seiner Geschichten und Erinnerungen aufgenommen haben. Und während ich die ersten Interviews abtippe, damit ich später weiß, wo ich welche Geschichte finde, marschiert in Dresden eine noch kleine Gruppe Menschen auf. Jeden Montag. Um dort gegen die vermeintliche »Islamisierung des Abendlandes« zu demonstrieren. Pegida erscheint auf der Bildfläche. Einer der Protagonisten dieser Proteste ist Lutz Bachmann, der bereits zuvor immer wieder durch rassistische, homophobe und menschenverachtende Sprüche in sozialen Netzwerken aufgefallen ist. Der in seinen Reden auf den Kundgebungen Geflüchtete als per se kriminell bezeichnet und behauptet, es gäbe gar keine Kriegsflüchtlinge. Ein Mann, der kein Problem damit hat, die standrechtliche Erschießung von Politiker:innen zu fordern.[1] Und zwar auch schon bevor Pegida überhaupt gegründet wurde. Der deshalb aber nicht rechts, geschweige denn rechtsextrem und schon gar kein »Nahsi« sein will, wie er im Februar 2014 in einem Kommentar schreibt, der auch als Tweet veröffentlicht wird. Für seine via Facebook veröffentlichten Sprüche aus dem Jahr 2014 wird Bachmann im April 2016 vom Amtsgericht Dresden wegen Volksverhetzung zur Zahlung von 9600 Euro verurteilt. Das Urteil wird in zweiter Instanz im November 2016 noch einmal bestätigt.[2] Bereits in den 1990er Jahren ist Lutz Bachmann straffällig geworden, geriet wegen Diebstahls, Körperverletzung, Drogenhandel und Einbruch mit dem Gesetz in Konflikt.[3] Diesem Lutz Bachmann also folgen in Dresden Montag für Montag Menschen auf die Straße, um zu demonstrieren. Als Beleg für eine angebliche Islamisierung des Abendlandes werden Meldungen herangezogen, dass auch in Deutschland lebende junge Männer sich zum Salafismus bekennen und sich dem selbsternannten »Islamischen Staat« anschließen. Es gibt Berichte, dass auch Deutschland Ziel von Anschlägen werden soll. Auf Basis dieser Meldungen wird auf den Demonstrationen gezielt Hass gegen Muslime geschürt und werden damit alle Angehörigen einer Religionsgemeinschaft zu Terroristen stilisiert.

Bereits Monate zuvor ist eine rechtskonservative, europakritische Partei namens Alternative für Deutschland per Direktwahl ins Europäische Parlament gewählt worden. Die AfD wurde 2013 vor allem von Männern gegründet, die Angst hatten, durch die Finanzhilfen der EU – unter anderem an das wirtschaftlich kriselnde Griechenland – ihr Vermögen zu verlieren.[4] Seit Sommer 2014 gibt es vermehrt Medienberichte über Austritte aus der AfD. Als Grund wird der Rechtsruck innerhalb der Partei angegeben.[5]

In Köln gibt es im Oktober 2014 einen Hooliganaufmarsch der HoGeSa (Hooligans gegen Salafisten), bei dem es zu Straßenschlachten mit der Polizei kommt.

Während dort die Angst vor islamistischem Terror und dem Scheitern des Euro wächst, wächst bei mir die Angst vor einem Wiedererstarken des Rechtsextremismus. In mir macht sich ein

Gefühl breit, das ich nicht länger ignorieren kann: Die Vergangenheit klopft an. Sie hat sich einen neuen Namen gegeben und ein neues Gesicht. Aber ich rieche die Gefahr, die von ihr ausgeht. Es riecht nach Hass, Rassismus und nationalsozialistischem Gedankengut. Ich bin tagtäglich mit dem konfrontiert gewesen, was die Folgen dieses Gedankenguts sind. Ich spüre die Bedrohung in jeder Faser meines Körpers. Es graut mir, wenn ich die Bilder der »Patriotischen Europäer gegen die Islamisierung des Abendlandes« im Fernsehen sehe. Die Deutschlandfahnen. Den Hass gegen Andersgläubige, in dem Fall Muslime.

Im Dezember entscheide ich deshalb: Ich kann nicht warten, bis ich alle Informationen über meinen Großvater zusammenhabe. Ich kann nicht warten, bis ich einen Verlag finde und ein Buch schreiben kann. Ich kann nicht warten, bis Politiker:innen etwas unternehmen. Ich muss etwas tun. Ich muss die Geschichte meines Großvaters erzählen. Um aufzuzeigen, wohin dieser Weg führt, der da gerade eingeschlagen wird. Oder führen kann, wenn wir uns dem nicht rechtzeitig entgegenstellen.

Seit dem Aufkommen von Pegida spiele ich mit dem Gedanken, aus meinen Recherchen ein Blogprojekt zu machen. Ich habe sogar schon einen Freund gebeten, mir zu helfen, eine Website aufzusetzen. Aber plötzlich ist da dieser innere Druck. Ich muss das machen. Jetzt.

Es ist nicht so, dass ich allzu große Hoffnungen habe, mit meinem Blog Tausende von Menschen zu erreichen. Ich habe ja gesehen, was passiert, wenn mein Vater von dem erzählt, was er erlebt hat. Er findet in einem kleinen, erlesenen Kreis begeisterte Zuhörer:innen, aber so richtig viel Aufmerksamkeit wird ihm nie zuteil. Mir ist völlig klar: Nationalsozialismus, Widerstand, Rechtsextremismus – das ist ein absolutes Nischenthema. Ich arbeite in Redaktionen. Ich erlebe es jeden Tag. Und werde es auch später immer wieder erleben. Und trotzdem kann ich nicht anders.

Also warte ich nicht länger ab, bis dieser Freund Zeit hat, mir eine schicke Website zu entwerfen. Ich setze mich eines Abends einfach selber hin, google mir ein paar Wordpress-Kenntnisse zusammen, denke mir einen Titel aus, buche einen Webspace, schreibe zwei Artikel, bastele Fotos und Bilder und schalte das Ganze am Abend des 12. Dezember 2014 frei. *Die Anachronistin* ist geboren – am 111. Geburtstag meines Großvaters Theo Hespers. Ich poste die Artikel auf Facebook und mache die ganze Nacht kein Auge zu. Was wird passieren? Was denken meine Freund:innen und Kolleg:innen über mein Projekt? Ich verbiete mir bis zum nächsten Morgen, auf die Kommentare zu schauen. Was, wenn das irgendwie in die falschen Kreise gerät? Als Social-Media-Managerin weiß ich nur allzu gut, was Hate Speech ist. Dabei ist das damals im Vergleich zu heute noch Kinderkram. Trotzdem bleibt ein mulmiges Gefühl. Nur neun Tage nach meinen ersten beiden Blogeinträgen, am 19. Dezember 2014, wird Pegida offiziell als Verein eingetragen.

1935

Over de Waterkant – Flucht ins Landesinnere

Im späten Frühjahr 1935 startet die Gestapo am Niederrhein und im Ruhrgebiet die nächste Verhaftungswelle gegen Mitglieder der Widerstandsorganisation. Die ersten Verhaftungen erfolgen in Essen, danach Duisburg, Düsseldorf, Krefeld und Mönchengladbach. Hans von Dahlen, der Mann, der politisch Verfolgte von Mönchengladbach aus über die Grenze bringt, um sie bei der niederländischen Friedensgesellschaft abzuliefern, wird am 25. Juni 1935 festgenommen. »Fast 3 Wochen blieb ich in Polizeihaft in M. Gladbach und in Düsseldorf täglich von morgens bis abends Vernehmungen, häufig auch nachts. Mehrfach glaubte ich am Ende meiner Kraft zu sein. Zerschlagen und zerschunden, mit schweren inneren Verletzungen kam ich etwa Mitte Juli 35 in das Untersuchungsgefängnis M. Gladbach.«[1]

Nach neun Monaten in Untersuchungshaft wird Hans von Dahlen zu viereinhalb Jahren Zuchthaus verurteilt. Es folgt eine Odyssee durch die verschiedensten Zuchthäuser und Arbeitslager. Weihnachten 1939 wird er entlassen – nur um kurze Zeit später gleich wieder verhaftet zu werden.

In den Niederlanden sorgt die Verhaftungswelle in der Grenzregion für einiges Unbehagen bei den zuständigen Behörden. Denn obwohl viele Niederländer:innen den Kampf der deutschen Exilanten gegen das NS-Regime unterstützen: Offiziell will man sich politisch neutral verhalten. Weshalb auch deutschen Flüchtlingen politische Aktivitäten verboten sind. Wer dagegen verstößt, dem droht die Ausweisung. Obendrein wird mein Großvater im Zuge der Verhaftungswelle am 31. Mai 1935 offiziell zur Fahndung ausgeschrieben. Sagen wir mal so: Damit hatte er durchaus das Potential, zur Belastung für die Beziehungen zwischen Deutschland und den Niederlanden zu werden.

Einmal im Monat müssen die deutschen Flüchtlinge sich bei der örtlichen Polizei melden, um ihre Aufenthaltsgenehmigung verlängern zu lassen. Bei einer dieser Gelegenheiten wird mein Opa Theo dann auch darüber informiert, dass Haftbefehl gegen ihn erlassen wurde. Bereits zuvor wurde ihm mitgeteilt, die Gestapo habe sich bei den niederländischen Behörden darüber beschwert, dass er einen ihrer Beamten misshandelt und deutsche Staatsdokumente beschädigt habe. Ups … Und auch wenn alle die Misshandlungen abstreiten – mein Opa ist ein Risiko. Und so wird ihm bereits im Februar 1935 die Aufenthaltserlaubnis für die Region Limburg entzogen, er muss weiter ins Landesinnere – weg von der Grenze auf die andere Seite der Maas. Oder wie es auf Niederländisch heißt *over de waterkant.*

Wie genau das passiert, darüber gibt es unterschiedliche Aussagen. Und was davon der Wahrheit entspricht, lässt sich nur schwer sagen. An dieser Stelle bin ich wieder auf die Verhörprotokolle angewiesen. Fündig werde ich in einem der ersten Verhöre von Max Behretz bei der Gestapo in Köln. Das Gebäude, in dem die Vernehmungen stattfanden, heißt heute EL-DE-Haus und ist eine Gedenkstätte für die Opfer des Nationalsozialismus. Es liegt in direkter Nachbarschaft zum WDR, wo ich arbeite. Dort wird also am 9. Oktober 1940 der tapfere Widerstandskämpfer Max Behretz verhört. Leider ist das, was in diesem ersten Verhör steht, glatt gelogen. Falls er das so gesagt hat, heißt das. So gibt er an, bei den regelmäßigen Ausflügen mit Besuchern aus der deutschen Jugendbewegung sei nie über Politik gesprochen worden. Und »solange H. in Roermond wohnhaft war«, habe er, Max Behretz, nicht festgestellt, »daß er sich politisch oder zum Nachteile des deutschen Reiches betätigte«.[2]

Diese Aussage ist natürlich insofern wahr, als mein Großvater das Beste für sein Vaterland gewollt hat. Nur dass das halt nicht das Beste im Sinne der Nationalsozialisten war. Trotzdem hat er sich selbstverständlich politisch betätigt, daran gibt es wohl keinen Zweifel. Und natürlich bindet Max das den Gestapo-Beamten nicht direkt auf die Nase, denn damit würde er meinen Opa belasten, und der ist zu dem Zeitpunkt ja noch frei. Wobei Max das nicht wissen kann. Aber er weiß sehr wohl, wer oder was die Gestapo ist. Laut Verhörprotokoll jedenfalls erzählt Max die Geschichte so: Nachdem die niederländische Polizei meinem Großvater Theo im Februar 1935 die Aufenthaltserlaubnis für die Region Limburg entzogen hat, bringt sie ihn nach Eindhoven. Schon wieder ist er von seiner Frau und seinem Kind getrennt. Max behauptet im Verhör, die Polizei habe meinem Opa die Gründe für die Ausweisung nicht genannt. Das allerdings wage ich zu bezweifeln. Denn Alfred Katzenstein gibt in seinen Memoiren an, dass es die Beschwerde der Gestapo wegen der Spitzelaffäre gewesen sei, die dazu geführt hat, dass ihnen die Aufenthaltserlaubnis entzogen wurde.

Bei meinem Vater klingt die Geschichte übrigens so: »Und dann aber hat die Gestapo sich an die holländische Polizei gewandt und dann – ›Wir wollen den Mann haben! Der Mann, das ist die Zentrale für Arbeit gegen uns. Wir wollen den haben, der ist ein wichtiger, wichtiger Mann.‹ Und dann haben die Holländer sich an den Theo gewandt und gesagt: ›Hör mal, mein Lieber, hier kannst du nicht bleiben! Früher oder später werden die dich kidnappen, und wir kriegen die Probleme in Holland. Jetzt musste weiter nach Holland rein.‹ Und da kamen wir von Roermond nach Helmond.«

Max sucht eine neue Bleibe für meine Großeltern und meinen Vater und bringt sie bei Bekannten in Helmond unter – fünfzig Kilometer entfernt von Melick. Zumindest behauptet er das im Verhör. Die Familie bezieht eine kleine Zwei-Zimmer-Wohnung über einer Kneipe, um die ein Wassergraben gezogen ist. Max will auch dafür gesorgt haben, dass mein Großvater dort sein Geschäft weiterführen kann. Aber dieser Umzug bedeutet einen krassen Einschnitt. Für alle in der Familie. Denn in Helmond ist es vorbei mit den vielen Besuchern aus Deutschland. Ein großer Teil der Widerstandsgruppe ist verhaftet und zu langjährigen Zuchthausstrafen verurteilt worden. Ohnehin ist die Distanz zu groß, um sie regelmäßig mit dem Fahrrad zurückzulegen. Schon gar nicht im Herbst oder Winter.

Die Stimmung zwischen meinen Großeltern ist auch alles andere als gut, denn meine Großmutter ist ohne ihre Familie aufgeschmissen. Im Dahl, wo sie umgeben von ihren Eltern und Geschwistern war, hatte sie ständig Hilfe – im Haushalt, beim Kochen, mit dem Kind. In Roermond und noch mehr in Helmond ist sie auf sich allein gestellt. Sehr früh ist klar, dass meine Oma und die Küche in diesem Leben sicher keine Freunde mehr werden. Und weil das so ist, ernährt sie sich und ihren kleinen Sohn vornehmlich von Süßigkeiten – in Reformhausqualität versteht sich. Dazu bedient sie sich regelmäßig an der Ware, die mein Großvater eigentlich zum Weiterverkauf eingelagert hat. Darunter furchtbar süße Nougatblöcke, an die sich mein Vater noch sehr gut erinnert. Allerdings vor allem deshalb, weil wohl auch Ameisen auf die Reformware stehen und eine der kostbaren Süßigkeiten von innen hohl knabbern. Nicht einen Fitzel lassen sie meinem Vater übrig! Und jetzt stellt euch einen drei- bis vierjährigen kleinen Jungen vor, der so eine Enttäuschung erlebt. Richtig. Nächster Halt: Wutanfall. Sowas vergisst man nicht.

Aber auch Nougatblöcke gibt es in Helmond erstmal nicht. Und anders als in Melick hat die Familie deutlich weniger Platz. Trotz Unterstützung durch die Friedensgesellschaft dürfte das Geld knapp gewesen sein. Hinzu kommt die Sorge um die verhafteten Freunde. Und auch die politische Arbeit kommt vorerst zum Stillstand. Wie hilflos muss sich mein Großvater da gefühlt haben? Wie ohnmächtig. Kein guter Zustand. Und auch meiner Großmutter geht es schlecht. Denn sie hat jetzt nicht mal mehr Gesellschaft, wenn mein Großvater unterwegs ist, um die Reformware zu seiner Kundschaft zu bringen. Stattdessen sitzt sie zu Hause mit einem vierjährigen Jungen, der beschäftigt werden will. Sie hat kaum Kontakt zu ihrer Familie und auch keine Freunde. Und ohne Freunde lernt sie nicht richtig Niederländisch.

Auch mein Vater hat keine guten Erinnerungen an Helmond. »In Helmond war es stinklangweilig! Unten war die Gaststätte, wir wohnten da drüber. Das waren zwei Zimmer. Wasser war auf dem Flur. Klo wahrscheinlich auch. Ich hatte niemand zum Spielen. Niemand zum Spielen!«

Als er mir das erklärt, höre ich in seiner Stimme den ganzen Trotz und Frust eines Vierjährigen. Wirklich. So als hätte er Klein-Dietrich in seinem Herzen bewahrt und ihm grade die Tür geöffnet, damit der kleine Kerl seine Geschichte selber erzählen kann. Im Übrigen heißt Klein-Dietrich inzwischen Dieter, weil das deutlich weniger deutsch klingt.

Neue Spielkameraden findet mein Vater nur in Form von kleinen Wasserratten, die sich im Kanal rund um das Haus befinden. Eigentlich hat ihm sein Vater Theo verboten, am Kanal zu spielen. Viel zu gefährlich. Aber wenn sein Vater unterwegs ist, geht der kleine Kerl trotzdem dorthin, um sich abzulenken. Er beobachtet, wie die kleinen Ratten ihre Jungen durch das Wasser tragen. Und wer weiß, auf welche Ideen er sonst noch so gekommen ist vor lauter Langeweile. Jedenfalls bekommt er irgendwann dicke Beulen unter der Haut, die platzen und schrecklich eitern. Ob ein Arzt das behandelt hat, daran kann er sich nicht mehr erinnern. Wohl aber daran, dass es ein halbes Jahr gedauert hat, bis das wieder verheilt war. Vielleicht ist es auch nur ein gefühltes halbes Jahr, schließlich ist mein Vater erst vier oder fünf Jahre alt. Da können einem die Zeiträume schon mal etwas länger vorkommen.

Ob noch vor der Erkrankung ihres kleinen Sohnes oder danach: Irgendwann reicht es meiner Oma. Sie hat keinen Bock mehr auf Flucht. Und so schnappt sie sich eines Morgens meinen Vater und erklärt, dass sie zurück nach Mönchengladbach fahren wird. Zu ihrer Familie. Keine gute Idee. Mein Großvater hat sich gerade im Flur eine Schüssel Wasser geholt, um seine Morgentoilette zu verrichten, und steht mit freiem Oberkörper in der Küche. »Und dann hat meine Mutter aus irgendnem Grunde, weil die mit so ner Idiotie wieder zurückkam, gesagt: Theo, jetzt fahren wir wieder nach Hause«, erinnert sich mein Vater. »Die war total kindlich in der Vorstellung. Die dachte, jetzt sind wir abenteuerlich ein bisschen in Holland gewesen, jetzt fahren wir wieder nach Hause. Und dann schmiss sie meinem Vater ein Brotmesser an den Körper. Ein Brotmesser.«

Gut für meinen Opa: Käthchen ist keine begnadete Messerwerferin. Das Messer trifft ihn mit der flachen Seite am Oberkörper. Aus Wut über den Angriff packt er seine Frau am Hals und drückt sie gegen die Wand. Schlimme Szene? Ja, finde ich auch. Aber das sind genau die Szenen, die zeigen: Das war halt nicht einfach nur ein Abenteuer. Das war keine Hollywood-Heldenreise. So sah der Alltag aus. Die Eltern meines Vaters standen massiv unter Druck. Vor allem für meine Oma muss das furchtbar gewesen sein – alleine mit einem kleinen Kind, in einem Land, in dem sie niemanden wirklich versteht und in dem sie auch sich selbst keinen Ausdruck verleihen kann, weil sie die Sprache nicht spricht. Sie ist auf Gedeih und Verderb den Entscheidungen ihres Mannes ausgeliefert. Alles, was ihr bleibt, ist ihr kleiner Sohn, zu dem sie – wie mein Vater es nennt – eine »Affenliebe« entwickelt. Mein Opa hat sicher das Beste für seine Familie gewollt, aber es ist einfach enorm viel verlangt. Trotzdem kann ich auch die Entscheidung nachvollziehen, die Familie nicht zurückzulassen. Denn dass sie in Mönchengladbach regelmäßig Besuch von der Gestapo bekommen haben – und weiterhin hätten, denn er hatte ja nicht vor, seine Arbeit gegen die Nationalsozialisten einzustellen –, ist genauso wahr. Was also hätte er tun sollen? Aufgeben? Nicht gegen die Nazis kämpfen? Und was dann? Wäre das ein lebenswertes Leben gewesen in Deutschland? Oder in den Niederlanden? Vielleicht. Vielleicht hätten sie es geschafft. Aber viele von denen, die sie über die Grenze geholt und damit gerettet haben, nicht.

Das ist eine ganz beschissene Entscheidung, von der ich hoffe, dass ich sie niemals werde treffen müssen. Und ich habe allergrößten Respekt vor Menschen, die diese Entscheidung in der jüngeren Vergangenheit treffen mussten und auch immer noch müssen. Die ihre Familien verlassen in der Hoffnung, dass wenigstens eine oder einer überlebt. Die, weil sie auf ein lebenswertes Leben hoffen, alles hinter sich lassen und ins Ungewisse aufbrechen. Oder auf Schlauchbooten versuchen, nach Europa zu kommen – obwohl sie wissen, dass Zehntausende Menschen diese Flucht nicht überleben und ertrinken. Die auch ihre Kinder auf diese gefährliche Flucht mitnehmen, in der Hoffnung, dass es besser wird in Europa – und die jetzt in riesigen Geflüchtetencamps unter menschenunwürdigen Bedingungen leben müssen.

Die Szene mit dem Brotmesser bleibt übrigens nicht die einzige, in der meine Großeltern handgreiflich werden, weil meine Oma versucht, mit meinem Vater »wieder nach Hause« zu fahren. Einmal hat meine Großmutter – und ich meine an der Stelle ein bisschen Stolz in der Stimme meines Vaters zu hören – vor lauter Wut meinen Großvater mit einem Fausthieb unter die Nase an der Tür empfangen. Der hat sich dann aus Rache seine blutige Nase an ihrer geliebten weißen Bettwäsche abgeputzt.

Ich frage mich ja, ob das vielleicht was damit zu tun hat, dass mein Großvater etwa zu dieser Zeit eine gewissen Toos Verhagen kennenlernt ...

Weihnachten 2014

Der Stoff, der mich nicht schlafen lässt

2014. Es ist der zweite Weihnachtstag. Ich bin erneut mit meinem Vater verabredet. Das zweite Interview steht an. Ich werde herzlich empfangen, aber ich merke meinem Vater trotzdem an, dass er Abstand hält. Mein Bruder hat ihm bereits die ersten Artikel von meiner Website ausgedruckt. Meinem Vater ist anzusehen, wie sehr er sich darüber freut, dass ich die Geschichte aufschreibe und sie öffentlich zugänglich mache. Gleichzeitig ist er vorsichtig im Umgang mit mir. Bloß keinen neuen Streit. Er will nicht riskieren, dass der Kontakt noch einmal abbricht. Ich spüre das deutlich. Seine Frau wird mir das später bestätigen. Dabei geht es allerdings nicht in erster Linie um mich. Es geht um die Geschichte. Ums Erinnern. Und um die Angst, vergessen zu werden. Meine Rolle ist die der aus der Zeit gefallenen Chronistin, der Anachronistin eben. Derjenigen, die das ideelle Erbe der Familie ins digitale Zeitalter überführen soll. Mein Vater und ich, wir haben einen Deal: Er erzählt mir die Anekdoten, von denen er möchte, dass sie aufgeschrieben werden, und ich bekomme eine außergewöhnliche Geschichte, an der ich mich abarbeiten und die ich veröffentlichen kann. Eine Rolle, mit der ich gut zurechtkomme. Gleichzeitig weiß ich, dass ich mich davor schützen muss, nicht völlig vereinnahmt zu werden von meinem Vater. Es ist ein Tanz zwischen Annäherung und Abgrenzung, in dem mein Vater immer wieder versuchen wird, die Grenze zu seinen Gunsten zu verschieben, während ich versuchen muss, höflich, aber bestimmt Grenzen zu setzen. Aber noch kommt er mir nicht zu nahe. Noch geht's.

Wir sitzen zunächst am Couchtisch. Die Aufnahme startet irgendwo mitten im Gespräch mit den Worten: »... das ist unmöglich. Ich will nicht sagen, wir haben nix gewusst. Alles dummes Zeug.« Dann beginnt er gleich mit seiner ersten Erzählung. Er hüpft von Anekdote zu Anekdote. Im Prinzip komme ich kaum zum Fragen. Und mein Vater genießt es sichtlich, dass ich dasitze und zuhöre. Und zwar so lange, bis ich irgendwann sage, dass ich nach Hause fahren muss. Wenn eine Geschichte zu Ende ist und er einen kurzen Hänger hat, dann schaut er mich an. »Frag! Frag, frag, frag!«, fordert er mich ungeduldig auf, damit ich ihm ein Stichwort gebe, mit dem er sich weiter wild durch alles Geschehene assoziiert.

Es ist unglaublich schwer, so ins Blaue hinein zu fragen. Manche Sachen hat er mir so oder so ähnlich auch schon im ersten Interview erzählt. Immer wieder wirft er mit Namen von Weggefährten meines Großvaters um sich, die ich in ihrer Vielzahl kaum einzuordnen weiß. Mir fehlen einfach die Gesichter zu den Menschen und persönliche Eindrücke. Und dann haben die auch noch alle Fahrtennamen. Das sind Spitznamen, die sich die Bündischen untereinander geben. Später bei der Recherche wird es gar nicht so einfach, sie auf die real existierenden Personen zurückzuführen. Versucht mal »Tutti« in eine Suchmaschine zu tippen. Eben. Damit in meinem Blog nachher nicht alles chronologisch durcheinandergerät, hebe ich mir die Geschichten, die mein Vater an diesem Tag erzählt, für später auf. Alle bis auf eine. Denn diese eine Geschichte wird mich noch eine ganze Weile beschäftigen.

Es ist die Geschichte von Sara Cato Meyer, genannt Selma. Mein Vater zeigt mir ein Foto von ihr im *Spiegel van Roermond*[I], in dem auch die Geschichte von Max Behretz erzählt wird. Selma ist Jüdin und lebt in Amsterdam. Sie stammt aus einer gut situierten Familie, mütterlicherseits mit Verbindungen zur Unternehmerfamilie Philips, einer ihrer Brüder ist Bankier.

Selma hat sich schon früh in verschiedenen Friedensorganisationen engagiert und ist unter anderem Sekretärin der Hauptverwaltung des Internationalen Frauenbundes für Frieden und Freiheit. Bei einem Prozess gegen Gewerkschafter:innen und Arbeiter:innen in Wuppertal 1934[2] gehört sie zu den Erstunterzeichnenden eines offenen Briefs, in dem die Massenverhaftungen und Prozesse gegen über 600 Angeklagte als unmenschlich angeprangert werden. Zusammen mit ihrer Freundin – und, wie sich später rausstellen wird, wohl auch Lebensgefährtin – Annette Monasch führt sie in Amsterdam ein Schreibbüro.[3] Das Holland Typing Office befindet sich etwa 300 Meter vom Amsterdamer Hauptbahnhof entfernt in der Damrak 44. Einer Straße, die direkt in die Innenstadt führt. Dort beschäftigt sie mehr als vierzig Mitarbeiter:innen, vornehmlich Frauen, die Schreib-, Sekretariats- und Übersetzungsarbeiten für Firmen erledigen. Ab 1937 stellt sie für meinen Großvater und seine Mitstreiter ihre Büroräume zur Verfügung. Dort wird sich die Redaktion der Widerstandszeitschrift zusammenfinden. Außerdem wird Selma Meyer die Gruppe bei der Produktion unterstützen, Schreibmaschinen zur Verfügung stellen, Übersetzungen anfertigen, den Briefverkehr über ihre Büroadresse laufen lassen sowie ein Spendenkonto einrichten und sich um den Vertrieb der Widerstandszeitschrift nach Deutschland und in viele andere europäische Länder kümmern.[4] Sie stellt auch deutsche Flüchtlinge für Hilfsarbeiten ein, damit sie wenigstens ein bisschen Geld verdienen können.

Am 26. Oktober 1940, etwa ein halbes Jahr nach dem Einmarsch der Nazis in die Niederlande, wird sie von der Gestapo verhaftet. Sie wird zunächst im Gefängnis in Den Haag verhört, später dann nach Berlin gebracht. Sie stirbt am 11. Februar 1941 im jüdischen Krankenhaus. Laut Todesurkunde an den Folgen einer Bauchfellentzündung.

Zufällig findet der Historiker Bart de Cort bei seinen Recherchen zu Selma Meyer einen Artikel über sie und das Holland Typing Office. In »De Vrouw en haar Huis« werden das Schreibbüro und seine Leiterinnen Selma Meyer (Hintergrund links) und Annette Monasch (Hintergrund rechts) portraitiert.

Mein Vater hat an diesem zweiten Weihnachtstag aber eine andere, inoffizielle Version für mich. Er bekommt diesen verschwörerischen Blick, der unweigerlich eine dramatische Geschichte ankündigt. »Ich weiß genau, wie die zu Tode gekommen ist«, beginnt er. Bevor ich mich noch entscheiden kann, ob ich das jetzt wirklich so genau wissen will, fängt er schon an zu erzählen. »Das ist folgendermaßen. Die hat man totgeschlagen in den Zellen. Eine Freundin von der Toos Verhagen, die war auch inhaftiert, die hat nur überlebt, weil die auf dem Bauch geschlafen hat. Und dann war die nur gelähmt nach dem Krieg. Die anderen ... Man machte Folgendes: Man ging nachts in die Zellen rein – maskiert – und schlug die Frauen so lange auf den Unterleib, bis sie an inneren Blutungen zugrunde gingen nachher.«

Ich weiß kaum mit dieser Information umzugehen. Woher weiß mein Vater das? Wer war diese Freundin von Toos Verhagen? Kann das stimmen? Sagen wir mal so: Die Wahrscheinlichkeit, dass die Geschichte stimmt, ist ziemlich groß. Drei Jahre später stoße ich auf einen weiteren Namen, der sowohl mit Selma Meyer als auch mit Toos Verhagen in Verbindung steht: Johanna Weitz. In einem Portrait über ihre Tätigkeit als Widerstandskämpferin gibt es gleich mehrere Parallelen und mögliche Verbindungen zwischen ihr und Selma Meyer.[5] Zum einen eine theosophische Vereinigung, der beide schon Mitte der 1920er Jahre angehört haben. Zum anderen fährt Johanna Weitz regelmäßig ins Ausland, um ihre Sprachkenntnisse lebendig zu halten, darunter auch Holländisch. Sie ist außerdem ebenfalls Mitglied im Internationalen Frauenbund für Frieden und Freiheit und versorgt Selma Meyer später mit Artikeln und Informationen über die Gestapo.[6] Dabei hat sie die Rolle einer Doppelagentin inne, denn die Juristin Johanna Weitz ist Parteimitglied der NSDAP und arbeitet als Fürsorgerin im politischen Strafvollzug der Frauenstrafanstalt Hohenleuben in Thüringen. Sie nutzt ihre Funktion nicht nur, um die Freunde im Widerstand mit exklusiven Informationen aus dem Inneren des Naziregimes zu versorgen, sondern auch, um entlassene weibliche Häftlinge vor der sogenannten Schutzhaft im Konzentrationslager Buchenwald zu retten. Sie fischt die Frauen regelmäßig raus, um sie direkt auf die Friedensburg in Leutenberg weiterzuleiten, wo ihnen eine Anstellung geboten wird. Dringend gebrauchte Arbeitskräfte natürlich. Dagegen hatte die Gestapo nur wenig Handhabe.

Dr. jur. Johanna Weitz wird am 19. Januar 1940 verhaftet und im Reichssicherheitshauptamt in Berlin, dort wo heute die

Topographie des Terrors ist, regelmäßig verhört. Während ihrer neunmonatigen Einzelhaft wird sie mehrfach brutal gefoltert. »Die gequälte J.W. wird den Rest des Lebens mit einem Stock gehen müssen«, schreibt ihre Nichte Monika Nehr in einem Portrait über sie, das in der Anthologie *Vergessene Frauen* des GEDOK Berlin veröffentlicht wird. Und weiter: »Johanna Weitz, die eine bekannte Persönlichkeit in Thüringen war, wird statt dessen Ende 1940 schwer krank aus der Gestapohaft zu ihren *Angehörigen* nach Leutenberg gebracht, wohl, um sie dort, und nicht in Haft sterben zu lassen, wie sie in ihren persönlichen Aufzeichnungen vermutete.« In einem Tagebucheintrag, der ebenfalls in diesem Portrait veröffentlicht ist, schreibt die Juristin Genaueres über die Art ihrer Leiden: »Leutenberg, 24.2.42 Noch immer hier. Ein sehr schwerer, langer Winter. Ein schweigsamer Kampf mit den ewigen Rückfällen der Krankheit, Magenbluten, Herzattacken, von dem Bein ganz zu schweigen, das eben nicht will.«[7]

Selma Meyer und Johanna Weitz waren beide zur gleichen Zeit in Berlin inhaftiert, wurden beide im Reichssicherheitshauptamt verhört, das berüchtigt war für seine Foltermethoden. Dass Johanna Weitz auch Toos Verhagen kannte, ist ebenfalls sehr wahrscheinlich. Ist sie also diese Freundin, die überlebt, weil sie auf dem Bauch geschlafen hat? Die inneren Verletzungen, das Bein, das nicht will – es spricht einiges für eine Verletzung an der Wirbelsäule im unteren Bereich des Rückens. Johanna Weitz ist in den Augen der Nazis zwar eine Hochverräterin, aber immer noch »Arierin«. Selma Meyer ist Jüdin. Eine für die Nazis ohnehin nicht lebenswerte Existenz. Es ist kaum anzunehmen, dass sie besser behandelt wurde – eher das Gegenteil. Und damit ist es tatsächlich sehr wahrscheinlich, dass die Geschichte, die mein Vater mir da in wenigen Sätzen erzählt, stimmt. Mal wieder.

Ohne Selma Meyer wäre die Widerstandszeitschrift meines Großvaters nie möglich gewesen. Nicht selten wird ihr Engagement aber damit begründet, sie sei in den Mitherausgeber Hans Ebeling, genannt Plato, verliebt gewesen. Selbst wenn das stimmt: Ihr soziales Engagement war so umfassend, ihr Einsatz so hoch, dass es einfach nicht ins Bild passen will, dass sie keine eigene politische Haltung hatte. Im Gegenteil. Sie war lange davor bereits Vorstandsmitglied des Internationalen Frauenbundes für Frieden und Freiheit.

Weihnachten 2014 kenne ich weder Dr. jur. Johanna Weitz noch ihre Geschichte. Aber irgendetwas an den Todesumständen von Selma Meyer berührt mich so tief, dass ich in der darauffolgenden Nacht kaum schlafen kann. Für mich fühlt sich Selma Meyer an wie ein Familienmitglied. Ich bin tief beeindruckt von ihrem Mut. Von ihrem Engagement. Von ihrer Sanftheit, ihrer Fürsorge, aber auch von ihrer Weitsicht und Entschlossenheit, diese Welt zu einem besseren Ort zu machen. Es zerreißt mir das Herz. Ich weine. Vor Trauer und vor Wut. Über einen Menschen, den ich gar nicht persönlich gekannt habe. Ich verzweifle daran, dass Menschen so zueinander sind. Dass Männer und auch Frauen aus ideologischer Verblendung andere Menschen quälen und sich dabei auch noch auf der richtigen Seite wähnen. Alles daran ist falsch. Und wie schon 2006, als ich das erste Mal die Briefe meines Großvaters Theo aus der Gestapohaft lese, dauert es Tage, bis ich aus dem Albtraum aus düsteren, verzweifelten Gedanken wieder in der Realität ankomme. Und immerhin kann ich das. Denn meine Realität ist ein demokratisches Deutschland, in dem ich nicht verfolgt werde, in dem ich als Journalistin frei und ohne Angst meinen Job machen kann. Zumindest vor dem Staat muss ich keine Angst haben ...

Am 29. Dezember 2014 veröffentliche ich einen ersten Blogeintrag zum Gespräch mit meinem Vater. »Viel Stoff, wenig Schlaf« wird der fünfte Artikel auf *Die Anachronistin*. Die Geschichte von Selma Meyer hat mir keine Ruhe gelassen. Als ich meinem Vater im Februar 2015 den Artikel zum Lesen schicke, kommt die Korrektur per Brief. Ich werde in nächster Zeit noch einige solcher Briefe erhalten. Und immer steht ein P.S. auf dem Umschlag. Diesmal ist es eine Korrektur zum Artikel: »Selma Cato Meijer/Amsterdam ist in einer Gefängniszelle durch Schläge auf den Unterleib ermordet worden (nicht in einer Baracke!)« – und sosehr mir die Geschichte immer wieder zu Her-

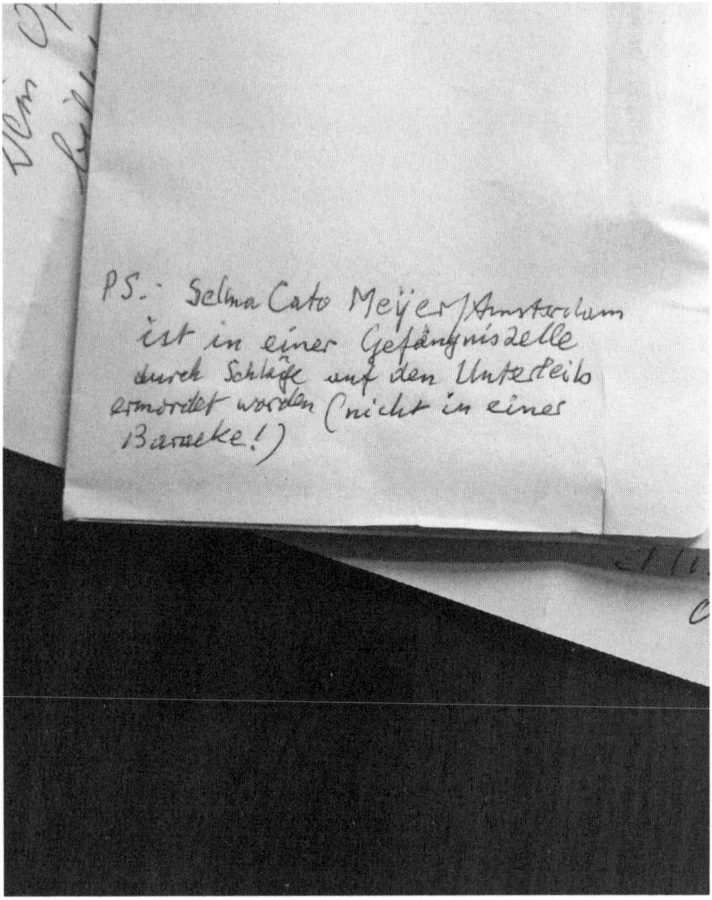

Es gibt kaum einen Brief von meinem Vater, auf dem nicht irgendwo noch ein P.S. hintendrauf steht. Diesmal ist es eine Korrektur zu einem meiner Blogeinträge, die ich so kurios finde, dass ich sie auf meiner Facebook-Seite veröffentliche. Auf einem anderen Briefumschlag bittet er mich, Jan Böhmermann zu kontaktieren und ihn zu grüßen, weil er was mit ihm zusammen machen möchte.

zen geht, das sind die Momente, in denen ich dann doch lachen muss. Weil es einfach auch ein bisschen absurd ist. Was muss wohl der Briefträger gedacht haben, falls er das zufällig gelesen haben sollte?

1937
Eine neue Widerstandsgruppe formiert sich

Wo genau die Szene mit dem Faustschlag stattgefunden hat, den mein Opa von meiner Oma kassiert, lässt mein Vater offen. Seine Erinnerungen sind nicht immer an konkrete Räume geknüpft. Und ich frage da auch nie dezidiert nach. Es sind einfach so unglaublich viele Informationen. Aber es ist tatsächlich so: Mein Großvater hat in den Niederlanden eine Affäre mit einer anderen Frau. Mein katholischer, verheirateter Großvater. Wobei mir für diese Geschichte lange die Beweise fehlen. Ja klar, mein Vater hat in einem der Interviews davon erzählt, aber wie immer bin ich skeptisch. Vielleicht will mein Vater damit ja auch nur seine eigenen Affären rechtfertigen.

»Je wet well, Dirk – ich hieß dann natürlich wieder Dirk, wie in Flandern auch – Dirk, je weet well, dat ik je vader erg lief gehad heb, sagte die zu mir. Das wusste ich damals überhaupt noch nicht. Ich hatte keine Ahnung.«* »Die«, das ist Antonia Verhagen, genannt Toos, eine Fremdsprachenkorrespondentin und Gymnastiklehrerin aus Eindhoven. Sie wird das alles überleben und später meinem Vater von dem Verhältnis erzählen. Es ist Max Behretz, der meinen Opa Theo und Toos miteinander bekannt macht. Denn auch Toos ist in der niederländischen, pazifistischen Abstinenzlerbewegung NBAS. Wann genau sich die beiden kennenlernen, lässt sich nicht so leicht rekonstruieren. In einem Verhörprotokoll von Max finde ich die Angabe: »In

* »Dirk, du weißt sicher, dass ich deinen Vater sehr lieb gehabt habe.«

dieser Zeit fand die Veranstaltung mit der Verhagen in der Jugendherberge in Eindhoven statt.«[1]

»In dieser Zeit« bezieht sich auf die Ausweisung meines Großvaters und seiner Familie aus der Grenzregion und den Umzug nach Helmond. Den endgültigen Beweis für die Affäre finde ich allerdings in den Briefen meines Großvaters an seine Familie aus der Haft in Berlin. Darin schreibt er: »Durch meine unharmonische Ehe bin ich zu Irrungen gekommen. Aber es war so, daß Käthe und dann ich ehrlich überzeugt waren, eine zeitlang, einem anderen Menschen unsere Freundschaft geben zu dürfen, dem wir wirklich zugeneigt waren. Wir haben beide sehr darunter gelitten und den Irrtum spät erkannt und bereut.«[2]

Als ich diese Zeilen meines Großvaters in seinem Brief entdecke, kribbelt es in meiner Nase und mir steigen Tränen in die Augen. Ich weiß gar nicht so recht, warum genau, aber irgendwie macht es ihn so menschlich und nahbar. Und gleichzeitig denke ich an die Diskussionen, die wir ja auch jetzt führen. Offene oder polyamore Beziehungen zum Beispiel. Denn augenscheinlich hat mein Großvater meine Oma ja nicht betrogen, sondern sie haben das gemeinsam entschieden – und sehr darunter gelitten. Zumal Toos später in Eindhoven auch noch mit meinen Großeltern und Klein-Dieter in einem Haus wohnen wird. Das eigentlich Wichtige ist allerdings nicht das wie auch immer geartete Liebesverhältnis zwischen Toos und meinem Großvater, sondern ihre gemeinsame Arbeit. Toos ist diejenige, die meinem Großvater perfektes Hochniederländisch beibringt. Und nicht nur das. Als ausgebildete Fremdsprachensekretärin spricht sie selbst fließend Englisch, Französisch, Deutsch und Niederländisch. Und sie kann tippen. Klingt banal, ist aber äußerst wichtig, wenn es darum geht, Artikel zu schreiben – und die möglichst schnell. Und darum geht es, als sich im Juli 1937 eine neue Widerstandsgruppe in den Niederlanden formiert, die bei der Gestapo als »Deutsche Jugendfront« erfasst werden wird.

Treibende Kraft dahinter ist ein gewisser Dr. Hans Ebeling aus Krefeld, genannt Plato. Der Spitzname ist tatsächlich mehrdeutig. Denn er verweist nicht nur darauf, dass Dr. Hans Ebeling eine Glatze hat – im Plattdeutschen »Pläät« –, sondern ist auch ein Hinweis auf seine homoerotischen Neigungen, die er aber nie ausgelebt haben soll. Das zumindest behauptet mein Vater, es würde aber durchaus zur antiken Ausdeutung der platonischen Liebe passen. Es geht hier allerdings nicht darum, wer mit wem was hat. Und trotzdem ist es wichtig, um das Netzwerk zu verstehen, das um Plato herum existiert. Aber dazu später, denn zunächst geht es um die Verbindung von Plato zu meinem Großvater.

Die beiden kennen sich nämlich noch aus der Zeit, als sie gemeinsam gegen die Separatisten im Rheinland gekämpft haben. Plato war damals, also 1923, Führer eines Jungenbundes. Er ist an Sabotage- und Sprengstoffanschlägen gegen die belgische und die französische Besatzung im Rheinland beteiligt und wird von diesen in Abwesenheit zum Tode verurteilt. Plato hat im Gegensatz zu meinem Großvater eine militärische Ausbildung. Er zieht 1915 als 18-Jähriger freiwillig für Deutschland in den Krieg und kehrt im März 1919 als Leutnant der Artillerie mit mehreren Auszeichnungen für besondere Tapferkeit nach Hause zurück. Zuletzt ist er Führer des »Jungnationalen Bundes«, kurz JuNaBu, einer nach Einschätzung der Nazis nationalbolschewistischen Jugendorganisation. Im Bericht über die vermeintliche »Deutsche Jugendfront« wird er als Kommunist geführt. Er flieht im August 1934 in die Niederlande, nachdem seine Wohnung durchsucht und er vorübergehend festgenommen worden ist.[3] Angeblich sucht er meinen Großvater das erste Mal 1935 in Helmond auf. Mein Vater erinnert sich daran, weil Plato mit ihm gespielt hat. Sehr zum Unmut meines Großvaters Theo im Übrigen. »Kam der Plato. Ich sag: ›Plato. Mach mir doch nochmal ein paar Kanönchen!‹ Aus meinen Kanönchen baute der dann eine Festung auf und Kanönchen, die die Festung beschießen sollten. Mein Vater: ›Was machst du aus dem Jungen? Machst du aus dem einen Militarist? Der soll pazifistisch aufwachsen!‹«

Über die inhaltliche Verbindung zwischen Plato und Theo zwischen 1935 und 1937 kann mein Vater nichts sagen. Dazu ist er noch zu klein. Und auch aus dem Berg an Unterlagen, die ich inzwischen gesammelt habe, kann ich das nicht herauslesen. Für den Bericht über die angebliche »Deutsche Jugendfront« ist der Gestapo das im Prinzip auch egal. Sie interessiert sich vor allem für das, was ab Juli 1937 passiert. Als konstituierendes Datum des Zusammenschlusses sind der 17. und der 18. Juli genannt. Da findet im belgischen Brüssel, wo Plato zu dieser Zeit wohnt, eine Besprechung statt. Eingeladen sind Vertreter verschiedener Jugendverbände aller Richtungen. Mein Großvater ist als Vertreter der katholischen Jugend dabei, zusammen mit seiner Toos. Weiterhin sind führende Köpfe der im Exil agierenden KPD aus Paris dabei, Vertreter der kommunistischen Jugendorganisation KJVD, zwei Mitglieder der British Youth Peace Assembly aus London sowie ein Jugendführer aus dem Deutschen Reich.

Platos Ziel ist es, die inzwischen zahlreich ins Exil gegangenen Führer und Vertreter der verschiedenen, seit Juni 1933 verbotenen Jugendbünde zu einer Einheit zu versammeln, um der Hitlerjugend etwas entgegenzusetzen. Erst einen Monat vor der Versammlung in Brüssel, am 18. Juni 1937, wird ein Dekret erlassen, dass eine gleichzeitige Mitgliedschaft in der katholischen Kirche und der Hitlerjugend verbietet. Die Nazis wissen sehr genau, von wo sie Widerstand zu erwarten haben, und unterdrücken diesen systematisch. Das dürfte für meinen Großvater ein Grund gewesen sein, sich aktiv an den Bestrebungen zu beteiligen. Für Plato gab es noch einen weiteren: Ebenfalls im Juni werden zwölf Führer des früher auch von ihm geleiteten JuNaBu in einem aufsehenerregenden Prozess in Essen zu hohen Haftstrafen verurteilt. Einer der Verurteilten begeht angeblich Selbstmord in seiner Zelle. Andere nutzen den Prozess als Bühne, um sich wiederholt und lautstark gegen das NS-Regime auszusprechen. Das war nicht ganz das, was sich die NS-Obrigkeit von dem Schauprozess erhofft hatte. Als Beobachter dieses Prozesses in Essen ist auch einer der beiden jungen Männer aus London dabei, die bei der Besprechung in Brüssel sitzen werden. Plato organisiert als Antwort auf den Prozess eine Pressekampagne in den Niederlanden. Er gibt das Rundschreiben *Sonderinformationen Deutscher Jugend* heraus, eine Art Pressedienst mit Artikeln über die Vorgänge in Deutschland, mit dem er verschiedene niederländische Arbeiter- und Jugendorganisationen sowie Zeitungsredaktionen beliefert. Unter anderem *De Telegraaf*, die *Haagsche Post* oder die *Nieuwe Rotterdamsche Courant*. Auch Theo schreibt darin erste Artikel. Wie erfolgreich dieser Pressedienst ist, kann die Gestapo bei ihren Untersuchungen nicht herausfinden.

Mit Hilfe dieser Publikationen will Plato die Kräfte im Ausland bündeln. Weil die Führer der HJ die Teilnahme am Weltjugendkongress ablehnen, der 1938 in den USA stattfinden soll, sieht Plato die Chance, diese Lücke mit einer Exilorganisation zu besetzen, die sich bei der Gelegenheit als offizielle Vertretung der deutschen Jugend im Ausland gegen die Hitlerjugend positionieren könnte. Er begibt sich damit offen in Opposition zum NS-Regime. Im Bericht über die Gruppierung, den die Gestapo am 21. Februar 1942 fertigstellt, heißt es über Dr. Hans Ebeling alias Plato: »E b e l i n g ist einer der grössten Feinde des Nationalsozialismus. Er hat alles getan, um sein Ziel, den Sturz des Nationalsozialismus und die Beseitigung seiner führenden Männer, zu erreichen.«[4]

Und mein Großvater hat ihn dabei tatkräftig unterstützt. Genauso wie seine Freundin Toos und die Jüdin Selma Meyer. Es wurde also nicht nur ein bisschen getippt und geschrieben gegen den Nationalsozialismus. Das Ziel war es, mit Hilfe dieser Schriften so viele Menschen von der Unrechtmäßigkeit des NS-Regimes zu überzeugen, dass sich tatsächlich organisierter Widerstand aus dem Ausland formiert. Mit dem Fernziel, daraus irgendwann eine von internationalen Regierungen anerkannte deutsche Exil-Regierung formieren zu können. Frei nach dem Motto: Denken Sie groß! Aber auch die größte Vision beginnt halt im Kleinen. In diesem Fall eben mit einer Versammlung in Brüssel. Wie formell diese Versammlung ist, ob es sich dabei um eine wirkliche »Konferenz« handelt mit Referaten oder Vorträgen, wie es in den Gestapo-Akten behauptet wird, lässt sich schwer sagen. Vielleicht sitzen auch nur ein paar wichtige Männer und Frauen in einem Raum und diskutieren sich die Köpfe heiß. Wer weiß das schon. Während es der Gestapo sicher wichtig ist, das Ganze ein wenig aufzublasen, bemühen sich mein Großvater und auch andere Beteiligte in den Verhören, den offiziellen Charakter dieser Versammlung runterzuspielen.

Das Ergebnis der Konferenz ist jedenfalls folgendes: Die kommunistischen Vertreter lehnen eine Zusammenarbeit ab, weil ihnen die formulierten Ziele nicht ausreichen und zu wenig dem kommunistischen Weltbild entsprechen. Die übrigen Anwesenden einigen sich auf eine Zusammenarbeit. Außerdem wird eine Art Vereinszeitschrift gegründet: *Kameradschaft – Schriften junger Deutscher*. Und natürlich will sich die Organisation einen Namen geben. Angeblich kursiert unter anderem der Vorschlag »Deutsche Jugendfront – DJF«. Offiziell ist dieser Name von der Gruppe selbst aber nie verwendet worden. Selma Meyer gibt in ihren Verhören an, dass die Mitglieder sich intern dem »Kameradschafts-Kreis« zugehörig fühlten.[5]

Auch mein Großvater bestätigt das in einem Verhör vom 3. Oktober 1942 im Polizeigefängnis in Berlin.

> Bezüglich der Namensgebung kann ich angeben, dass darüber verschiedentlich verhandelt und gesprochen wurde. [...] Ich kann mich entsinnen, dass hierbei folgende oder ähnliche Namen vorgeschlagen wurden:
> ›Junge deutsche Bewegung‹
> ›Freie junge Bewegung‹
> ›Bund freier junger Deutscher‹
> ›Bund junger deutscher Aktivisten‹
> Es ist aber niemals dazu gekommen, dass ein fester Beschluss gefasst wurde, diesen oder jenen Namen einzuführen [...]. Die einzige Bezeichnung, die nach meinen Kenntnissen laufend angewendet und auch bis zum Schluss beibehalten wurde, war ›Kreis der Kameradschaft‹ oder ›Kameradschaftskreis‹.[6]

Und es findet sich noch ein drittes Verhör mit der Aussage, dass der Begriff »Deutsche Jugendfront« völlig unbekannt ist. Mehr noch: »Ich erwähne auch, daß im Zusammenhang mit der Namensfindung überhaupt nicht die Bezeichnung ›Jugend‹ in irgend einer Verbindung mit anderen Bezeichnungen erwähnt oder vorgeschlagen wurde.« Es deutet also alles darauf hin, dass der Begriff »Deutsche Jugendfront« niemals als Selbstbezeichnung verwendet wurde. Und trotzdem finde ich im Abschlussbericht der Gestapo in Berlin über meinen Großvater folgenden Satz: »Dieser Einlassung ist jedoch auf Grund der mit Hespers gemachten Erfahrungen kein Glauben zu schenken, zumal durch Aussagen von Sara-Cato Meyer, Heinrich Schendel und Heinz Siebert feststeht, dass die Organisation mit diesem Name belegt worden ist.«[7] Mir stellen sich hier zwei Fragen: 1. Wie kommt es, dass vor allem in den Unterlagen der Gestapo dieser Begriff auftaucht? 2. Warum hält die Gestapo so unbedingt daran fest, dass es diese Organisation unter diesem Namen gegeben haben muss, obwohl bei den Verhören alle angeben, dass man sich nie auf einen gemeinsamen Namen einigen konnte?

Zur ersten Frage: Dass dieser Name überhaupt auftaucht, liegt an einem gewissen Dr. Arnold Littmann, dem Reichsdeutschen, der an der Versammlung in Brüssel teilgenommen hat. Der rennt nämlich damals mit seinen Informationen schnurstracks zur entsprechenden NS-Organisation und plaudert dort alles aus, was er an dem Wochenende in Brüssel erfahren hat. Es gibt also einen Verräter in den eigenen Reihen. Und zwar schon ziemlich früh. Aber warum hat das niemand geahnt? Dazu ist es wichtig, sich ein bisschen den Hintergrund von Arnold Littmann anzuschauen. Littmann ist glühender Anhänger des Nationalsozialismus. Zumindest legt das seine publizistische Tätigkeit nahe. Doch obwohl er so ein Vorzeige-Nazi zu sein scheint und Schriften im Sinne der NS-Ideologie veröffentlicht, wird er im Februar 1935 verhaftet und zu vier Monaten Zuchthaus im KZ Lichtenburg verurteilt.[8] Grund ist der Paragraf 175, der sogenannte Schwulenparagraf, der auch schon vor dem NS in Kraft war – Arnold Littmann wird wegen homosexueller Umtriebe verurteilt. 1936 flieht er aus Deutschland zunächst nach England, um weiterer Verfolgung zu entgehen. Zur Veranstaltung in Brüssel im Juli 1937 reist er aus London an – um von dort dann weiter nach Berlin zu reisen. Mit den Informationen, die er im Gepäck hat, kann er bei der Gestapo ordentlich auftrumpfen. Denn sowohl Hans Ebeling als auch mein Großvater Theo sind seit langem gesuchte Männer. Gegen meinen Opa besteht bereits seit dem 31. Mai 1935 Haftbefehl, seit dem 1. Februar 1937 ist offiziell, dass ihm und seiner Familie die deutsche Staatsbürgerschaft aberkannt wurde.[9] Littmann hat also zwei ganz schön dicke Fische am Haken. Zur Belohnung bekommt er eine Anstellung im Propagandaministerium. Trotzdem wird auch er 1940 erneut vor den Nazis fliehen müssen.[10]

Seine Geschichte steht im Übrigen nicht in den Gestapo-Akten, die ich mir 2015 aus dem Berliner Bundesarchiv besorge. Ich finde sie in einem Buch, bei dem ich nie auf die Idee gekommen wäre, darin nach Informationen über meinen Großvater zu suchen. Es ist purer Zufall, dass es erst bei meinem Vater und schließlich bei mir landet. Das Werk heißt *invertito. Jahrbuch für die Geschichte der Homosexualitäten*. Der entscheidende Hinweis befindet sich auf dem Buchcover. Neben vielen Schwarz-Weiß-Fotos und der Titelseite eines großen deutschen Boulevardblatts ist auch die Titelseite der *Kameradschaft* abgebildet – ganz klein unten links in der Ecke und nur halb zu sehen. Aber einem Freund meines Vaters ist das aufgefallen. Und als er es aufschlägt, entdeckt er darin die ausführliche Geschichte all jener, die mit Dr. Hans Ebeling und der *Kameradschaft* in Verbindung standen.

Andreas Pretzel, wissenschaftlicher Mitarbeiter an der Humboldt-Universität in Berlin, hat über Jahre hinweg 2000 Prozessakten Berliner Gerichte zur Strafverfolgung homosexueller Männer ausgewertet und so systematisch einen großen Teil des Plato-Netzwerks offengelegt. Und auch wenn ich auf einer ganz persönlichen Ebene ziemlich wütend bin, dass Littmann meinen Großvater und alle anderen damals Beteiligten an die Nazis verraten hat – ich sehe auch die Tragik, die hinter seiner Aktion steckt: sein Leben gegen das der anderen. Und ja, es ist auch möglich, dass er ein schwuler Nazi war. Für mich zeigt das aber nur eins: dass menschliches Leben eben so nicht ist, wie es die Nationalsozialisten per Gesetz bestimmen wollten. Die Gesetze des Nationalsozialismus haben mehr Personen aus der Gesellschaft ausgeschlossen als inkludiert, sie galten nicht nur für Homosexuelle, die auch vor und nach dem NS weiter von Strafverfolgung bedroht waren, sondern auch für Juden, Sinti:zze und Rom:nja, Menschen mit körperlicher und/oder psychischer Behinderung, worunter auch Depressionen oder bei Frauen »Hysterie« gezählt wurden, gläubige Katholik:innen und Protestant:innen, grundsätzlich Menschen, die einfach eigene Lebensvorstellungen hatten und keinen Bock auf Zwang, wie etwa die Edelweißpiraten, sogenannte Asoziale oder Arbeitsscheue – kurz: Es war extrem leicht, durch das Raster zu fallen. Im Prinzip gab es im direkten Umfeld jeder Familie diese eine Person, die von den Nazis als »nicht lebenswert« eingestuft wurde und damit von einem gewaltsamen Tod bedroht war oder als »korrekturbedürftig« beurteilt und damit zumindest verfolgt wurde. Was in Zuchthäusern und Arbeitslagern mit diesen Menschen passiert ist, ist hinlänglich bekannt. Es ging jedenfalls nicht um Resozialisierung oder Wiedereingliederung in die Gesellschaft. Es ging ausschließlich um systematische Vernichtung.

Das also zu meiner ersten Frage, die mich tief in ein sehr unterbeleuchtetes Kapitel der NS-Geschichte geführt hat.[11] Meine zweite Frage zu diesem Fall ist leichter zu beantworten: Denn man stelle sich vor, nach all den Verfolgungsbemühungen gegen eine angebliche Organisation mit dem Namen »Deutsche Jugendfront« müssten die Nazis jetzt in ihrem Protokoll vermerken: Nach eingehender Untersuchung des Falles und Befragung mehrerer Verdächtiger können wir keine Belege dafür finden, dass es jemals eine solche Organisation gegeben hat. Klingt komplett unwahrscheinlich, oder? Und genau das ist das Problem. Das NS-System macht keine Fehler. Bevor es Fehler macht, die sogar noch juristische Folgen haben könnten, dreht es sich die Wahrheit zurecht oder bringt diejenigen, die diese Fehler bezeugen könnten, lieber unter einem Vorwand um. So einfach ist das. Und so falsch.

Es gibt also berechtigte Zweifel an einer Organisation mit dem Namen »Deutsche Jugendfront«. Nichtsdestotrotz gibt es aber eine Organisation. Und die hat ganz konkrete Ziele: Nämlich die Machenschaften der Nationalsozialisten aufzudecken und scharf zu kritisieren. Es ist ein Kampf in Worten, der nicht nur Menschen innerhalb Deutschlands erreichen und zum Widerstand aufrufen soll. Er soll auch ein Gegengewicht zur gleichgeschalteten Presse in Hitler-Deutschland bilden. Und er soll im Ausland dafür sorgen, dass alle wissen, was in Deutschland wirklich vor sich geht. Und ob das jetzt »Deutsche Jugendfront« heißt oder nicht, ist im Prinzip völlig egal. Wichtig ist nur: Die Nazis sehen die Veröffentlichungen, die aus dem Kameradschaftskreis kommen, als hoch gefährlich an.

2015
Auf der Suche nach der Stimme meines Großvaters

Als ich mit meinem Blog beginne, habe ich zwei Interviews, *Rot Mof*, das Buch mit den Kindheitserinnerungen meines Vaters, und einen Ordner mit den Prozessakten meines Großvaters, in dem sich auch die Verhörprotokolle befinden, die zwischen Mai 1942 und Juli 1943 im Reichssicherheitshauptamt in Berlin angefertigt wurden. Das erste Interview ist das zweistündige Gespräch mit meinem Kollegen Matthias von Hellfeld vom 21. August 2014. Das zweite Interview ist das mit meinem Vater eine Woche später. Gleiche Länge. Beide Interviews habe ich Wort für Wort abgetippt. Denn »damals« gibt es noch keine fancy Transkriptionssoftware, die einem diese Arbeit abnimmt. Das Buch meines Vaters habe ich zumindest auszugsweise gelesen. An den Ordner traue ich mich allerdings nicht so recht ran.

Bei unserem Gespräch im August hatte Matthias von Hellfeld mich gewarnt: Verhörprotokolle sind keine Dokumente der Wahrheit. Alles, was darin zu finden ist, ist durch das nationalsozialistische Weltbild geprägt. Vieles von dem, was ich darin lese, wird mein Großvater so nie gesagt haben. Auch Historiker:innen tun sich mitunter schwer, das, was sie in den Protokollen lesen, richtig einzuordnen. Beziehungsweise hat es dazu über die Jahre Diskussionen gegeben, die zur Folge haben, dass diese Akten heute anders gelesen werden als noch vor zwanzig oder dreißig Jahren. Die Stellen, vor denen ich am meisten Angst habe, beschreibt Matthias mir so: »Ich wollte dir noch erzählen, woran man Folter erkennen kann – ich bin todsicher, dass dein Großvater da Dinge von sich gegeben hat, die Quatsch sind. Und das muss man versuchen zu erkennen. […] Also es gibt so ein paar Formeln, unter denen man lesen kann, hier ist doch was gewesen, am meisten ist das ›unter besonderem Vorhalt‹ oder ›auf Vorhaltung‹ wurde dem Gefangenen noch einmal erklärt, er möge sich erinnern.«

Außerdem, erklärt er mir, finden die Verhöre in der Regel Tag für Tag für Tag statt. Liegen mehr als ein oder zwei Tage zwischen zwei Verhören, war die Person möglicherweise schlicht vernehmungsunfähig, weil sie so schwer verprügelt wurde, dass sie nicht mehr sprechen konnte.

Als ich meinen Vater in unserem dritten Gespräch im Februar 2015 darauf anspreche, streitet er vehement ab, dass sein Vater körperlich gefoltert wurde. Und ja, vielleicht war das ein wenig unsensibel von mir, schließlich geht es um seinen Vater. Welches Kind – und manchmal verfällt mein Vater in unseren Gesprächen ja wirklich wieder in diesen kindlichen Duktus, wenn er sich erinnert – möchte sich gerne vorstellen, wie der eigene Vater während eines Verhörs brutal verprügelt wird? Mir wird bei dieser Frage wieder klar, wie wenig ich das alles begreife. Wie wenig das – glücklicherweise! – zu meiner Lebensrealität gehört, dass Menschen verhaftet, verhört, gefoltert und ermordet werden. So traumatisch diese Geschichte für mich selbst mitunter ist, sosehr sie mich oft verzweifeln lässt und in die dunkelsten Ecken menschlicher Existenz führt – es sind nur die Nachwehen der Traumata, die für meinen Vater Realität waren. Oder eher: Realität sind. Das ist etwas, was uns trennt. Da kann ich versuchen, so empathisch zu sein, wie ich will. Ich habe das einfach nicht erlebt. Ich kann nicht wissen, wie sich das anfühlt. Und kurz nachdem ich meinen Vater darauf angesprochen habe, fühle ich mich so klein und dumm, dass ich mir zur Strafe am liebsten eine scheuern würde.

Mein Vater: »Der hatte nachher ein Nervenleiden, der hatte nachher ne Gesichtsrose vor lauter … ne.«

Ich: »Der Matthias hat mir ja gesagt, woran man das in den Akten erkennt. Er hat aber auch gesagt, dass vieles, was in den Akten steht, so nicht stimmt. Ich kann das aber nicht unterscheiden …«

Mein Vater: »Dass er gefoltert worden ist, das ist so, aber er war – das ist bekannt –, er war zu wichtig. Er war zu wichtig, er ist nicht geschlagen worden. Nicht geschlagen, getreten – ist er nicht. Er ist nur psychisch gefoltert worden, nur psychisch. Das muss man wissen, die haben den nicht körperlich gefoltert. Das weiß ich.«

Ich: »Was heißt psychische Folter?«

Mein Vater: »Die haben genau psychologisch überlegt: Wenn du den schlägst, sagt der gar nichts mehr. Genau typenmäßig haben sie den eingeordnet. Das musste anders machen.«

Ich: »Es gibt eine Stelle im Protokoll, die zumindest darauf hinweist, dass sie es ein Mal ausprobiert haben …«

Mein Vater: »Kann ja möglich sein, ich weiß es aber nicht. Es ist mir unbekannt.«

Ich: »Ich finde nur eine einzige Stelle. Matthias sagt, manchmal werden die Verhöre unterbrochen, wenn länger als ein Tag Pause ist, so zwei, drei Tage Pause, dann ist es meistens so gewesen, dass sie nicht mehr vernehmungsfähig waren, weil sie ohnmächtig geworden sind oder was auch immer. Und es gibt eine ganz vorne …«

Mein Vater: »Sie haben ihn auch hungern lassen, und er hat nichts zu essen gekriegt … Nichts zu essen, kein Schlaf – ist das nicht Folter genug?«

Doch, doch! Natürlich ist das genug! Hätte ich am liebsten gesagt. Stattdessen wechsle ich das Thema, weil ich schlicht nicht fähig bin, adäquat mit dieser Situation umzugehen. Und es stimmt, was mein Vater sagt. Den Akten liegt sozusagen eine

Mein Vater hat zwar viele Dokumente und Fotos gesammelt, aber richtig archiviert hat er sie nie. Die inzwischen 100 Jahre alten Tagebucheinträge meines Großvaters, von denen ohnehin nur wenige Seiten erhalten geblieben sind, haben ebenso Fraßspuren von Mäusen wie sein Kinderfoto. Vieles ist vergilbt, nass geworden und bröselt vor sich hin.

»Gebrauchsanweisung« für meinen Großvater bei. Vom Gefängnis in Wilhelmshaven, wo er zuerst verhört wurde.

> Theodor Hespers ist als intelligent und zielbewußt anzusprechen. War sich zweifellos der Tragweite seiner Handlungsweise in vollem Umfang bewußt.[1]

Allerdings landet diese »Gebrauchsanweisung« erst im Juli 1943 in Berlin, kurz vor der Verhandlung vor dem Volksgerichtshof. Ob es diesen »Beipackzettel« auch schon gab, als er von Wilhelmshaven nach Berlin überstellt wurde, weiß ich nicht. Mein Vater hat zumindest die Berliner Akten gelesen, denen dieser Schrieb beigefügt war. Vielleicht hat er daraus seine Überzeugung, dass mein Großvater zumindest nicht körperlich gefoltert wurde. Ich bin mir da nach wie vor nicht so sicher.

Jedenfalls packe ich diesen Ordner mit den Akten, über die wir da sprechen, das erste Mal auf einer Bahnfahrt nach Berlin an. Jede Seite ist ordentlich in Klarsichtfolie gepackt. Völlig untypisch für meinen Vater, denn viele andere Dokumente, auch die historischen, liegen kreuz und quer verstreut in seinem Arbeitszimmer. Auch früher schon. Sein Kinderfoto zum Beispiel, das mit den Locken, auf dem er so grimmig schaut, hat Fraßspuren von Mäusen. Ich bin ziemlich sicher, dass er diesen Ordner nicht selber so zusammengestellt hat. Aber er hat ihn immerhin so gelassen.

Es dauert nicht lange, bis ich die oben erwähnte Stelle finde. Sie passt genau zu dem, was Matthias mir beschrieben hat. Es ist das Verhörprotokoll vom 13. Juni 1942, das zweite Verhör, das in Berlin durchgeführt wird, nachdem mein Großvater bereits knapp zwei Wochen vorher aus Wilhelmshaven nach Berlin überstellt wurde. In diesem Verhör wird seine Tätigkeit in den Jahren 1933 und 1934 nochmal aufgerollt und abgefragt. Es geht also um die Personen, die der Gestapo ohnehin bereits bekannt sind. Spätestens seit den Prozessen von 1935. Von zwei Personen weiß mein Großvater sicher, dass sie damals zu langjährigen Haftstrafen verurteilt worden sind. Es sind Otto Engels und Hans von Dahlen. An die Namen der anderen – so sagt er in einem Verhör am 13. Juni 1942 – kann er sich nicht erinnern.

»Ich erkläre mich ohne weiteres bereit, sämtliche Namen zu nennen und habe nicht die Absicht, irgendetwas zu verschleiern. Es ist mir aber tatsächlich im Augenblick nicht möglich, die genauen Namen anzugeben und ich werde mich bemühen, sie in meine Erinnerung zurückzurufen. Wenn ich die Namen Otto Engels und Hans von Dahlen angegeben habe, die ich erst in

Holland kennenlernte, so ist das darauf zurückzuführen, dass mir der Name Engels vorgehalten wurde und mir im Zusammenhang der Name des v. Dahlen einfiel.«[2]

Es folgen noch einige wenige Sätze, dann ist ohne Unterschrift und ohne Angabe von Gründen das Verhör plötzlich vorbei. Diese Sätze stehen im oberen Drittel einer mit Schreibmaschine getippten DIN-A4-Seite. Bei den Verhören war in der Regel ein Protokollant, nicht selten eine Protokollantin anwesend. Es folgt ein Zeilenumbruch, dann der Satz: »Fortgesetzt am 15.6.1942.«

Darunter beginnt mein Großvater – laut Protokoll – gleich mit der Auflistung verschiedener Namen. Soweit ich das aus den inzwischen von mir gelesenen Akten beurteilen kann, sind auch diese Namen der Gestapo alle längst bekannt. Mein Großvater leitet diese Aufzählung mit folgenden Worten – so es denn seine sind – ein: »Inzwischen sind mir verschiedene Namen von Personen der bereits von mir beschriebenen Gruppe in Stärke von 8 Mann, die mich seinerzeit in Roermond aufsuchten, eingefallen.«[3]

Es ist die erste Stelle dieser Art, die ich finde. Ich sage laut »krass«, weil ich nicht so früh damit gerechnet habe. Ein Abbruch, eine Pause, eine nahtlose Fortsetzung des Verhörs auf derselben Seite. Was ist da passiert? Ich merke, wie sich mein Magen zusammenzieht. Ich habe einen Kloß im Hals. Es ist die Stelle, von der ich glaube, dass sie es hier zumindest das eine Mal mit Gewalt versucht haben. Aber haben sie das? Haben sie meinen Großvater verprügelt? Oder haben sie ihn von seinem Stuhl gerissen und ins Loch geschleppt? In eine kleine, enge Zelle im Keller ohne Fenster, von denen es im Reichssicherheitshauptamt eine ganze Reihe gab und in die nur durch einen Lüftungsschlitz etwas Licht fiel? Haben sie ihn da schmoren lassen? Ihm vielleicht nichts zu essen gegeben? Ihn dürsten lassen? Sosehr ich wissen will, was da passiert ist, so sehr weigert sich mein Innerstes, sich konkrete Szenen vorzustellen. Ich merke, wie ich mich auf meine Rolle als Journalistin zurückziehe. Auf eine Metaebene: draufschauen, analysieren, Distanz wahren. Das Ganze irgendwie wissenschaftlich sezieren. Ich starre eine Weile aus dem Zugfenster, atme tief ein – und lese dann weiter.

Als ich später im Bundesarchiv in Berlin die Vernehmungsprotokolle aus Wilhelmshaven finde, wird mir erst so richtig klar, wie ungewöhnlich diese Stelle wirklich ist, die ich da gefunden habe. Zumindest in den Unterlagen meines Großvaters. Denn in der Regel wird die Unterbrechung protokolliert. Dann steht da sowas wie »Verhör abgebrochen« oder »Verhör unterbrochen« mit Uhrzeit. Gerne zur Mittagszeit oder eben am späten Nachmittag zum »Beamtenfeierabend«. Dann folgt die Unterschrift des Gefangenen und der Beamten unter dem Satz »Selbst gelesen, genehmigt, unterschrieben«. Muss ja alles seine Ordnung haben. Wobei das auch nicht stimmen muss. In den Protokollen von Selma Meyer finde ich Sätze wie »auf Vorhaltung« oder »unter eindringlicher Vorhaltung« dann doch recht häufig. Die Verhöre werden angeblich abgebrochen, weil sich Selma unwohl fühlt, dann schreibt sie unter dem gleichen Datum einige Sachverhalte selbst auf der Schreibmaschine. Vielleicht, weil sie nicht mehr sprechen kann? Ich bin sicher, dass sie Selma Meyer als Jüdin deutlich härter angepackt haben. Zumal sie nach dem Einmarsch 1940 keine Zeit verlieren und schnellstmöglich rausfinden wollten, wo mein Großvater, Hans Ebeling und weitere Personen, die zum Kameradschaftskreis zählten, sich aufhielten.

Aber auch in den Dokumenten meines Großvaters finde ich später weitere Hinweise auf Folter, zumindest psychischer Natur. Als er versucht, in seinen Briefen an den Volksgerichtshof eine Verlegung der Hauptverhandlung zu erwirken, weil ihm nicht mal pünktlich vor dem Prozess ein Rechtsanwalt zur Verfügung gestellt wird, schreibt er zur Begründung Folgendes:

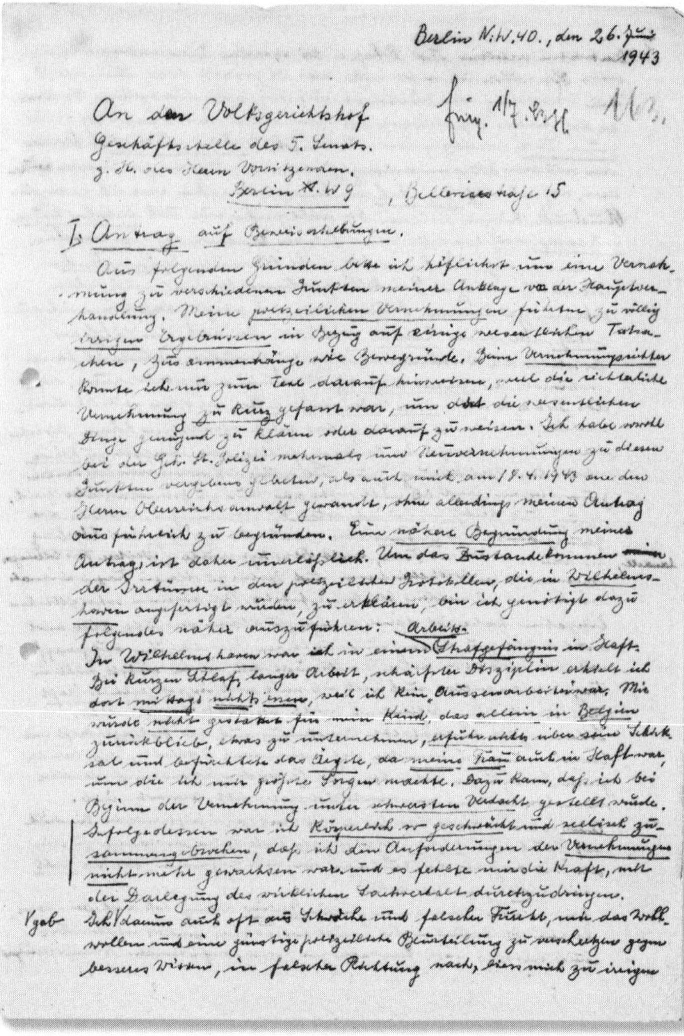
Berlin N.W.40., den 26. Juni 1943

An den Volksgerichtshof
Geschäftsstelle des 5. Senats.
z. H. des Herrn Vorsitzenden.
Berlin W 9, Bellevuestraße 15

I. Antrag auf Beweiserhebungen.

Aus folgenden Gründen bitte ich höflichst um eine Vernehmung zu verschiedenen Punkten meiner Anklage vor der Hauptverhandlung. Meine polizeilichen Vernehmungen führten zu völlig irrigen Ergebnissen in Bezug auf einige wesentlichen Tatsachen, Zusammenhänge und Beweggründe. Beim Vernehmungsrichter konnte ich nur zum Teil darauf hinweisen, weil die richterliche Vernehmung zu kurz gefasst war, um die wesentlichen Dinge genügend zu klären oder darauf zu weisen. Ich habe wohl bei der Geh. St. Polizei mehrmals um Neuvernehmungen zu diesen Punkten vergebens gebeten, als auch mich am 18.4.1943 an den Herrn Oberreichsanwalt gewandt, ohne allerdings meinen Antrag ausführlich zu begründen. Eine nähere Begründung meines Antrags ist daher unerläßlich. Um das Zustandekommen der Irrtümer in den polizeilichen Protokollen, die in Wilhelmshaven angefertigt wurden, zu erklären, bin ich genötigt dazu folgendes näher auszuführen:
In Wilhelmshaven war ich in einem Arbeits-Strafgefängnis in Haft. Bei kurzem Schlaf, langer Arbeit, schärfster Disziplin erhielt ich dort mittags nichts mehr, weil ich kein Aussenarbeiter war. Mir wurde nicht gestattet für mein Kind, das allein in Belgien zurückblieb, etwas zu unternehmen, erfuhr nichts über sein Schicksal und befürchtete das Ärgste, da meine Frau auch in Haft war, um die ich mir grosse Sorgen machte. Dazu kam, daß ich bei Beginn der Vernehmung unter schwersten Verdacht gestellt wurde. Infolgedessen war ich körperlich so geschwächt und seelisch zusammengebrochen, daß ich den Anforderungen der Vernehmungen nicht mehr gewachsen war und es fehlte mir die Kraft, mit der Darlegung des wirklichen Sachverhalts durchzudringen.
Ich gab dann auch oft aus Schwäche und falscher Furcht, um das Wohlwollen und eine günstige polizeiliche Beurteilung zu verscherzen gegen besseres Wissen, in falscher Richtung nach, ließ mich zu irrigen

Auf rationiertem Papier schreibt mein Großvater um sein Leben. Immer wieder hebt er mit Unterstreichungen hervor, was ihm wichtig ist. Ich habe das Gefühl, er hält jedes Mal ein flammendes Plädoyer, wenn er diese Briefe schreibt.

In Wilhelmshaven war ich in einem Arbeits-Strafgefängnis in Haft. Bei kurzem Schlaf, langer Arbeit, schärfster Disziplin erhielt ich dort mittags nichts (zu) essen, weil ich kein »Aussenarbeiter« war. Mir wurde nicht gestattet für mein Kind, das allein in Belgien zurückblieb, etwas zu unternehmen, erfuhr nichts über sein Schicksal und befürchtete das Ärgste, da meine Frau auch in Haft war, um die ich mir größte Sorgen machte. Dazu kam, daß ich bei Beginn der Vernehmung unter schwersten Verdacht gestellt wurde. Infolgedessen war ich körperlich so geschwächt und seelisch zusammengebrochen, daß ich den Anforderungen der Vernehmung nicht mehr gewachsen war und es fehlte mir die Kraft, mich zur Darlegung des wirklichen Sachverhalts durchzuringen.[4]

Mir ist schon klar, dass mein Großvater das schreibt, um die Gültigkeit der Protokolle anzufechten. Aber das, wovon er da schreibt, ist nicht nur psychische, sondern auch physische Folter. Eine Vernehmung, die heute unter diesen Bedingungen durchgeführt werden würde, wäre definitiv anfechtbar. Und es ist auch nicht so, dass den Nazis daran gelegen war, ihre Gefangenen gut zu behandeln. Wichtig war, Geständnisse aus ihnen herauszubringen. Und dazu war ihnen jedes Mittel recht.

Und auch bei den Verhören im Reichssicherheitshauptamt in Berlin geht es meinem Opa Theo nicht besser. Er hat nicht nur eine Gesichtsentzündung – und wer weiß, ob das wirklich eine Nervenentzündung war, von der mein Vater da spricht –, er nimmt in der Zeit auch extrem ab. In einem Brief an seine Familie bittet er darum, ihm doch eine Hose zu schicken, diese aber zuvor am Bund vierzig Zentimeter einzunähen.[5] Vierzig Zentimeter – das ist schon ne ganze Menge. Ich habe keine Ahnung, wie viel man dafür abnehmen muss, aber mein Vater, der vor der Hinrichtung noch ein letztes Mal nach Berlin ins Gefängnis darf, sagt, Theo sei quasi über Nacht ergraut und nur noch ein Schatten seiner selbst gewesen. Mein Großvater war – zumindest sieht es auf den Fotos so aus – nie richtig dick oder kräftig. Zuletzt muss er kaum mehr als Haut und Knochen gewesen sein.

In diesen Briefen finde ich auch endlich seine Stimme. Die Stimme eines verzweifelten Mannes, der um sein Leben kämpft. Der hadert, sein Leben reflektiert, wissend, dass die Gestapo alles mitliest, was er schreibt. Er schreibt um sein Leben. Im wahrsten Sinne des Wortes. Und er schwankt. Zwischen seinem Vertrauen auf Gott und der Verzweiflung an seiner Situation. Es ist erschütternd, das zu lesen. Aber auch irgendwie tröstlich. Er hat es nicht geschafft in eine Zeit, in der wir uns begegnen können. Aber etwas von ihm ist geblieben. Seine Briefe haben die Zeit überdauert. Und sie berühren mich, sooft ich sie lese.

1937
Ein journalistisches Leben im Exil

Von klein auf wollte ich Journalistin werden. Oder zumindest schreiben. Schreiben wollte ich eigentlich schon immer. Konnte ja niemand ahnen, dass sich mir eine Chance bietet, zum Fernsehen zu gehen oder zum Hörfunk. Oder dass so etwas Verrücktes erfunden wird wie dieses Internet. Aber dass ich im Prinzip damit das fortführe, was auch mein Großvater gemacht hat, um seinen Lebensunterhalt zu verdienen, das ist mir lange nicht in den Sinn gekommen. Wie auch. Mein Großvater war zu Hause »der Widerstandskämpfer«. Mein Vater sprach immer nur von »politischer Arbeit«. Und klar, er hat eine Widerstandszeitschrift mit herausgegeben, da hätte ich eigentlich drauf kommen müssen, dass er journalistisch gearbeitet hat. Aber er wurde halt von meinem Vater nie als Journalist bezeichnet. Zumindest habe ich das nicht bewusst mitbekommen. Und vom heutigen Standpunkt aus betrachtet, bringe ich das auch nicht so ganz zusammen. Also, politische Arbeit und Journalismus. Denn das sollen wir Journalist:innen ja gerade nicht sein – politische Aktivist:innen. Das ist zumindest insofern streitbar und schwierig, als uns Journalist:innen durchaus auch politische Entscheidungen unmittelbar betreffen. Unser Job war und ist es auch schon immer, den Benachteiligten und Unterdrückten eine Stimme zu geben, sozusagen die Anwältinnen und Anwälte all jener zu sein, denen Unrecht widerfährt. Sie decken Schwachstellen auf und machen sie für alle sichtbar. Seien es schlechte Arbeitsbedingungen von Saisonarbeiter:innen oder Vertuschungsversuche im NSU-Prozess. Handeln müssen dann aber andere.

Und wenn unsere Grundrechte bedroht sind, wie beispielsweise die Pressefreiheit, dann können wir dem nicht neutral gegenüberstehen. Das bedroht schlicht die Grundlage unserer Arbeit. Nämlich zum einen den freien Zugang zu Informationen und zum anderen die Freiheit, darüber Bericht zu erstatten. Und dass wir in aller Regel nicht gegen die Pressefreiheit oder zu ihrem Nachteil berichten – nun, das ist selbsterklärend, denke ich. Da, wo das Grundgesetz bedroht ist, wo die Grundrechte bedroht sind, sind wir aufgefordert, auch Haltung zu zeigen. Eine Haltung, die im Übrigen parteiübergreifend pro Menschenrechte und Grundgesetz ausfallen sollte, denn das ist die Basis unserer Gesellschaft. Oder sie sollte es zumindest sein. Das sind die Regeln, auf die wir uns als Gemeinschaft für ein friedliches Zusammenleben geeinigt haben.

Genau diese Rechte, die wir heute so selbstverständlich wahrnehmen, wenn wir uns zum Beispiel in sozialen Netzwerken kritisch äußern – und zwar egal in welche Richtung –, waren im NS-Regime nicht nur bedroht. Sie waren faktisch nicht mehr vorhanden. Wer sich politisch in einer Weise äußerte, die der Ideologie des Staates zuwiderlief, wurde verfolgt. Und wir sprechen hier nicht über Widerspruch und Diskussionen in sozialen Netzwerken. Wir sprechen von staatlicher Verfolgung. Wir sprechen davon, dass es diese Diskussionen nicht gegeben hätte. Wir sprechen auch nicht davon, dass jemand eine Strafe bekommt, wenn er oder sie beleidigend geworden ist oder jemanden verbal bedroht hat. Wir sprechen davon, dass Menschen verhaftet und weggesperrt wurden. Und zwar ohne Anzeige. Ohne fairen Prozess. Ohne Gerichtsurteil.

Blöd für meinen Großvater ist allerdings, dass zum Zeitpunkt seiner journalistischen Tätigkeit die Menschenrechte, wie wir sie heute kennen, noch gar nicht offiziell deklariert sind. Trotzdem gibt es schon eine Vorstellung davon, was Presse- und Meinungsfreiheit bedeuten. Es ist also durchaus nachvollziehbar, dass mein Großvater, obwohl er nach heutigen journalistischen Standards eben nicht neutral und ausgewogen berichtet hat, sich als Journalist sieht. Und er spricht auch in den Verhören oft von seiner journalistischen Arbeit. Was ich allerdings auch getan hätte, wenn ich meine politischen Aktivitäten hätte herunterspielen wollen. Deshalb ist die entscheidende Frage: Für wen hat er eigentlich gearbeitet?

Wichtig zur Einordnung ist: Geschrieben hat er von einem katholischen Standpunkt aus. Ich finde, hier zeigt sich übrigens ganz schön, wie schwierig der Begriff »neutral« in Bezug auf Journalismus ist. Können wir neutral sein, wenn wir zum Beispiel, in welcher Form auch immer, religiös geprägt sind? Die Frage werde ich hier nicht beantworten, aber um meinen Großvater zu verstehen, ist es einfach wichtig, im Hinterkopf zu behalten, was ihn geprägt hat. Und da lässt sich festhalten: Er war definitiv katholisch, aber kirchenfern und durchaus auch kritisch gegenüber dem, was die ein oder andere Forderung des Katholizismus an die Gläubigen war. Über seine Probleme mit dem Thema Ehe und Monogamie haben wir ja schon ein bisschen was erfahren. Aber auch den Umgang der katholischen Kirche mit dem Nationalsozialismus hat er immer wieder scharf kritisiert.

Das Reichskonkordat, das Papst Pius im Juli 1933 zusammen mit Hitler unterzeichnet,[1] empfindet mein Großvater als Farce. Denn in diesem Konkordat ruft der oberste Kirchenvater »zur Treue gegenüber der rechtmäßigen Obrigkeit und zur gewissenhaften Erfüllung staatsbürgerlicher Pflichten« auf. Im Prinzip ist das nicht nur ein Wegducken der katholischen Kirche vor dem Nationalsozialismus, sondern sogar eine Art Schulterschluss, der Hitler in Europa einige Anerkennung einbringt. So nach dem Motto: Schau mal, zu den Katholiken ist der nett. Die dürfen ihre Religion behalten. So schlimm ist es ja dann vielleicht doch nicht mit diesem Nationalsozialismus. Dass dieses

Konkordat für Hitler nur ein Scheindokument ist, um eben genau das zu erreichen – nämlich internationale Anerkennung –, dürfte mein Großvater früh erkannt haben. Er kritisiert die Kirche ohnehin dafür, dass sie nicht vorlebt, was sie predigt.[2]

Erst drei Jahre später, am 21. März 1937, lässt Papst Pius dann die Enzyklika »Mit brennender Sorge« unter den Katholiken verbreiten.[3] Sie wird am Palmsonntag deutschlandweit in den Messen vorgelesen. Darin verurteilt Papst Pius zum ersten Mal deutlich die Politik und Ideologie des Nationalsozialismus. Mit schwerwiegenden Folgen für die katholischen Gemeinden. Bereits in der Karwoche gibt es mehrere Hausdurchsuchungen. Druckereien, die an der Vervielfältigung des Schreibens mitwirken, werden enteignet, es gibt eine erneute Welle an Sittlichkeitsverfahren gegen Geistliche[4], katholische Schulen müssen schließen, und der Religionsunterricht an Volks- und Berufsschulen wird verboten.

Vor diesem Hintergrund fällt es auch Journalist:innen recht schwer, nicht Stellung zu beziehen und stattdessen »neutral« und »objektiv« zu berichten. Ganz davon abgesehen, dass auch die Kritik oder der Kommentar Teil des journalistischen Handwerks sind. Und wenn große Teile der Bevölkerung terrorisiert und unterdrückt werden, wenn du aufgrund deiner religiösen Weltanschauung verfolgt wirst, wenn deine Freiheit und dein Leben in Gefahr sind, wie sollen Journalist:innen dann »neutral« oder »objektiv« bleiben?

Meinem Großvater war es also durchaus wichtig, Position zu beziehen und sich Gehör zu verschaffen. Mit kleinen, handgedruckten Flugblättern wäre er da vermutlich nicht weit gekommen. Zumal das auch ein durchaus riskantes Unterfangen ist. Aber er hat anderweitig Gelegenheit, zu den Vorgängen im Reich Stellung zu nehmen. Bereits 1935 wird er von einem Hermann Müsgen angesprochen, für *Der Deutsche Weg* zu schreiben. Die katholische Exilzeitung wurde vom Jesuitenpater

Friedrich Muckermann und dem Redakteur Josef Steinhage ab August 1934 im niederländischen Oldenzaal verlegt und herausgegeben. Ziel dieser Zeitung war es, das antichristliche Wesen des Nationalsozialismus aufzuzeigen. Der Sohn von Josef Steinhage, Hans Steinhage, hat 2010 seine Erinnerungen an die Arbeit für *Der Deutsche Weg* veröffentlicht – im Alter von neunzig Jahren. Nachdem er mehr als sechzig Jahre lang über das geschwiegen hat, was ihm und seinen Eltern während der NS-Zeit zugestoßen ist.

»Die Zeitung war gewissermaßen eine Laus im Pelz und den Deutschen ein Dorn im Auge. Es wurde offen berichtet, was die Nazis zu tun beabsichtigten und zu welchen Missetaten sie imstande waren. So wurde schon früh über die Errichtung von Konzentrationslagern in Deutschland berichtet.«[5] Allein diese Beschreibung der katholischen Exilzeitschrift klingt danach, als hätte jener Hermann Müsgen, der meinen Großvater für die Zeitung anwirbt, keine große Überredungskunst benötigt.

Ab Herbst 1935 beginnt mein Großvater also, monatlich einen Artikel für *Der Deutsche Weg* zu schreiben. Mit Unterbrechungen und unentgeltlich, wie er zu Protokoll gibt. Sein Thema: die katholische Jugend im Nationalsozialismus. Über seine Beweggründe gibt er am 17. April 1942 in einem Verhör in Wilhelmshaven zu Protokoll: »Es war nicht meine Absicht, eine politische Aktion zu entfalten. Mein Vorhaben war, in Holland festen Fuß zu fassen und nicht immer als Emigrant angesprochen zu werden. Da ich in Deutschland ausgebürgert war, wollte ich die holländische Staatsangehörigkeit erwerben. Aus diesem Grund glaubte ich, durch meine Tätigkeit mit der Zeit Journalist zu werden und somit eine feste Existenz gründen zu können.«[6] Irgendwann im Jahr 1938 endet die Zusammenarbeit mit *Der Deutsche Weg*. Warum genau, lässt er offen.

Ab 1938 schreibt mein Opa Theo für das Blatt *Eenheid door Democratie* (*EDD*). Den Kontakt erhält er durch den niederländischen Journalisten Dr. Marcus van Blankenstein. Eine wirklich spannende Figur. Denn van Blankenstein ist während des Ersten Weltkrieges Auslandskorrespondent der niederländischen Zeitung *Nieuwe Rotterdamse Courant* (*NRC*), einer der meistgelesenen Zeitungen in den Niederlanden. Ab 1931 ist er leitender Auslandsredakteur der *NRC*. Van Blankenstein hat ein extrem gutes Netzwerk, kennt viele europäische Politiker und ist ein scharfer Beobachter des politischen Geschehens. Etwas, das den Nazis ganz und gar nicht gefällt. Er verfasst den Großteil der Auslandskolumnen, die im *NRC* erscheinen, und benennt darin nicht nur die gewaltsame Unterdrückung von Minderheiten und politischen Gegnern durch die Nazis, sondern kritisiert auch scharf die zunehmend aggressiver werdende Außenpolitik der Nationalsozialisten. Ein Umstand, der die Nazis dazu veranlasst, schon früh gegen van Blankenstein zu intervenieren, um den Einfluss des »internationalen Pressejuden«, wie er dort genannt wird, zu untergraben.

Im März 1936 beschloss ein Mitarbeiter des deutschen Konsulats in Rotterdam seinen Bericht an die deutsche Gesandtschaft in Den Haag mit den Worten: »Das Zentrum der Hetze gegen Deutschland ist vielmehr unter den holländischen Juden zu suchen, von denen der berüchtigte aussenpolitische Redakteur Blankenstein vom Nieuwe Rotterdamsche Courant als erster zu nennen ist.«[7]

Seine scharfen und kritischen Analysen des nationalsozialistischen Regimes in Deutschland sowie die Tatsache, dass er Jude ist, verschaffen ihm einen hochrangigen persönlichen Feind in Deutschland: Propagandaminister Joseph Goebbels. 1936 erwirkt das deutsche Propagandaministerium einen Anzeigenboykott von deutschen Tourismusanzeigen gegen die *NRC*. Van Blankenstein steht also gehörig unter Druck – ebenso seine Zeitung. Ende 1936 – nach einem Streit mit dem damals designierten Chefredakteur Swart – wird einer der angesehensten Journalisten der Niederlande entlassen. Ob es einen Zusammenhang zwischen dem Anzeigenboykott durch die Deutschen und dem Streit mit dem Chefredakteur Swart gibt, ist nicht final geklärt.[8] Sicher ist aber: Die Deutschen haben bereits 1936 versucht, auch die Presse der Nachbarstaaten massiv zu beeinflussen. Und sie werden van Blankenstein weiter auf den Fersen bleiben.

Der niederländische Journalist lässt sich davon aber nicht sonderlich beeindrucken. Er spinnt weiter an seinem internationalen Netzwerk aus Politikern, Journalisten – und Geheimdienstmitarbeitern. Und zu diesem Netzwerk gehört irgendwann auch mein Großvater Theo Hespers. Wie genau er mit Dr. Marcus van Blankenstein in Kontakt kommt, lässt sich anhand der Unterlagen nicht wirklich klären. Aber er gibt an, dass er regelmäßig Artikel an van Blankenstein liefert und dafür ein Honorar erhält. Und nicht nur das. Van Blankenstein bringt ihn mit Pieter Brijnen zusammen, der als Redakteur für die Zeitschrift *Eenheid door Democratie* arbeitet.

Details zur Zusammenarbeit finde ich im Verhör meines Großvaters vom 17. April 1942: »Breynen[9] erklärte sich bereit, für die Lieferung von Artikeln für seine Zeitung gute Entschädigung zu zahlen. Dr. Ebeling und ich erklärten uns bereit, der Zeitung Artikel zu liefern. Das habe ich auch getan. Im Jahre 1938 habe ich dann etwa monatelang für die Zeitung E.D.D. geschrieben. Ich lieferte während dieser Zeit fast jede Woche einen Artikel ab. Ich erhielt feste Bezahlung. Der Betrag belief sich monatlich (auf) 100.– bis 150.– hfl.« Als Themenfelder gibt mein Großvater kulturelle, wirtschaftliche und politische Fragen an sowie Artikel über die Stimmung in Deutschland. Auch über die Lage der katholischen Kirche und über Erziehungsfragen hat er geschrieben. Zu seiner journalistischen Haltung sagt er aus: »Ich habe versucht, möglichst objektiv zu schreiben und habe teils gegen und auch teils für den Nationalsozialismus berichtet.«[10]

Was ich mich allerdings beim Lesen dieses Verhörs frage: Warum interessiert sich die Spionageabwehr der Nazis so sehr für die journalistische Tätigkeit meines Großvaters? Ich gebe den Namen des E.D.D.-Redakteurs auf gut Glück in eine Suchmaschine ein und lande bei einem niederländischen Wikipedia-Artikel. Und – Überraschung – der erste Satz zu Pieter Brijnen van Houten beschäftigt sich nicht etwa mit seinem journalistischen Werdegang. Stattdessen steht dort: »Pieter Brijnen van Houten war ein niederländischer Mitarbeiter der Geheimdienste GS III und MI5. Die Briten gaben ihm den Beinamen ›The Cat‹.«[11]

Das muss natürlich nichts heißen. Vielleicht hat mein Großvater wirklich nur Artikel geschrieben. Brijnen unterstützt allerdings auch die Widerstandszeitschrift *Kameradschaft*, die mein Großvater zusammen mit Dr. Hans Ebeling ab November 1937 herausbringt. Und Brijnen ist nicht der einzige Geheimdienstkontakt, den ich im Laufe der Zeit in den Unterlagen finde. Auch Dr. Marcus van Blankenstein pflegt Kontakte zum niederländischen, britischen und tschechoslowakischen Geheimdienst. In seiner Villa in Wassenaar treffen sich Vertreter all dieser Zünfte regelmäßig zum Dinner.

Ich mache es mir nach diesem Fund zur Angewohnheit, alle wichtigen Namen, die ich in den Verhörunterlagen finde, in eine Suchmaschine einzutippen. Nicht selten gelange ich dabei auf Wikipedia-Artikel von einflussreichen niederländischen Politikern oder anderen Persönlichkeiten. Und ich staune nicht schlecht darüber, dass mein Großvater tatsächlich so hochkarätige Kontakte hatte. Er, der aus Deutschland geflüchtet ist, mit seiner Frau und seinem Sohn in bescheidenen Verhältnissen lebt und sich vor allem aus humanistischen Motiven für den Kampf gegen den Nationalsozialismus einsetzt. Zumindest lese ich ihn so. Mein Vater hat immer mit diesen Geheimdienstkontakten geprahlt. Sein Lieblingssatz war ohnehin: »Das war ein wich-

Dieses Bild zeigt meinen Großvater 1938 am Strand von Scheveningen. Dort hat er sich mit den anderen getroffen, um Besprechungen abzuhalten. Das Meeresrauschen garantiert ihnen, dass sie nicht abgehört werden können. Mein Vater schickt mir das Foto 2015 per Post nach Köln. Und ich nehme es und fahre damit nach Scheveningen, um meinen Großvater wenigstens symbolisch noch einmal dorthin zurückzubringen.

tiger Mann.« Und wenn er das sagte, dann guckte er immer ganz bedeutungsvoll, kräuselte seine hochherrschaftliche Augenbraue, und seine blauen Augen blitzten gefährlich. Mir war die Inszenierung rund um diese »wichtigen Männer« immer extrem peinlich. Ich hatte das Gefühl, mein Vater wollte sich damit vor allem selbst aufwerten. Sein Vater war ein wichtiger Mann, der noch wichtigere Männer kannte, und allein deshalb musste natürlich auch er ein wichtiger Mann sein. Klar. Aber es ist im Kern halt dann doch richtig: Mein Großvater hat ganz augenscheinlich ziemlich krasse Kontakte gehabt. Und das alles unter dem Deckmantel einer journalistischen Tätigkeit.

Und dann kommt ja auch noch seine eigene Publikation hinzu: *Kameradschaft – Schriften junger Deutscher*. Eine einzige geballte Kampfansage an den Nationalsozialismus.

2015
Blogger für Flüchtlinge

2015 ist das Jahr, in dem in Deutschland knapp eine Million Geflüchtete aufgenommen werden. Das Jahr, in dem sich Millionen Freiwillige ein bis zwei Beine ausreißen, um Menschen zu versorgen, die vor Hunger und Krieg aus Syrien geflohen sind oder aus Eritrea oder dem Irak. Das Schicksal dieser großen Zahl von Geflüchteten, die im Herbst Deutschland erreichen, bewegt viele Menschen. Sie empfangen die Ankommenden mit Applaus an den Bahnhöfen einiger Großstädte. Millionen Menschen kümmern sich ehrenamtlich um die Erstversorgung mit Kleidung und Nahrungsmitteln. Es werden Geld- und Sachspenden gesammelt, Initiativen gegründet, Sprachkurse organisiert, Behördengänge begleitet oder Unterkünfte gesucht und angeboten. Die Hilfsbereitschaft ist enorm.[1]

Aber nicht etwa die Helferinnen und Helfer und ihr beispielloses Engagement in dieser Ausnahmesituation bestimmen in der Folgezeit die Schlagzeilen. Es dauert nicht lange, da beherrscht ein anderes Bild von Deutschland die Medien: Wütende Menschen, die Montag für Montag in Dresden gegen eine angebliche »Islamisierung des Abendlandes« demonstrieren.

Das aufgeheizte politische Klima, der offen zur Schau getragene Menschenhass, das alles bereitet mir Sorgen. Ich will etwas tun. Ich will dem Hass etwas entgegensetzen und wenn möglich dabei auch noch den Menschen helfen, die nach Deutschland fliehen, um hier Sicherheit zu finden. Ein Aufruf im Netz gibt mir die Gelegenheit, beides zu verbinden: »Blogger für Flüchtlinge«. Eine Crowdfunding-Aktion von Paul Huizing, Nico Lumma, Karla Paul und Stevan Paul. Allesamt keine Unbekannten in der digital vernetzten Literatur-Szene. Es soll ein eBook entstehen, mit Texten von Blogger:innen über die Themen »Flucht und Migration«. Der Erlös aus dem Verkauf soll der Flüchtlingshilfe gespendet werden.[2] Also beschließe ich, einen Text beizusteuern.

Ich will etwas schreiben, das Mut macht zu helfen. Das Mut macht, sich solidarisch zu zeigen mit anderen Menschen. Denn hätte es nicht Menschen gegeben, die meinem Opa, meiner Oma und meinem Vater auf ihrer Flucht durch die Niederlande und Belgien geholfen hätten, wäre ich heute wahrscheinlich nicht hier. Und diese Familiengeschichte wäre in Vergessenheit geraten, wie so viele, viele andere Familiengeschichten von Menschen, die den Nationalsozialisten und ihren Anhänger:innen zum Opfer gefallen sind. Ich bin heute hier, weil Menschen meiner Familie geholfen haben zu überleben. Wir können nicht wissen, was aus den Nachkommen all jener wird, denen wir heute helfen. Und viel zu viele Menschen haben nicht annähernd dieses Glück. Viel zu viele Familiengeschichten enden auf dem Grund des Mittelmeeres. In Kriegen. In Hungersnöten. In Lagern für Geflüchtete. Unter unwürdigen Umständen. Weil Menschen nicht helfen wollen. Weil Menschen nicht teilen wollen. Weil Menschen Angst haben, dass diesen Geflüchteten Krieg und Terror folgen.

Es ist ein hehrer Anspruch, vom Schreibtisch aus etwas bewirken zu wollen. Es klingt ein bisschen sehr bequem. Aber am Ende hat dieser Text zusammen mit vielen weiteren doch etwas bewegt, denn mit dem eBook[3] konnten Spenden gesammelt werden. Und diese Spenden haben Menschen geholfen. Hoffe ich zumindest. Der Text hat aber noch etwas bewegt, denn ich wollte ihn nicht veröffentlichen, ohne dass mein Vater ihn kennt. Er kommt darin als Vater nicht besonders gut weg, und ich hatte große Angst vor dem, was er dazu sagen würde.

Es wird der persönlichste Text, den ich bis dahin veröffentliche. Denn zum ersten Mal schreibe ich nicht nur über meinen Großvater, sondern über das Verhältnis zwischen seinem Sohn und mir. Öffentlich. Und das fällt mir, ehrlich gesagt, gar nicht so leicht. Denn ich bin ja nicht die Geschichte. Ich will auch gar nicht die Geschichte sein. Ich will von meinem Großvater erzählen. Davon, wie mein Vater im Exil und auf der Flucht groß geworden ist. Ich bin nur die Anachronistin, eine aus der Zeit gefallene Nachfahrin, die all das recherchiert und aufschreibt. Aber das ist natürlich nur die halbe Wahrheit. Denn ich bin halt auch eine Chronistin der Gegenwart. Alles, was gerade passiert, läuft bei mir durch einen Filter. Das ist bei jedem Menschen so. Wir sehen die Welt nicht, wie sie ist, wir alle sehen die Welt so, wie sie unserer Erfahrung nach ist. Und das schließt die Erlebnisse unserer Vorfahren mit ein. Manche dieser Erfahrungen, vor allem die traumatischen, können sogar Spuren in unseren Genen hinterlassen. Das zumindest ist Forschungsgegenstand der Epigenetik.[4] Aber egal, ob vererbt oder durch den Umgang mit meinem Vater geprägt: Das Zusammenleben mit einem schwerst- und mehrfach traumatisierten Menschen hinterlässt Spuren. Denn viele der wirklich für mich seltsamen bis peinlichen Verhaltensweisen meines Vaters haben etwas damit zu tun, wie er aufgewachsen ist. Was er erlebt hat. Und sie haben auch mich auf die ein oder andere Weise geprägt.

Als Kind stehe ich oft ratlos davor: Warum kratzt er Schimmel vom Brot, obwohl frische Brötchen auf dem Tisch liegen? Warum schickt er mich Pfandflaschen sammeln, statt mir Taschengeld zu geben? Warum ist sich mein Vater nie zu schade dazu, Menschen anzuschnorren? Im Gegenteil: Er ist auch noch stolz darauf, dass er sich immer und überall durchschnorren konnte. In meinem Text betreibe ich das erste Mal Ursachenforschung und betrachte ganz konkret sein Verhalten. Und endlich verstehe ich, warum mein Vater nie ein Problem damit hatte, mit Jesuslatschen und Plastiktüte durch die Gegend zu laufen. Warum er stolz darauf war, wie ein Clochard auszusehen und auf Parkbänken schlafen zu können. Warum er sich überall in den Mittelpunkt stellen musste, um von seinem Vater zu erzählen. Warum er rastlos lange Wanderungen mit dem Hund machte, um den er sich aber nie wirklich kümmern konnte. Das alles gehört zu seiner Überlebensstrategie. Mein Vater hat diesen Modus, der ihm geholfen hat, seine Traumata, Flucht und Verfolgung zu überstehen, nie überwunden. Aber er hat einen Umgang damit gefunden. Er hat ihn kultiviert.

So gehört er zum Beispiel als Jugendlicher zu einer Gruppe Jungs, die Challenges daraus machen, wer wohl am geschicktesten schnorren kann – kurz nach dem Krieg die beste Chance, an etwas zu essen zu kommen. Hier ein Brot, da ein bisschen Obst, vielleicht mal ein Geldstück. Zu diesem Spiel gehört, die Scham zu überwinden, arm zu sein und kein Geld zu haben. Die Scham zu überwinden, andere Menschen anzubetteln. Aus etwas, das wir gemeinhin als entwürdigend empfinden, etwas zu machen, worauf wir stolz sein können. Und genau das passiert in diesem Überlebensspiel. In dieser Gruppe hungriger Jungs gibt es für jeden erschnorrten Apfel, für jede Scheibe Brot, für jedes Geldstück Applaus und Anerkennung. Und einen vollen Magen – wenn's gut läuft. Als mein Vater mir davon erzählt, sagt er trotz seiner 84 Jahre spitzbübisch: »Das Gefühl zu haben, du kannst die Leute um den Finger drehen – BESCHEISSEN! –, das macht unheimlich viel Spaß!«

Ich: »Nein, macht das nicht! Ich würde das nicht machen ohne Not.«

Mein Vater: »Ist die Frage, ob du das dann kannst, wenn du das nicht geübt hast vorher […]. Das muss man lernen.«

Bei meinem Vater ist der Stolz geblieben darauf, überleben zu können. Auch dann, wenn das eigentlich gar nicht nötig ist. Aber wie hätte ich das verstehen können? Ich, ein Kind der

Achtziger, das Hunger und Krieg nur aus dem Fernsehen kennt. Das einen vollen Kühlschrank und eine gut gefüllte Vorratskammer für das Selbstverständlichste auf der Welt hält. Nicht, dass wir im Überfluss gelebt hätten. Niemand in der Familie hat gerne Lebensmittel weggeworfen. Auch meine Anfang der Fünfziger geborene Mutter hielt nichts von Verschwendung. Aber wir haben die Grenze doch deutlich früher gezogen als mein Vater. Verdorbene Lebensmittel durften dann doch in den Müll. Nur dass mein Vater sie da mitunter wieder rausgefischt hat, wenn sie nach seinen Maßstäben noch gut waren.

Aber nicht nur dieses Alltägliche treibt mich um in meinem Text. Es ist auch die fehlende Beziehung zu meinem Vater, über die ich mir Gedanken mache. Inzwischen haben wir seit einem knappen Jahr wieder Kontakt und schon drei lange Interviews geführt. Aber es gibt ein Gefühl, das mir fehlt – und ich spreche hier wirklich nur für mich und nicht für andere Familienmitglieder. Mir fehlt das Gefühl, dass mein Vater mich geliebt hat. Er war ein fantastischer Entertainer und hat uns die wildesten Gute-Nacht-Geschichten erzählt. Wobei »erzählt« stark untertrieben ist, »performt« trifft es eindeutig besser, inklusive aller Kuscheltiere im Bett, die als Protagonisten seiner stark selbst ausgedeuteten Geschichten von der griechischen Mythologie bis hin zu Grimms Märchen herhalten mussten. Und nein, diese Geschichten sind nicht geeignet, um kleine Kinder gut in die Nacht zu bringen. Mein Vater suchte und fand halt überall Publikum, aber sich wirklich kümmern, das konnte er eben nicht. Für andere verantwortlich zu sein hat ihn komplett überfordert. Stattdessen hat er sich ordentlich Mühe gegeben, sein Umfeld kleinzuhalten, zu provozieren und schlechtzureden. Auch mir gegenüber war er so. Nichts war gut genug. Sobald ich ihm zu nah kam oder es sogar wagte, ihn zu kritisieren, gab's ein Donnerwetter. Und das hatte seinen Namen wirklich verdient. Liebe und Fürsorge waren von ihm nicht zu haben. Und das fühlte sich für mich als Kind nun mal so an, als würde er mich nicht lieben. Schlimmer noch: Als wäre ich seine Liebe gar nicht wert. Das hat mich extrem traurig gemacht. Und unsicher. Und vieles andere mehr.

Was ich mit diesem Text, den ich da schreibe, aber auch verstehe, ist Folgendes: »Seit ich ungefähr acht Jahre alt bin, fehlt mir das, was andere Kinder einen Vater nennen. Einer, der sich kümmert. Der mich in den Arm nimmt, wenn die Welt da draußen untergeht. Der mal anruft, um zu fragen, wie es mir geht. Bei dem ich das Gefühl habe, egal, was passiert, ich kann mich immer auf meinen Vater verlassen. Wenn alles schiefgeht, dann regelt der das. Diesen Vater gibt es nicht für mich. Diesen Vater hat mir ein Krieg genommen, der 33 Jahre vor meiner Geburt zu Ende ging. Für den er nichts kann und für den ich nichts kann.«[5]

Der Text wird knapp vor dem Veröffentlichungstermin fertig. Ich schaffe es nicht, nochmal zu meinem Vater nach Brüggen zu fahren, um ihm das Geschriebene persönlich vorzulesen. Also rufe ich ihn an. Er freut sich wie immer übermäßig über meinen Anruf, und ich komme mir vor, als hätte ich einen Dolch hinter dem Rücken. Denn ich weiß, dass ihm dieser Text wehtun wird. Aber ihn einfach zu veröffentlichen, ohne dass er den Inhalt kennt? Das fühlt sich auch falsch an. Also erzähle ich ihm, was ich da geschrieben habe, und lese ihm den Text am Telefon vor. Es ist ganz still auf der anderen Seite. Nicht ein Mal unterbricht er mich – und das allein ist schon ziemlich ungewöhnlich. Irgendwann höre ich, wie er die Nase hochzieht. Ich weiß nicht mehr, was genau er sagt, als ich fertig bin. Aber es gibt kein Donnerwetter. Im Gegenteil. Er lobt den Text. Und gibt sein Einverständnis, dass ich ihn so veröffentlichen darf.

Ich bin erleichtert. Und dankbar. Ich weiß, was das für ein großes Zugeständnis ist. An diesem Tag legt er die Deutungshoheit über seine Person ab. Er akzeptiert meine Sicht auf ihn als Vater. Akzeptiert nicht nur, dass, sondern auch, wie ich die Familiengeschichte erzähle. Und ehrlich gesagt: Das empfinde ich tatsächlich als Größe, was wahrlich kein Gefühl ist, das ich je zuvor mit meinem Vater verbunden habe. Aufgeplustert. Ja. Aber diese Art von Größe, nein, das kannte ich bis dahin nicht von ihm. Ich weiß nicht, wie alt ich werden muss, um anstandslos zu akzeptieren, dass jemand etwas über mich schreibt, bei dem ich selbst nicht so richtig gut wegkomme. Stand jetzt würde ich sagen: Das ist noch ein langer, langer Weg.

Während ich mich mit meiner Familiengeschichte in Verbindung mit der Situation der Geflüchteten auseinandersetze, wird auch in Talkshows über diese Situation heftig gestritten. Kontroverse schafft Quote. Regelmäßig bekommen in diesen Polit-Talkshows Rechtspopulisten eine Bühne, um ihre menschenfeindlichen Positionen zu vertreten. Anfang Oktober 2015 arbeitet sich die Redaktion von Anne Will an der Frage ab: »Können wir es wirklich schaffen?« – und lädt dazu Bundeskanzlerin Angela Merkel ins Studio ein. Ich persönlich finde diese Frage damals kontraproduktiv, tendenziös und wenig zielführend. Meine Kritik veröffentliche ich als Kommentar auf der Facebook-Seite zu meinem Blog. Es ist mein erster längerer Text in einem sozialen Netzwerk. Denn für mich stehen zwei viel wichtigere Fragen im Vordergrund: Wollen wir das schaffen? Bei all den freiwilligen und ehrenamtlichen Helfer:innen, die sich 2015 engagieren, kann die Antwort nur heißen: Ja, ein Großteil will das schaffen. Die entscheidende Frage, die sich daran anschließt, muss dann lauten: Wie? Was will die Politik tun, damit das gelingen kann? Ich warte bis heute auf eine Antwort auf diese Frage seitens der Politik. Stattdessen haben viele Millionen Menschen in Deutschland im Privaten längst eine Antwort gegeben: Sie lamentieren nicht, sie packen an und machen möglich. Im Kleinen wie im Großen. Diejenigen, die das nicht schaffen wollen, und das ist auch damals schon der deutlich kleinere Teil, gehen auf die Straße und verbreiten Hass und Hetze.

So wie am 12. Oktober 2015 in Dresden. Wieder ist es Pegida. Zwischen 8000 und 9000 Menschen sollen vor Ort sein. Etwa 250 Menschen versammeln sich zu Gegenprotesten. Warum wir uns an diese Demonstration erinnern? Weil ein Bild ziemlich schnell die Runde macht. Erst in sozialen Netzwerken, später auch in den Nachrichten: Ein Teilnehmer der Kundgebung hat einen selbstgebastelten Holzgalgen dabei. Die Holzkonstruktion trägt die Aufschrift »Volksverräter«. An Zetteln, die von den Stricken baumeln, steht: »Reserviert Siegmar ›das Pack‹ Gabriel« und »Reserviert Angela ›Mutti‹ Merkel«.[6] Ein Tabubruch, gefolgt von großer medialer und politischer Empörung. Rechtliche Konsequenzen aber hat er keine.[7]

Fünf Tage später: Wahlkampf in Köln. An einem Informationsstand der CDU steht die parteilose Juristin Henriette Reker. Sie ist eine von sieben Kandidat:innen, die sich um das Oberbürgermeisteramt bewerben. Sie ahnt nichts, als ein Mann auf sie zukommt und sie sowie vier weitere Personen mit einem Jagdmesser angreift. Der Mann sticht Henriette Reker in den Hals, verletzt sie lebensgefährlich und eine weitere Person schwer. Trotzdem wird einen Tag später die Wahl durchgeführt. Henriette Reker liegt zu diesem Zeitpunkt in der Kölner Uniklinik im künstlichen Koma. Sie wird mit 52,66 Prozent der Stimmen gewählt.

Der Prozess gegen den Attentäter findet ein halbes Jahr später, am 15. April 2016, vor dem Oberlandesgericht in Düsseldorf statt. Darin gibt er zu, die Tat genau geplant zu haben.[8] Sein Motiv: Angst vor der zunehmenden Islamisierung. Um »ein Zeichen zu setzen«[9] habe er sich explizit Henriette Reker ausgesucht. Sie war vor ihrer Wahl zur Oberbürgermeisterin als Sozialdezernentin für die Unterbringung von Geflüchteten in Köln zuständig. Der Täter recherchierte im Internet Rekers

Haltungen und Einlassungen zum Thema Asylpolitik. In den 90er Jahren hatte er Kontakt zur rechtsextremen »Freiheitlichen Deutschen Arbeiterpartei«, nahm an verschiedenen »Rudolf-Heß-Gedenkmärschen« teil.[10] Zum Zeitpunkt der Tat sei er aber nicht Teil der rechten Szene gewesen, heißt es.

Es wäre falsch, hier aufgrund der zeitlichen Nähe der Ereignisse einen unmittelbaren Zusammenhang zwischen zwei Galgen auf einer Pegida-Demonstration und einem Mordanschlag auf eine Politikerin herzustellen. Der Attentäter selbst erklärt, er habe die Tat lange geplant. Seine Radikalisierung steht auch nicht mit dem Aufkommen von Pegida in Zusammenhang. Und dennoch, finde ich, deutet sich hier bereits eine Entwicklung an, die wir 2015 in der Form noch nicht gesehen haben. Es gibt nicht nur eine zunehmende Gewaltbereitschaft in der rechten Szene, sondern auch eine zunehmende Vernetzung und Mobilisierung. Sie nimmt die Zuwanderung als Anlass. Getrieben ist sie allerdings von Menschenfeindlichkeit und Hass. Ihre Ziele sind nicht nur Migrant:innen oder als fremd gelesene Menschen, sondern auch Politiker:innen, Journalist:innen und Aktivist:innen. Darunter vor allem Frauen.[11] Diejenigen, die bereits 2015 genau davor warnen und darüber berichten, sind zu diesem Zeitpunkt eine wenig gehörte Minderheit. Es folgt keine große Diskussion über rechtsextreme Bestrebungen, keine Enthüllung rechtsextremer Netzwerke. Stattdessen dominiert die Erzählung vom psychisch gestörten Einzeltäter die Berichterstattung. Im Artikel über den Prozessauftakt zum Attentat auf Henriette Reker heißt es beispielsweise über den Täter: »Intensive Kontakte zur rechtsextremen Szene scheint der seit 2012 durchgehend arbeitslose S. schon seit seinem Umzug nach Köln im Jahr 2000 nicht mehr gehabt zu haben. Überhaupt scheint S. kaum Kontakte gepflegt zu haben. Zurückgezogen lebte er in einer kleinen Wohnung in Köln-Nippes, surfte exzessiv im Internet, besuchte extremistische Seiten.«[12]

Einzeltäter. Gescheiterte Existenzen. Menschen ohne Kontakt zur »echten Welt«. Geistig Verwirrte oder psychisch Beeinträchtigte. All das klingt ein bisschen so, als könnten die Täter am Ende nichts dafür, dass sie Menschen ermorden oder es zumindest versuchen. Als seien sie selbst Opfer. Opfer einer Gesellschaft, in der sie sich nicht zurechtfinden und keine Anerkennung bekommen. Oder Opfer des bösen, verführerischen Internets, das aus guten Menschen rechtsradikale Tötungsmaschinen macht. Aber es ist nicht »das Internet«. Es sitzen Menschen an den Tastaturen. Menschen, die in ihrem Hass einander anstacheln und befeuern. Die sich gegenseitig hochschaukeln in ihren Gewaltphantasien. Die mitunter sogar davon profitieren.

In der medialen Wahrnehmung wird diesen Entwicklungen 2015 kaum Rechnung getragen. Es sind halt Einzelfälle. Und ohnehin haben wir andere Probleme. Schließlich müssen dringende Fragen zum Umgang mit und zur Unterbringung von Geflüchteten beantwortet werden. Wie sehr das eine mit dem anderen zusammenhängt, darum kümmern wir uns kaum. Wenige Wochen später werden wir uns darum kümmern müssen. Aber ganz anders, als wir es gedacht hätten.

1937-38

Ist Hitler legal?

> Wir stehen im Kampfe, wir jungen Deutschen. Was unsere Sehnsucht in Jahren reichen Jugendlebens war, was wir für uns und unser Volk erträumten und ersehnten, ist ferner denn je. Was wir uns schufen, ist zerstört oder tödlich bedroht. Unser Wollen ist verfehmt, unsere Gemeinschaft verboten.
> Die braune Pest herrscht in Deutschland. Der Tyrannen Willkür zerstört unsere Heimat. Schwer stöhnt das Volk in den Ketten der Unfreiheit, dunkel und bedroht ist seine Zukunft, für die gerade wir, die Jugend dieses Volkes, Verantwortung tragen.[1]

So beginnt sie, die erste Ausgabe der *Kameradschaft*, die im November 1937 erscheint. Und ja, da schwingt ordentlich Pathos mit. Im Gegensatz zu heute, wo der Begriff »Kameradschaft« gerne in der rechten bis rechtsextremen Szene verwendet wird, ist der Begriff in den 1930ern weit verbreitet. Vor allem in Kreisen der Bündischen Jugend, aber auch unter Christen. Mitunter wurde er synonym mit dem Freundschaftsbegriff verwendet. Eine Kameradschaft im organisatorischen Sinne war im Prinzip ein jugendlicher Freundeskreis oder Zusammenschluss, der sich gemeinsam in irgendeiner Form verwirklichte. »Kamerad« war eine ganz normale Anrede. Statt »ey, Alter/ey, Bruder, was geht?« heißt es damals halt »wie geht's dir, Kamerad?«. Im Nationalsozialismus erging es dem Kameradschaftsbegriff ähnlich wie den Symbolen der Jugendbewegung: Sie wurden durch die

Hitlerjugend erst kopiert und dann homogenisiert und umgedeutet. Letztlich galt die Kameradschaft nur noch für die nationalsozialistische Gemeinschaft. Alles außerhalb dieser Kameradschaft wurde zum Feind deklariert und musste bekämpft werden. Und dennoch wurde der Begriff »Kamerad« auch in den Konzentrationslagern als Anrede unter den Gefangenen gebraucht.[2]

Den Kameradschaftsbegriff gibt es auch heute noch. Er taucht allerdings selten in neutralem Kontext auf – obwohl er noch so verwendet wird. Zum Beispiel bei der Feuerwehr oder auch beim Technischen Hilfswerk. Schlagzeilen macht er allerdings vor allem bei der Berichterstattung über Rechtsextremismus. Parteiunabhängige, neonazistische Gruppen, die zwar lose organisiert, aber doch recht gut vernetzt sind, finden sich unter der Bezeichnung »Freie Kameradschaften«.

Aber zurück in die 1930er: *Kameradschaft – Schriften junger Deutscher* gehört ganz eindeutig nicht zu den Zeitschriften, die in rechten Kreisen gerne gelesen werden. So viel ist sicher. Die Publikation ist eine Art Kampfblatt. Ihr Ziel ist es, die deutsche Jugend zu vereinen. Und zwar sowohl die im Exil lebende deutsche Jugend als auch die deutsche Jugend im Reich, die keinen Bock auf Marschieren in der Hitlerjugend und eine Ausbildung zum Kanonenfutter hat. Dass ich mich hier vor allem auf die männliche Jugend beziehe, liegt daran, dass es vor allem die männliche Jugend ist, die in der Zeitschrift angesprochen wird. Und auch alle namentlich bekannten Autoren der *Kameradschaft* sind männlich.

Das Blatt wird zunächst in Brüssel produziert. Dort wohnt Dr. Hans Ebeling, genannt Plato. Mein Großvater stellt sich in den Verhören gerne nur als einfacher Mitarbeiter und Redakteur dar. Diejenigen, die ihn später durch ihre Aussagen belasten, sehen ihn eher als treibende Kraft. Als die Person, die es durch

Das ist die Titelseite der Neuauflage, die mein Vater gemeinsam mit Plato (Dr. Hans Ebeling) im Eigenverlag herausgegeben hat, damit die Schriften seines Vaters und der anderen Mitwirkenden für die Nachwelt verfügbar bleiben.

ihre Kontakte überhaupt erst ermöglicht, dass Platos Idee einer solchen Zeitschrift verwirklicht werden kann. Es lässt sich heute schwer beurteilen, wer da zu wie viel Prozent welchen Anteil dran hatte. Klar ist: Mein Großvater hat weitreichende Kontakte. Nicht nur innerhalb der katholischen Jugendverbände und ihrer europäischen Vertreter, sondern auch innerhalb der Kirche selbst. Seine Tante ist Priorin eines Dominikanerinnen-Klosters bei Venlo, zwei Onkel dienen dem Papst in Rom. Einer seiner engsten Vertrauten, Kaplan Josef Thomé aus Mönchengladbach, ist Mitangeklagter im Berliner Katholiken-Prozess von 1937. Hauptangeklagter ist Kaplan Dr. Joseph Cornelius Rossaint aus Düsseldorf. Er wird am Ende dieses Schauprozesses gegen die katholische Kirche zu elf Jahren Zuchthaus wegen »versuchter Bildung einer Einheitsfront zwischen Katholiken und Kommunisten« verurteilt.[3] Weitere Kontakte bestehen zu Politikern in den Niederlanden und in Großbritannien, Frankreich, der Schweiz und zur katholischen Gemeinde in der Tschechoslowakei. 1937 fliegt mein Großvater zu einer katholischen Friedenskonferenz nach Dublin, Irland, organisiert vom Catholic Council of International Relations (CCIR). Ziel der Reise: Für die Internationale katholische Flüchtlingshilfe mit Sitz in Utrecht wollte sich mein Opa nach Möglichkeiten erkundigen, junge katholische Flüchtlinge im Ausland unterzubringen. Der Sekretär des Komitees, Peter Lütsches, Zentrumspolitiker (später CDU) und eine durchaus umstrittene Figur der deutschen Nachkriegsgeschichte[4], gibt in einem Verhör zwar zu, dass er meinen Großvater gebeten hat, sich nach diesen Unterbringungsmöglichkeiten zu erkundigen. Er bestreitet aber eine offizielle Zusammenarbeit mit dem Komitee, da es Theos politische Haltung abgelehnt hätte.[5]

Es ist übrigens nicht so, dass Plato kein eigenes Netzwerk gehabt hätte, auch er kannte hochrangige Persönlichkeiten aus Presse und Politik. Aber mein Großvater – so scheint es – hat zumindest indirekt den Kontakt zum Volk, da, wo auch die Leserschaft für die *Kameradschaft* vermutet wird. Denn was nutzt es, nur die Intellektuellen zu erreichen? Schließlich muss das Blatt finanziert werden. 25 Cent kostet ein Exemplar. Zahlbar per Spende an ein Postbank-Konto. Im Prinzip eine Art Crowdfunding, nur eben analog. In den Niederlanden kann die Zeitschrift sogar am Zeitungskiosk erworben werden. Die Auflage beträgt zu Beginn ungefähr 2000 Exemplare. Wie groß die Leserschaft ist, lässt sich schwer sagen. Denn die nach Deutschland geschmuggelten Ausgaben werden unter der Hand weitergereicht, so dass ein einzelnes Heft durchaus eine größere Leserschaft erreicht.

Dass all die Texte der *Kameradschaft* heute noch auffindbar sind, ist zwei Umständen zu verdanken. Zum einen Platos vorausschauender Idee, je ein Exemplar der Widerstandszeitschrift bei der Bibliothèque Royale (KBR) in Brüssel zu hinterlegen.[6] Zum anderen der Tatsache, dass mein Vater zusammen mit Plato alle Ausgaben nochmal aus dem Archiv gegraben und 1983 im Eigenverlag neu herausgegeben hat. Plato lebt zum Zeitpunkt des Erscheinens längst nicht mehr, aber das Exposé zur Neuauflage stammt von ihm. Größere Aufmerksamkeit haben die Texte durch die Neuveröffentlichung aber nie erhalten. Und auch ich hatte ehrlich gesagt nicht so richtig Lust, mich mit diesen »Kampftexten« zu beschäftigen. Konnte ja niemand ahnen, wie aktuell viele davon heute wieder sind und wie vielfältig die dort gegebenen Einblicke.

Allein bei der ersten Ausgabe denke ich: Eigentlich müsste ich zu jedem einzelnen Text eine eigene Podcast-Folge machen. Das ist natürlich utopisch, trotzdem lese ich viele der Texte mit Spannung. Ich, die sich nie wirklich für Geschichte interessiert hat. Aber es ist so vieles so eindeutig benannt. Das Hitlerregime und die Ideologie des Nationalsozialismus werden messerscharf analysiert und kritisiert. Ich habe dieses »Wir haben ja von nichts gewusst« immer schon für eine billige Ausrede gehalten. Aber wenn ich lese, was selbst im Exil lebende Deutsche alles über das NS-Regime wissen, in welcher Präzision sie darüber berichten, während es passiert, dann verstehe ich nachträglich die Welt nicht mehr. Es liegt alles so offen zutage, dass ich mich frage: Wie? Wie kann man all das zulassen?

Gleichzeitig wird mir ganz schwer ums Herz, weil ich natürlich weiß, dass auch wir heute so einiges an Grausamkeiten zulassen, über die wir sehr wohl Bescheid wissen. Überfüllte Lager für Geflüchtete an den europäischen Grenzen. Menschen, die wir, die Europäer, im Mittelmeer ertrinken lassen, weil einige Staaten sich aus der Verantwortung stehlen und sich nicht an die Abkommen halten, die dieser Staatenbund mal ausgehandelt hat, wenn es darum geht, Menschen in Not Schutz zu bieten. Mal ganz abgesehen von den Umweltschäden, die wir einfach weiter anrichten, obwohl wir wissen, dass wir damit einer Klimakatastrophe Vorschub leisten und diesen Planeten für kommende Generationen in vielen Teilen unbewohnbar machen werden. Und ja, natürlich bin ich auch Teil davon. Ich sitz hier und tippe an einem Rechner, in dem Seltene Erden verbaut sind, deren Abbau mit großer Wahrscheinlichkeit durch Kinderarbeit geleistet wird. Was ich damit sagen will: Ich bin Teil einer Gesellschaft, die großes, menschliches Unrecht nicht nur zulässt, sondern davon sogar profitiert und es mitfinanziert. Ich kann das sehen. Aber verstehen, dass wir als Menschengemeinschaft all das zulassen, kann ich trotzdem nicht. Und das sind »nur« die gesellschaftspolitischen Themen. Überall auf der Welt sehen wir seit Jahren Demokratien zerbröseln.[7] Wir wissen Bescheid. Wir wissen genau, was läuft. Aber was tun wir? Und sind wir so viel besser als die, die vor uns waren?

Das sind Fragen, die ich mir stelle, während ich die Texte lese, die aus einer anderen Zeit zu mir sprechen. Und die sich oft so gegenwärtig anfühlen, dass mir klamm ums Herz wird. Aber es gibt auch die unfreiwillig komischen Momente. Während mein Großvater Theo in der ersten Ausgabe über den Katholiken-Prozess von 1937 schreibt, berichtet ein damals 17-jähriger D.C. Yalden-Thomson (später Universitätsprofessor in den USA) von seinem »Praktikum« in der Reichsjugendführung (RJF).[8] Ehrlich gesagt finde ich den Titel gar nicht so spannend. Aber dass ein Engländer für drei Monate »in offizieller Anstellung« im Auslandsamt der Reichsjugendführung arbeitet, finde ich dann doch bemerkenswert. Also widme ich mich der Lektüre. Und Yalden-Thomson lässt in seinem Bericht kein gutes Haar an der »zahlenmässig grössten Organisation Westeuropas«.

»Drei Wochen war ich bei den Führern dieser ›Organisation von 6 Millionen‹, in der alle deutschen Jungen mit Ausnahme der Juden gezwungen Mitglied sind. Ich kam zu der Folgerung, dass diese ›Führer‹ nicht viele von den Qualitäten besitzen, die wir für die Führerschaft notwendig erachten. Im ›Auslandsamt‹ war es unmöglich, einen Mann zu finden, von dem man aufrichtig sagen konnte, dass seinem Handeln etwas anderes zu Grunde lag als Ehrgeiz. Soweit man aus ihren Handlungen folgern konnte, hatten sie kein Gefühl von Korpsgeist und Loyalität weder für ihr ›Amt‹, noch untereinander. *Jeder war gerne bereit, den anderen zu opfern, um selbst daraus Vorteil zu ziehen.* Und das geschah öfters.«[9] Kurzum: Die Reichsjugendführung ist ein kompetenzloser Haufen egomaner Emporkömmlinge. Wobei, einen kleinen Pluspunkt gibt Yalden-Thomson den Führern der RJF dann doch: »Sie sahen sehr schön aus, wenn sie überall in Berlin herumliefen mit ihren schneidigen Uniformen und Paraden abnahmen, stehend auf den Sitzen ihrer Mercedes-Benz-Wagen.« Im Gesamtkontext liest sich das aber bestenfalls ironisch.

In Ausgabe zwei der *Kameradschaft* von Dezember 1937 schreibt ein belgischer Pfarrer über eine Reise durch Deutschland. Er landet in Köln, der Stadt, die sich nicht nur in ihren

Karnevalsliedern gerne für ihre Weltoffenheit und Toleranz feiert. 1937 sieht es dort allerdings ganz anders aus. »Die ganze Stadt war ein Flaggenmeer. Nur der Dom stand da, dunkel und unbeweglich, ohne eine einzige Oriflamme. Ich wunderte mich über die Einheitlichkeit dieser Beflaggung. ›Ihr seid also alle einverstanden?‹ Die Katholiken, die ich befragte, lachten hell auf: ›Aber wir müssen.‹«[10]

In seinem Reisebericht schreibt der Pfarrer, der nicht namentlich genannt ist, wie sich die Katholiken im Reich ins Schweigen flüchten. Wie das Misstrauen sie ins Private zurückdrängt. Wie stumm deutsche Eltern die Repressalien gegen ihre Kinder erdulden und mittragen. Er wundert sich über dieses Schweigen und kann sich nicht vorstellen, dass es in Belgien jemals eine ähnliche Gefolgschaft gegenüber den Nationalsozialisten geben könnte. Er wird bei der Besetzung Belgiens nur drei Jahre später eines Besseren belehrt werden, denn auch dort gibt es glühende Anhänger der Nationalsozialisten, und zwar nicht zu wenige. Die Ideologie fällt auf den fruchtbaren Boden des ohnehin schon vorhandenen flämischen Nationalismus.

Den bis dahin spannendsten Text aus der Zeit finde ich allerdings in Ausgabe 3 der *Kameradschaft* von Januar 1938. Er trägt die Überschrift: »Ist Hitler legal?« Ich bin einigermaßen verwundert, denn: Warum wird diese Frage 1938 – also fünf Jahre nachdem die Nazis die Macht an sich gerissen haben – nochmal in dieser Ausführlichkeit diskutiert? Es ist schließlich kaum zu erwarten, dass jemand diesen Text liest und denkt: Ach, Hitler ist also gar nicht legal an der Macht? Ja, wenn das so ist, dann hat er ja geschummelt! Dann muss er jetzt auch wieder gehen. Einen Teil der Antwort finde ich im Text selbst: Es geht darum, den Widerstand gegen Hitler zu legitimieren. Und zwar aus einer katholischen Perspektive heraus. Besonders spannend finde ich die Adressaten des Textes und ihre Befürchtungen.

»Wenn man mit Deutschen, die betont christlich und national denken, darüber spricht, ob man gegen die heute in Deutschland herrschenden Kreise kämpfen müsse, so ist häufig die erste Frage die, was denn nach dem Ende des ›Nationalsozialismus‹ in Deutschland kommen wird. Wird man nicht sozusagen den Teufel mit dem Beelzebub austreiben? Dem Bolschewismus den Weg bereiten und eine Lage schaffen, die dann noch viel radikaler und tyrannischer als heute ist? Das ist in der Regel eigentlich die erste Frage, die diskutiert wird.«[11]

Das ist nahezu identisch mit den Diskussionen, die wir auch heute mit ebendiesen Kreisen wieder führen. Im Prinzip begegnen wir hier der Hufeisentheorie und der damit einhergehenden Frage, ob Terrorismus von links nicht noch schlimmer ist als Terrorismus von rechts. Es scheint da nur ein Entweder-oder zu geben, ein Schwarz-oder-Weiß. Keine Mittelwege, keine Graustufen. Nur Radikalität. Was für ein trauriges Weltbild. Und gleichzeitig waren christlich-nationale Kreise auch damals vor allem daran interessiert, die eigenen Privilegien zu behalten. Erkauft mit ein bisschen Unterdrückung, aber bis dahin immerhin ohne massive Verfolgung, Konzentrationslager und Todesstrafen. Um das Fass nicht aufmachen zu müssen, bedient sich der Text eines rhetorischen Kniffs: Die schlimmsten Befürchtungen werden bewusst außen vor gelassen. Stattdessen wird die Herrschaft der guten Deutschen in Aussicht gestellt, »die zwar Autorität und Ordnung, aber gerade deswegen Frieden und Freiheit wünschen und wollen«. Vor diesem Hintergrund, so der Autor oder die Autoren des Textes, stelle sich folgende Frage: »Darf ein Christ es vor seinem Gewissen verantworten, aktiv gegen die heute in Deutschland geltenden Kreise zu kämpfen, oder muss er sich, wenn überhaupt, so höchstens auf einen gewissen bedingten passiven Widerstand beschränken? Wir sind Christen und daher ›Untertan der Obrigkeit‹ und verpflichtet ›dem Kaiser zu geben, was des Kaisers ist.‹«[12]

Mir ist dieses Weltbild völlig unbegreiflich. Diese Obrigkeitshörigkeit, dieses Raushalten aus der Politik aus religiösen Gründen. Vor allem vor dem Hintergrund, dass das NS-Regime – und so argumentiert ja auch mein Großvater schon vor 1933 – klar gegen das christliche Gebot der Nächstenliebe verstößt. Unter anderem. Aber eben auch ganz offensichtlich. Zudem werden inzwischen auch die Katholiken immer härter verfolgt. So gilt seit dem 1. Dezember 1936 das »Gesetz über die Hitlerjugend«, das eine Mitgliedschaft in der HJ zur Pflicht macht und eine zeitgleiche Mitgliedschaft in einer konfessionellen Organisation verbietet. Zahlreiche katholische Jugendführer werden verfolgt und weggesperrt. Mal ganz davon abgesehen, dass auch die Verfolgung von Menschen jüdischen Glaubens gegen das menschliche und friedliche Miteinander verstößt, das den Christen ja eigentlich sehr viel wert sein sollte. Und zwar trotz des damals durchaus auch religiös motivierten Antisemitismus bei Katholiken und Protestanten.

Weil ich hier vor einem Rätsel stehe, den Text aber unbedingt in einer Ausgabe meines Podcasts besprechen möchte, frage ich Matthias von Hellfeld, ob er mir weiterhelfen kann bei der Einschätzung. Matthias erklärt mir in unserem Interview, dass 1938 eine Art Wendepunkt ist. Zu diesem Zeitpunkt ist Hitler auf dem Höhepunkt seiner Popularität angekommen. Vielleicht sogar schon ein bisschen darüber hinweg. Denn es regt sich erster Widerstand gegen ihn, es werden Pläne geschmiedet für einen Militärputsch, weil sowohl der erzwungene Anschluss Österreichs als auch die Ruhrbesetzung gegen Völkerrecht verstoßen – und den Versailler Vertrag. Dennoch halten es weder Frankreich noch England für nötig einzugreifen. Und Hitler hat endgültig das Gefühl, dass da noch viel mehr drin ist. Wer nicht widerspricht, stimmt halt zu.

Und so werden diese Regelbrüche zu einer beeindruckenden Machtdemonstration. Da ist jemand, der kann ungestraft Verträge brechen, und andere Staaten, mächtige Gegenspieler, tun nichts dagegen, sie lassen es einfach geschehen. Wie sollen da kleine Normalbürger:innen auf der Straße was dran ändern können? Und Matthias weist mich auf noch etwas hin, das ich so gar nicht auf dem Zettel habe: Wenn ich Widerstand leiste, dann muss ich vielleicht sogar jemandem weh tun. Vielleicht kommt es zu Ausschreitungen, Sachbeschädigung, Gewalt gegen andere Menschen. Oder noch schlimmer: Ich muss jemanden töten. Das sind Bedenken, die für Christen zum damaligen Zeitpunkt hohe Hürden darstellen. Genau das ist der Grund, warum es den Urhebern des Artikels wichtig ist, genau darzulegen, inwiefern die Machtergreifung gegen damals geltendes Recht verstößt, und die Details dieser Machtergreifung Punkt für Punkt zu sezieren. Es ist eine logische Deduktion mit dem Ziel, den christlichen Widerstand gegen das NS-Regime zu legitimieren.

Sie endet wie folgt: »Wir fassen zusammen: Weder durch das sogenannte ›Ermächtigungsgesetz‹, noch durch eine Legalität gebende Revolution ist die Macht der Nationalsozialisten legitimiert. Sie entbehrt so jedes den Christen im Gewissen verpflichtenden Charakters. Das bestreiten hiesse das Recht an die Stelle der Gewalt setzen. Im Gegenteil: Die Tyrannei, die Willkür und Gewalt in Deutschland geben das Recht und machen es unter Umständen zur Pflicht, alles zu tun, damit wieder Recht und Ordnung in unserem Vaterlande herrsche.«[13]

Was mir dieser Artikel vor Augen führt: wie schwer es ist, sich in die damalige Zeit reinzuversetzen. Die Welt hat nach anderen Regeln funktioniert, Religion hatte im Leben vieler Menschen einen deutlich höheren Stellenwert, und auch Staat und Regierung waren den meisten Menschen deutlich stärker entrückt, als das heute der Fall ist, wo wir uns vor allem mit den jüngeren Amtsträger:innen sogar über soziale Netzwerke austauschen können. Inwiefern das gut oder schlecht ist, sei hier dahingestellt.

Der Artikel zeigt aber auch: Die Medien in Deutschland waren zu diesem Zeitpunkt zwar seit fünf Jahren gleichgeschaltet, aber es gab ein Wissen darüber, was den Nazis zur Macht verholfen hat. Es gab in konservativ-christlichen Kreisen so große Ressentiments gegen Linke und Kommunisten, dass die massive Verfolgung der politischen Gegner durch die Nationalsozialisten in den Jahren 1933 und 1934 durchaus Akzeptanz fand. Und an dieser Stelle sei erwähnt, dass es schon reichte, in der SPD zu sein, um politisch verfolgt zu werden. Wer in einer kommunistischen Partei war oder mit Kommunisten zusammenarbeitete, wurde erst recht verfolgt. Und es erinnert mich auf ganz ungute Weise an all die Diskussionen, in denen bei Hinweisen auf das Erstarken rechter und rechtsextremer Positionen in Europa mit »aber die Linken!« geantwortet wird. Und zwar aus genau den Kreisen, die sich auch in den Dreißigern nur schwer davon überzeugen ließen, dass die eigentliche Gefahr von den Rechten ausgeht.

2015-16
Widersprüche aushalten

Während Bundeskanzlerin Angela Merkel im August 2015 versucht, die Zuversicht vieler Menschen zu untermauern, die anpacken, um in der »Flüchtlingskrise«[1] zu helfen, beginnt längst das höhnische Gelächter der Rechtspopulisten. Der Satz der Bundeskanzlerin »Deutschland ist ein starkes Land. Das Motiv, mit dem wir an diese Dinge herangehen, muss sein: Wir haben so vieles geschafft – wir schaffen das!« wird zu einem »Wir schaffen das« verkürzt,[2] das später ähnlich zynisch verwendet wird wie das Wort »Gutmensch«. In sozialen Netzwerken nehmen Falschinformationen zu, die vor allem Sozialneid schüren sollen. Von Geldgeschenken an Geflüchtete wird berichtet, was nicht zufällig an das Begrüßungsgeld erinnert, das DDR-Bürger:innen nach dem Fall der Mauer erhalten haben. Diverse Medien befeuern diese Gerüchte, zum Beispiel durch stark verkürzte oder unpräzise Headlines und Artikel, und so setzt sich in vielen Köpfen fest, Geflüchtete würden mehr Geld erhalten als viele Hartz-IV-Empfänger:innen.[3] Der Geflüchtete als Sozialschmarotzer – dass Menschen, die sich in Deutschland um Asyl bemühen, zum einen gar nicht mehr Geld erhalten und zum anderen erstmal auch gar nicht arbeiten dürfen, um eigenes Geld zu verdienen, fällt dabei komplett unter den Tisch. In sozialen Netzwerken geht es oftmals nicht um Differenzierung. Es geht um einfache Botschaften und einen Raum, um dem eigenen Frust, den eigenen Emotionen Luft zu machen. Unter dem Beifall Gleichgesinnter.

Und noch ein weiteres populistisches Narrativ verbreitet sich. Das des fremden, »südländischen« Mannes, der es nur darauf abgesehen hat, über »die deutsche Frau« herzufallen. Ehrlich gesagt ist dieses Narrativ ein alter Hut. Ein sehr alter sogar. Und es wird immer wieder hervorgeholt, wenn Stimmung gegen vermeintlich Fremde gemacht werden soll.[4] Der »fremde Mann« als triebgesteuerter, unzivilisierter Wilder.[5] Ein Bild, mit dem rechte Parteien auch immer wieder gerne Wahlwerbung machen. Ein lang gehegtes Vorurteil, das manche durch das bestätigt sehen, was in der Kölner Silvesternacht 2015 passiert.

Dabei ist alles an den Ereignissen jener Nacht viel zu komplex und vielschichtig, als dass irgendwelche einfachen Schlüsse daraus gezogen werden könnten. Nicht mal einem Parlamentarischen Untersuchungsausschuss des Landtags in NRW wird es gelingen, die Hintergründe der Fehler und Auswirkungen, die es auf behördlicher Ebene gegeben hat, bis ins letzte Detail zu klären.[6]

Was sich vier Monate nach der Kölner Silvesternacht aber sicher sagen lässt – und daran gibt es nichts zu beschönigen: In dieser Nacht werden Hunderte Frauen im und um den Kölner Hauptbahnhof Opfer von teils massiven sexuellen Übergriffen. Es gibt im Nachgang der Ereignisse 513 Anzeigen wegen sexualisierter Gewalt, ein Straftatbestand, unter dem sexuelle Belästigung, Körperverletzung und/oder Vergewaltigung zusammengefasst sind. Die mutmaßlichen Täter sind zu einem großen Teil Geflüchtete, die 2015 nach Deutschland gekommen sind. Das zumindest legen Recherchen nahe, die im Mai 2016 veröffentlicht werden.[7]

In der Pressemitteilung der Kölner Polizei vom 1. Januar 2016 ist von alledem nichts zu lesen.[8] Im veröffentlichten Protokoll klingt alles nach einer normalen Silvesternacht, die »weitgehend friedlich« verlaufen sei, weshalb auch in den Medien zunächst nichts zu den Übergriffen zu lesen ist. Dass diese Silvesternacht in bestimmten Bereichen alles andere als friedlich verlaufen ist, erfahren viele aus den sozialen Netzwerken.

In Ortsgruppen bei Facebook berichten mehrere Frauen von den sexuellen Übergriffen. Erst dadurch werden Medien darauf aufmerksam, Journalist:innen beginnen zu recherchieren. Am 5. Januar 2016 berichten mehrere Medien dann von einem »Sex-Mob« und von angeblich »1000 Männern, die Frauen am Kölner Hauptbahnhof sexuell belästigt haben«.[9] Die Schlagzeilen verbreiten sich auch international. Und plötzlich steht Köln im Fokus der Weltöffentlichkeit.

Es hagelt – durchaus berechtigte – Kritik: an den Polizeibehörden, an der Kommunikation der Stadt Köln mit der Öffentlichkeit, am Umgang der Medien mit den Vorfällen. Die Kritik ist nicht einheitlich. Politiker von CDU/CSU, aber auch einige Journalist:innen werfen vor allem den öffentlich-rechtlichen Medien falsche Zurückhaltung bei der Berichterstattung vor.[10] Der Boulevard wiederum wird dafür kritisiert, mit hetzerischen Schlagzeilen die ohnehin aggressiver werdende Stimmung weiter anzuheizen. Und hitzig wird es vor allem in den sozialen Netzwerken. Social Media wird bis zu jenem Zeitpunkt vor allem als Möglichkeit gesehen, die eigenen Inhalte weiterzuverbreiten, es ist eher Marketing-Tool als ernstzunehmender Diskursraum. Dass das erhöhte Kommentaraufkommen auch mehr Kommunikation und damit mehr Arbeit für die Redaktionen bedeutet, für die gut geschultes Personal gebraucht wird, ist noch längst nicht überall angekommen. Und so sind 2015 die meisten Social-Media-Redaktionen nicht wirklich gut besetzt, Medienverantwortliche kommen kaum hinterher bei der Moderation – wenn denn überhaupt moderiert wird. Und nicht selten ist es eine Frage des Geldes. Denn die notwendige Rund-um-die-Uhr-Betreuung einer Community ist zeitaufwändig, personalintensiv – und damit auch ziemlich teuer. Ein Kostenfaktor, den nicht viele Redaktionen bereit sind zu tragen. Und so verschärft sich der Ton in den Kommentaren zunehmend. Die Diskursverschiebung ist in vollem Gange. Immer wieder werden unter den reichweitenstarken Posts auch Falschmeldungen verbreitet.[11]

Aber egal, wo die Diskussion geführt wird – ob online oder offline –, auffällig ist: Es geht vor allem um Polemik und Politik. Nämlich um die Politik beim Umgang mit Geflüchteten. Pauschal. Wesentlich seltener geht es um die Opfer, also die Frauen, denen sexuelle Gewalt angetan wurde. Ihr Schicksal wird großzügig politisch instrumentalisiert. Einigen Kommentatoren geht es dabei explizit um den »Schutz deutscher Frauen« – als ob die Täter ihre Opfer vorher nach dem Ausweis fragen würden. Und weil das natürlich absurd ist, bleibt die Frage, woran man denn sonst »die deutsche Frau« so treffsicher erkennen kann.

Die tatsächliche Problematik, die dem Ganzen zugrunde liegt – und um die geht es im gesamtgesellschaftlichen wie medialen Diskurs so gut wie nie –, ist wesentlich komplexer. Ein Umstand, der durch das »Fremd«-Narrativ der Populisten möglichst in den Hintergrund gerückt werden soll: Es geht um Sexismus und problematische Männlichkeitsbilder – und zwar nicht nur in Bezug auf Zuwanderer. Um genau dieses gesamtgesellschaftliche Problem wieder in den Mittelpunkt zu rücken, bildet sich ein breites Bündnis von Aktivist:innen: Bereits am 5. Januar 2016 gibt es die erste, noch kleine Demo von Frauen gegen sexualisierte Gewalt – und zwar grundsätzlich und unabhängig von der Herkunft des Täters. Vier Tage später ist der Protest deutlich größer: 1500 Menschen, vornehmlich Frauen, demonstrieren mit einem Pfeifkonzert vor dem Dom gegen jede Art von sexualisierter Gewalt.[12] Auf der anderen Seite des Bahnhofs demonstriert zeitgleich Pegida unterstützt von NPD-Anhängern und Hooligans unter dem Motto »Pegida schützt«. Sie wenden sich gegen die Bundesregierung und ihre Flüchtlingspolitik, sowie den Islam als Gesamtreligion. Und sie fordern explizit den »Schutz deutscher Frauen«. Bei der Kundgebung am Kölner Hauptbahnhof werden rechte Parolen gebrüllt, der Hitlergruß wird gezeigt und es fliegen Flaschen und Feuerwerkskörper in Richtung der Polizei, Wasserwerfer kommen zum Einsatz.[13]

Deutschlandweit wehren sich Aktivist:innen und Feminist:innen gegen diese versuchte Vereinnahmung der Debatte, die ausschließlich das Verhalten von männlichen Geflüchteten thematisiert. Auch Geflüchtete selbst unterstützen die Aktivist:innen und zeigen Flagge. Zum Beispiel mit der Aktion »Syrer gegen Sexismus«.[14]

Die Debatten rund um die Kölner Silvesternacht schlagen sich auch in Gesetzesreformen nieder. Sie haben entscheidenden Einfluss auf eine ohnehin geplante Reform des Sexualstrafrechts, aber auch auf eine Verschärfung des Aufenthaltsrechts. Unter anderem sieht die Gesetzesreform vor, das Aufenthaltsgesetz noch um einen »Gruppenstraftatbestand« zu ergänzen.[15] Es ist diese Verknüpfung, die dazu führt, dass unter dem Hashtag #ausnahmslos im April 2016 ein Grundsatzpapier veröffentlicht wird. Darin fordert ein breites gesellschaftliches Bündnis eine »konstruktive Debatte über Sexismus, Rassismus und Fremdenfeindlichkeit«. Während sie eine Verschärfung des Sexualstrafrechts befürworten, bei dem nach dem Prinzip »Nein heißt Nein« Frauen bereits übergriffiges Verhalten wie Grapschen zur Anzeige bringen können, lehnen sie die geplante Verschärfung des Aufenthaltsgesetzes als »Doppelbestrafung auf Grundlage der Staatsbürgerschaft« ab. Die Bundesregierung würde mit Hilfe des geplanten Gesetzes einen Zusammenhang zwischen Sexualstraftaten und Aufenthaltsstatus herstellen und dadurch rassistischen Vorurteilen Vorschub leisten, heißt es in der Begründung.[16]

Es ist die Bemühung, etwas einzufangen, das nur schwer wieder einzufangen ist. Bei zu vielen Menschen hat sich längst das stereotype Bild der Täter festgesetzt. Und es wird immer dann wieder hervorgeholt, wenn es sich politisch instrumentalisieren lässt. Die Silvesternacht 2015 wird als vermeintlich ultimativer Beweis angeführt, wenn es darum geht, zu belegen, dass es falsch sei, Geflüchtete aufzunehmen. Und ja, es gibt auch sexuelle Übergriffe, Vergewaltigungen und Morde durch geflüchtete Männer. Männer, die nicht Paul oder Markus heißen, sondern Namen tragen, die wir in aller Regel mit einem anderen Kulturkreis assoziieren.[17] Es gibt für solche Taten weder eine Entschuldigung, noch darf es an dieser Stelle ein Aber geben. Trotz allem braucht es eine vernünftige Diskussion, die nach den Ursachen forscht, ohne dabei die Taten zu relativieren, zu verharmlosen oder zu entschuldigen. Es geht darum, solche Taten in Zukunft zu verhindern. Denn eine Wiedergutmachung ist im Nachhinein kaum herzustellen. Selbst eine lange Haftstrafe macht eine Vergewaltigung nicht ungeschehen, ebenso wenig eine Abschiebung.

Es geht außerdem darum, als Gesellschaft Widersprüche aushalten zu können. Widersprüche, die wir nicht ohne Weiteres auflösen können. Auf den Einwand »Das ist ein Widerspruch« mit »Ja, das stimmt. Und der lässt sich auch nicht auflösen« zu antworten, scheint oft längst keine Option mehr. Aber es ist so. Es gibt Widersprüche, die wir nicht auflösen können. Im konkreten Fall sind es auf der einen Seite das Gros der Geflüchteten, die vielen hunderttausend, die sich an unsere Gesetze halten, versuchen, alles richtig zu machen, sich zu integrieren und ein Teil dieser Gesellschaft zu werden. Menschen, die ankommen wollen und alles dafür tun. Menschen, deren Leben geräuschlos bleiben. Die allen Widerständen zum Trotz die Zähne zusammenbeißen und sich ein neues Leben aufbauen. Und gleichzeitig auf der anderen Seite jene, die unseren gesellschaftlichen Zusammenhalt gefährden, die sich nicht an die Gesetze halten, die übergriffig sind. Menschen, die unser Weltbild auf eine harte Probe stellen. Und die es uns schwer machen, das zu rechtfertigen, woran wir glauben: Eine freiheitlich-demokratische Grundordnung und die Richtigkeit der Menschenrechte.

Menschenrechte, die für alle gelten. Auch für Arschlöcher und Kriminelle.

Das Ganze hat einen guten Grund: Es geht nämlich darum, dass nicht Willkür entscheidet, wessen Leben lebens- und schützenswert ist. Sondern dass wir im Rahmen unserer Gesetzgebung eine allgemeine Menschenwürde definiert haben, die auch für diejenigen gilt, die unsere Gesetze mit Füßen treten. Diese Menschenwürde ist universal. Sie gilt für jedes Individuum, unabhängig von Geburtsort und -land, Geschlecht und Religion. Warum das wichtig ist, zeigt letzten Endes auch die Geschichte meines Großvaters. Eines Mannes, der die Menschenrechte und das Grundgesetz mit seinem Leben verteidigt hätte, wäre er nicht, fünf Jahre bevor die Vereinten Nationen offiziell die Menschenrechts-Charta verkünden, von den Nationalsozialisten ermordet worden. Weil er sich genau dafür eingesetzt hat: Für ein humanistisches Weltbild, das diesen Vereinbarungen zum Schutz jeden Lebens zugrunde liegt. Und zwar egal, ob jemand Christ ist oder Jude oder Moslem. Ob diese Person hetero ist oder homo, reich oder arm. Für oder gegen die aktuelle Regierung. Ob sie einen deutschen Pass besitzt oder aus einem anderen Land der Erde kommt. Sich an die Gesetze hält oder diese bricht.

Es sind diese Regeln, diese Gesetze, die jedem einen fairen Prozess garantieren, die Vermutung der Unschuld, bis das Gegenteil bewiesen ist. Wir legen diese Gesetze und ihre Auslegung in die Hände von Expert:innen, in die Hände von Rechtsanwält:innen und Richter:innen, die politisch unabhängig nur auf Grundlage der Gesetzgebung urteilen sollen. Die stellvertretend für uns alle Recht sprechen sollen. Das ist auf einer individuellen Ebene nicht selten schwer erträglich. Gerade dann, wenn Menschen an Leib und Seele verletzt werden, wenn Leben gewaltsam genommen wird. Kein Richterspruch der Welt macht erlittenes Unrecht wieder gut. Aber es gibt gute Gründe, warum wir diesen Preis zahlen. Und das sollten wir uns immer und immer wieder vor Augen führen. Die Abkehr von dieser Praxis führt zu Willkür und Selbstjustiz. Einer der Gründe, warum wir als Gesellschaft uns auf die Einhaltung der Menschenrechte geeinigt haben, warum unser Grundgesetz so ist, wie es ist, liegt in der Ungeheuerlichkeit und Monstrosität des Nationalsozialismus. Allein in diesen zwölf Jahren NS-Diktatur wurden weit über zehn Millionen Menschen ermordet, weil es der Staat für richtig erachtete. Die Gerichtsprozesse waren eine Farce. Auch die Verhandlung, die im Todesurteil gegen meinen Großvater endet, ist ein bloßer Schauprozess. Das mag nach einer sehr persönlichen Sicht auf die Dinge klingen. Aber an der Stelle steht das Schicksal meines Großvaters nur pars pro toto für die ungeheuerliche Ungerechtigkeit, die – auch gestützt von der NS-Justiz – über zehn Millionen Menschen das Leben gekostet hat.

1938

Warum selbst Pogrom ein Euphemismus ist

Im Sommer 1938 ist ziemlich deutlich, dass die Machtbestrebungen Hitlers früher oder später zum Krieg führen werden. Das »Deutsche Reich« soll expandieren. Der erzwungene Anschluss Österreichs an Deutschland ist ein erster Schritt dahin. Es folgt die Annexion des Sudetenlandes, möglich gemacht durch das Münchner Abkommen vom 29. September 1938, also mit dem Einverständnis Großbritanniens, Frankreichs und Italiens.[1] Ein historisches Ereignis mit enormer Tragweite. Und ich stelle mir die Frage, wie früh und wie entschieden Regierungen eigentlich vorgehen müssen, wenn sich in Nachbarländern autokratische Bestrebungen abzeichnen? Eine ziemlich aktuelle Frage, auch innerhalb Europas.

Entsprechend wird die Kritik, die ich in verschiedenen Artikeln der *Kameradschaft* entdecke, schärfer. Da heißt es zum Beispiel unter der Überschrift »›Deutscher‹ oder europäischer Frieden?«: »Österreich ist ›gleichgeschaltet‹. Bitteres Elend erwartet Hunderttausende. Die letzten Wochen haben lange Totenlisten gebracht! Neue Verbrechen drohen. Wer ist noch sicher? Wie heisst das nächste Opfer?«

Der Text bezieht sich unter anderem auf die rigorose Verfolgung politischer Gegner des NS-Regimes in Österreich nach dem erzwungenen Anschluss an Deutschland. Weiter heißt es: »Indessen marschiert die S.A. Die Politik aus dem Kniegelenk feiert Triumphe. Sie leitet ein neues, ein ›heroisches‹ Zeitalter ein. [...] Es ist der totale Diktatur-Staat. Der Staat als Selbstzweck und Endzweck, der das Lebensrecht des Einzelnen im eigenen Staat und das Lebensrecht der Völker neben ihm bestreitet. Er leugnet nach innen und aussen die Gleichheit dessen, was Menschenantlitz trägt. Sein Rechtsgrundsatz heißt: *Recht ist, was uns nützt.* […] Das also ist das *Ideal*, dem wir uns freiwillig oder gezwungen unterwerfen sollen: Allmacht einer Staatsbürokratie, deren Evangelium in des Wortes hässlichster Bedeutung Deutschland ›*über alles*‹ heißt.«[2]

Das ist natürlich nur die Quintessenz aus einem längeren Artikel aus der Ausgabe April/Mai 1938. Aber die Themen erinnern mich sehr an das, was wir auch heute verhandeln sollen, wenn es nach den Rechten geht: Abgrenzung, Ausgrenzung, staatliche Gewaltphantasien.

»Wem der Stacheldraht am Horizont ein Trost in seiner Lebensangst ist, wem die uniformierte Mittelmässigkeit auf Ministersesseln anbetungswürdig erscheint, wem das Denken ein lästiges Übel ist: Der mag sich dem totalen ›Führer‹-Staat anschliessen. Er gehört in dieses Lager. *Wir anderen aber sagen Nein, tausendmal Nein!*«[3] So vehement und leidenschaftlich die Kritik an der nationalsozialistischen Regierung ist, so viel ich zur Verfolgung von Katholiken und Protestanten in der *Kameradschaft* lese, so wenig lese ich über die Verfolgung der Juden in Deutschland. Dabei sind die Repressalien, die Juden im Vergleich ertragen müssen, deutlich drastischer, die Diskriminierung massiv. Sie dürfen nicht arbeiten, nichts besitzen, niemand muss ihnen eine Wohnung vermieten.

Es gab schon zu diesem Zeitpunkt mehr als genug Gründe, gegen die Diskriminierung der deutschen Juden deutlich die Stimme zu erheben. Zumindest aus dem Heute betrachtet. Während Anfang 1933 noch ungefähr 500 000 Juden in Deutschland leben[4], fliehen bis 1937 ungefähr 130 000 von ihnen vor dem nationalsozialistischen Terror.[5] Wer es sich leisten kann und Verbindungen hat, versucht, sich im benachbarten europäischen Ausland eine neue Existenz aufzubauen, oder emigriert nach Israel, in die USA oder nach Australien. Aber es ist schwer, ein Visum für diese Länder zu bekommen. Auch in Europa werden jüdische Migrant:innen nicht unbedingt mit Kusshand aufgenommen. Niemand kann sich vorstellen, wie viel schlimmer es noch kommen soll. Aber schon bald wird klar, dass sich die Situation ab 1938 noch einmal dramatisch verschärft.

In den Artikeln der *Kameradschaft* aber bleibt die Situation der Juden in Deutschland eine Randnotiz. Mit einer Ausnahme: In der Ausgabe von Dezember 1938 gibt es einen Artikel über die Pogromnacht vom 9. November 1938. Einen Augenzeugenbericht, der mich extrem nachdenklich macht.

Als er erscheint, gibt es das Wort »Pogromnacht« noch nicht. Die Gewalteskalationen werden als »Novemberpogrome« bezeichnet. Was ich aber wesentlich erstaunlicher finde: Der Artikel beginnt damit, das Wort »Pogrom« selbst als Euphemismus für das zu entlarven, was in der Nacht vom 9. auf den 10. November 1938 wirklich passiert. »Die ganze Welt ist tief erregt über das, was in Deutschland geschieht. Das Wort ›Pogrom‹ ist in aller Mund. Man glaubt, damit die Ausschreitungen als besonders barbarisch zu kennzeichnen. Aber man erkennt nicht, dass das, was da geschehen ist, schlimmer ist als ein Pogrom.«

Trotz gleichgeschalteter Presse in Deutschland wissen die Menschen aus dem Kreis der *Kameradschaft* nicht nur genau, was in dieser Nacht passiert ist. Sie wissen es auch noch konkret zu benennen: »Pogrome sind Affekthandlungen. Sie werden ausgeführt von Menschen, die durch aufgepeitschte, erhitzte Leidenschaft sinnlos und unzurechnungsfähig geworden sind. Im Einzelnen geschieht vielleicht eine grausamere Tat, ein Totschlag, Plünderungen, es fliesst Blut. Aber es sind Einzelhandlungen, es werden eine Strasse, ein Stadtteil, eine einzelne Stadt davon erfasst.

Die Aktionen in Deutschland wurden nicht von sinnlosen Volksmassen ausgeführt. Sie waren kalt berechnet, und planmässig organisiert. […] Sie sind kein Ergebnis des ›Volkszornes‹. Die Menschen waren zur Ausführung befohlen, die Häuser listenmässig bezeichnet. Die Zahl der ›Stürmer‹, etwa 15 für jedes Haus, waren vorher ausgesucht und bestimmt. Die Aktionen setzten zur gleichen Stunde ein, sie erfassten jede Stadt, es wurde jedes Geschäft zerstört, fast jede Privatwohnung heimgesucht, es wurde jede Synagoge, sogar jedes kleinste Gebetshaus angezündet. Fast alle Männer zwischen 17 und 70 Jahren wurden verhaftet. Man brachte ›sachgemässes‹ Werkzeug mit.«

Das, was wir heute prototypisch als Pogrom abgespeichert haben, ist also gar kein Pogrom, sondern etwas, das darüber hinausgeht. Dieser kalt geplante, exzessive Gewaltausbruch wurde lediglich als Pogrom inszeniert. Allein in der Nacht vom 9. auf den 10. November werden vierhundert Juden ermordet. Synagogen und Betstuben, Geschäfte und Privatwohnungen werden zerstört und geplündert. Und noch etwas, schreiben die Autoren, unterscheidet diese Gewaltexzesse von dem, was bis dato gemeinhin als Pogrom bekannt ist. »Bei Pogromen ist es vorgekommen, dass sich den sinnlosen Zerstörungen Vernunft entgegenstellte, dass Menschen schützend, abwehrend eingreifen konnten. Hier war das unmöglich. Weder Mitleid, noch Abwehr, noch Abscheu durften sich melden. Keine Hand durfte sich zur Hilfe rühren, die es gern getan hätte. Tatenlos, machtlos, geknebelt musste der Anständige, der Gutwillige dabei stehen. Was im Menschen zerstört wird, der so zusehen muss, ist unausdenkbar. Er verliert nicht nur den Glauben daran, dass in seinem Staat das Recht beschützt und das Unrecht bestraft wird, sondern er verliert den Glauben an das Gute im Menschen, seine eigene Selbstachtung wird zerstört, weil er durch Feigheit und Duldung sich mitschuldig macht.«[6]

Diese Passage ist vor dem Hintergrund dessen, was in Deutschland passiert, eine genauere Betrachtung wert. Denn spätestens hier habe ich einige Fragen. Fragen, bei denen ich mir bewusst machen muss, dass wir von 1938 sprechen und nicht von der Gegenwart des 21. Jahrhunderts. Zuallererst frage ich mich: Wie konnte es überhaupt so weit kommen, dass dieser *Point of no return* erreicht wurde? Die Diskriminierung der Juden ist 1938 kein Geheimnis. Das schrittweise und immer stärker werdende Zurückdrängen jüdischen Lebens aus der Öffentlichkeit findet bereits seit fünf Jahren statt. Aber warum stört das anscheinend niemanden so richtig? Die Antwort auf diese Frage bekomme ich von meinem Kollegen Matthias von Hellfeld: Weil es sich bei den Juden in Deutschland um eine Minderheit handelt. 1938 leben noch schätzungsweise 350 000 bis 400 000 Juden in Deutschland, also ungefähr 0,4 Prozent der Gesamtbevölkerung. Ich bin einigermaßen erschüttert darüber, dass ich das bis dahin nicht wusste. Ich kenne lediglich die Gesamtzahl der Juden, die von den Nazis ermordet wurden. Aber dass ich nicht mal weiß, wie viele davon in Deutschland gelebt haben und wie viele in anderen Ländern, macht mich fassungslos. Warum weiß ich sowas nicht?

Um nachvollziehen zu können, warum die Diskriminierung von Juden zu so wenig Widerstand geführt hat und so selten thematisiert wurde, ist es wichtig, sich die Proportionen und auch die Umstände zunächst in Deutschland anzusehen – damit soll auf gar keinen Fall die Gesamtzahl der Ermordeten relativiert werden. Es ist eine Suche nach Ursachen für die Ignoranz. Viele der Juden in Deutschland, erklärt mir Matthias von Hellfeld im Podcast, waren damals nicht reiche Kaufleute, sondern ziemlich arm. Oder im Laufe der Jahre verarmt, weil ihnen durch die NS-Gesetzgebung die Lebensgrundlage entzogen wurde. Ein großer Teil lebte in Berliner Hinterhöfen, war von der Armenküche abhängig, der jüdischen Selbsthilfe oder anderen Organisationen.[7] Hinzu kommt, dass Antisemitismus in Deutschland bereits ein weit verbreitetes Phänomen ist, bevor die Nationalsozialisten an der Macht sind.[8] Die Diskriminierung von Juden gehört zum Alltag, sie ist im Prinzip sogar Bestandteil der christlichen Religion. Und weil die Diskriminierung von Juden bereits zum normalen Alltagsgeschehen gehört, hat im Zweifel niemand so richtig Anstoß daran genommen, dass die Schraube durch das NS-Regime einfach noch weitergedreht wird. Und so ist die ganze Nummer auf entsprechend wenig Widerstand gestoßen. Und »plötzlich« steht man dann halt dumm rum, während der Nachbar und seine Familie von SS und SA nachts auf die Straße gezerrt und aufs Übelste verprügelt werden. Während Synagogen brennen, Scheiben klirren, Möbel und Kleider aus den Fenstern fliegen, Schmuck, Geld und Kunstgegenstände geraubt werden.

Außerdem haben viele inzwischen erlebt, wie mit politischen Gegnern verfahren wird. Fünf Jahre lang Terror gegen die eigene Bevölkerung haben bereits ihre Spuren hinterlassen. Der Mut, einzuschreiten gegen dieses Unrecht, ist auf den Nullpunkt gesunken. Und so steht man also daneben. Stumm. Unfähig zu helfen. Denn damit würde man sich nur selbst in Gefahr bringen, was zwar mutig wäre, aber eben auch dumm. Darauf, dass hier Vernunft Einhalt gebietet, kann niemand ernsthaft hoffen, denn unter den marodierenden Sturmtrupps befinden sich Kollegen, Vereinskameraden, Freunde – Menschen, zu denen man eigentlich Vertrauen hat. Was soll man tun?

Ich kann mir die Hilflosigkeit gut vorstellen in diesem Moment, die Angst, die Scham. Aber es gibt an diesem Text auch etwas, das mich richtig, richtig wütend macht. Nämlich, wie wenig der Fokus auf den eigentlichen Opfern liegt. Stattdessen wird der Zuschauer zum Opfer gemacht. Es ist seine Seele, die dabei Schaden nimmt. Feigheit und Duldung des Ganzen werden als etwas Aufgezwungenes beschrieben. Als »alternativlos«. Es ist die »Seele des anständigen Deutschen«, der hier Gewalt angetan wird. Wirklich, ich könnte kotzen, wenn ich das lese. Und es wird auch im Fazit des Textes nicht besser: »Es geschieht furchtbares Unrecht am jüdischen Volk, aber grössere Zerstörung geschieht am deutschen Volk selbst. Es ist der geistig Geplünderte und der im tiefsten Sinne Leidtragende.«[9]

What the fuck?! Das »deutsche Volk« ist hier das eigentliche Opfer? Bei sechs Millionen ermordeten Juden? Ernsthaft?! Das sind wirklich die ersten Gedanken, die ich zu diesem Fazit habe. Aber: 1938 wissen die Autoren ja noch nichts von den Vernichtungsplänen gegen die Juden. Nicht, dass ich es deshalb besser finde, hier das deutsche Volk als das eigentliche Opfer darzustellen, aber die Massenvernichtung findet zu diesem Zeitpunkt noch nicht statt. Und was wir an dieser Stelle auch nicht wissen: Wer ist mit dem »deutschen Volk« gemeint? Gehören die Juden dazu, oder sind sie da bereits rausgerechnet? Und ist diese Rhetorik vielleicht einfach ein Trick, um Betroffenheit herzustellen und die Notwendigkeit zum Handeln gegen dieses Unrecht noch eindringlicher zu machen? Denn Ziel der *Kameradschaft* ist es ja, durch ihre Texte Menschen zum Widerstand zu ermutigen. Und letzten Endes kämpfen wir Menschen vor allem für oder gegen Dinge, die uns selbst betreffen – auch dann, wenn wir uns für andere einsetzen. Die Juden müssen nicht zum Widerstand aufgerufen werden, aber der Rest, der braucht einen gehörigen Tritt in den Allerwertesten, um trotz der gesellschaftlichen Depression Feuer für den Widerstand zu entfachen.

Es ist so schmerzhaft, im Rückspiegel zu sehen, wie viele Chancen verpasst wurden, den Nationalsozialisten und ihrer menschenverachtenden Politik Einhalt zu gebieten. Im Inland, aber auch vom europäischen Ausland aus. Dass all das ohne nennenswerten Widerstand geschehen konnte. Und vor allem: dass so, so viele da mitgemacht haben. Dass sich niemand hingestellt und gesagt hat: Das geht nicht. Das ist nicht richtig. Dass Anstand einen Scheiß wert war. Dass es nicht viel braucht, um im Gegenüber nicht mehr den Menschen zu sehen, sondern nur noch ein gesichtsloses Etwas, das es zu bekämpfen gilt. Und das Schlimmste ist: Es passiert immer und immer wieder. Überall auf der Welt – aber auch hier, in Deutschland, dem Land, das von allen eigentlich am besten wissen sollte, wohin das führt. Das Feindbild ändert sich – der Mechanismus aber ist ein altbekannter.

2016
Terror, Wut und Angst

Februar 2016. Mit meinem Podcast komme ich nicht so richtig weiter. Was vornehmlich daran liegt, dass mich die Ereignisse in der Gegenwart deutlich mehr beschäftigen als die Vergangenheit. Aber nicht losgelöst davon. Immer wieder kämpfe ich damit, dass mich die Finsternis der Vergangenheit, in die ich so intensiv starre, nicht verschluckt. Ich will nicht in sie hineingesogen werden wie Artax, das Pferd von Atréju aus der *Unendlichen Geschichte*, das in den Sümpfen der Traurigkeit versinkt. Trotzdem lauert diese Vergangenheit immer wie ein böser, dunkler Schatten hinter mir. Ein Schatten, dem aus der Gegenwart neue Schatten zuwinken – Schatten eines Terrors, der von dem gleichen Hass getrieben wird, der gleichen Menschenverachtung.

Es sind die Bilder von einem Bus mit Geflüchteten auf dem Weg zu ihrer Unterkunft im sächsischen Clausnitz, die mich im Februar 2016 erschüttern. In diesem Bus sitzen fünfzehn Personen: Geflüchtete aus Syrien, dem Libanon, aus Afghanistan und Iran. Um den Bus herum steht eine Gruppe von etwa hundert Personen, die den Fahrer daran hindern, auf das Gelände der neuen Unterkunft zu gelangen. Sie brüllen »Wir sind das Volk!« und weitere, mitunter fremdenfeindliche Parolen.[1] Ich kann den geifernden Hass, der sich dort gegen die Menschen entlädt, kaum ertragen und bin gleichzeitig selbst so unglaublich wütend. In diesem Bus sitzen Menschen, die vor Krieg und Verfolgung geflohen sind. Die vor der Wahl standen, entweder sicher in ihrem Land zu sterben oder es – vielleicht – unter widrigsten Umständen in ein anderes Land zu schaffen, in Sicherheit. Diese Menschen haben bereits einen Großteil ihres Stolzes und auch ihrer Würde ablegen müssen. Niemand ist gerne Bittsteller. Niemand ist gerne abhängig vom Wohlwollen anderer. Niemand ist gerne irgendwo fremd. Es geht hier in erster Linie ums Überleben. Und wer mir jetzt mit »Wirtschaftsflüchtlingen« kommt – es geht hier um das Minimum, das eigentlich jedem Menschen zustehen sollte: ein menschenwürdiges Leben. Nicht mehr, aber eben auch nicht weniger.

Ich schäme mich für diejenigen, die ihre Worte voller Wut gegen die Scheiben des Busses spucken. Die sich überlegen fühlen, weil es ihnen gelingt, Menschen, die alles verloren haben, Angst einzujagen. Ich schäme mich für die Polizisten, denen es nicht gelingt, die Demonstrierenden vom Bus zu entfernen, damit die Menschen darin ohne Angst aussteigen können. Die stattdessen nach zwei Stunden anfangen, diese Menschen, denen Angst und Verzweiflung ins Gesicht geschrieben stehen, unter Zwang aus dem Bus zu bugsieren.[2] All das ist schwer erträglich. In den Tagen danach stellt sich zudem heraus, dass der Leiter der Geflüchtetenunterkunft Mitglied der AfD ist. Den Protest hat sein Bruder organisiert.[3]

Drei Tage nach dem Vorfall in Clausnitz brennt der Dachstuhl des ehemaligen Hotels Husarenhof in Bautzen, ebenfalls Sachsen, das als Unterkunft für dreihundert Geflüchtete dienen soll. Drei stark betrunkene Jugendliche wollen sogar Feuerwehrleute vom Löschen abhalten. Schaulustige stellen ihre »unverhohlene Freude« über den Brand zur Schau, steht später im Polizeibericht.[4] Die für Anfang März geplante Eröffnung der Geflüchtetenunterkunft kann nicht stattfinden. Es ist nicht das erste Mal, dass in Bautzen Rechtsextremismus und Fremdenfeindlichkeit so deutlich zutage treten. Seit 2014 kommt es immer wieder zu Kampagnen gegen Menschen, die sich um Asyl bemühen und deren Unterkünfte in der Stadt. Der Brandanschlag sorgt vor dem Hintergrund der Bilder aus Clausnitz nur wenige Tage zuvor für internationale Schlagzeilen. Am 23. Februar 2016, zwei Tage nach den Ereignissen in Bautzen, veröffentliche ich bei Facebook meine erste Notiz, einen magazinartigen Beitrag, als *Die Anachronistin*. Ich will einfach nicht stumm bleiben angesichts dessen, was in der Gegenwart passiert, und weiß nicht recht, wohin sonst mit meinen Gedanken. Die Überschrift: »Lasst den Hass nicht siegen«. Denn nach den Ereignissen in Clausnitz und Bautzen macht sich eine weitere Welle des Hasses breit – diesmal gegen »die Sachsen«. Und ehrlich gesagt finde ich das genauso schwer zu ertragen. Denn trotz aller Wut, Enttäuschung, Verzweiflung über das, was aus rassistischen und rechtsextremistischen Motiven in Clausnitz und Bautzen abgeht, die pauschale Verurteilung der Menschen eines Bundeslandes ist genauso unsinnig wie die pauschale Verurteilung von Geflüchteten oder Muslim:innen. Sich aus zwei Lagern gegenseitig anschreien zeigt vor allem eins: Hier wird ein Kampf darüber ausgetragen, wer denn wohl moralisch überlegener ist: diejenigen, die sich weltoffen zeigen, oder diejenigen, die ihr »Vaterland« vor vermeintlichen Eindringlingen verteidigen wollen. Und dann greifen beide Seiten zu den gleichen Mitteln, nämlich Hass und Wut. Was so definitiv nicht möglich ist: ein Diskurs; Verständigung; Ursachenforschung.[5]

Der moralische Fingerzeig Richtung Sachsen ist allerdings noch aus einem weiteren Grund schwierig: Denn die Gewalt gegen Menschen, die in Deutschland um Asyl ersuchen, steigt bundesweit. Die Zustimmung zu rechten und rechtsextremen Positionen steigt ebenfalls bundesweit. Das zeigt sich nicht nur an offener Gewalt gegenüber Geflüchteten. Das zeigt sich auch daran, dass die AfD immer mehr Zustimmung erfährt.[6] Eine Partei, die sich mit Kritik an der deutschen Flüchtlingspolitik nicht zurückhält und sich offen gegen Zuwanderung und Fortschritt richtet. Eine Partei, die nicht nur alles beim Alten belassen, sondern die Zeit zurückdrehen will, hin zu einem autoritären, mit viel Macht ausgestatteten Staat, der mit straffer Hand für Recht und Ordnung sorgt. In den sozialen Netzwerken sind es nicht selten Vertreter:innen der AfD oder deren Ortsgruppenverbände, die massenhaft Falschmeldungen verbreiten. Auch die Wahlplakate der Partei beziehen eindeutig Stellung und sind deutlich islamfeindlich und rassistisch.

Im Januar 2016 spricht sich die damalige AfD-Vorsitzende Frauke Petry, wie zuvor schon ihr damaliger Ehemann Marcus Pretzell, für den Einsatz von Schusswaffen aus, um die deutschen Grenzen vor unkontrollierter Zuwanderung zu schützen.[7] Natürlich mit dem Zusatz, dass das nur im äußersten Notfall anzuwenden sei und dass man vorher alles tun müsse, um die Grenzen ohne Waffengewalt zu schützen. Eine Strategie, die zwei Dinge verfolgt: Eigentlich ist völlig klar, dass Geflüchtete zunächst einmal als Schutzsuchende gelten und unsere Gesellschaft sich darauf geeinigt hat, dass wir auf Schutzsuchende nicht schießen.[8] Der kalkulierte Tabubruch, das Verlautbaren solcher Gedanken, sorgt schlicht für Schlagzeilen. Es geht darum, den Diskurs zu bestimmen und zu verschieben. Indem Vertreter:innen der AfD den Schusswaffengebrauch an den Grenzen Deutschlands und der EU in Aussicht stellen, wird ein mögliches Szenario in den Diskurs eingeschleust, zu dem sich alle anderen Parteien in irgendeiner Form verhalten müssen. Und wie wir inzwischen wissen: Dabei bekleckern sich nur wenige mit Ruhm. Im Gegenteil. Um der AfD die Wähler:innen abspenstig zu machen – was nicht gelingt –, schärfen konservative Parteien und ihre Vertreter:innen ihre Rhetorik nach. Auch die Liberalen mischen ordentlich mit. Und so entbrennt ein Wettkampf um die Wählerinnen und Wähler der AfD. Was auch hier wieder nicht stattfindet: eine Diskussion über die Situation der Geflüchteten selbst, die in vielen Teilen Deutschlands nicht annähernd menschenwürdig untergebracht sind. Es wird nicht über die Anforderungen an Ämter und die Überforderung der Mitarbeitenden gesprochen.[9] Oft fallen Entscheidungen über die Köpfe der Bürger:innen hinweg, wenn beispielsweise Turnhallen von Schulen oder Vereinen vorübergehend als Unterkunft für Geflüchtete genutzt werden.

Ich möchte wirklich niemanden von der Verantwortung für die eigenen Entscheidungen freisprechen, aber ich kann dennoch nachvollziehen, woher Frust und Wut kommen, warum sich Menschen von der Politik alleingelassen fühlen oder glauben, dass Geflüchtete bevorzugt behandelt werden. Trotzdem möchte ich wetten: Im konkreten Fall würde niemand mit einem Geflüchteten die Rollen tauschen wollen.

Denn an vielen Problemen haben nicht etwa die Geflüchteten Schuld. Sie sind nur das schwächste Glied in der Kette und damit das leichteste Opfer. Sie haben keine Stimme, finden selten Gehör, kommen in den Medien oft nur in Verbindung mit Problemen vor, aber selten als Menschen oder vollwertiger Teil unserer Gesellschaft. Es ist also wesentlich leichter, seinen Frust und seine Wut da abzulassen, als die Konfrontation mit Politiker:innen zu suchen. Oder den mühsamen und oft langwierigen Weg der demokratischen Bürokratie zu beschreiten.

Zuletzt hat diese Diskursverschiebung aber noch einen weiteren Effekt, von dem sich nicht sicher sagen lässt, ob er intendiert ist: Geflüchtete werden als eine Gefahr markiert, die so groß zu werden droht, dass sie sich nur mit Waffengewalt wird stoppen lassen. So wird Gewalt gegen Geflüchtete legitimiert. Und das ist das eigentlich Gefährliche an dieser Diskursverschiebung, denn es gibt bereits Menschen, die sich so sehr in ihren Hass gesteigert haben, dass sie Gewalt gegen Schutzsuchende nicht nur als hypothetisch betrachten, als Ultima Ratio. In ihrer Welt ist die Lage längst so zugespitzt, dass es der Ultima Ratio tatsächlich bedarf. Der Notfall ist quasi schon eingetreten. Ein Weltbild, das sich vor allem durch islamistische

Anschläge bestätigt sieht. Anschläge, wie sie ein knappes halbes Jahr zuvor in Frankreich verübt werden.

13. November 2015. Im Stade de France wird das Freundschafts-Länderspiel zwischen Deutschland und Frankreich ausgetragen. Ich habe Dienst in der Sportredaktion in Köln. Mein Job ist es, einen Spielbericht aus Sicht der Zuschauer zu verfassen anhand der witzigsten Beobachtungen und Sprüche auf Twitter. Doch dazu wird es nicht kommen. Am Bildschirm können wir im Sekundentakt beobachten, wie es zunehmend still wird um den Hashtag #FRAGER*, unter dem die Menschen das Spiel kommentieren. Stattdessen häufen sich zuerst die Fragen, was das für Schüsse oder Explosionen waren, die selbst in der TV-Übertragung wahrgenommen wurden. Dann tauchen erste Bilder auf und Gerüchte über Explosionen und Schießereien. Es wird einer meiner krassesten Arbeitstage für die Sportredaktion.

Nicht einmal ein Jahr nach dem Anschlag auf das Redaktionsbüro der Satirezeitschrift *Charlie Hebdo*, bei dem zwölf Angestellte getötet und zweiundzwanzig weitere verletzt wurden, gibt es an diesem Tag an fünf Orten in Paris eine ganze Reihe von Selbstmordattentaten, Schießereien und Geiselnahmen. Unter anderem im berühmten und stark besuchten Theater Bataclan. Es sind diese Detonationen, die im Stadion deutlich zu hören sind und damit auch in der TV-Übertragung.

Um Fußball geht es längst nicht mehr, stattdessen bemühen wir uns ebenso wie die Kolleg:innen vor Ort im Stadion um verlässliche Informationen. Die aber sind schwierig zu bekommen, weil niemand das Stadion verlassen darf. Es ist journalistisch betrachtet eine verzwickte Situation, denn wir sind verantwortlich für das, was wir an Millionen von Menschen in Deutschland berichten. Wir müssen recherchieren, müssen Gerüchten

* Abkürzung für France und Germany.

erst nachgehen und Belege dafür finden, bevor wir sie als Informationen weitergeben. Die Entscheidungen, die wir in so einer Situation innerhalb kürzester Zeit treffen müssen, sind eine Herausforderung. Auch weil das heißt, mit der eigenen Unsicherheit umzugehen. Denn natürlich wissen wir, dass viele Menschen längst ihre Informationen aus den sozialen Netzwerken beziehen, wo vieles ungeprüft einfach weiterverbreitet wird. Wir wissen vom Anspruch an uns Journalist:innen, mindestens auf dem allerneuesten Stand zu sein. Das ganze Ausmaß des Terroranschlags wird aber erst am nächsten Tag deutlich: Bei den Anschlägen in Paris werden 130 Menschen ermordet, 350 weitere verletzt.

Es folgen weitere Anschläge, zu denen sich die Terror-Organisation »IS« bekennt.[10] Am 22. März 2016 werden bei einem Selbstmordattentat auf den Brüsseler Flughafen sowie einen U-Bahnhof 32 Menschen aus 22 Ländern getötet und über 300 verletzt. Auch die drei Attentäter sterben. In Nizza rast ein Attentäter am 14. Juli 2016, dem französischen Nationalfeiertag, mit einem LKW auf der gesperrten Strandpromenade in die dort flanierenden Menschen und tötet 86 von ihnen, 300 weitere werden verletzt. Der Attentäter, der bereits seit 2005 in Frankreich lebte, wird getötet. Am 18. Dezember 2016 fährt ein weiterer Attentäter am Berliner Breitscheidplatz mit einem Lieferwagen in eine Menschenmenge und tötet elf Menschen, 55 weitere werden verletzt.

Neben der Kölner Silvesternacht sind es diese Attentate, die weiter Angst vor Geflüchteten und »unkontrollierter Zuwanderung« schüren. Und es ist ehrlich gesagt sehr schwer, gegen diese Angst anzudiskutieren. Weil sie im Grundsatz erstmal nachvollziehbar ist. Weil derartige Anschläge uns immer unvorbereitet treffen. Weil es so willkürlich ist, wer dabei stirbt. Weil die Attentäter sich entweder selbst töten oder von der Polizei getötet werden. Das verhindert eine Klärung der Motive und ein Bekanntwerden der Hintermänner. Alles, was von diesen Attentätern bleibt, sind ihre Namen, die nach einem anderen Kulturkreis klingen. Und die für viele Menschen synonym zu sein scheinen mit der Bezeichnung »Flüchtling«.

Und ganz ehrlich: Ich selbst habe kein gutes Gefühl dabei, als ich sieben Monate nach den Pariser Attentaten für drei Wochen in Paris Teil der EM-Redaktion der ARD bin. Ich hab noch jede Menge vor, hänge an meinem Leben, und die Aussicht auf einen gewaltsamen Tod gefällt mir überhaupt nicht. Aber ich gehe nicht den Weg der Angst und ich gehe auch nicht den Weg des Hasses.

1938
Hochverrat durch Demokratie

Hätte mein Großvater es mit seinem Gewissen nicht so ernst genommen, er hätte im Nationalsozialismus locker überleben können. So wie die meisten anderen seiner Angehörigen, seine Frau und sein Sohn. Ich finde in den Unterlagen meines Vaters Ariernachweise für die Familie Hespers. Katholische Deutsche – im Prinzip beste Voraussetzungen, um im Nationalsozialismus irgendwie durchzukommen. Zumindest solange man dieses eine Motto berücksichtigt, erzählt mir mein Vater im Februar 2015: »Suup dich voll und frät dich dick und halt d'r Muhl von Politik. Das stand überall. Auch bei Gestapos stand das. Ich weiß es hundertprozentig. Und so lebte er auch. Er sagte seiner Frau nicht, ich geh zu Theo, er sagte immer, ich geh zu Dieter. Er ging mich besuchen. Er erwähnte seinen Sohn nicht.«

Er, das ist mein Urgroßvater Franz Hespers. Laut meinem Vater trug er das NSDAP-Parteiabzeichen am Revers. Einer seiner Söhne, ebenfalls Franz, war bei der Wehrmacht, Willi wurde Priester, die Töchter Aenne, Berta und Maria arbeiteten als Haushaltshilfen und Kindermädchen. Nur mein Großvater war derjenige, der mit den Nazis in Konflikt geriet. Weil er sich einmischte und weil er sich für die weniger privilegierten Menschen der Gesellschaft einsetzte. Er hätte mit seiner Ausbildung durchaus eine anständige Karriere machen können im »Deutschen Reich«. Hätte Geld verdient, mit Frau und Kind einigermaßen passabel leben können. Er wäre nicht aufgrund seiner Religion verfolgt worden. Zumindest nicht, solange er sie nur im Privaten ausgeübt hätte. Aber das ist halt nicht sein Ding. Er nimmt seinen Glauben ernst. Einen Glauben, der – folgt man den Lehren Jesu – friedlich und versöhnlich ist, der sich mit den Schwächsten einer Gesellschaft solidarisiert. Denjenigen, die am wenigsten Zugang zu gesellschaftlichen Privilegien haben. Mit den Ausgegrenzten, den Unterdrückten, den Kranken. Den Randständigen. Denjenigen, die das NS-Regime vernichten möchte. Und das ist die Basis, auf der mein Großvater argumentiert. Das sind die Leitlinien, die er sich für sein persönliches Leben ausgesucht hat. Und dann wird's halt schwierig, danebenzustehen und die Klappe zu halten. Hat er ja dann auch nicht gemacht.

1938 gibt es keinen Zweifel mehr daran, dass Hitler Deutschland auf einen Krieg vorbereitet. Zumindest nicht bei denen, die schon länger die für alle sichtbare Aufrüstungspolitik im Reich und auch die immer aggressiver werdende Außenpolitik verfolgen. Vor allem Plato erkennt das früh. Er war im Ersten Weltkrieg Leutnant der Artillerie. Er kennt sich mit militärischer Strategie bestens aus. Und warnt auch damals schon davor, dass mit neuem Kriegsgerät alles sehr viel schneller gehen wird als bei den endlosen Stellungskriegen des Ersten Weltkrieges, bei denen sich Soldaten monatelang gegenüberliegen und es Abertausende Tote gibt wegen weniger Meter Landgewinn.

Und so kommt es, dass die Gruppe um meinen Großvater eine neue Vision entwirft. Eine Vision von einem Deutschland ohne NS-Diktatur. Ohne Hitler. Und ohne Gewaltherrschaft. Es ist jener Text, der mit den Worten beginnt, die Matthias von Hellfeld 2012 in der Radiosendung vorliest, die mit dafür gesorgt hat, dass ich überhaupt erst angefangen habe, mich intensiver mit der Geschichte meines Großvaters zu beschäftigen.

»Schwer lastet das Joch der Gewaltherrschaft auf Deutschland. Das deutsche Volk ist durch das totalitäre Hitlersystem seiner Freiheit beraubt, rechtlos und unterdrückt. [...] Die Würde des einzelnen Menschen und des gesamten Volkes ist durch die Systematisierung der Anträgerei, Verleumdung, des Betruges und der Heuchelei, durch den totalen Terror vernichtet. Durch ihre imperialistische Machtpolitik droht die Hitlerregierung, das deutsche Volk in den Krieg zu stürzen und somit seinen Untergang herbeizuführen.«[1]

Und wieder habe ich, nachdem ich diese Zeilen gelesen habe, so meine Zweifel an dem gebetsmühlenartigen Credo »Wir haben ja von nichts gewusst«. Mein Großvater hat sicherlich den Vorteil, im niederländischen Exil Zugang zu Informationen zu haben, in denen die Entwicklungen nicht durch die Propaganda einer gleichgeschalteten Presse gefärbt sind. Er wird nicht via Volksempfänger mit Naziparolen dauerbeschallt. Vielleicht muss ich diesem Umstand aus dem Heute betrachtet mehr Bedeutung beimessen. Es bleibt ein mentaler Spagat.

Mir zeigt es auf jeden Fall, wie wichtig Widerspruch als Gradmesser ist. Und wie sehr wir feiern sollten, dass er möglich ist. Nur da, wo Widerspruch existieren kann, wo gestritten werden darf, ohne dass der Staat eingreift, ohne dass jemand verhaftet wird und im Gefängnis landet, stehen die Chancen gut, dass wir in einer Demokratie leben. Diejenigen, die Widersprüchliches niederbrüllen, die Menschen persönlich bedrohen und mit Hass und Hetze überziehen, haben diesen Pfad der Demokratie übrigens längst verlassen. Wir erleben es nicht nur vielfach in sozialen Netzwerken. In etlichen Ländern, auch innerhalb Europas, werden Medien durch den Staat beeinflusst, gibt es keine oder nur eine eingeschränkte Pressefreiheit, haben Fernsehen, Hörfunk und Zeitungen einen recht einheitlichen Tenor, weil die Medienkonzerne in den Händen der Regierenden sind.

Was mein Großvater und die anderen Autoren in der *Kameradschaft* schreiben, wollen die Nazis jedenfalls ganz und gar nicht verbreitet wissen. In einem 76-seitigen Bericht über die angebliche »Deutsche Jugendfront« (DJF), ihre Mitglieder und Tätigkeiten, unterschrieben von einem Kriminalangestellten namens Kalle, heißt es: »Der Inhalt kritisiert nicht nur in hetzerischer Form die Maßnahmen des nationalsozialistischen Staates in innen- und außenpolitischer Hinsicht, wobei in erster Linie immer wieder in unverschämter Form die Behauptung der ›Gewaltherrschaft‹ und die ›Vorbereitung des Krieges‹ aufgestellt wird, sondern erfüllt auch die gesetzlichen Bestimmungen der Vorbereitung zum Hochverrat, indem zum gewaltsamen Sturz der deutschen Regierung aufgefordert wird und Richtlinien bezw. Vorschläge für eine neue Verfassung, für eine danach zu errichtende Regierung gegeben werden.«[2]

Wohlgemerkt: Der Bericht, in dem diese Sätze stehen, trägt das Datum vom 21. Februar 1942. Das heißt, er wurde mutmaßlich nach der von Hitler forcierten Zerschlagung der Tschechoslowakei verfasst, nach dem Einmarsch in Polen und nach der Besetzung von Belgien, Luxemburg und den Niederlanden. Und dieser Kriminalangestellte namens Kalle schreibt trotzdem ernsthaft etwas von einer in »unverschämter Form« aufgestellten »Behauptung« einer Gewaltherrschaft und der Vorbereitung des Krieges. Mir ist schon klar, dass das, was mein Großvater da schreibt, ein Angriff auf das von den Nazis überall verbreitete Narrativ des Verteidigungskrieges ist. Es macht mich trotzdem fassungslos, wie vorbehaltlos der Verfasser des Berichts diese Lüge stützt. Wie sehr sich das zu einer Realität verklärt, die dann in solchen Dokumenten festgehalten wird.

Einer der Artikel, auf den sich dieser Passus im DJF-Bericht konkret bezieht, erscheint in Heft 12 der *Kameradschaft* von Dezember 1938 unter dem Titel »So wollen wir Deutschland«. In der Anklageschrift, die sich großzügig aus dem DJF-Bericht bedient, heißt es dazu: »Wie aus den bei den Akten befindlichen Stücken der ›Kameradschaft‹ und der ›Sonderinformationen‹ hervorgeht, werden in diesen Schriften die außen- und innenpolitischen Maßnahmen der deutschen Staatsführung in scharfer Form angegriffen, Greuelnachrichten über die Zustände im

Reich verbreitet und die deutsche Jugend aufgefordert, sich den ihr vom nationalsozialistischen Staat auferlegten Beschränkungen zu widersetzen und für eine ›bessere Zukunft‹ zu kämpfen. Die hochverräterische Zielsetzung, die diesen Veröffentlichungen zu Grunde liegt, ergibt sich besonders eindeutig aus dem Aufsatz ›So wollen wir Deutschland‹ im Heft 12 der ›Kameradschaft‹ vom Dezember 1938, der nach der Darstellung des Angeschuldigten von Koebel verfaßt worden ist.«[3]

Mein Großvater hat die Urheberschaft des Artikels also von sich gewiesen[4] und stattdessen Eberhard Koebel angegeben. Der wird 1934 wegen kommunistischer Umtriebe von den Nazis verhaftet und emigriert, nachdem sie ihn wieder freigelassen haben nach London. Es kann durchaus sein, dass mein Großvater seinen Namen angibt, weil er Koebel in Großbritannien in Sicherheit weiß. Plato wird dem Artikel später, als er mit meinem Vater zusammen am Exposé der Neuauflage der *Kameradschaft* arbeitet, die Namen Theo Hespers und Peter Lütsches (wobei er Lütges schreibt[5]) als Autoren zuordnen. Es ist trotzdem nicht mit letzter Sicherheit zu sagen, ob mein Großvater ihn selbst verfasst hat oder nur als Redakteur und Schriftleiter der Zeitschrift dafür verantwortlich war. In der Urteilsbegründung jedenfalls fehlt die zitierte Passage aus der Anklageschrift. Dort wird Theo Hespers die alleinige Verantwortung für den Artikel zugeschrieben.

Zumindest die einleitenden Worte zu dieser noch groben Vorstellung dessen, was Deutschland wohl sein könnte ohne Nazi-Diktatur, richten sich deutlich an die katholische Jugend. Das war das Kernthema meines Großvaters, nicht das Koebels. Auch im Artikel selbst wird vor allem aus christlicher Perspektive argumentiert, was eher gegen eine mögliche Autorschaft von Eberhard Koebel spricht, der in der kommunistischen Jugend zu verorten ist.

So oder so lasten die Nazis meinem Großvater den Artikel an. Und zwar nicht als einen unter vielen, die ebenfalls in der

Urteilsbegründung aufgeführt sind. Es ist der Artikel, aus dem sie als Beweis sogar zitieren, um das Todesurteil gegen ihn zu rechtfertigen.

Was also steht da drin? Formuliert werden politische Ziele zur Staatsform, Gedanken zu Finanzpolitik, Agrarpolitik, Erziehung, Jugend, Meinungs- und Redefreiheit sowie Religion. Manche Stellen lesen sich für mich etwas seltsam, weil dort eine Sprache verwendet wird, die nach völkischem Gedankengut klingt. Ob das den Überzeugungen der Autoren entspricht oder ob sie nur versuchen, ihre Zielgruppe anzusprechen, so nach dem Motto »He, ihr Nazis findet das doch gut«, bleibt offen. Grundsatz der Überlegungen ist die Gleichberechtigung. Im Text ist das so formuliert: »Das Reich wird getragen durch alle Volksgenossen und somit haben alle Glieder des Volkes das gleiche Recht, es zu gestalten im Interesse der gesamten Volksgemeinschaft.«[6]

Ob dieses gleiche Recht für Männer und Frauen gilt, steht hier leider nicht. Was aber als logische Folge dieser Gleichberechtigung angesehen wird, ist eine demokratische Staatsform, wie es sie etwa in der Schweiz gibt. Deutschland wird als großdeutscher Staat definiert, der im Prinzip bundesstaatlich gegliedert ist. Im Text ist von Volksstämmen die Rede, die sich aufgrund ihrer Geschichte zu wie auch immer gearteten Gemeinschaften entwickelt haben – also Sachsen, Rheinländer und Westfalen zum Beispiel. Diese Volksstämme, wie es in dem Text heißt, wählen ihre Führer direkt in den jeweiligen Lebensbezirken. Heute würde ich eher Vertreter sagen als Führer, aber 1938 ist das Wort noch nicht ausschließlich für den Diktator Adolf Hitler reserviert. Auch die Jugendbünde hatten ja ihre Führer und mit dieser Organisationsform ist mein Opa Theo aufgewachsen. Doch ob jetzt Führer oder Vertreter, das ist der Teil, den ich mit einiger Befremdung lese, weil eben so Wörter wie Volksstamm oder völkische Eigenart vorkommen. Das sind Identifikationsbeschreibungen, in die ich mich so gar nicht reinfinden kann. Das wäre so, als würde ich meine Identität darüber definieren, dass ich am Niederrhein geboren bin. Gleichzeitig ist mir aber bewusst, dass es diese lokalen Identifikationsmuster auch heute noch gibt. Ich lebe in Köln, hier schwingt bei dem einen oder der anderen durchaus auch ein wenig Stolz mit, Rheinländer:in zu sein. Und natürlich gibt es auch in vielen anderen Gegenden in Deutschland einen ausgeprägten Lokalpatriotismus. Vielleicht ist genau das gemeint, wenn von »völkischer Eigenart« die Rede ist. Dann würde ich immer noch mit den Begriffen fremdeln, hätte aber zumindest eine Vorstellung davon, was ich darunter zu verstehen habe.

Als Wirtschaftsform wird die Überwindung der kapitalistischen Profitwirtschaft zugunsten einer dienenden Volkswirtschaft angestrebt. Und ja, das klingt durchaus nach Kommunismus und Planwirtschaft. Mein Großvater begründet das aber aus seinem christlichen Glauben heraus, was ich hoch spannend finde. Damit ich aber keinen Humbug erzähle an dieser Stelle, lasse ich mir das vom Wirtschaftshistoriker Patrick Bormann im Podcast genauer erklären.[7] Mein Großvater denkt das ganze Produktionsgeschehen aus der Bedarfsperspektive. Das heißt: Menschen sollen von dem, was sie produzieren, leben können. Dabei hat er eine sehr christlich geprägte, genügsame Lebensweise vor Augen. Profitmaximierung lehnt er ab. In seiner idealen Welt soll die Wirtschaft den Menschen dienen und nicht die Menschen der Wirtschaft. Praktisch schweben ihm da vor allem im ländlichen Raum Genossenschaften vor, die Produktion und Warenhandel übernehmen sollen. Dabei hat er sich an den Ideen von Friedrich Wilhelm Raiffeisen orientiert. Raiffeisen-Genossenschaften waren vor allem im Rheinland ein Ding, und in vielen ländlichen Regionen gibt es sie bis heute.

Er denkt aber noch eine staatliche Ebene hinzu. Damit alle Menschen gut versorgt sind und das Erwirtschaftete gerecht verteilt wird, soll der Staat regeln, wovon wie viel produziert wird. Patrick Bormann vermutet, dass diese Gedanken aus der Kommandowirtschaft herrühren, die mein Großvater noch aus dem Ersten Weltkrieg kennt. Das hieß: Angebaut und produziert wurde das, woran der Bedarf am größten war. Und was gerade von Bedarf war, bestimmte der Staat im Hinblick auf die Kriegslage. Mit dem Unterschied, dass mein Großvater das gerne ohne Krieg hätte. Die dritte Komponente hat einen stark sozialistischen Bezug, denn mein Großvater und sein Co-Autor fordern die Vergesellschaftung von Produktionsmitteln. Gleichzeitig lehnt mein Großvater allerdings eine sozialistische Diktatur, wie er sie in der Sowjetunion Ende der 1920er Jahre erlebt hat, als von Zwang geprägt ab.

Die Überlegungen meines Großvaters sind extrem idealistisch und stoßen ab einer gewissen Bevölkerungsgröße an die Grenzen der Umsetzbarkeit. Und sie lassen sich halt auch nicht ganz miteinander in Einklang bringen. Trotzdem erleben einige dieser Grundgedanken heute wieder eine Renaissance, zum Beispiel in Form von kleinen Solidargemeinschaften. Dort können Stadtmenschen, wie ich inzwischen einer bin, dank Internet ihr Obst, Gemüse sowie Milch- und Fleischprodukte direkt beim Erzeuger bestellen. Saisonal und regional. Die werden dann einmal die Woche an einem bestimmten Standort ausgeliefert. Ich kann also genau nach Bedarf einkaufen und unterstütze damit direkt die landwirtschaftlichen Betriebe in der Umgebung, die auf diesen Bedarf hin produzieren können. Ich glaube, meinem Großvater hätte das gefallen. Für mich heißt das allerdings, dass ich mehr planen und Abstriche bei der Verfügbarkeit bestimmter Lebensmittel machen muss – oder die dann eben doch im herkömmlichen Supermarkt kaufe.

Auch zu Erziehungsfragen äußern sich die Autoren. Sie lehnen die uniforme Hitlerjugend rigoros ab. Eine Jugendorganisation, die nichts anderes zum Ziel hat, als Jungs zu guten, gehorsamen Soldaten zu erziehen und Mädchen zu kräftigen, fitten Frauen, die den Belastungen einer Großfamilie gewachsen sind, für die sie im Zweifel alleine sorgen müssen, während ihre Männer in einem größenwahnsinnigen Krieg als Kanonenfutter dienen. Und danach ihre Söhne. Tolle Aussichten. Zur Erziehung heißt es deshalb: »Das Erziehungs-Recht liegt ausschliesslich in den Händen der Eltern. Diese haben das Selbstbestimmungsrecht, ihre Kinder einer Schule anzuvertrauen, die ihren religiösen und weltanschaulichen Auffassungen entspricht. Der Staat hat das Recht der Kontrolle im Schulwesen. Er ist verpflichtet, die Kosten der Erziehung eines jeden deutschen Kindes, einschliesslich der Berufserziehung zu tragen.«

Ich höre gerade alle Eltern, die unter der Belastung von Kita-Gebühren ächzen, laut jubeln. Den Staat hier in die finanzielle Verantwortung zu nehmen, obwohl er bei der Ausgestaltung dieses Rechts den Bürger:innen freie Hand lassen soll – das ist für diese Zeit ein ungemein fortschrittlicher Gedanke. Und etwas, das heute wohl in großen Teilen umgesetzt ist. Zumindest was die freie Wahl der Erziehungs- oder Ausbildungsstätte angeht.

Vor dem Hintergrund, dass mein Großvater unter anderem für diese Gedanken vom NS-Regime zum Tode verurteilt wird, ist der Abschnitt zur Meinungsfreiheit ziemlich tragisch. »Die Freiheit der Rede, der Presse, der Literatur, der Versammlung und der Organisierung wird vom Staate gewährleistet. Diese Freiheit besteht nicht für diejenigen, die versuchen mit Gewalt den Staat zu stürzen.« Formuliert von jemandem, der den aktuellen Staat stürzen will – darin liegt schon eine gewisse Ironie.

Aus all diesen Überlegungen leiten die Autoren aber noch einen Grundsatz ab. Und klopfen damit erneut an die Türen der Gegenwart. »Das kommende Reich wird aussenpolitisch für die weitgehendste, kulturelle und wirtschaftliche Zusammenarbeit mit den anderen Völkern Europas und der übrigen

Welt sich einsetzen. Aus der Achtung vor dem eigenen völkischen Wert wird es auch die völkische Eigenständigkeit der anderen Nationen achten. […] Aus diesem Grunde lehnt es auch jeden Kolonialbesitz ab.«

Leider geht es in der Fortführung des Arguments nicht mehr um die Menschen in den Kolonien selbst und das Unrecht, das ihnen angetan wurde. Vielmehr ist das Argument, dass diese Kolonien eigentlich Mehrkosten verursachen und die Gewinne, die damit erzielt werden, bei den jeweiligen Wirtschaftsgruppen bleiben und nicht etwa dem deutschen Volk nutzen. Aber das wäre vielleicht auch ein bisschen viel verlangt für einen Text, der zunächst mal deutsche Katholiken davon überzeugen soll, ihren Arsch hochzukriegen und sich geschlossen gegen das NS-Regime zu stellen. Was nur passieren wird – das haben wir in anderen Texten schon gelernt –, wenn anstelle des NS-Regimes nicht der Sozialismus kommt. Weshalb mein Großvater Theo zusammen mit Peter Lütsches ebendiese Vision eines friedlichen, freien und demokratischen Deutschlands entworfen hat.

Vor allem die in diesem Artikel formulierten Gedanken zur Gestaltung der Wirtschaft tauchen im Übrigen nach Ende des NS-Regimes noch einmal in anderem Zusammenhang auf. Denn Peter Lütsches überlebt Verhaftung, KZ und Todesmarsch und ist von Dezember 1946 bis April 1947 Mitglied der CDU-Fraktion im Landtag NRW. Er hat gute Verbindungen zu Konrad Adenauer. Unter dessen Führung wird am 3. Februar 1947 das Ahlener Programm verabschiedet. Überschrift: »CDU überwindet Kapitalismus und Marxismus«.[8] Geprägt ist dieses »Wirtschafts- und Sozial-Programm der CDU« von einem christlichen Sozialismus. Das Motto: »Ziel aller Wirtschaft ist die Bedarfsdeckung des Volkes«. Und in ebendiesem Ahlener Programm finden sich die Punkte wieder, die auch mein Großvater gemeinsam mit Peter Lütsches 1938 im Text »So wollen wir Deutschland« veröffentlicht hat. Einer davon ist zum Bei-

CDU
ÜBERWINDET
KAPITALISMUS
UND
MARXISMUS

DAS AHLENER WIRTSCHAFTS- UND SOZIAL-
PROGRAMM DER CDU UND DIE GRUND-
LEGENDEN ANTRÄGE DER CDU IM LANDTAG
VON NORDRHEIN - WESTFALEN.

Gerade die Ideen zur sozialen Marktwirtschaft, die im Ahlener Programm der CDU von 1947 formuliert wurden, speisten sich aus den Gedanken der ins Exil emigrierten deutschen, katholischen Widerständler. Einige der dort formulierten Gedanken zur Reformierung der Wirtschaft klingen sehr ähnlich wie das, was mein Großvater und Peter Lütsches 1938 in »So wollen wir Deutschland« anreißen.

spiel die Vergesellschaftung des Bergbaus. Ja, so hab ich auch geguckt, als ich das rausgefunden habe. Aber es waren tatsächlich vor allem Männer des »aktiven und passiven Widerstands«, die zu Beginn das Programm der Christlich Demokratischen Union Deutschlands beeinflusst haben. Und so schreibt Wolf-Dieter Narr 1966 über die Gründungszeit der CDU: »Die merkwürdige Mischung etwa aus konservativ-restaurativen Elementen mit sozial-fortschrittlichen Zielen ist nicht zuletzt den meisten Dokumenten der Widerstandsgruppen wie den CDU-Programmen eigen.« Gerade die sozial-fortschrittlichen Aspekte lässt Konrad Adenauer aber möglichst schnell geschickt wieder unter den Tisch fallen.[9]

Der Artikel von 1938 endet mit folgenden Worten: »Wir stellen diese Grundforderungen auf in dem Bewusstsein, dass sie nicht durch fromme Wünsche erreicht werden können, sondern nur durch den Einsatz aller geistigen und materiellen Kräfte all' derer, die willens sind und sich verpflichtet fühlen, sich für den Sturz der heutigen Gewaltherrschaft und für die Erneuerung Deutschlands einzusetzen.«

An solchen Aussagen ist halt auch nicht mehr viel rumzudeuten. Da kann nachher noch so oft davon die Rede sein, dass dieser Sturz nicht mit Gewalt, sondern mit Streiks und Boykotten herbeigeführt werden soll. Vor lauter Verzweiflung über seine Situation wird mein Großvater später in den Verhören sogar versuchen, den Nationalsozialisten das als patriotischen Akt zu verkaufen. Weil er eben auch Nationalist sei und sein Vaterland liebe. Und – kleiner Spoiler: Klingt nach einem pfiffigen Schachzug, aber selbst in all ihrer ideologischen Verblendung werden die Nazis dieser Taktik meines Opas nicht auf den Leim gehen.

2016
Ich lese, er weint

Während ich kaum dazu komme, weiter an meinem Podcast zu arbeiten, flattern die ersten Anfragen für Lesungen ins Haus. Eine Anerkennung, die mich wahnsinnig freut. Die aber vor allem meinen Vater sehr freut, denn er soll mit dabei sein. Wir sollen zusammen auftreten. Bei unserem letzten gemeinsamen Auftritt war ich zwölf Jahre alt, vielleicht noch ein bisschen jünger. So genau weiß ich das nicht mehr. Aber ich erinnere mich daran, dass ich mich furchtbar unwohl gefühlt habe auf der Bühne. Ein Nerdmädchen mit kurzen Haaren inmitten alter Männer, die Lieder in Mundart singen. Und ich spiele – Akkordeon, das wohl uncoolste Instrument überhaupt.

Meinen Eltern war wichtig, dass alle Kinder ein Instrument lernen. Weil in unser Haus kein Klavier passte, entschied mein Vater, dass ich Akkordeon lernen könnte. Sein Argument damals: »Das hat auch Tasten und das ist ganz prima, das kannst du nämlich mitnehmen. Ein Klavier kannst du nicht mitnehmen.« Ja, toll, sehr praktisch. Und natürlich ein absolut überzeugendes Argument gegenüber einer Viertklässlerin. Aus seiner Perspektive ergab das aber natürlich total Sinn. Er wollte mich auf das Leben vorbereiten. Wer ein Instrument spielt und Menschen unterhalten kann, der muss nie Hunger leiden. Der kann Unterhaltung gegen Geld tauschen, wird zum Essen eingeladen oder bekommt einen Schlafplatz. So hatte er sich in den 1950er Jahren quer durch Europa und Nordafrika gespielt und gesungen.[1]

Mir selber war weder diese Perspektive klar, noch hatte ich eine Ahnung davon, was er in seinem Leben so alles erlebt hatte. Trotzdem nahm ich die Akkordeonstunden. Denn ich wollte nicht nur die Anerkennung meines Vaters. Ich mochte auch einfach gerne Musik. Nur die Musik, die ich auf dem Akkordeon spielen sollte, die mochte ich halt nicht so gerne. Zum Repertoire der Musiklehrerin gehörte vor allem Volksmusik. Das einzige Stück, das mich wirklich gereizt hat, war der »Gefangenenchor« von Giuseppe Verdi. Heute kann ich nichts mehr davon.

Aber damals war ja das Ziel, dass ich mit der Gruppe meines Vaters auftrete, und das habe ich dann auch gemacht. Alles an diesem Auftritt war mir peinlich. Und trotzdem wollte ich das natürlich gut machen. Ob das geklappt hat, daran habe ich keine Erinnerung. Als ich das meinem Vater erzähle, sieht der mich erstaunt an. »Aber das hast du doch ganz prima gemacht!« Hab ich das? Ich bleibe skeptisch.

2016 aber habe ich endlich meine Stimme gefunden. Auch wenn das ein langer und holpriger Weg war. Ich habe die Bühne entdeckt und festgestellt, dass ich mich darauf ganz wohl fühle. Und deshalb freue ich mich diesmal auf den Auftritt mit meinem Vater, der zu diesem Zeitpunkt bereits 85 Jahre alt ist. Ich habe keine Sorge, dass er das nicht schaffen könnte. Mein Vater ist eine Rampensau. Der Tod persönlich müsste ihn von der Bühne zerren, damit er nicht mehr auftritt. Unser erster Auftritt vor circa fünfzig Menschen in Kaarst soll etwa eine Stunde dauern. Ich lese die Texte aus meinem Blog, und mein Vater singt seine Lieder. Wir beraten gemeinsam, welche Texte sich für diesen Vortrag eignen und welche Lieder es sein sollen. »Mein Vater wird gesucht« wird auf jeden Fall dabei sein, genauso wie das »Moorsoldaten Lied« und einige niederländische Lieder aus seiner Jugend. Bei einer Entscheidung bin ich allerdings unsicher: Soll ich den Text »Mein Vater, der Kriegsflüchtling« über unsere Beziehung öffentlich lesen? In seinem Beisein?

Obwohl mein Vater, ohne zu zögern, zustimmt, rät mir ein Freund dringend davon ab. Am Ende entscheide ich mich trotzdem dafür. Weil ich glaube, dass es keinen anderen Text gibt, der so sehr veranschaulicht, was es bedeutet, die Tochter eines Mannes zu sein, dessen Vater von Nationalsozialisten ermordet worden ist. Die Tochter eines Mannes, der Verfolgung, Flucht und Krieg erlebt hat. Der Zeitzeuge ist. Der die Auswirkungen so unmittelbar zu spüren bekommen hat. Und diese Auswirkungen auch an seine Kinder weitergegeben hat. So unterschiedlich wir Geschwister sind, wir alle sind mit diesem schwerst traumatisierten Mann aufgewachsen. Wir alle haben auf unsere Weise etwas davongetragen. Uns allen bläst der lange, kalte Atem dieser grausamen Geschichte beständig in den Nacken.

Die Lesung verläuft gut. Die Leute hören uns aufmerksam zu. Das allererste Mal lese ich meine Texte vor einem größeren Publikum. Ich habe Lautsprecher mitgebracht, um auch live O-Töne einzuspielen, wie ich das im Hörfunk machen würde. Mein Vater singt. Es gibt Applaus. Dann lese ich »Mein Vater, der Kriegsflüchtling«. Ich merke noch beim Lesen, wie sehr ich die Emotionen unterschätzt habe, die dieser Text in dieser Konstellation auslöst. Und zwar bei allen Anwesenden im Raum. Als ich die Stelle vorlese, an der ich erzähle, dass mir die Liebe meines Vaters gefehlt hat, höre ich ihn neben mir schniefen und sich leise in ein Taschentuch schnäuzen. Und noch während ich lese, springt eine Art Metaebene an: Kann ich unter diesen Umständen weiterlesen? Wäre es angemessener, aufzuhören und meinen Vater zu trösten? Ist es wirklich richtig, den Anwesenden das zuzumuten? Darf ich Menschen so betroffen machen? Ich fühle und denke all das, spüre meine eigene Traurigkeit, meinen Wunsch zu trösten und lese doch weiter. In dem Raum ist nichts weiter zu hören als das leise Schniefen meines Vaters, meine Stimme und eine ganz tiefe, konzentrierte Stille. Zumindest nehme ich das so wahr. Als ich aufhöre zu lesen, passiert nichts. Was soll ein Publikum da auch tun? Klatschen? Natürlich hat da gerade eine Form von Inszenierung stattgefunden, aber das war nicht etwa vorher geprobt. Das ist so authentisch, dass es schmerzt.

Ich wünschte, ich hätte eine Erinnerung daran, wie sich diese Situation aufgelöst hat. Aber ich weiß es nicht mehr. Wahrscheinlich hat mein Vater sein nächstes Lied gespielt. Vielleicht haben doch noch Menschen geklatscht. So ein schweres, betroffenes Klatschen stelle ich mir vor. Es wird das erste und das einzige Mal bleiben, dass ich den Text im Beisein meines Vaters vortrage. Und er wird mir im Anschluss sagen, dass er das gut und richtig fand. Und ich werde weiter daran zweifeln, ob es wirklich richtig ist, diese Intimität, diesen Schmerz anderen Menschen in dieser Form zuzumuten.

Neun Tage später sind wir wieder zusammen unterwegs. Diesmal geht es nach Amsterdam. Von Wuppertal aus. Mit dem Bus. Wir sind eingeladen worden, mein Vater und ich, auf einer Podiumsdiskussion im Verzetsmuseum (Widerstandsmuseum) in Amsterdam zu sprechen. Mein Vater als Zeitzeuge und ich als Nachfahrin. Die Fahrt verläuft stockend, wir stehen ewig im Stau, aber mein Vater freut sich. Unterwegs sein, egal in welcher Form, ist überhaupt das Beste. Und als Zeitzeuge erfährt er, wie überall, wo er hinkommt, auch sofort jede Menge Aufmerksamkeit. Vor Ort bekommen wir eine Führung durch Amsterdam, und ich lerne wieder so viel Neues über den Widerstand, aber eben auch über die Grausamkeiten des NS-Regimes in den Niederlanden. Dass wir zu der Gruppe gehören, die nach Amsterdam fährt, liegt an der Verbindung zwischen meinem Großvater und Selma Meyer. Jener Frau, die sich 1935 zunächst für die von der Gestapo verhafteten Gewerkschafter:innen in Wuppertal und Umgebung eingesetzt hatte und später in ihrem Schreibbüro in Amsterdam die Redaktionsräume sowie

Mein Vater freut sich über die gemeinsamen Auftritte, wie hier beim Soroptimist Club in Kaarst im April 2016.

ihr Schreib- und Übersetzungspersonal für die *Kameradschaft* zur Verfügung gestellt hat. Die für den Druck der Widerstandszeitschrift ebenso gesorgt hat, wie für den Versand.

Nach der Stadtführung geht es zur eigentlichen Veranstaltung im Verzetsmuseum. Es sind mehrere Diskussionen geplant. Wir müssen warten und sitzen so lange unten bei den Zuschauern, um die anderen Vorträge zu verfolgen. Mein Vater nickt mehrmals leise schnarchend neben mir ein. Ich gönne ihm die Ruhe. Als wir endlich dran sind, ist unser Zeitfenster schon arg zusammengeschrumpft. Aber das ist okay. Hauptsache, er darf auf die Bühne. Hauptsache, er darf singen. Ich erzähle ein wenig. Und irgendwann am späteren Abend geht es mit dem Bus wieder zurück nach Wuppertal.

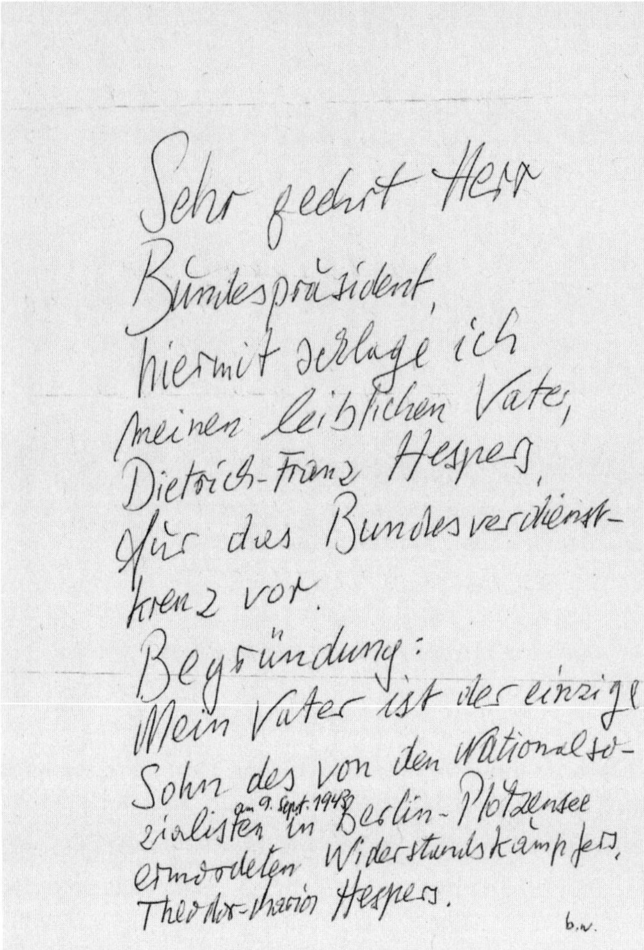
Sehr geehrt Herr
Bundespräsident,
hiermit schlage ich
meinen leiblichen Vater,
Dietrich-Franz Hespers,
für das Bundesverdienst-
kreuz vor.
Begründung:
Mein Vater ist der einzige
Sohn des von den Nationalso-
zialisten am 9. Sept. 1943 in Berlin-Plötzensee
ermordeten Widerstandskämpfers,
Theodor-Xavier Hespers.
b.w.

Im Mai 2015 schreibt mir mein Vater diesen Brief. Mir fällt ehrlicherweise fast alles aus dem Gesicht, als ich das lese. Auf drei Seiten begründet er, warum er als Sohn eines Widerstandskämpfers, der die Erinnerung an den Widerstand seines Vaters gegen das NS-Regime aufrechterhält, diese Auszeichnung verdient hat. Ich habe widersprüchliche Gefühle, als ich das lese. Ich finde

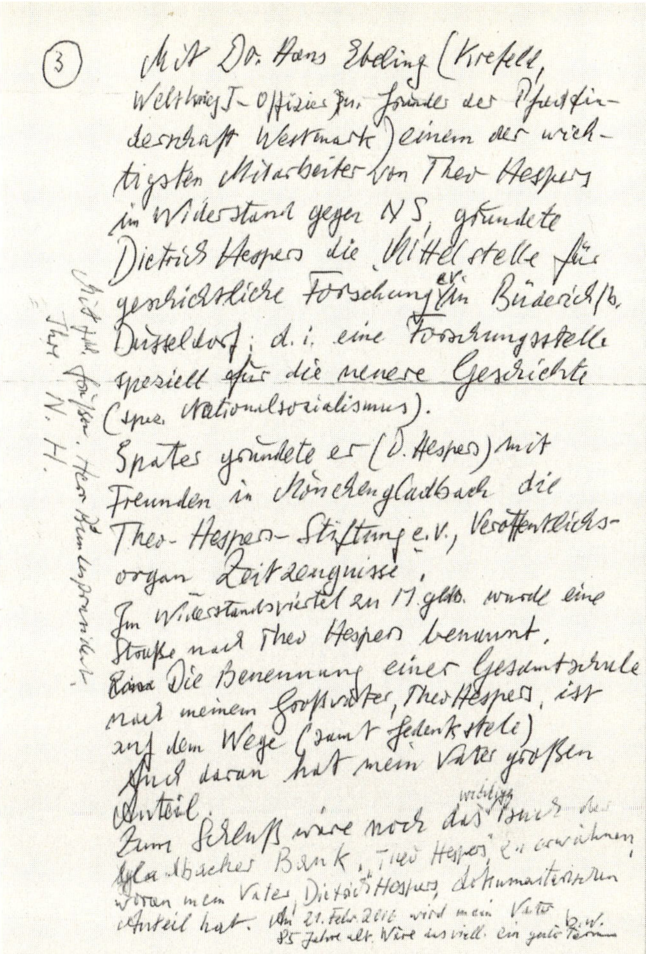
(3) Mit Dr. Hans Ebeling (Krefeld, Weltkrieg I-Offizier, Mit-Gründer der Pfadfinderschaft Westmark) einem der wichtigsten Mitarbeiter von Theo Hespers im Widerstand gegen NS, gründete Dietrich Hespers die Mittelstelle für geschichtliche Forschung e.V. in Büderich b. Düsseldorf; d.i. eine Forschungsstelle speziell für die neuere Geschichte (spez. Nationalsozialismus).
Später gründete er (D. Hespers) mit Freunden in Mönchengladbach die Theo-Hespers-Stiftung e.V., Veröffentlichungsorgan Zeitzeugnisse.
Im Widerstandsviertel in M.gldb. wurde eine Straße nach Theo Hespers benannt.
Die Benennung einer Gesamtschule nach meinem Großvater, Theo Hespers, ist auf dem Wege (samt Gedenkstele). Auch daran hat mein Vater großen Anteil.
Zum Schluss wäre noch das wichtige Buch der Gladbacher Bank, Theo Hespers, zu erwähnen, woran mein Vater, Dietrich Hespers, dokumentarisch Anteil hat. Am 21. Febr. 2016 wird mein Vater 85 Jahre alt. Wäre das vielleicht ein guter Termin b.w.

es nach allem, was er sich als Vater geleistet hat, ziemlich dreist, aber ich bin auch irgendwie belustigt. Denn so ist er halt. Er ist nicht mal böse, als ich mich daraufhin nicht melde. Stattdessen schreibt er, er habe es sich anders überlegt, es sei vielleicht besser, wenn ich den Brief nicht schreibe, sähe so nach Familienklüngel aus. So, so, denke ich – und muss schon wieder lachen.

Wir brauchen fast vier Stunden – und von da aus ist es für mich nochmal eine knappe Stunde nach Köln. Am nächsten Tag muss ich arbeiten, das heißt früh aufstehen. Ich rechne mir gerade aus, dass ich wohl vor zwei Uhr nicht im Bett sein werde, da eröffnet mir mein Vater, dass er sich nicht um seine Rückreise von Wuppertal nach Mönchengladbach gekümmert hat. Er sei davon ausgegangen, dass ich ihn zurückfahren werde. Das ist in der Tat eine ziemliche Überraschung für mich. Und so typisch mein Vater. Er verlässt sich einfach darauf, dass Menschen entweder keine andere Wahl haben oder ein großes Herz. Wird sich schon irgendwer finden. Für mich würde das heißen, Mitten in der Nacht erst von Wuppertal eine Stunde zurück an die holländische Grenze zu fahren und von da aus nochmal eine Stunde zurück nach Köln. Und, na klar, kann man das auch mal machen, seinem 85-jährigen Vater zuliebe. Es ist nur so: Andersrum hat und hätte es nie stattgefunden, und ich sehe es sowas von überhaupt nicht ein, mich in der Form benutzen zu lassen. Also sage ich – zum Entsetzen aller im Bus Anwesenden – Nein. Wohl wissend, dass niemand diese Entscheidung nachvollziehen kann, aber alles in mir macht gerade dicht.

Er ruft seine Frau an. Ich höre, wie sie streiten. »Aber du hast mir doch gesagt, deine Tochter fährt dich nach Hause?«, klingt die Stimme seiner Frau aus dem Knochen, den er sein Handy nennt. Ach, denke ich, das ist ja spannend, dass es den Plan schon gab, bevor ich davon wusste. Meine Halsschlagader pocht. Irgendwann reicht mir mein Vater das Handy mit seiner schimpfenden Frau. »Hier«, sagt er. Ich sage: »Hallo, mein Vater hat mir gerade …« – weiter komme ich nicht. Sie legt auf. Ich zucke mit den Achseln, reiche meinem Vater sein Handy zurück. Er grinst. »Ach, die meint das nicht so. Die beruhigt sich wieder. Ihr Sohn wird mich abholen.« Hat er also doch noch jemanden gefunden, der nicht einfach Nein sagen kann. Und weil mein Vater das weiß, dass es immer, IMMER jemanden gibt, der ihn aus der Scheiße holt, bleibt er bei der ganzen Nummer komplett gelassen, grinst, während alle anderen Beteiligten in Aufruhr sind.

Und irgendwie scheint ihm das zu gefallen, dass er die Menschen um sich herum so piesacken und in Wallung bringen kann. Ich schwanke wieder zwischen Wut und Bewunderung. Wut, weil mir das ganze Szenario wieder eine Warnung ist, dass es bei unserer Beziehung um einen Deal geht und eben nicht um ein inniges Vater-Tochter-Verhältnis. Es läuft vor allem deshalb einigermaßen harmonisch, weil er etwas von mir will. Ich soll die Geschichte erzählen. Seine Geschichte. Und die seines Vaters natürlich. Und ich bekomme meine Wut gebändigt, weil ich im Prinzip das Gleiche von ihm will. Ich will seine Geschichten, um zu verstehen, was mich geprägt hat – und warum ich mich manchmal so aus der Zeit gefallen fühle. Am Ende haben wir beide egoistische Motive. Das, was ich am meisten will, bekomme ich ohnehin nicht: einen Vater. Einen Vater, so wie ihn andere Kinder hatten. Dieser Ausflug nach Amsterdam, die gemeinsamen Auftritte, aber auch, dass er mir die Möglichkeit gibt, mich abzugrenzen, weil er eben nicht sauer wird, das sind auf ihre Art wertvolle Erfahrungen. Es ist nicht das, was ich wollte, und trotzdem schließt es eine Wunde. Ich muss keine Erwartungen mehr erfüllen. Ich darf sein, wie ich bin. Solange ich nur die Geschichte lebendig halte – etwas, was ich ganz unabhängig von den Erwartungen meines Vaters auch will. Und so ist es diese Geschichte, die uns verbindet. Und diese Verbindung ist mehr, als wir in den letzten fünfzehn Jahren unseres Schweigens hatten. Vielleicht sogar mehr, als wir jemals zuvor hatten.

2017
Ein Auftritt vor Zeitzeug:innen

Im Dezember 2016 poppt der Facebook-Post eines Kollegen in meinem Newsfeed auf: »Ab sofort liegen unsere ›Postkarten gegen das Vergessen‹ an öffentlichen Orten in und um Köln aus. Die Karten zeigen Porträts von Überlebenden der NS-Verfolgung und unseren prominenten UnterstützerInnen.«

Der Kollege kommentiert diesen Post nicht. Muss er auch nicht. Sein Gesicht ist ja auf einer der Postkarten zu sehen. Und ohnehin reicht mir das, was ich da lese, um neugierig zu werden. Also schreibe ich der Organisation, für die er da sein Gesicht hergibt, eine Nachricht. Es ist der Bundesverband Beratung und Information für NS-Verfolgte e.V. Eigentlich möchte ich nur Kontakt zu einem ihrer Referenten, der Experte ist in Sachen NS-Justiz. Einfach, weil ich jede Menge Fragen habe zu dem, was ich in den Unterlagen meines Großvaters finde. Und ja, bei der Gelegenheit stelle ich auch mein Projekt vor. Das mache ich regelmäßig, aber nur selten erhalte ich darauf Resonanz. Bei der NS-Beratung ist das anders. Dort stößt mein Projekt auf großes Interesse. Denn die Bundesstelle vertritt nicht nur die Interessen von NS-Verfolgten, sondern kümmert sich auch um die Folgegenerationen.

Dabei gibt es diese Stelle erst seit 1992. Und das finde ich damals einigermaßen erstaunlich. Denn wieso braucht es 47 Jahre nach Ende der Nazi-Diktatur noch eine Organisation, die sich um die Entschädigung von Opfern des NS-Regimes kümmert? Die Antwort ist eigentlich recht simpel: Weil es immer noch Menschen gibt, die unter den Folgen dieser Gewaltherrschaft leiden. Bis heute. Die NS-Beratung in Köln setzt sich vor allem für die Belange von Zwangsarbeiter:innen ein. Viele waren nie entschädigt worden, obwohl sie Ansprüche hatten. Oft, weil sie das Geld nicht brauchten oder wollten. Manche auch, weil sie nicht an die nötigen Unterlagen kamen. Zum Beispiel, weil sie in den Parteiarchiven der DDR verwahrt wurden. Auch die Verhörprotokolle meines Großvaters lagen lange beim Institut für Marxismus-Leninismus beim ZK der SED in der DDR und konnten nicht eingesehen werden. Und jetzt, im Alter, brechen bei vielen die Traumata wieder auf. Einige verarmen und vereinsamen, weil sie niemanden finden, mit dem sie über ihre Erfahrungen sprechen können. Auch Nachfahr:innen leiden unter dem, was ihren Eltern widerfahren ist. Viele finden erst heute überhaupt Worte dafür oder können einordnen, was mit ihnen »nicht stimmt«. Und so unterstützt die NS-Beratung zum Beispiel Nachfahr:innen dabei, Netzwerke zu gründen, um sich auszutauschen. Sie organisiert Projekte und Konferenzen, die sich mit Erinnerungsarbeit auseinandersetzen. Oder Erzählcafés, in denen die wenigen noch lebenden Zeitzeug:innen ihre Geschichten erzählen können.

Es ist dieser Verein, über den ich Kontakt zu anderen Nachfahr:innen bekomme. Das Bedürfnis, sich auszutauschen und endlich die eigene Geschichte erzählen zu können, ist so groß, dass manchmal ein Tag nicht reicht, damit alle ihre Zeit bekommen, obwohl es nur wenige Teilnehmende sind. Es sind Räume, in denen man sich nicht erklären muss. Im Gegenteil. Es reichen einzelne Hinweise, und alle wissen genau, was gemeint ist. Teilen Gefühle, Ängste, Erfahrungen. Und obwohl die meisten Menschen dort deutlich älter sind als ich, fühle ich mich ihnen verbunden. Und ich merke, was es für ein Privileg ist, Worte zu haben, bloggen und podcasten zu können. Meine Geschichte mit der Welt teilen zu können. Viele andere erleben ihre persönlichen Verfolgungsgeschichten bis heute als etwas, über das sie lieber nicht sprechen sollten, weil damit Stigmatisierungen verbunden sind. Zum Beispiel, weil ihre Eltern Kommunisten waren. Im Großen und Ganzen ist diese Folgegeneration der Verfolgten bis heute unsichtbar. Dabei sind es ihre Geschichten, die mir gezeigt haben, wie vielfältig die Auswirkungen dieser zwölf Jahre dauernden Gewaltherrschaft bis heute sind. Wie sie die Folgegenerationen maßgeblich geprägt hat. Wie auch nach dem Ende des NS-Regimes gerade die Familien der politisch Verfolgten weiter diskriminiert wurden. So wie auch mein Vater. Denn es war ja nicht so, dass mit dem 8. Mai 1945 aus meinem Großvater plötzlich ein Held wurde im Kampf gegen die Nazis. Viele waren nach wie vor der Meinung, mein Großvater sei ein Hochverräter gewesen, der Deutschland verlassen und nicht an der Front für sein Vaterland gekämpft hat. Erst 1954 wird seine Geschichte erstmalig gewürdigt. In einem Buch der Publizistin Annedore Leber.[1] Es ist diese Veröffentlichung, mit der meine Oma sich endlich auf die Suche nach einer Sterbeurkunde meines Großvaters machen kann, um bei der Wiedergutmachungsbehörde Ansprüche geltend zu machen. Es wird bis Mitte der 60er Jahre dauern, bis sie alle Unterlagen zusammen hat und ihren Ansprüchen stattgegeben wird. Für ein Unrecht, das nicht wiedergutzumachen ist. Für einen durch den deutschen Staat ermordeten Ehemann und Vater.

Und es sind solche Entschädigungsansprüche, die auch Menschen im Jahr 2017 noch haben und bei denen sie die Bundesstelle unterstützt. Es ist das Jahr, in dem die NS-Beratung ihr 25-jähriges Jubiläum feiert. Und zu dieser Feier darf ich im Mai noch einmal den Text lesen, in dem ich die Beziehung zwischen mir und meinem Vater beschreibe. In dem ich beschreibe, was er durchgemacht hat und was das mit mir gemacht hat. Nur diesmal ohne ihn. Dafür aber sitzen im Publikum zahlreiche Zeitzeug:innen. Menschen, die KZs und Ghettos überlebt haben. Ehemalige Zwangsarbeiter:innen und ihre Kinder. Ich fühle mich sehr geehrt, meinen Text vor so einem Publikum vortragen zu dürfen. Und dem möchte ich gerecht werden. Es ist eine der seltenen Gelegenheiten, bei denen ich mich festlich kleide und meine Haare extra ordentlich flechte, damit das irgendwie nach Frisur aussieht. Ich trage ein schlichtes, dunkelblaues Kleid, eine Strumpfhose, auf die ich sonst eher verzichte, und Pumps. Ich habe die Interviewschnipsel einem Tontechniker gegeben, der sie dann auf Handzeichen einspielt. Wir proben sogar. Etwas, das ich bis dahin noch nie gemacht hatte. Es ist alles vorbereitet.

Als der Festakt im großen Saal des Rautenstrauch-Joest-Museums beginnt, sitze ich in der ersten Reihe. Ich schaue mich vorsichtig um, sehe all die Menschen, denen ich gleich zum Teil ihre eigene Geschichte vorlesen werde. Denn viele von ihnen haben selbst Ähnliches erlebt wie mein Vater. Und so langsam kommen mir Zweifel. Denn ich habe ja erlebt, was diese Geschichte mit den Menschen macht. Habe die Betroffenheit erlebt. Erinnere mich an die Tränen meines Vaters. Ich bin inzwischen einigermaßen geübt darin, auf einer Bühne zu stehen und vorzutragen, aber diese Zweifel sorgen bei mir für schwitzige Hände und leicht erhöhten Puls. Irgendwann entscheide ich, dass die beiden Mitarbeiterinnen des Bundesverbands, die mich gebeten haben, eben genau diesen Text auf der Jubiläumsveranstaltung zu lesen, schon wissen, was sie da tun. Sie kennen viele der Anwesenden persönlich. Und so nehme ich meine fein säuberlich ausgedruckten sechs DIN-A4-Seiten und betrete die Bühne.

Der Vortrag läuft einigermaßen reibungslos, und am Ende ernte ich einen ebenso warmen wie begeisterten Applaus. Ich weiß gar nicht, wohin mit mir, wenn ich ehrlich bin. Also, natürlich freue ich mich. Gleichzeitig bin ich beschämt, denn eigentlich bin ich es ja, die dankbar ist. Dankbar für die Gelegenheit, auf so einer Bühne sprechen zu dürfen. Dankbar, dass da Menschen sitzen, die sich mit ehrlichem Interesse diese Geschichte anhören, obwohl sie selbst so Grausames erlebt und eigene Geschichten haben, die es wert sind, gehört zu werden. Es ist ein seltsames Gefühl vor diesem Hintergrund so viel Raum einzunehmen.

Als ich von der Bühne stakse, steht eine ältere Frau vor mir, vielleicht um die siebzig Jahre alt. Sie bedankt sich, und ich verstehe erst gar nicht, warum. Dann sagt sie mit Tränen in den Augen, dass sie Angst hat. Angst, dass Menschen nichts aus der Geschichte gelernt haben. Sie kann die Tränen nicht mehr zurückhalten und weint. Ich lege ihr eine Hand auf die Schulter, versuche es mit tröstenden Worten: »Ich weiß, die sind laut. Aber ich kenne Menschen, die alles dafür tun, um dem Einhalt zu gebieten. Menschen, die mit Nazis diskutieren, mit AfD-Wählern, mit denen, die hassen.« Ich fühle mich schrecklich hilflos. Aber ich will nicht, dass dieses Gefühl hier Raum bekommt. Und so erzähle ich ihr von der Facebook-Gruppe #ichbinhier, in der sich Ehrenamtliche organisieren, um sich gegen Hass im Netz zu stellen, und zeige ihr das regenbogenfarbene Bändchen von der letzten re:publica, einer Konferenz der digitalen Gesellschaft, auf dem »Love out loud« steht. Da war ich gerade erst und bin mit ganz viel Optimismus zurückgekommen. Sie nickt und lächelt. Ich hab keine Ahnung, ob sie mich verstanden hat.

Auch als die Veranstaltung im Foyer ausklingt, kommen weitere Menschen zu mir und bedanken sich. Und so langsam beginne ich zu verstehen, warum. Es ist ein älteres russisches Ehepaar, das mir auf die Sprünge hilft. »Wir werden bald nicht mehr da sein«, sagen sie, »aber du wirst die Geschichte weitererzählen.« Es ist absurd, aber es ist, wie Hüterin eines Schatzes zu sein. Ich bin Teil eines kollektiven Gedächtnisses, das nur in Fragmenten überleben wird. Einer Geschichte, die nur überleben wird, wenn wir sie weitererzählen. Und nur wenn wir sie weitererzählen, gibt es die Hoffnung, dass sich nicht noch einmal wiederholt, was passiert ist. Eine Hoffnung, die schon in der Gegenwart wieder enttäuscht wird. Nicht in Deutschland. Aber Genozide, Massenmorde aufgrund von Ethnie oder religiöser Zugehörigkeit erleben wir weiterhin. An diesem Abend beginne ich zu verstehen, wie wichtig es diesen Menschen ist, jemanden wie mich zu sehen. Einen vergleichsweise jungen Menschen mit genügend Kraft und Enthusiasmus, noch eine ganze Weile durchzuhalten. Noch eine ganze Weile dafür zu sorgen, dass sie und ihre Geschichten nicht vergessen werden. Es ist die Hoffnung, dass ihre Geschichten die Zeit überdauern, auch wenn sie längst nicht mehr unter uns sind.

1939
Der Venlo-Zwischenfall

Als ich 2015 nach Berlin fahre, um im Bundesarchiv weitere Unterlagen über meinen Großvater zu sichten, bin ich erschlagen von der Menge an Dokumenten. Ich blättere durch die Unterlagen und kann kaum entscheiden, was davon jetzt wichtig ist für die Geschichte und was nicht. Erst später werde ich merken, dass ich das ein oder andere übersehen habe. Zum Beispiel habe ich eine Art Mode- oder Hausfrauenzeitschrift kopfschüttelnd zur Seite geschoben, weil ich sie nicht als »Hetzschrift« erkannt habe. Zwei Tage hatte ich mir zum Sichten der Unterlagen freigeräumt. Viel zu wenig. Wer sollte auch ahnen, dass es noch so viel mehr gibt als nur den Prozess-Ordner, den mein Vater mir gegeben hat. Was dem Zeitmanagement auch nicht zuträglich ist: Spionage-Geschichten.

Es ist der Nachmittag meines zweiten Recherchetages im Bundesarchiv. Ich sitze im Ansichtsraum und scrolle am Bildschirm durch Microfilmrollen, auf denen sich weitere Dokumente befinden. Es sind die Verhöre aus dem Spionageabwehrgefängnis in Wilhelmshaven. Ein großer Teil dieser Dokumente wurde damals vernichtet. Aber aus welchem Grund auch immer, diese Unterlagen hier sind erhalten geblieben. Wahrscheinlich, weil mein Großvater von Wilhelmshaven nach Berlin überstellt wurde und deshalb dort eine Kopie vorhanden war. Eigentlich habe ich nur Zeit, mich schnell durchzuklicken und die entsprechenden Seiten auszudrucken. Aber was ich da lese, ist zum Teil so spannend, dass ich mich immer wieder dabei erwische, an den Seiten festzukleben. Und dann stoße ich auf das Verhör eines gewissen Major Richard Stevens. Mein Vater hat nicht gelogen. Auch wenn er die Geschichte gerne erzählt hat, weil er wusste, dass ihm damit die Aufmerksamkeit aller um ihn herum sicher war: Die Geschichte mit dem Secret Service – sie ist wahr. Und hier ist der Beweis. Direkt vor meinen Augen. Major Richard Stevens, das ist einer von zwei hochrangigen, britischen Geheimdienstmitarbeitern, die am 9. November 1939 beim sogenannten »Venlo-Zwischenfall« von der Wehrmacht überwältigt und über die deutsche Grenze verschleppt wurden. So viel weiß ich inzwischen. Aber dass ich tatsächlich Verhörprotokolle von ihm mit Aussagen über meinen Großvater finden würde, das ist eine ziemliche Überraschung.

Es sind nur wenige Seiten. Auszugsweise Abschriften aus den Verhören. Auszüge, in denen Major Richard Stevens bestätigt, mit meinem Großvater in Kontakt gestanden zu haben. Sie stammen von November und Dezember 1939. Und der Grund für seine Verhaftung ist einfach richtig guter Stoff für einen Spionagethriller. Einen Thriller, in dem auch der niederländische Journalist Dr. Marcus van Blankenstein eine Rolle verdient hätte. Denn er ist es, der Ende 1938 den Kontakt herstellt zwischen Major Stevens, Plato und meinem Großvater.

Van Blankenstein, der von den beiden Letztgenannten den Spitznamen »Onkel Julius« erhält, ruft regelmäßig verschiedene Persönlichkeiten aus Politik und Medien in seiner Villa im niederländischen Wassenaar zusammen. So sorgt er informell dafür, dass Informationen ausgetauscht werden können. Noch aus dem Ersten Weltkrieg hat Onkel Julius Kontakte zum niederländischen Nachrichtendienst GS III. Auch Peter »The Cat« Brijnen von *Eenheit door democratie* ist mit dabei. Um die Jahreswende 1938/39 lädt van Blankenstein dann Major Richard Henry Stevens zu einer dieser Zusammenkünfte ein.

Stellen wir uns einfach ein launiges Dinner vor. Stevens ist neu in Den Haag, er hat gerade seinen Dienst im britischen

Passbüro, einer Tarneinrichtung des MI6, angetreten. Blankenstein weiß genau, wen er sich da an den Tisch holt. Er will Stevens mit Plato und meinem Großvater bekannt machen, weil sie Kontakte ins Reich haben und wichtige Informationen liefern können. Tatsächlich lernen sich die drei auch kennen. Plato geht es vor allem darum, die Briten bei der Finanzierung der *Kameradschaft* mit ins Boot zu holen. Er klärt Stevens außerdem über seine Pläne auf, die emigrierte deutsche Jugend zu einer Einheit zusammenzuschließen und mit deren Führern eine deutsche Exilregierung zu gründen. »Sie hatten phantastische Pläne«, gibt Stevens in der Vernehmung vom 21. November 1939 zu Protokoll. »In der Hauptsache wollten sie Propaganda machen. Sie hatten den Wunsch, ihre Organisation nach London zu verpflanzen. Ebeling sprach von einer neuen deutschen Regierung in London, die das Vertrauen der englischen Regierung und auch des deutschen Volkes haben würde.«[1]

Stevens leitet diese Informationen zwar nach England weiter, dort nimmt man die Sache aber nicht allzu ernst. Das Ganze wird lediglich als Versuch gewertet, sich interessant zu machen, um nach London emigrieren zu können. Denn das Leben in den Niederlanden und auch in Belgien wird zunehmend ungemütlicher, weil die Bedrohung aus Deutschland immer greifbarer wird. An dem, was mein Großvater anzubieten hat, besteht etwas größeres Interesse. Der hat, so steht es im Protokoll, Verbindungen zu katholischen Offizieren und Soldaten der deutschen Wehrmacht und damit Zugang zu durchaus interessanten Informationen für die Briten. Dachte Stevens zumindest: »Das einzige, was er uns brachte, waren aber kleine Angaben von Dislokationen, die nicht viel wert waren. Z.B. schrieb ihm ein Offizier irgendeines Infanterie-Regiments in Köln. Daraus ersah er dann, und wir ersahen es auch, ebenso wie aus dem übrigen Inhalt der Briefe, dass diese Truppe jetzt in Köln lag.«

Das klingt nach eher unspannenden Informationen. Wobei es sich hier halt um ein Verhör handelt und nicht so ganz klar ist, was Stevens da sagt und warum. Will er womöglich seinen Agenten schützen? Oder sind die Informationen, die mein Großvater weitergibt, wirklich nichts wert? Sowohl Stevens als auch mein Großvater haben jedenfalls ein großes Interesse daran, die Angelegenheit herunterzuspielen. Während Stevens die Verbindung zu Plato nicht weiterverfolgt, hält er über einen seiner Mitarbeiter mit dem Namen Loewe weiter Verbindung zu meinem Großvater, der nicht nur regelmäßig Geld für seine Informationen bekommt, sondern auch eine Agentennummer beim SIS. Stevens gibt im Verhör die 141 oder 142 an.

Ich habe natürlich versucht, diese Information zu checken. Leider hat der britische Secret Service keine Pressestelle. Aber im März 2015 erhalte ich aus dem britischen Außenministerium eine Antwort per Mail: »It is the longstanding policy of SIS to neither confirm nor deny whether any individual has worked for SIS.« Ja, klar, was hatte ich auch erwartet, Geheimdienste und Transparenz leben aus gutem Grund auf verschiedenen Planeten.

Aber auch ohne diese Belege kann die Verbindung zwischen meinem Großvater und dem britischen Geheimdienst als gesichert angesehen werden. Auch, weil Stevens sie detailliert schildert und in gesichertem Zusammenhang angibt. So berichtet er zum Beispiel auch über die Verbindung zum Catholic Council for International Relations (CCIR), dessen Konferenz in Dublin mein Großvater im August 1937 besucht, um dort nachzufragen, ob katholische Geflüchtete in Irland untergebracht werden können. Stevens weiß von der *Kameradschaft*, den Plänen, eine Exilregierung zu gründen, und hat nicht zuletzt Kontakt zu Selma Meyers Freundin Dr. Johanna Weitz, der Thüringer Beamtin, die während ihrer Haftzeit so brutal misshandelt wurde. Es sind übrigens die Angaben im Verhör von Stevens, die dazu führen, dass Johanna Weitz enttarnt wird. Das heißt, die Antworten von Major Stevens sind durchaus wertvoll für die Nazis und haben krasse Konsequenzen für jene, die mit dem SIS-Offizier in Verbindung stehen.

Für die Nazis – und auch für Adolf Hitler persönlich – ist die Entführung und Verhaftung dieses Geheimdienstmitarbeiters ein richtig fetter Coup. Und das hat sowohl mit meinem Großvater als auch mit Georg Elser zu tun, dem Mann, der am 8. November 1939 im Münchner Bürgerbräukeller versucht, Hitler in die Luft zu sprengen. Direkt am nächsten Tag werden Major Richard Henry Stevens und sein Mitarbeiter Captain Sigismund Payne Best in der Nähe des Grenzübergangs in Venlo von der Wehrmacht entführt. Und weil die Nazis sich nicht vorstellen können, dass Georg Elser sein Attentat ganz alleine geplant hat, wird einfach ein Zusammenhang zum britischen Geheimdienst hergestellt. Ein entsprechender Artikel erscheint am 22. November 1939 auf der Titelseite der *Deutschen Allgemeinen Zeitung*.

Darin steht unter anderem: »Die im Haag befindliche Zentrale des britischen Intelligence Service für Westeuropa versuchte seit längerem, in Deutschland Komplotte anzuzetteln und Anschläge zu organisieren bzw. Verbindung mit von ihnen vermuteten revolutionären Organisationen aufzunehmen. Auf Grund einer ebenso verbrecherischen wie albernen Aufklärung durch deutsche Emigranten lebte man in der britischen Regierung und in dem ihr unterstellten Intelligence Service in der Meinung, es befände sich im Staat, in der Partei und in der Wehrmacht eine Opposition mit dem Ziel, im Reich eine Revolution herbeizuführen.«[2]

Während die Nazis versuchen, Stevens und Best wie zwei Trottel des britischen Geheimdienstes dastehen zu lassen, bemüht sich Marcus van Blankenstein in einem Artikel für *Het*

Deutsche Allgemeine Zeitung

Berlin, 22. November 1939 (Mittwoch-Morgen) | Berliner Ausgabe | 78. Jahrgang | Nr. 557 | 10 Pfennig

Der Münchner Attentäter verhaftet

Georg Elser der Mörder, Intelligence Service der Auftraggeber, Otto Strasser der Organisator

Chef des Intelligence Service für Westeuropa von deutscher Polizei verhaftet

Der Reichsführer SS über die Aufklärung des Verbrechens

Der Attentäter Georg Elser

Der Chef des britischen Intelligence Service für Westeuropa und seine Komplicen von Beamten der Staatspolizei verhaftet
Links Kapitän Stevens und rechts Mr. Best

Die britischen Agenten gingen in die Falle

Wie die Untersuchung durchgeführt wurde

Parool vom 8. März 1947, ein gänzlich anderes Bild zu zeichnen. Übrigens zu einem Zeitpunkt, an dem der Venlo-Zwischenfall noch gar nicht wirklich untersucht ist. Die einleitenden Worte des Artikels gelten Major Richard Henry Stevens, den er als ungewöhnlich begabten Menschen darstellt. Denn Stevens spricht neben Englisch und Griechisch (seine zweite Muttersprache), auch fließend Französisch, auf Wunsch mit englischem Akzent, zusätzlich Russisch, Arabisch, Hindustani und Malaiisch. Stevens sei ein guter Athlet gewesen und ein Verkleidungskünstler. Er habe ein ungewöhnliches Selbstvertrauen besessen, sei ehrgeizig und gründlich gewesen.[3]

Der Tipp, dass es eine organisierte Opposition gegen Hitler innerhalb der Wehrmacht gebe, kam übrigens nicht aus den Kreisen deutscher Emigranten, wie es im Artikel der *Deutschen Allgemeinen Zeitung* steht. Was nicht heißt, dass es nicht trotzdem auch innerhalb der Wehrmacht Menschen gab, die so gar keinen Bock auf Hitler und das NS-Regime hatten. Sowohl mein Großvater als auch Johanna Weitz berichten Stevens in Gesprächen davon. Aber es gibt keine Hinweise darauf, dass sie über eine dezidierte, organisierte Opposition berichteten. Der Kontakt zu einer wie auch immer gearteten Opposition der Wehrmacht kommt über Captain Best. Der schleppt als Kontaktmann einen falschen deutschen Doktor mit dem angeblichen Namen Franz Fischer an. Und so nimmt das Unheil seinen Lauf.

»Major Stevens war voller Eifer und wollte die Gelegenheit beim Schopfe packen. Seine Militärchefs verweigerten ihm die Zustimmung. Die britische Delegation in Den Haag war teilweise dagegen. […] Major Stevens ließ sich trotz all des Widerstands nicht abschrecken. Er hatte den Spalt entdeckt, in den ein Keil getrieben werden konnte, der den deutschen Kriegsaufbau zerstören konnte. Und er konnte nicht von der Möglichkeit Abstand nehmen, die sich ihm bot.«[4] So beschreibt Marcus van

Blankenstein die Situation. Stevens holt sich die Erlaubnis der niederländischen Stellen, um sich mit den angeblichen Oppositionellen an der Grenze zu treffen. Das Ganze ist auch deshalb heikel, weil die Niederlande neutral sind. Eine solche politische Einmischung auf ihrem Gebiet, zumal durch einen britischen Geheimdienstoffizier, ist eine hochriskante Angelegenheit. Van Blankenstein schätzt, dass es das dritte Treffen ist, bei dem der Überfall auf Stevens, Best und den sie begleitenden niederländischen Leutnant Klop stattfindet. Klop wird bei dem Überfall getötet, Stevens und Best ins Auto gezerrt und auf die deutsche Seite gefahren. Hitler wird genau diesen Vorfall dazu nutzen, um ein halbes Jahr später seinen Einmarsch in die Niederlande zu begründen. Nach seiner Darstellung haben damit die Niederlande den Krieg begonnen, weil sie gegen ihr sich selbst auferlegtes Neutralitätsgebot gegenüber Deutschland verstoßen haben.

Interessanterweise fängt laut der Dokumente die richtige Informantentätigkeit meines Großvaters da erst an. Während Major Stevens in Berlin verhört wird, bricht Theo am 19. November 1939 zusammen mit Plato zu einer dreiwöchigen Reise nach Großbritannien auf. Der Grund: Plato und mein Opa Theo sollen nach London geholt werden, um dort als Rundfunksprecher zu arbeiten. Zumindest ist das die Information, die Stevens im Oktober 1939 erhält, kurz vor seiner Verhaftung.

Als ich diese Stelle in seinem Verhör vom 21. November 1939 entdecke, bekomme ich den Mund nicht mehr zu vor Staunen. Mein Opa sollte tatsächlich beim Radio arbeiten. Da, wo ich so lange hinwollte und wo ich seit jetzt fünf Jahren auch endlich bin. Mit dem großen Unterschied, dass ich heute in einer deutlich komfortableren Situation bin. Als freie, unabhängige Journalistin in einem demokratischen Land. Mein Großvater hätte definitiv eine andere Rolle gehabt. Sein Job wäre es gewesen, als deutsche Stimme über britische Sender zum Widerstand gegen Hitler aufzurufen. Was mein Großvater genau in London macht, warum er dort drei Wochen lang bleibt, lässt sich wohl nicht mehr herausfinden. Seine Geliebte, Toos Verhagen, gibt in einem Verhör über eine Londonreise im Jahr davor an, mein Großvater habe Termine in der Downing Street wahrgenommen, dem Regierungsviertel in London. Weil mein Opa nicht besonders gut Englisch spricht, begleitet ihre Freundin Tiny Wolsey ihn zu den Treffen.

> Zu dritt führte uns Hespers zur Downing-Street, wo wir ein Regierungsgebäude aufsuchten. […] Hespers gab dem Pförtner seine Karte ab und nannte einen Namen, den ich aber vergessen habe. Wir wurden sofort vorgelassen. Während ich im Wartezimmer blieb, gingen meine Freundin und Hespers zu einem Dezernenten, dessen Namen ich nicht kenne. Später erzählte mir meine Freundin, daß sie nie geahnt hätte, was für eine einflußreiche Persönlichkeit Hespers wäre. Bei dem betreffenden englischen Beamten hat Hespers nach Angaben meiner Freundin Mitteilungen über verschiedene Ausrüstungsgegenstände der deutschen Wehrmacht gemacht. Man sprach über neuartige Kanonen. Irgendwelche Einzelheiten kann ich heute nicht mehr angeben.[5]

Das lässt jetzt natürlich einigen Raum für Spekulationen. Mein Großvater streitet in den Verhören ab, dass er je über solche Sachen gesprochen hat. Er gibt an, sich vor allem bei Zeitungsredaktionen vorgestellt zu haben. Er suchte nach einer Möglichkeit, seine Artikel ins Ausland zu verkaufen. Damals ist er nur eine Woche in England. Es ist die Weihnachtswoche. Da dürfte er ohnehin nicht allzu viele Termine wahrgenommen haben. Warum er aber nach dem Venlo-Zwischenfall gleich drei

Wochen lang in London bleibt, dazu gibt es genau gar keine Informationen. Er wiederholt natürlich, was er auch zur Reise davor schon gesagt hat: Er hat Kontakte mit Redaktionen gesucht und nach Möglichkeiten, katholische Geflüchtete unterzubringen. Aber drei Wochen lang? Und zwar genau zehn Tage nach dem Venlo-Zwischenfall? Zudem ist es auch gar nicht so leicht für ihn, an ein Visum zu kommen. Das besorgt ihm der britische Presseattaché in Den Haag. Noch so eine Tarnbezeichnung für den britischen Geheimdienst. Ich habe lange überlegt, warum mein Großvater wirklich so lange in Großbritannien geblieben ist. Und hatte durchaus den Gedanken, dass er sich dort vielleicht auf die ein oder andere Weise hat ausbilden lassen. Und tatsächlich finde ich einen Missing Link, der diese Theorie unterstützt. Zunächst in einem Brief eines tschechischen Journalisten an meinen Vater von 1967. Dann in einem Buch.

Januar 2018

Ein Zimmer voller Erinnerungen

»Ganz ehrlich, Papa. Du stirbst mir nicht, bevor wir dieses Zimmer hier aufgeräumt haben. Wehe, du lässt mich mit dem Scheiß hier alleine!«, sage ich streng zu meinem Vater. Er lacht: »Ja, das wär nicht nett von mir, nicht?« Er klingt dabei kein bisschen schuldbewusst. Einfach nur amüsiert. Früher hätte mich das wütend gemacht. Aber für sowas ist jetzt einfach keine Zeit. Wir laufen ein Wettrennen, von dem wir beide nicht wissen, wie viel Zeit uns dafür bleibt. Vielleicht haben wir noch Monate, vielleicht nur Tage. Klar ist nur: Es wird keine Ewigkeit mehr sein.

Es ist das dritte Mal, dass wir in seinem Zimmer sitzen. Dem Zimmer, in dem sich bis unter die Decke Dinge stapeln. Und auf dessen Boden kniehoch Blätter verstreut liegen. Es ist sein Heiligstes. Niemand hat hier Zutritt. Sein ganzes Leben steckt in genau diesem Zimmer. Alles, was er über die Jahre mitgeschleppt hat. Dinge, die er schon damals in seinem Arbeitszimmer gestapelt hatte. Damals, als er noch bei uns wohnte. Es ist der 23. Dezember 2017, als wir das erste Mal zusammen hier aufräumen. Oder vielmehr: Ich räume auf, mein Vater beobachtet das Ganze mit Argusaugen und entscheidet, was in die blauen Müllsäcke darf und was nicht.

Er sitzt auf einem Klappstuhl, vor ihm steht auf einem wackligen Campingtisch eine alte Schreibmaschine. Nach zwei Nachmittagen, die wir hier bereits verbracht und sortiert haben, ist immerhin der Boden frei. Mein Vater ist erkältet, sehr blass und hustet ständig. Kalt ist ihm auch. Wir suchen gemeinsam nach all den wichtigen Dokumenten, die er irgendwo in diesem Chaos vergraben hat. Wichtigen Dokumenten in einem riesigen Haufen sehr unwichtiger Dokumente. Und Müll. Denn mein Vater kann sich einfach nicht von Sachen trennen. Und weil er in dem Chaos irgendwann nichts mehr wiederfindet, denkt er sich einen Trick aus: Einfach alle seine Texte so oft kopieren, dass er wahllos in diesen Wust aus Papier greifen kann und sicher irgendwas von dem findet, was er sucht.

Niemand durfte in diesem Chaos aufräumen. Einem Chaos, in dem mein Vater Tage und Nächte verbracht hat. Nicht mal das Fenster kann man in dem Raum noch öffnen. Man kommt einfach nicht mehr ran. Ich muss schon beim Gedanken an dieses Zimmer husten und schütze mich mit einer Atemmaske vor dem Staub. Weitere Utensilien: eine Rolle blauer Müllsäcke, Umzugskartons, ein dicker schwarzer Filzstift zum Beschriften und Handschuhe. Ich bin innerlich tatsächlich darauf vorbereitet, irgendwo eine mumifizierte Maus zu finden, begraben unter einem Stapel umgekippter Bücher oder Schallplatten. Glücklicherweise sind es nur vertrocknete Mandarinenschalen, verrotzte Taschentücher, Tabakkrümel, feucht gewordene und klebrige Bonbons, Medikamente mit Verfallsdatum von gefühlt vor meiner Geburt – und hier und da eine plattgepresste Spinne. Aber am Ende werden wir das Meiste von dem, was wir finden wollen, tatsächlich finden – auch wenn ich das zu dem Zeitpunkt nicht weiß und mich mangels Methodik eher intuitiv durch den Wust wühle.

Alles in diesem Zimmer hat eine Geschichte. Wirklich alles. In der Regel läuft es so ab: Ich halte ihm irgendein Dokument oder einen Gegenstand hin, bei dem ich keine Ahnung habe, ob das was Wichtiges ist, und er fängt an, eine Geschichte zu erzählen. Es ist ein bisschen so, als könnte man mit Hilfe dieser Artefakte in seinem Leben vor- und zurückspulen. Nur halt *random*. Die Kapitel haben weder eine Überschrift noch eine

Chronologie. Unsere erste Sitzung zeichne ich mit meinem Aufnahmegerät mit. Auch jetzt läuft das Aufnahmegerät – leider ist die Batterie etwas schwach. Aber ich hoffe inständig, dass sie trotzdem hält. Einen Versuch ist es jedenfalls wert.

In diesem Zimmer mit all dem Plunder wird mir schmerzlich bewusst, was es bedeutet, wenn ein Leben endet. Mein Vater hat so unglaublich viel erlebt, in seinem Kopf sind so viele skurrile Geschichten gespeichert, er hat ein so reiches Leben gehabt, es ist schlicht unmöglich, das alles zu bewahren. Oder zu erzählen. Geschweige denn, in eine Form zu bringen. Selbst wenn ich alles, was er mir in diesen drei Tagen noch erzählt, aufnehmen würde – es wäre doch nur ein Bruchteil dessen, was dieses bis dahin fast 87 Jahre währende Leben ausgemacht hat. An dem Tag, an dem mein Vater seinen letzten Atemzug macht, wird sich all das in nichts auflösen. Und so wütend ich lange auf meinen Vater war, sosehr ich auch unter seiner Art gelitten habe – es tut mir trotzdem leid. Ein Gefühl, von dem ich bis vor kurzem nie gedacht hätte, dass ich es haben würde. So viel Geschichte, so viele Geschichten liegen hier verstreut. Immer wieder reiche ich ihm Fotos und Dokumente und bitte ihn, hintendrauf zu schreiben, was das ist. Ich habe dafür verschiedene Kartons vorbereitet. Die einen für ihn und seine persönlichen Erinnerungsstücke, die anderen für mich. In die fliegen die Fotos und Dokumente, die ich für den Blog und den Podcast brauche. Die Fotos von meinem Opa, seine Briefe, die Fotos von Plato und seine Dokumente soll ich bitte auch an mich nehmen. Es sind wirklich kistenweise Schwarz-Weiß-Fotografien. Außerdem alte Bücher, einige davon auf Niederländisch. Keine Ahnung, wann ich das alles lesen und sortieren soll.

Oft finde ich Dinge an völlig unerwarteten Stellen. Eine alte Zeichnung von mir in einem Ordner mit Liedtexten. Den wütenden Brief, den ich ihm geschrieben habe, als ich neunzehn Jahre alt war, und über den ich heute lachen muss. Nicht, weil ich meine Wut darin nicht ernst nehme. Die hatte schon ihre Berechtigung. Aber sie ist nicht mehr wichtig. Und irgendwie kann ich meinen Vater heute milder wahrnehmen. Was vor allem daran liegt, dass ich weiß, er wird mir nicht mehr wehtun. Wir sind aufeinander angewiesen. Und er wird den Teufel tun, das aufs Spiel zu setzen. Und ich hab ohnehin kein Interesse daran, Streit mit ihm anzufangen. Was passiert ist, das ist passiert. Kein Gespräch der Welt kann das wiedergutmachen. Nichts kann die Zeit zurückdrehen. Alles, was zählt, ist jetzt. Die Minuten und Stunden, die uns bleiben, zumindest ein wenig Ordnung in dieses Chaos zu bringen.

Um Zeit zu gewinnen, entscheide ich irgendwann, die Ordner nicht mehr dezidiert zu durchsuchen, sondern einfach so einzupacken. »Briefe von Theo« steht auf einem. Ich blättere kurz, finde die erste handschriftliche Seite und – zack – landet der komplette Ordner im Karton. Ich mach mir gar nicht erst die Mühe, das irgendwie zu sortieren. Dazu habe ich später noch genug Zeit. Denke ich. Das kann ich im Zweifel auch ohne meinen Vater.

»Das ist ein bisschen ekelig, oder?«, fragt er, als ich mal wieder Mandarinenschalen und klebrige Bonbons von irgendwoher fische und in den blauen Mullsack werfe. »Ja, Papa, das ist es. Aber hilft ja nix«, antworte ich sanftmütig und mache weiter. Es ist ihm sichtlich unangenehm, dass ich seinen Dreck wegräumen muss. Unangenehm, dass er nicht die Kraft hat, das selbst zu tun. Nie gehabt hat, um ehrlich zu sein. Andere Menschen würden das ein Messie-Zimmer nennen, ich persönlich bevorzuge den Begriff Organisations-Defizit-Störung. Und ich glaube, eine Ahnung zu haben, woher dieser Zwang bei meinem Vater kommt, alles aufzuheben, und warum er lange niemanden in sein Zimmer gelassen hat, um dort für Ordnung zu sorgen. Nicht mal, wenn er dabei war. Es hätte ihn mit einem unendlich

Dieses Foto mache ich für eine Instagram-Story bei meinem dritten Besuch, um mit meinem Vater gemeinsam sein Zimmer aufzuräumen und Dinge zu sortieren. Und genau in dem gelben Ordner rechts im Bild finde ich unerwartet einen kleinen Schatz.

großen Schmerz konfrontiert. Dem Schmerz des größten Verlustes, den mein Vater in seinem Leben erfahren hat. Den Verlust des eigenen Vaters – und letztlich der wenigen Erinnerungsstücke an ihn, die geblieben waren. Dinge, die er zum Beispiel während seiner Haft im Gestapo-Gefängnis gebastelt hat.

> Dann hat er, um nicht verrückt zu werden, hat er sich Spielkarten gemacht. Der hat sich aus Pappdeckel hat er Spielkarten geschnitten, der hat mit Stückchen Papier hat er die Punkte gemacht. Schwarze Punkte – ungefähr sowas wie Pick oder Kreuze, sogar Königsfiguren hat er gemacht. Der hat sogar sich ein Dame-und-Mühle Spiel zurechtgemacht, um mit sich selbst spielen zu können, um nicht total durchzudrehen.

Nachdem die Nazis meinen Großvater ermordet haben, schicken sie seine wenigen Habseligkeiten an seine Familie zurück. Zuzüglich der Rechnung für die Prozesskosten. Unter diesen Habseligkeiten befinden sich ebenjene Spielkarten und das Dame-und-Mühle-Spiel. Es ist alles, was meinem damals zwölfjährigen Vater von seinem Vater bleibt. Das, eine Uhr und ein paar Schnipsel mit Zeilen an ihn, die er aus Berlin bekommen hat. Bei einem großangelegten Bombenangriff der Alliierten auf Mönchengladbach am 10. September 1944 wird auch das Haus zerstört, in dem mein Vater lebt. Er selbst wird in einem Bunker verschüttet, aber überlebt die Detonation mit geplatzten Trommelfellen. Seine Tante neben ihm überlebt diesen Bombenangriff nicht. Unter den Trümmern des Hauses werden auch die letzten Erinnerungsstücke an seinen Vater Theo begraben.

Es zerreißt mir selbst jetzt das Herz, wo ich nur in wenigen Sätzen darüber schreibe. Jeder kleine Schnipsel Erinnerung bedeutet meinem Vater die Welt. Es war sein verzweifelter Versuch, zumindest etwas von diesem Leben festzuhalten. Eine

Lücke zu füllen. Ein Loch in der Seele so groß wie ein Bombenkrater. Ein Loch, das so sehr schmerzt, dass man nie wieder hineinsehen will.

Jetzt sitzen wir hier und sehen gemeinsam in den Abgrund. Und irgendwie ist es gar nicht so schlimm. Wenn mein Vater nur nicht so sehr husten würde. Schon im letzten Sommer, als wir gemeinsam auf dem Edelweißpiraten-Festival in Köln aufgetreten sind, hat er nicht gut ausgesehen. Seine Beine waren geschwollen, sein Herz hat es kaum geschafft, genügend Blut zu pumpen. Neben unserem gemeinsamen Auftritt hat er noch zwei weitere Konzerte gegeben an diesem Tag. Mit 86 Jahren. Bei sommerlicher Hitze. Wir haben ihn kaum von der Bühne bekommen. »Ein Lied hab ich noch, darf ich das noch spielen?«, hat er dann gefragt und angefangen, ohne die Antwort abzuwarten. Die Band nach ihm hat geduldig gewartet, aber irgendwann war unser Timeslot wirklich hoffnungslos überzogen. Nach dem Auftritt machen wir gemeinsam ein Selfie im Schatten. Ich zeige ihm das Foto. »Da seh ich ja aus, wie ne Leiche!«, stellt er entrüstet fest. Und es stimmt. Er ist wachsweiß im Gesicht. Seine Adern schimmern bläulich durch die Haut. Und trotzdem spielt er noch zwei weitere Konzerte. Ob das unvernünftig war? Keine Ahnung. Und ich bin mir nicht sicher, ob das die richtige Kategorie ist. Denn letztendlich war es das letzte Mal, dass er dort gespielt hat. Er wäre lieber tot von der Bühne gekippt, als aus gesundheitlichen Gründen auf einen Auftritt zu verzichten. Und wenn das sein Lebenselixier ist, wie vernünftig ist es dann, ihm das aus gesundheitlichen Gründen zu verwehren? Medizinisch gesehen sicher strittig, aber die Bühne war sein Leben. Jetzt, ein halbes Jahr später, scheint sich sein Gesundheitszustand nochmal verschlechtert zu haben.

Und trotzdem freuen wir uns auch diesmal gemeinsam, noch ein paar Schätze zutage gefördert zu haben. Denn plötzlich fische ich aus einem Karton mit alten Schwarz-Weiß-Fotos, die ich einfach ungesehen hineingeworfen habe, ein schwarzes Büchlein. Es ist der Familienstammbaum. Aufgeschrieben von meiner Urgroßtante: Schwester Christophera Maria Hespers. Ja, genau. Die Priorin im Kloster Marienthal, die meinem Großvater zu Beginn seiner Flucht geholfen hatte. Auf dem Familienfoto, das hinten eingeklebt ist, steht mein Großvater mit seinen Geschwistern und seinen Eltern und blickt ernst in die Kamera. Wenn es stimmt, dass er da neunzehn Jahre alt ist, muss das Foto um 1922/23 herum entstanden sein. Das Büchlein dürfte aus einer ähnlichen Zeit stammen. Angeblich sucht die Gestapo damals mit einem Ausschnitt genau dieses Fotos nach meinem Großvater. Es ist das gleiche Bild, das jahrelang in unserem Wohnzimmer gehangen hat, in einem ovalen, schwarzen Rahmen über dem alten Sekretär, den mein Vater von Plato geerbt hat. Er kam mir darauf immer so entrückt und unerreichbar vor. Der Held der Familie eben. Ich freue mich so sehr über dieses Fundstück, dass ich noch am Abend eine Notiz dazu auf der Facebook-Seite meines Podcasts veröffentliche.

Aber ich finde noch einen Schatz. Etwas, von dem ich nicht erwartet hätte, dass ich es finde. Ungefähr eine Woche bevor ich zur dritten Aufräumaktion bei meinem Vater anrücke, schickte er mir einen seiner berüchtigten Briefe. Darin ein Schreiben vom 24. April 1967. Absender ist ein Rudolf Ströbinger aus Prag. Wikipedia verrät mir, dass es sich dabei um einen tschechischen Journalisten handelt. Und dieser Journalist hat einen Artikel über meinen Großvater in der Tageszeitung *Lidová demokracie* (Volksdemokratie) geschrieben. Überschrift: »Der Held mit dem Decknamen Katholik«. Jetzt hab ich zwar in den Verhörprotokollen meines Großvaters schon gelesen, dass er Kontakte zum tschechoslowakischen[1] Geheimdienst hatte, aber mir fehlt eine zweite Quelle. Am liebsten hätte ich natürlich eine Originalquelle. Schon allein aus dem Grund, weil mein

Als ich das kleine Buch mit dem Familienstammbaum finde, freue ich mich wirklich enorm. Denn bisher kannte ich von diesem Bild nur das Gesicht meines Opas in Großaufnahme.

Großvater diese Beziehungen ja entweder abstreitet oder verharmlost, indem er lediglich von einer journalistischen Tätigkeit spricht. Rudolf Ströbinger scheint da aber noch andere Informationen zu haben.

Die hat er in einem Buch veröffentlicht mit dem Titel *A-54. Spion mit drei Gesichtern*. Darin, so schreibt er in dem Brief, erwähnt er auch meinen Großvater, nur leider mit falschem Vornamen und auch nur sehr kurz. Man habe ihm den Namen »Karl« übermittelt und nicht Theo. Leider habe er vom Buch kein Exemplar mehr übrig, aber man finde die Stelle auf Seite 128. Das klingt alles superspannend. Nur leider weiß mein Vater nicht, wo er den Artikel hat. Und das Buch hat er auch nie gelesen. Ihm hat es gereicht zu wissen, dass sein Vater Theo ein wichtiger Mann war und Spionage betrieben hat. Was genau dahintersteckt, damit hat er sich nie beschäftigt. Ich nehme mir vor, im Netz nach dem Zeitungsartikel zu suchen. Wohl wissend, dass das schwierig werden könnte. Allerdings scheitert die Suche schon nach kurzer Zeit an mangelnden tschechischen Sprachkenntnissen. Aber vielleicht kenne ich zufällig jemanden, der oder die Kontakte nach Tschechien hat und für mich ein Zeitungsarchiv durchsuchen kann oder eine entsprechende Online-Bibliothek. Wesentlich problemloser ist es, das Buch *A-54* im Netz aufzustöbern. Es ist auf Deutsch veröffentlicht. Was ich nicht ahne: Schon bald werde ich auch den Artikel in Händen halten.

Ich erinnere mich noch sehr genau, wie und wo ich ihn finde. Ich stehe im Gerümpel-Zimmer und will mich eigentlich der Seite rechts vom Fenster widmen. Dort steht in einem Regal ein alter, stark verstaubter Plattenspieler. Überall hängen Kabel raus. Bücher fliegen rum. Schallplatten. Ein alter, ebenfalls verstaubter Marshall-Verstärker steht dort auch. Kisten mit 8-mm-Filmen. Dokumente sehe ich keine. Und irgendwie habe ich das Gefühl, dass in der Ecke nichts zu holen ist. Also lasse ich von dem Vorhaben ab und entscheide mich spontan um. Ich werde doch die Papiere vor dem Fenster in Angriff nehmen und das Regal links daneben. Noch eben schnell ein Foto für die Instagram-Story von der Aktion gemacht, ein kurzer Blick auf die vertrockneten Blumen und die dichten Spinnweben auf dem Fensterbrett, einmal schütteln, tief durchatmen und dann geht's los. Vorsichtig nehme ich ein Teil nach dem anderen vom Stapel. Nichts hier hat ein System. Oft segeln zwischen ein paar alten Zeitschriften oder einem Stapel loser Blätter Fotos vor mir auf den Boden, Postkarten oder andere Schriftstücke. Manchmal sind es aber auch nur alte Arzt-Überweisungen, Rezepte für Medikamente, Quittungen für Bankeinzahlungen oder Gewinnspiel-Flyer. Solche Dinge wandern in die blauen Säcke, die sich beständig weiter füllen. Dann erregt ein gelber Ordner meine

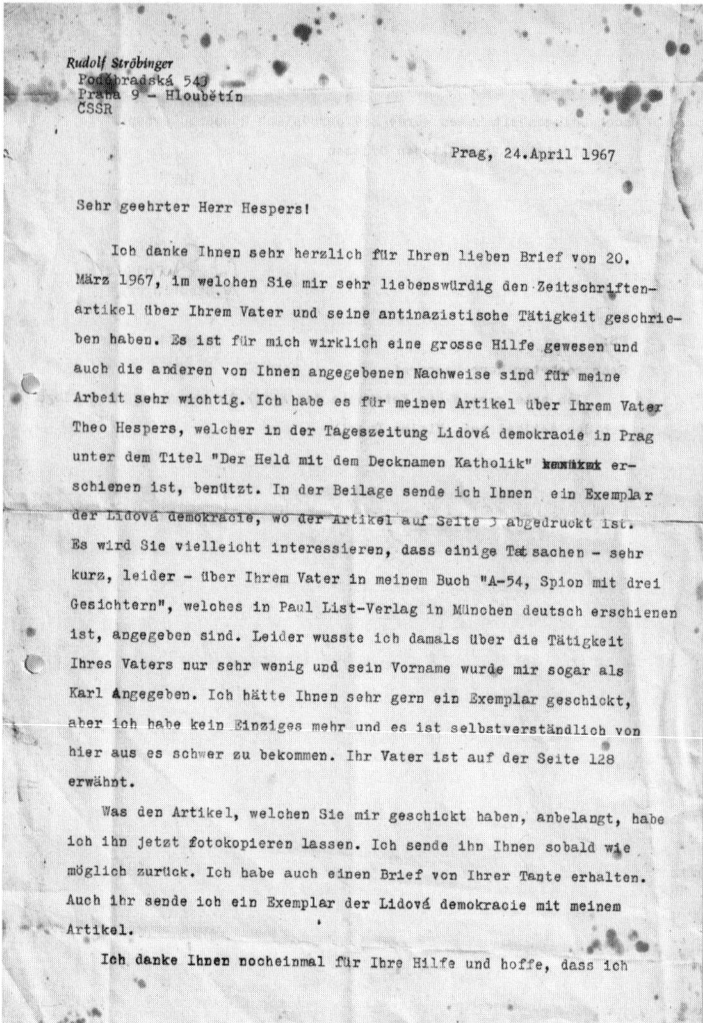

Rudolf Ströbinger
Poděbradská 543
Praha 9 - Hloubětín
ČSSR

Prag, 24.April 1967

Sehr geehrter Herr Hespers!

Ich danke Ihnen sehr herzlich für Ihren lieben Brief von 20. März 1967, im welchen Sie mir sehr liebenswürdig den Zeitschriftenartikel über Ihrem Vater und seine antinazistische Tätigkeit geschrieben haben. Es ist für mich wirklich eine grosse Hilfe gewesen und auch die anderen von Ihnen angegebenen Nachweise sind für meine Arbeit sehr wichtig. Ich habe es für meinen Artikel über Ihrem Vater Theo Hespers, welcher in der Tageszeitung Lidová demokracie in Prag unter dem Titel "Der Held mit dem Decknamen Katholik" erschienen ist, benützt. In der Beilage sende ich Ihnen ein Exemplar der Lidová demokracie, wo der Artikel auf Seite 3 abgedruckt ist. Es wird Sie vielleicht interessieren, dass einige Tatsachen - sehr kurz, leider - über Ihrem Vater in meinem Buch "A-54, Spion mit drei Gesichtern", welches in Paul List-Verlag in München deutsch erschienen ist, angegeben sind. Leider wusste ich damals über die Tätigkeit Ihres Vaters nur sehr wenig und sein Vorname wurde mir sogar als Karl Angegeben. Ich hätte Ihnen sehr gern ein Exemplar geschickt, aber ich habe kein Einziges mehr und es ist selbstverständlich von hier aus es schwer zu bekommen. Ihr Vater ist auf der Seite 128 erwähnt.

Was den Artikel, welchen Sie mir geschickt haben, anbelangt, habe ich ihn jetzt fotokopieren lassen. Ich sende ihn Ihnen sobald wie möglich zurück. Ich habe auch einen Brief von Ihrer Tante erhalten. Auch ihr sende ich ein Exemplar der Lidová demokracie mit meinem Artikel.

Ich danke Ihnen nocheinmal für Ihre Hilfe und hoffe, dass ich

Diesen Brief schickt mir mein Vater im Januar 2018 per Post. Mit dem Hinweis, dass er leider den Artikel dazu nicht mehr finden kann. Das macht mich natürlich neugierig.

Aufmerksamkeit. Ein vergilbtes Stück Papier lugt daraus hervor. Neugierig schlage ich den Ordner auf und sehe eine Zeitung. Ich reiche meinem Vater den Ordner und sage: »Guck mal, hier ist eine Zeitung. Schwedisch oder so.«

Einundzwanzig, zweiundzwanzig, dreiundzwanzig … ich schnappe mir den Ordner wieder zurück und sage: »Papa, das ist nicht Schwedisch. Das ist Tschechisch!«

Und tatsächlich: Als ich die zusammengefaltete Zeitung ganz vorsichtig aus dem Ordner nehme und umdrehe – das Papier bröselt schon an den Rändern –, sehe ich es: Im unteren Teil ist ein Foto von meinem Großvater! Darüber die Headline: »Hrdina s rycím jménem katolík«. Ich verstehe nur »Katholik«, aber das reicht, um zu wissen, was ich da gefunden habe. Die letzte Bestätigung liefert mir der Autorname unten rechts: R. Ströbinger. Ich bin ziemlich aus dem Häuschen und packe den Ordner sofort ein. Und es ist schon ein witziger Zufall, dass mir später auf dem Foto, das ich für Instagram gemacht habe, auffällt, dass der gelbe Ordner auch da schon zu sehen ist. Nur wenige Tage später trifft auch das Buch des tschechischen Journalisten bei mir zu Hause ein. Es werden allerdings nochmal zweieinhalb Jahre vergehen, bis ich verstehe, was ich da wirklich gefunden habe.

1940

Deckname »Katholik«

Während ich an diesem Buch hier arbeite, gehe ich alle Unterlagen nochmal durch. Alle Verhörprotokolle, alle Interviews mit meinem Vater, alle Essays und Artikel, die ich in den vergangenen sechs Jahren gesammelt habe. Und jetzt – endlich – lese ich auch *A-54. Spion mit drei Gesichtern* von Rudolf Ströbinger. Wie angegeben finde ich »Karl« Hespers auf Seite 128.

> Zu dieser Zeit gewann A. Frank in Holland den deutschen Emigranten Karl Hespers für den Nachrichtendienst. Einen jungen Mann von ungefähr 35 Jahren. Er war aus Deutschland emigriert, weil Hitlers antikirchliche Politik seiner Überzeugung zuwiderlief. Aus diesem Grund bekam Hespers auch den Decknamen »Der Katholik«.[1]

Mit »zu dieser Zeit« ist das Jahr 1939 gemeint, da war mein Großvater genau 35 Jahre alt. Ihn als »Der Katholik« zu bezeichnen ist mehr als naheliegend. Und einige Zeilen später wird auch sein Wohnort angegeben: Eindhoven. Das lässt wenig Zweifel daran, dass es sich hierbei tatsächlich um meinen Großvater handelt. Auch ohne die Bestätigung im Brief von Ströbinger. Ich bin baff. Und wieder macht sich dieses Gefühl breit, das ich schon hatte, als mir Matthias von Hellfeld über meinen Großvater erzählte, er sei ein Held gewesen. Menschen von außen, die nichts mit meinem Vater zu tun haben, bestätigen seine Geschichten. Geschichten, mit denen mein Vater gerne wichtigtuerisch durch die Gegend gelaufen ist. Dinge, die eigentlich nur im Film passieren. Die sich unecht und unwahr anfühlen. Weil er sie benutzt hat, um sich selbst vor anderen eine Bedeutung zu geben. Aber sie stimmen halt auch. Es ist so ein seltsames Gefühl, ihm da Unrecht getan zu haben. Klar, die Angeberei war nervig. Aber er hat schon auch zu Recht Anerkennung für die Geschichte seines Vaters eingefordert – und für das Leid, das ihm durch ebendiese Geschichte widerfahren ist. »Ach, Papa, ey«, denke ich und atme tief durch, um dieses Kribbeln in der Nase loszuwerden, das die nächsten Tränen ankündigt. Was für eine auf so vielen Ebenen verkorkste Geschichte.

Von den Umständen, die in *A-54* auf Seite 128 beschrieben werden, verstehe ich nur die Hälfte. Um die Zusammenhänge zu begreifen, brauche ich wohl die ganze Geschichte. Das Buch beginnt im Frühjahr 1936. Ein nicht näher beschriebener Deutscher bietet sich dem tschechoslowakischen Nachrichtendienst als Spion an. Schnell stellt sich heraus, dass dieser Informant wichtige militärische Informationen anzubieten hat. Weil der Gegenseite weder sein richtiger Name noch seine Funktion in Deutschland bekannt sind, erhält er die Bezeichnung »A-54«. Schnell ist klar: A-54 hat Zugang ins Allerinnerste einer deutschen Behörde. Die Kontakte zwischen diesem deutschen Agenten und dem tschechoslowakischen Nachrichtendienst ziehen sich mit Unterbrechungen über drei Jahre hin. Anfang 1939 wird es ernst. Sowohl auf tschechoslowakischer als auch auf deutscher Seite werden Informanten mit Funksendern ausgestattet, um militärische Botschaften zu übermitteln. Um diese Kurzwellensender bedienen zu können, bedarf es einer Einweisung. A-54 bietet den tschechoslowakischen Nachrichtenoffizieren an, ihnen einen deutschen Sender zu beschaffen, damit sie sich die Technik ansehen können, um Nachrichten abzufangen, die Spione aus der Tschechoslowakei ins Deutsche Reich funken. Dieser Spion, so stellt sich Jahre später raus, ist niemand Geringerer als Paul Thümmel, Hauptvertrauensmann in der Dresdner Organisation der Abwehr und damit Mitarbeiter von Wilhelm Canaris, der bis 1944 Leiter der Abwehr des militärischen Geheimdienstes der Wehrmacht war. Canaris war maßgeblich an den Kriegsvorbereitungen gegen die Tschechoslowakei beteiligt.

Irgendwann nach der Besetzung von Böhmen und Mähren unternimmt A-54 alias Paul Thümmel eine Reise nach Den Haag. Seine Post lässt er an den Kunsthandel De Favorit senden, der einem Ehepaar Jelinek gehört. Und genau diese Anschrift von De Favorit finde ich auch in den Unterlagen meines Großvaters. Das kann natürlich einfach damit zu tun haben, dass die Gestapo 1942 bereits einige Informationen über die Tätigkeit des tschechoslowakischen Nachrichtendienstes in den Niederlanden hat und diese meinem Großvater in den Verhören einfach mal vorhält, um zu sehen, ob und wie er darauf reagiert. Aber es taucht in den Unterlagen über meinen Großvater neben der Adresse noch ein Name auf: Siman. Der heißt mit vollständigem Namen Rudolf Šiman und ist Stabskapitän und Angehöriger der tschechoslowakischen Nachrichtenabteilung. In dessen Kassenbuch, das der Gestapo vorliegt, tauchen sowohl der Name meines Großvaters als auch seine Deckadresse bei Familie Hazeleger in Den Haag auf und Überweisungen im Gesamtwert von 2055 holländischen Gulden sowie 3840 Reichsmark. Mein Großvater behauptet, diesen Šiman nicht gekannt zu haben, wohl aber einen Erban. An dieser Stelle gibt es zwei Möglichkeiten: Entweder – und das legt das Buch *A-54* nahe – Erban ist ein Tarnname von Rudolf Šiman. Oder es ist der Tarnname seines Nachfolgers an der Stelle, Major Alois Frank. Also der A. Frank, der den Kontakt zu meinem Großvater hergestellt hat.[2]

Sicher ist, dass mein Großvater Nachrichten für diesen Erban an die Deckadresse De Favorit mit Filialen in Den Haag und Rotterdam gesendet hat. Und das war nicht nur die Deckadresse für den tschechoslowakischen Geheimdienst.

Als Hitler am 15. März 1939 mit seinen Truppen Prag besetzt, fliehen – gewarnt durch A-54 – nur wenige Stunden vorher die tschechoslowakischen Nachrichtenoffiziere in einem niederländischen Flugzeug nach London. Dort arbeiten sie fortan mit dem britischen Geheimdienst zusammen. Das heißt, die Nachrichten an die Deckadresse De Favorit gingen nicht zwingend weiter in die inzwischen zerschlagene Tschechoslowakei, sondern nach England. Und mein Großvater hat dort Nachrichten empfangen oder hingeliefert. Angeblich aber nur gefälschte Berichte, mit denen niemand etwas anfangen konnte, wenn das stimmt, was er in den Gestapo-Verhören angibt.

An dieser Stelle bekommt auch eine weitere Vermutung von mir neue Nahrung. Nämlich, dass mein Großvater im November 1939 nicht nur deshalb für drei Wochen nach London fliegt, um dort Kontakt mit Redaktionen aufzunehmen. Auf Seite 129 finde ich folgenden Hinweis: »Karl Hespers blieb in Holland auch nach der Besetzung durch deutsche Truppen. Knapp vorher bekam er auf direkte Weisung Londons einen Kurzwellensender ausgehändigt; der ›Katholik‹ absolvierte einen kurzen radiotechnischen Kurs.«[3]

Der Autor lässt offen, was genau »kurz vorher« bedeutet. Aber der Einmarsch der Deutschen in die Niederlande findet am 10. Mai 1940 statt. Es ist durchaus möglich, dass mein Großvater in London den Kurs absolviert und dann – zurück in Eindhoven – kurz vor Weihnachten den Kurzwellensender überreicht bekommt. Und interessanterweise erinnert sich mein Vater mit kindlichem Erstaunen in der Stimme an dieses Weihnachtsgeschenk. »Ich weiß noch genau, hier das Radio, der Max Behretz, der war ja Rundfunkingenieur bei Philips. Der hatte ihm an Weihnachten 1939, hat er ihm ein Rundfunkgerät, ein Telefunken-Gerät geschenkt. Hach ... im Besitz eines Radios zu sein! Das war ja – unvorstellbar!«

Als mein Vater mir das so erzählt hat, hab ich mir ehrlich

gesagt nichts dabei gedacht. Aber es ist eine Stelle, die sich mir aufgrund seiner kindlichen Freude und der leuchtenden Augen beim Erzählen total eingeprägt hat. Die Passage im Buch lässt das Ganze jetzt in einem etwas anderen Licht erscheinen. Denn mein Vater ist damals ja erst acht Jahre alt. Für ihn ist es nur logisch, dass Max seinem Vater das Radio schenkt. Wer denn auch sonst? Was weiß denn ein Achtjähriger über Spionage? Und auch meine Oma wird die Geschichte so locker abgekauft haben. Aber ich habe mich schon damals gefragt – ohne dem Gedanken allzu große Aufmerksamkeit zu schenken –, ob das nicht ein ziemlich teures Geschenk war für einen einfachen Radiotechniker. Nur weil jemand Radios bauen und reparieren kann, kann er sich die im Zweifel noch lange nicht leisten. Aber was weiß ich schon? Und die Geschichte hat noch einen weiteren Knackpunkt. Aber vorher passiert noch etwas anderes. Etwas, von dem ich mich auch lange gefragt habe, wie das eigentlich zusammenpassen soll.

Während mein Großvater nach seinem dreiwöchigen Aufenthalt in London in die Niederlande zurückkehrt, emigriert Plato endgültig nach Großbritannien. Er warnt seinen Freund eindringlich davor, zurück nach Holland zu fliegen. Erst zwei Monate zuvor war Hitler mit Unterstützung slowakischer Truppen in Polen eingefallen. Und mein Vater erzählt immer wieder, wie Plato versucht, seinem Freund Theo zu erklären, was passiert, wenn die Deutschen in die Niederlande einfallen. »Der Plato sagte nämlich: ›Theo – das ist nicht wie im Ersten Weltkrieg, Stellungskrieg, wochenlang irgendwo. Nein, nein – das geht ruckzuck! Die kommen mit Flugzeugen, und dann ist es passiert!‹ Der glaubte das nicht. Der Plato hatte Kriegserfahrung, der war Offizier im Ersten Weltkrieg gewesen.«

Warum mein Opa nicht auf seinen Freund gehört hat, der mit seiner militärischen Ausbildung und seinem Wissen aus dem

Ersten Weltkrieg definitiv mehr Ahnung gehabt haben dürfte, bleibt mir ein Rätsel. Vielleicht wollte er meiner Oma nicht antun, noch weiter von zu Hause wegzumüssen. Vielleicht hatte er auch Sorge, dass er sie gar nicht erst aus Holland wegbekommen würde. Sie hat mehr als einmal versucht, sich ihren Sohn zu schnappen, um wieder »nach Hause« zu fahren. Zu ihrer Familie nach Mönchengladbach. Mein Vater erinnert sich sogar daran, wie sie am Tag seiner Kommunion an ihm zerren. Jeder an einer Seite des Kindes. Was für eine furchtbare Vorstellung. Wie groß muss das Heimweh meiner Oma gewesen sein, wie groß vielleicht auch ihre Enttäuschung, mit einem Mann in den Niederlanden festzusitzen, der sie nicht liebt und zudem eine Geliebte hat. Wie groß muss aber auch die Angst meines Großvaters gewesen sein. Was, wenn er seine Frau und seinen Sohn nach Deutschland gehen lässt und ihnen dort etwas passiert? Dann wäre er so erpressbar, dass er keine andere Wahl hätte, als zurückzugehen und sich festnehmen zu lassen. Wohl wissend, was dann auf ihn wartet. Und wie furchtbar muss das erst für meinen Vater gewesen sein, buchstäblich zwischen seinen Eltern hin- und hergerissen zu werden. Uff. Alles an dieser Szene ist unerträglich und ich weiß gar nicht wohin mit meinem Mitgefühl. Und mit dem Wissen, dass überall auf der Welt Verfolgung und Krieg Familien auseinanderreißen und in allergrößte Verzweiflung und Existenznot stürzen.

So bleibt mein Großvater also in den Niederlanden. Dort ist er zum einen gemeinsam mit einem Dr. Schuckmann für die Schriftleitung und Redaktion der *Kameradschaft* zuständig, zum anderen brockt ihm Plato aber auch noch eine kleine Zusatzaufgabe ein. Der verhandelt nämlich ohne seinen Freund Theo mit einem »Professoren-Komitee« in London, das in den Akten auch als »Demuth-Komitee« auftaucht. Dabei handelt es sich um die »Notgemeinschaft deutscher Wissenschaftler im Ausland«, die es sich zur Aufgabe gemacht hatte, deutschen

Akademikern und Professoren, die durch die NS-Verfolgung arbeitslos geworden waren, neue Stellen im Ausland zu verschaffen. Deren Sitz ist 1936 von Zürich nach London verlegt worden. Erster Vorsitzender der Notgemeinschaft war der Wirtschaftswissenschaftler Fritz Demuth. Die Mitglieder des Professoren-Komitees waren eine gute Quelle für Informationen aus dem Reich. Nicht zuletzt deshalb wurden sie von einer in London gegründeten Wohlfahrtsorganisation für verfolgte Akademiker unterstützt. Mit anderen Worten: Da war Geld zu holen. Geld, das Plato brauchte, weil seine finanziellen Mittel zur Neige gingen. Zumindest ist das die Erklärung, die mein Großvater der Gestapo liefert. Plato jedenfalls verhandelt hinter dem Rücken von Theo und auch von Selma Meyer Folgendes: Er bekommt Geld für die angebliche Finanzierung der *Kameradschaft*, und im Gegenzug werden die Vertriebswege der *Kameradschaft* dazu genutzt, Flugblätter des Professoren-Komitees nach Deutschland zu schmuggeln.

Ein Vorschlag, der sowohl Theo als auch Selma Meyer vor eine unlösbare Aufgabe stellt, denn die deutsche Grenze wird inzwischen stark überwacht. Überall im Grenzgebiet wimmelt es von deutschen Spionen. Es ist ein unfassbar riskantes Unterfangen. Nicht nur Theo ist deshalb sauer auf Plato. Auch Selma findet es alles andere als witzig, dass Plato sowas verhandelt, ohne sie auch nur zu fragen.

»Als sich diese Sendungen häuften, stellte ich nun Hespers zur Rede«, heißt es in einem Verhör vom 20. November 1940 in Berlin, »der mir nun eröffnete, dass er sich deswegen mit mir aussprechen muss. Er erklärte mir folgendes: ›Die Pakete enthalten Briefe mit anti-nationalsozialistischer Propaganda und Ebeling und ich haben in England angegeben, dass diese Sendungen bei Dir im HTO abgegeben werden können.‹ Ich habe mich über diese Mitteilung sehr entrüstet, weil man ohne mich davon in Kenntnis zu setzen über mein Büro verfügt hat in einer

Angelegenheit, die meiner Kampfmethode gar nicht entspricht. Hespers erwiderte darauf, dass Ebeling gesagt hätte, man könne ruhig die Adresse des HTO nehmen.«[4]

Ganz schön skrupellos, die Herren. Und bei aller Unterstützung, die sie ohnehin schon von Selma Meyer erhalten, auch ganz schön übergriffig, sich einfach ihrer Adresse zu bedienen, ohne das vorher mit ihr abzuklären. Zumal beide wissen, dass Selma Meyer Jüdin ist und sich so nur noch mehr in Gefahr begibt, als sie es ohnehin schon ist. Auf der anderen Seite: Auch das ist ein Verhör. Aber ich lese mehrfach den Satz »Auf besonderen Vorhalt« und kann mir nicht vorstellen, dass sie sonderlich zimperlich mit ihr umgegangen sind – sie ist eine Kollaborateurin, eine Frau, eine Jüdin. Und mein Großvater erzählt die Geschichte sehr ähnlich. Außerdem hat Selma Meyer stets aus eigener Überzeugung und eigenem Antrieb gehandelt. Die Redaktion der *Kameradschaft* zu unterstützen, deren Herausgeber sie persönlich kennt, ist deshalb eine Sache. Völlig fremde Flugblätter zu verschicken eine ganz andere.

Auch mein Großvater ist nur wenig begeistert von Platos Idee. Sowohl er als auch seine Geliebte Toos Verhagen sowie Selma Meyer geben in den Verhören an, dass er das Material sichtet und sortiert, bevor er es in Umlauf bringt. Denn Ziel ist es, die Post, die bereits mit deutschen Briefmarken versehen ist, über die Grenze zu schmuggeln und erst dort in Briefkästen zu werfen, damit sie nicht nachverfolgt werden kann. Und damit das nicht zu auffällig ist, sortiert mein Großvater zum einen Briefumschläge aus, die in Deutschland nicht gebräuchlich sind. Zum anderen sortiert er aber auch Propaganda-Material aus, das nicht seine Haltung widerspiegelt oder das er für zu gefährlich hält, sagt er. Ich frage mich allerdings, wie jemand, der in seinen Artikeln zum Sturz des Hitlerregimes aufruft, »gefährlich« wohl auslegt.

Die Flugblätter und Schriften, die er verschickt haben soll, sind seinen Akten beigelegt. Sie sind so ziemlich das Erste, was ich finde, als ich das erste Mal im Bundesarchiv seine Unterlagen durchgehe. Leider verstehe ich nicht, was ich da vor mir habe. Eines der Hefte sieht aus wie eine Frauenzeitschrift. Auf dem Titel die Illustration einer Familie bei Tisch. Während der gut gescheitelte Vater, das blonde Mädchen mit den geflochtenen Zöpfen und der ebenfalls gut gescheitelte Sohnemann schon am Tisch sitzen, bringt die Mutter eine dampfende Suppenterrine ins Wohnzimmer. Die Zeitschrift trägt den Titel *Die Kriegshausfrau*. Im Untertitel steht: »Wegweiser zum fröhlichen Kriegshaushalt«. Unten rechts in der Ecke ist ein kleines weißes Rechteck mit dem Wort »Freiexemplar«. Achselzuckend sitze ich davor und erkenne die bitterböse Ironie im Untertitel nicht. Nun ja. Deutlicher wird es da schon beim Zettel »Hakenkreuz oder wahres Kreuz«, mit dem Katholiken an ihre christlichen Pflichten erinnert werden sollen. Besonderen Anstoß nimmt die Gestapo allerdings am »Offenen Brief eines Bürgers des Deutschen Reiches«. In der Begründung des Todesurteils gegen meinen Großvater heißt es unter der Auflistung dieser Flugblätter: »Alle diese Schriften enthalten Ausführungen, die geeignet sind, das deutsche Volk gegen seine Führung aufzuhetzen und seinen Widerstandswillen zu lähmen.«[5] Anschließend wird der »Offene Brief eines Bürgers des Deutschen Reiches« vollständig zitiert, weil das quasi eine Anleitung zum Generalstreik ist. Darin werden wirklich alle, vom einfachsten Arbeiter über die Hausfrau, vom Handwerker bis zum Soldaten, vom Beamten bis hin zum Industrie-Direktor dezidiert zum Arbeits- und Produktionsboykott aufgerufen. Bei allem, was mein Großvater ohnehin geschrieben hat, finde ich es unfassbar albern, jetzt wegen solcher Schriften noch ein Fass aufzumachen. Aber es durfte natürlich auch nicht so aussehen, als würden die Nazis jemanden wegen nichts zum Tode verurteilen. Schon klar. Die entscheidende Frage ist aber: Wie bekommt die Gestapo diese Flugblätter in die Finger?

Dass mein Großvater die Flugblätter selbst über die Grenze schmuggelt, ist höchst unwahrscheinlich. Er hat seit seiner Flucht keinen deutschen Boden mehr betreten. Stattdessen besorgt er sich Handlanger. Am besten geeignet sind niederländische Handwerker, die regelmäßig die Grenze überqueren, weil sie in Deutschland arbeiten. Den Auftrag, geeignete Personen anzusprechen, bekommt Max Behretz. Wie zu diesem Zeitpunkt das Verhältnis zwischen meinem Opa und seinem anfänglich besten Freund ist, lässt sich schwer sagen. Denn – zumindest erzählt Max das so in einem Verhör – es gibt zwischen 1936 und 1937 etwa ein Jahr Funkstille zwischen den beiden. Erst kurz vor seiner Hochzeit mit Rosel am 18.6.1937 trifft Max zufällig in einem Café in Amsterdam auf Theo und Toos, was ihn wundert. Er hätte wohl eher meine Großmutter an Theos Seite erwartet. Danach sollen sich die beiden Männer wieder einige Zeit nicht gesehen haben. Toos wohnt zu der Zeit in Eindhoven im gleichen Haus, in dem auch mein Opa samt Ehefrau und Kind wohnen. Die Familie im Erdgeschoss, weil sich das schöne große Fenster so gut als Auslage für die Reformwaren eignet, Toos in der ersten Etage, wo sie ein Gymnastikstudio betreibt, erzählt mein Vater. »Mit der Frau H. [gemeint ist meine Großmutter] bin ich öfters zusammengekommen«, gibt Max in einem seiner Verhöre an, »da sie jeden Monat von Eindhoven aus ihre Kundschaft in Roermond weiter bediente. Sie hat dann bei meinen Eltern gewohnt. Meistens hielt sie sich 2 Tage in Roermond auf.«[6] Wer weiß, was meine Oma bei der Gelegenheit erzählt hat. Vielleicht hat sie Max ins Vertrauen gezogen und ihm gesagt, wie sehr sie unter der Situation leidet. Denn so richtig viele Kontakte hatte sie ja nicht. Und Max kennt sie immerhin seit ihrem ersten Tag in Holland.

Ich kann mir gut vorstellen, dass eine solche Dreiecksbeziehung eine Freundschaft belasten kann. Vor allem, wenn man Zeuge wird, wie sehr jemand darunter leidet. Und dass jemand, der gerade im Begriff ist zu heiraten, nicht so richtig Bock hat, sich bei seinem besten Freund das Konzept einer gescheiterten Ehe anzuschauen. Aber vielleicht haben die beiden die Zwistigkeiten und das Misstrauen, das ich zwischen den Zeilen in den Verhörprotokollen lese, auch nur aufgezogen, um von anderen Personen abzulenken, die ebenfalls involviert waren. Auffällig ist: Sowohl Max als auch Theo belasten sich gegenseitig. Aber sie bringen keine anderen Personen ins Spiel.

Max soll jedenfalls losziehen und geeignete Mittelsmänner für den Flugblatt-Schmuggel finden. Er sucht einen Wilhelm Peulen in Tegelen auf. Die Adresse und der Kontakt werden über Plato vermittelt. Peulen ist Elektrogehilfe und arbeitet in Deutschland, muss also regelmäßig über die Grenze. Mein Großvater kennt ihn flüchtig von früher. Peulen erhält durch Max den Auftrag, sich im HTO in Amsterdam telefonisch bei Theo Hespers zu melden. Einen anderen Mittelsmann sucht Max sich selber aus. Es ist Josef Heinrichs oder auch »Prüße Jupp«, der ehemalige Nachbar meines Großvaters aus seiner ersten Wohnung in Melick bei Roermond. Das macht mich ehrlich gesagt etwas stutzig. Denn mein Großvater wusste ziemlich genau, wer Prüße Jupp war, und hätte ihn nie für vertrauenswürdig gehalten. Und ich kann mir beim besten Willen nicht vorstellen, dass Max das nicht mitbekommen hätte. Schließlich war er in der Anfangszeit ziemlich häufig zu Gast bei meinem Großvater. Und noch etwas ist seltsam: Während Max den Mittelsmann von Theo kennt, will Theo angeblich den Mittelsmann von Max nicht kennen. Es ist nicht ungewöhnlich in dieser Zeit, dass nur irgendwelche Spitz- oder Tarnnamen bekannt sind, aber dass Theo ausgerechnet vom Prüße Jupp so gar nichts weiß, kommt mir extrem seltsam vor.

Das Ding ist halt: Sowohl Peulen als auch Heinrichs nehmen sofort Kontakt zur Gestapo auf, um mitzuteilen, dass sie da jemanden an der Angel haben, der Flugblätter schmuggeln lassen

Weitere Zeugen sagen aus

Dritter Verhandlungstag der Schwurgerichtsverhandlung gegen die Gestapobeamten

M. Auch am dritten Verhandlungstage im Schwurgerichtsprozeß gegen die drei Gestapobeamten Abels, Kiefer und Beckers wurde mit der Vernehmung der Zeugen fortgefahren. Obwohl die meisten Zeugen bei ihren Bekundungen stark erregt sind, bleiben ihre Darlegungen doch immer sachlich. Der erste Zeuge schilderte die ihm vom Angeklagten Abels zugefügten brutalen Mißhandlungen, die durch den Angeklagten Kiefer eingeleitet worden waren. Ein anderer Zeuge wurde bei seiner Vernehmung durch Abels mit einem Gummiknüppel geschlagen, weil seine Aussagen nicht den Erwartungen seines Peinigers entsprachen. Das Endergebnis der „Ermittlungen" gegen diesen Zeugen war die Ablehnung eines Haftbefehles gegen ihn durch den zuständigen Richter. Eine fürchterliche Tortur mußte ein weiterer Zeuge seinerzeit über sich ergehen lassen, woran in hervorragender Weise wieder Abels beteiligt war. Ende Mai 1935 war eine Anzahl SPD-Leute festgenommen worden. Einer von ihnen wurde schon vor seiner ersten Vernehmung einer entsetzlichen Folterung unterzogen, an der allerdings nur auswärtige Gestapobeamten beteiligt waren. Ein glücklicher Zufall schaltete zwar diese Unmenschen aus, aber der Häftling kam aus dem Regen in die Traufe. Er wurde in der Folgezeit von Abels „behandelt", dessen technische Hilfsmittel dabei eine besondere Rolle spielten. Die Angeklagten Kiefer und Beckers waren im Rahmen der gegen diesen Häftling durchgeführten Vernehmungsmaßnahmen auch äußerst stark insbesondere durch nicht mißzuverstehende Drohungen beteiligt. Weitere schwere Belastungen erfolgen durch die nächsten beiden Zeugen, die über unglaubliche bestialische Quälereien und Folterungen berichten, die sie bei den bei ihnen durchgeführten „Vernehmungen" erdulden mußten. In beiden Fällen wurden Abels und Beckers schwer belastet. Der zuletzt vernommene Zeuge war zur Zeit seiner Festnahme durch die Gestapo im Jahre 1935 22 Jahre alt. Er schilderte die einzelnen Phasen der als Vernehmungen bezeichneten und an ihn durchgeführten Verprügelungen. So erläuterte er, wie man ihn zuerst geschlagen und wie man ihm darauf den Rock über den Kopf gezogen und wie er dadurch völlig bewegungsunfähig gemacht wurde. Darauf sei er mit einer Peitsche und mit einem Gummiknüppel in der übelsten Weise zugerichtet worden. An den ihm zugefügten Mißhandlungen seien außer einigen auswärtigen Gestapobeamten auch die Angeklagten Beckers und Abels aktiv bestimmt beteiligt gewesen.

Die vernommenen Zeugen wurden alle beeidigt und darauf die Verhandlung auf Freitag vertagt.

Wilhelm Abels war maßgeblich an der Verfolgung der Widerstandsgruppe um meinen Großvater beteiligt. Die hier geschilderten Verhörmethoden hätten auch ihn bei einer Verhaftung erwartet.

will. Außerdem geben sie an, dass sie militärische Informationen einholen sollen. Während Heinrichs an die Stapo Mönchengladbach an Kriminalassistent Abels berichtet, steht Peulen mit der Stapo-Stelle in Kaldenkirchen in Kontakt, die Düsseldorf unterstellt ist.[7] Ab Februar 1940 kann ich durch den Informationsaustausch mit diesen beiden Spitzeln die Tage bis zum Einmarsch der Nazis in die Niederlande runterzählen. Es ist wie ein sich langsam steigernder Herzschlag, ein Rhythmus aus Telegrammen und Eilzustellungen zwischen den beiden Stapo-Stellen. Mit Informationen, die sich nach jedem Zusammentreffen mit den Spitzeln noch mehr aufbauschen.

Peulen meldet den ersten Kontaktversuch meines Großvaters, der schon im Januar stattgefunden haben muss, am Freitag, dem 2. Februar 1940, bei der Stapo in Kaldenkirchen. Die weist ihn an, mit Hespers in Kontakt zu treten, um herauszufinden, was genau der von ihm will. Von da an gibt es circa alle zwei Wochen sonntags ein Treffen zwischen Peulen und meinem Großvater in seiner Wohnung in Eindhoven. Ebenfalls Ende Januar gibt es den ersten Vermerk der Gestapo in Düsseldorf über den Kontakt zwischen Max und Prüße Jupp. Während Peulen angeblich selber keine Flugblätter schmuggeln, sondern nur militärische Informationen einholen soll, erhält Prüße Jupp über Max die Flugblätter des Professoren-Komitees. Er bringt sogar seine Frau mit, die ihm im Beisein von Max die Blätter in eine Weste einnäht. Zeitgleich bringt Peulen der Stapo in Kaldenkirchen eine angeblich von meinem Großvater gezeichnete Karte mit militärischen Stellungen mit, von denen er Kopien anfertigen lassen soll.

Jetzt sind weder Prüße Jupp noch Wilhelm Peulen besonders anständige Zeitgenossen. Im Gegenteil, sie riechen das große Geschäft. Während Prüße Jupp die Flugblätter in Mönchengladbach abliefert, hat Peulen nicht so richtig was in der Hand. Also gibt er an, dass er dezidiert Informationen über militärische Stellungen beschaffen soll. Und zwar aus einem relativ großen Gebiet entlang der deutsch-niederländischen Grenze. Es ist die Rede von Flugplätzen, Tanklagern, Ballonsperren, Truppenbewegungen, Regimentern und Bataillonen. Ehrlich gesagt verstehe ich nur Bahnhof, während ich das lese. Aber mir werden zwei Dinge klar: Erstens bekommt Peulen von der Gestapo genau gesagt, was er an meinen Großvater berichten soll. Zweitens überprüft die Gestapo an keiner Stelle, ob das, was ihnen der V-Mann mitteilt, auch nur annähernd richtig ist. Warum auch. Ihnen reicht ja zu wissen, dass da jemand gerade im Begriff ist, Landesverrat zu begehen. In Kriegszeiten. Wer will da schon so genau wissen, ob die Informationen des V-Mannes stimmen. Im April kommt Peulen dann mit einer Sensationsmeldung von einem Treffen mit meinem Großvater zurück, bei dem auch Max Behretz anwesend ist: Theo Hespers plant einen Sprengstoffanschlag!

Spätestens jetzt ist natürlich klar, dass mein Großvater ein ganz dicker Fisch ist. Ein Terrorist! Einer, der Anschläge plant. Zumindest ist das die Version, die Peulen der Stapo in Kaldenkirchen erzählt. Und auch Prüße Jupp ist nicht untätig in der Sache, wie Max in einem seiner Verhöre angibt: »Bei einem Treff machte Heinrichs die Bemerkung oder den Vorschlag, man müsse das Brennstofflager in Röttgen in die Luft sprengen, es gäbe einen schönen Knall. Zwischen mir und Hespers ist auch mal die Sprache über Sabotageakte und Werkspionage gewesen. Wenn ich mich dabei recht erinnere, war dieses auch nachdem Heinrichs davon gesprochen hat.«[8]

Während Heinrichs sich wohl mehrfach anbietet und fast darauf drängt, einen solchen Anschlag verüben zu dürfen, nimmt Max das Gerede nicht allzu ernst. Was er von Heinrichs will, sind Angaben über Truppenbewegungen an der holländischen Grenze. Angeblich dienen diese Informationen dem Selbstschutz der deutschen Emigranten in Holland, damit die sich rechtzeitig in Sicherheit bringen können, wenn die Deutschen in die Niederlande einfallen. Eine Verteidigungsstrategie, die auch mein Großvater in den ersten Vernehmungen fährt, die aber irgendwann zusammenbricht. Und so gibt Max später dann doch noch zu, dass er weiß, dass mein Großvater diese Informationen für den britischen und den tschechoslowakischen Geheimdienst sammelt. Auch mein Großvater gibt das im Prinzip zu, behauptet aber, er habe die Informationen vorher unbrauchbar gemacht. Was davon stimmt? Keine Ahnung.

Was mich an der Geschichte mit den Sprengstoffattentaten stutzig macht? Insgesamt werden drei Ziele genannt: ein Flugplatz, ein Treibstofflager und der Bahnhof in Mönchengladbach. Angeblich zeigt sich mein Großvater sehr interessiert daran, ob solche Sabotageakte ausgeführt werden können. Er soll sogar behaupten, dass er in der Lage ist, den Sprengstoff in Zahnpastatuben oder Cremedosen von den Engländern zu besorgen. Mir kommt das alles aus mehreren Gründen hoch fragwürdig vor. Zum einen weiß Max bereits, wer Josef Heinrichs aka Prüße Jupp ist: ein Schmuggler und Säufer, der für Geld eigentlich alles macht und kein Gewissen besitzt. Seine Ehrlichkeit ist also ernsthaft in Zweifel zu ziehen. Damit dürfte auch klar sein, dass die Berichte, die er meinem Opa liefert, genau nichts wert sind. Max nimmt diese Informationen trotzdem an, zahlt sogar Geld dafür und berichtet das an meinen Opa – und zwar im Beisein von Peulen. Und schon an der Stelle denke ich: Was für ein Schmierentheater!

Jetzt gibt es zwei Möglichkeiten: Entweder ist Max so sauer auf meinen Großvater, dass er ihm eins auswischen will, oder das Ganze ist ein riesengroßer Schwindel – und die beiden haben versucht, das für sich zu nutzen. Bei Ersterem frage ich mich allerdings, was da vorgefallen sein soll, denn dieses Auswischen hätte den sicheren Tod für meinen Großvater bedeutet. Was mit politischen Gefangenen in Deutschland passiert und was in den Arbeitslagern abgeht, ist nämlich damals in diesen Kreisen durchaus bekannt. Es gibt in den »Sonderinformationen«, dem Pressedienst von Plato, dezidierte Angaben darüber, wie KZ-Insassen gefoltert und systematisch zu Tode gequält werden durch schlechte Nahrung und gezielte Überarbeitung. Ich glaube nicht, dass Max sich dieses Schicksal für meinen Großvater gewünscht hat.

Beim Zweiten frage ich mich, welche Rolle Max und Theo bei diesem Schmierentheater wohl hatten? War mein Großvater so leichtsinnig, wie es sich liest? Hat er einfach ein bisschen Agent spielen wollen? Hatte ihm Max wirklich nicht erzählt, wer sein Informant war? Beide wussten doch, welches Spiel Prüße Jupp spielte und dass er mit der Gestapo in Verbindung stand. So dumm kann doch niemand sein? Auch die Nummer mit den Sabotageakten. Als wenn irgendwer alleine einen kompletten Bahnhof in die Luft sprengen könnte. So komplett ohne Ahnung, Bauanleitung für Bomben und sowas. Solche Bauanleitungen flatterten ja damals nicht im Darknet oder als Video-Tutorials rum. Und dann ist nicht mal gesichert, dass es an den Stellen, von denen die Rede ist, wirklich Tanklager gibt. Bevor man jemandem Sprengstoff liefert, würde man doch in jedem Fall überprüfen, ob es da überhaupt was in die Luft zu jagen gibt. Es stimmt einfach so viel nicht an dieser Geschichte.

Und dann gibt es noch diesen Brief von meinem Großvater, in dem er über die Verhör-Irrtümer aufklärt. Darin schreibt er, wie es zu dem Gerücht gekommen ist.

> Behretz und Peulen unterhielten sich als nationale Holländer, auch unter der Kriegspsychose stehend, wohl öfter ausführlich über Schutzmaßnahmen oder Feststellungsmöglichkeiten gegen den drohenden Kriegsausbruch, untereinander. So kam auch einmal ein Gespräch über Sprengungen oder Vernichtung eines Benzinlagers bei ihnen auf. Ich beteiligte mich an diesen Gesprächen nur passiv. Die beiden kamen sich wohl auch interessant vor bei ihren Phantasien und »Kriegserörterungen«, die mitsamt der ganzen »Berichterstattung« im vollen Familien- und Bekanntenkreis beim Sonntagskaffeetisch stattfanden. Normal würde man dies alles mit »Kaffeeklatsch« und »Biertisch-Strategie« bezeichnen.[9]

Ich kann mir das so lebhaft vorstellen, wie da am Tisch geblödelt wird bei Kaffee und Kuchen. Und aus einer völligen Hilflosigkeit der Situation gegenüber solche Sätze fallen. Und im

Zweifel kommen genau in einer solchen Situation auch Gedanken daran auf, wie man sowas schmuggeln könnte. Klar, Zahnpastatuben. Hahaha. Guter Witz. Bleibt allerdings die Frage, warum Max nicht dieselbe Geschichte erzählt. Oder vielleicht hat er sie auch erzählt, sie ist aber nicht ins Protokoll gewandert. Denn das hieße ja auch, die Nazis hätten sich verarschen lassen. Von meinem Großvater und von ihren eigenen Agenten. Dann wäre rausgekommen, dass das alles nur ein riesengroßer Schwindel ist mit diesen Attentatsplänen. Und das darf ja nicht sein. Sowohl Peulen als auch Prüße Jupp jedenfalls berichten an ihre jeweiligen Stellen, dass Max und Theo nicht so richtig zu Potte kommen mit der Sprengstofflieferung. Währenddessen nimmt die Taktung zu, in der sich die Gestapo-Stellen aus Mönchengladbach, Kaldenkirchen und Düsseldorf mit »Geheim!« gestempelte Eilnachrichten zusenden. Das letzte Treffen zwischen Peulen, Max und meinem Großvater findet am 5. Mai 1940 statt. Der letzte Schnellbrief aus Kaldenkirchen an die Gestapoleitstelle Düsseldorf ist auf den 6. Mai datiert. Vier Tage später fallen die Nazis in die Niederlande ein.

Einen ersten Hinweis darauf, was der Hintergrund dieses Schmierentheaters gewesen sein könnte, finde ich irgendwo ganz hinten in den Akten, die ich mir 2015 aus Berlin besorge. Dort befinden sich seitenweise handschriftliche Aufzeichnungen von meinem Großvater. Darin versucht er mit allen Mitteln, das gegen ihn gesprochene Todesurteil doch noch abmildern zu lassen. Und deshalb ist natürlich das, was er da schreibt, mit entsprechender Vorsicht zu lesen. Aber es gibt eine Sache, die macht mich einfach stutzig. Mein Großvater schreibt in den seitenlangen Briefen, dass er von einem Polizei-Kommissar der Philips-Werke beobachtet wird und dass er darüber auch Bescheid weiß. Die Warnung erhält er von einem Freund namens Anton Hazeleger. Der wird nämlich im Januar 1940 von diesem

Kommissar mit dem Namen Dijs verhört. Kommissar Dijs erzählt Anton Hazeleger, dass er sehr genau weiß, mit wem mein Großvater in Verbindung steht, dass er davon weiß, dass er mit Max Behretz zusammenarbeitet und dass es einen Kontaktmann gibt, der Flugblätter ins Reich schmuggelt. Obwohl Anton Hazeleger zum Stillschweigen verpflichtet wird, erzählt er meinem Großvater davon. Mein Großvater behauptet in dieser Verteidigung immer noch, er wisse nicht, dass Max sich ausgerechnet Prüße Jupp als Kontaktmann ausgesucht hat. Was ich im Übrigen nicht glaube. Es stellt sich dann aber die Frage: Wenn er in diesem Schreiben wirklich alles aufklären will, warum verschweigt er genau diesen Punkt? Die einzige Möglichkeit, die mir einfällt, ist: Wenn er zugibt, dass er von Prüße Jupp weiß, checken die Nazis, dass ihnen eine Falle gestellt worden ist. Sollten sie dem Glauben schenken, dann würden sie wahrscheinlich auch wissen wollen, warum und wer dahintersteckt. Was ich nämlich inzwischen glaube, ist: Die Nummer mit Peulen und Heinrichs ist ein Ablenkungsmanöver. Eine bewusst gelegte Fährte, um von etwas anderem abzulenken. Was genau? Ich hab keinen blassen Schimmer, ehrlich gesagt. Aber möglicherweise hängt es damit zusammen, die Verbindung zu A-54 zu decken. Vielleicht hab ich aber auch einfach nur zu viel Phantasie. Denn während ich gerne wissen würde, was da wirklich passiert ist, wollen die Nazis eigentlich nur eins: einen politischen Gegner zur Strecke bringen. Und wen interessiert da schon die Wahrheit? Da macht es sich doch viel besser, einen Hoch- und Landesverräter in einem Schauprozess hart abzuurteilen, der obendrein auch noch Terroranschläge geplant hat.

Mich lässt die Frage aber nicht los, ob nicht doch etwas anderes dahintergesteckt haben könnte. Den Missing Link finde ich im Buch von Rudolf Ströbinger. Mein Großvater sollte nämlich gar keine militärischen Informationen übermitteln, er wurde

HRDINA S KRYCÍM JMÉNEM KATOLÍK

Theo Hespers

R. STRÖBINGER

Rudolf Ströbinger erinnert in der tschechischen Tageszeitung Lidová demokracie *vom 9. April 1968 an meinen Großvater.*

für eine ganz andere Aufgabe benötigt. Er sollte dafür sorgen, dass Nachrichten zwischen dem tschechoslowakischen beziehungsweise britischen Geheimdienst und deren Top-Agenten A-54 alias Paul Thümmel ausgetauscht werden können. Der unterschreibt zu dieser Zeit mit dem Namen »Voral«. Wenn Thümmel nicht in den Niederlanden war, konnten zwar Nachrichten an ihn beim Kunsthandel De Favorit hinterlegt werden, sie mussten aber von deutschem Staatsgebiet aus weiterverschickt werden, wenn sie ihn in Deutschland erreichen sollten. Niederländische Poststempel und Briefmarken wären zu auffällig gewesen. Und an der Stelle kommt mein Großvater ins Spiel, schreibt Ströbinger.

»Bald zeigte sich seine ungewöhnliche Eignung. Von Eindhoven aus, wo er wohnte, baute er sich ein breites Agentennetz auf; es reichte fast bis Berlin. [...] Mit Hilfe des ›Katholiken‹ wurden die Weisungen für ›Voral‹ abgeschickt. Größtenteils gingen sie auf zwei Wegen. Der ›Katholik‹ traf sich an der holländisch-deutschen Grenze in der Nähe von Aachen insgeheim mit einer Nonne, die den Brief über die Grenze trug und den Versand aus irgendeiner deutschen Stadt arrangierte.«[10]

Na, da schau her! Das könnte im Übrigen auch erklären, warum mein Großvater doch recht viel Geld für seine angeblich falschen militärischen Nachrichten bekommt. Ein Umstand, der auch der Gestapo Kopfzerbrechen bereitet. Denn die fragen meinen Großvater wiederholt, warum er so viel Geld bekommt, wenn er doch behauptet, er hätte nur falsche Informationen an den Geheimdienst geliefert. Es geht gar nicht um irgendwelche militärischen Stellungen. Es geht um die Botendienste, die er erledigt, damit der Austausch mit A-54 reibungslos abläuft, der anders kaum noch zu erreichen ist. Und der den Briten wichtige Informationen liefert. Denn unterrichtete Kreise stellen sich damals längst nicht mehr die Frage, ob Deutschland in die Niederlande einfallen wird, sondern nur noch, wann.

1940
Es hätte klappen können – Fluchtversuch nach London

Als am 10. Mai 1940 die deutsche Wehrmacht in die Niederlande und in Belgien einfällt, wird mein Vater frühmorgens von seinen Eltern geweckt. Weil er immer so scharf darauf war, Radio zu hören, erinnert er sich sogar an den ungefähren Wortlaut der Berichte. »Als der Überfall auf Holland war [...], ich weiß genau, wo die Meldungen kamen – überhastete Meldungen: Duitse parachutiste sijn gedaalt. Een Rotterdam, een Amsterdam, een overall. Und ähm – hevige gefechten sijn an der Maas, an de andere kant van ons vaderland.* Und so weiter.«

Das Wort »Parachutiste« kommt in allen Aufzeichnungen vor, die ich darüber von meinem Vater finde. Und der Begriff »hevige gefechten«, auch wenn der genaue Wortlaut variiert. Als Sender gibt er Radio Hilversum an. Und auch Max Behretz gibt in einem Verhör an, dass sie über das Radio vom Überfall der Deutschen auf die Niederlande erfahren haben. Auch in seiner Erzählung kommen Fallschirmjäger vor: »Ich begleitete H. nach seiner Wohnung, wo durch das Radio bekanntgemacht wurde, daß deutsche Fallschirmjäger über verschiedenen Städten Hollands abgesprungen wären. Damit wäre der Krieg zwischen Deutschland und Holland gegeben.«[1]

Ob ich diese Meldung wohl finden kann? In Archiven wird ja immer eine Menge aufbewahrt, vielleicht ja auch diese Ra-

* »Deutsche Fallschirmspringer sind gelandet. In Rotterdam, in Amsterdam und überall. Und ähm – schwere Gefechte sind an der Maas, auf der anderen Seite unseres Vaterlandes.«

diomeldung. Die ist schließlich außergewöhnlich. Ich schreibe mehrere Mails an niederländische Radiostationen und Archive. Aber alles, was sich finden lässt, ist eine Verlautbarung der niederländischen Königin Wilhelmina, in der sie ihr Volk darüber informiert, dass sie von den Deutschen angegriffen wurden. Sie wird um acht Uhr morgens von Nachrichtensprechern im Radio verlesen. Laut Max wird er aber an diesem Morgen des 10. Mai 1940 bereits um 5:40 Uhr von meinem Großvater geweckt. Das ist eindeutig zu früh für die Verlautbarung der Königin, in der außerdem kein Wort über irgendwelche Fallschirmjäger fällt. Was also haben Max und mein Vater an diesem Morgen gehört?

Es ist natürlich möglich, dass es einfach keine Aufzeichnung dieser Radiomeldungen vom frühen Morgen des 10. Mai 1940 gibt und dass die sich deshalb auch nicht finden lässt, obwohl sie gesendet wurden. Aber mir fällt auch noch eine andere Möglichkeit ein. Im Buch von Rudolf Ströbinger über den Spion A-54 steht, mein Großvater hätte einen Kurzwellensender erhalten. Wenn das stimmt, dann hat mein Vater vielleicht gar keinen regulären Radiosender gehört, sondern Meldungen des Geheimdienstes. Ströbinger schreibt: »Einige Male ließ er von sich hören, dann wurde die Verbindung mit ihm unterbrochen. Vielleicht war er entdeckt worden, vielleicht fürchtete er sich vor den Folgen seiner Tätigkeit. Nicht ausgeschlossen, daß er tot ist. Möglich, daß er lebt. Seine Spuren hat der Sturm des Krieges verweht.«[2]

So aufregend und spannend das klingt, auch das werde ich wohl nie sicher belegen können. Aber möglicherweise könnte so eine Meldung meinem Großvater und seinen Freunden einen kleinen Vorsprung zur Flucht verschafft haben. Einer Flucht, auf die er ganz sicher keinen Kurzwellensender mitgenommen hat. Vielleicht gab es auch schon eine Vereinbarung, dass er im Falle des Falles eine Schiffspassage nach England nehmen kann. Zu den Freunden, mit denen mein Großvater und seine Familie die Flucht antreten, gehören neben Max Behretz und seiner Frau Rosel auch Anton Hazeleger und seine Frau. Auch das erzählen sowohl Max in seinem Verhör im Herbst 1940 als auch mein Vater 74 Jahre später, am zweiten Weihnachtstag 2014. Geflüchtet sind sie aber getrennt. Max und seine Rosel sind auf der Harley-Davidson losgeknattert. Mein Großvater und seine Familie haben das Auto genommen. Ob gemeinsam mit den Hazelegers oder nicht, das weiß ich nicht. Das Ziel ist Den Haag. Dort sollen bereits Papiere für meinen Großvater bereitliegen, mit deren Hilfe er nach England entkommen kann. Der Weg führt über Rosendaal. Mein Vater erinnert sich deshalb so genau daran, weil er da die ersten Angriffe miterlebt.

> Ein anderer Freund von ihm, der hat ein Auto geliehen, das war die Familie Hazeleger. Morgens früh wurde ich geweckt, fünf oder sechs Uhr, dann bekam ich gerade so ein Bütterchen, ne Tasse Milch oder Kakao. Und dann – ruckzuck – ging es Koffer gepackt, in das Auto rein, und dann Richtung Rosendaal. Ja, Rosendaal hab ich die ersten Angriffe erlebt. Die Stukas griffen die Häuser an, bombardiert mit viel Brandbomben, Sprengbomben eigentlich nicht.

Es erstaunt mich immer wieder, wie mein Vater das erzählt. Weil es so oft nach einer Abenteuergeschichte klingt und nicht nach einer traumatisierenden Erfahrung. Und ich, die Bombenangriffe und Krieg glücklicherweise nur aus dem Fernsehen kennt, bin auch hier wieder nur Zuschauerin. Da sitzt er vor mir, mein alter Vater, die Haut faltig, die Augen immer ein bisschen wässrig, die Gesten dafür aber groß und bedeutungsschwanger. Allein, dass er an dieser Stelle Brandbomben von Streubomben unterscheidet, hat etwas seltsam Analytisches. Und das Geheul der Stukas, der Sturzkampfbomber, hat er bis heute im Ohr, sagt er.

»Wir waren in einem kleinen Hotelchen. Ich hab ne unheimliche Angst, wir hatten alle wahnsinnige Angst. Denn man hatte, um den Gegner zu terrorisieren, auf die Stukas noch extra Sirenen gebaut. Es sind ganze Geschützmannschaften abgehauen, die denken, die Welt geht unter. Also psychologisch war das noch nie da gewesen. Und dann haben wir an der Wand gelegen, an der Außenwand von dem Hotelchen …«

»Draußen?!«, frage ich.

»Nee, von innen. Weil es hieß, war ja nicht dumm, wenn das Haus getroffen wird, stürzt alles ein, nach innen. Und es ist immer praktisch so, senkrecht stürzt nichts, es geht alles schräg.«

Ich sitze da und bin wie so oft fasziniert. Was mein Vater alles überlebt hat. Wie es überhaupt möglich ist, sowas zu überleben. Wie zufällig das ist. Wie viel Glück dazu gehört. Wie Menschen überhaupt solche lebensbedrohlichen Zustände bewältigen können – oder eben auch nicht. Und wie hochaktuell das ist. Zum Beispiel, wenn ich an den Krieg in Syrien denke. Es sind die Momente, in denen Zeit aufhört, linear zu sein. In denen sich Vergangenheit und Gegenwart verbinden. Während ich mit meinem Vater rede, kauert vielleicht woanders ein kleiner, neunjähriger Junge, ein Rotzlöffel oder Ruppsack, ganz wie mein Vater einer war, voller Angst an einer Häuserwand oder in einem Bunker, während über ihm ein Ort in Schutt und Asche gelegt wird.

Am nächsten Tag geht mein Großvater zu den Polizeibehörden, um sich ordnungsgemäß dort zu melden, vermutet mein Vater. Allerdings kommt er von diesem Vorhaben nicht wieder zurück. Stattdessen wird er festgesetzt. Dass es bereits die Nazis waren, die ihn verhaften, glaube ich nicht. Max gibt im Verhör vom 9. Oktober 1940 an, dass die niederländische Polizei den Auftrag hatte, alle Deutschen festzunehmen. Mein Großvater hat zwar perfekt niederländisch gesprochen, aber die niederländische Staatsangehörigkeit nie erhalten. Das heißt, die einzigen

Papiere, die er gehabt haben dürfte, müssten deutsche Papiere gewesen sein – oder eben gar keine. Und die deutschen Papiere waren ja im Prinzip ungültig, weil ihm die Staatsbürgerschaft aberkannt worden war.

Dass mein Großvater von der Polizei in Rosendaal festgehalten wird, erfährt Max, so sagt er, von meiner Oma, die er in Rosendaal trifft. Ebenso wie Anton Hazeleger. Gemeinsam setzen sich die beiden Freunde bei der Polizei dafür ein, dass sie meinen Großvater wieder laufenlassen. Mit diesem unfreiwilligen Zwischenstopp verliert er allerdings wertvolle Zeit. Erst am 14. Mai 1940 erreicht die Truppe Den Haag. Dort wollen sich mein Großvater und Anton Hazeleger ein Visum besorgen, um doch noch irgendwie nach England zu kommen, aber sie sind zu spät. Aus irgendeinem Grund scheint er dennoch Papiere ergattert zu haben, die ihm zumindest ermöglichen, sich gegenüber holländischen, belgischen und französischen Militärdienststellen als jemand auszuweisen, der nicht zu den Nazis gehört. Mit einem deutschen Pass wäre ihm das nicht gelungen.

Mein Großvater gibt nicht auf. Er will weiter nach Dünkirchen. Von dort aus erhofft er sich, doch noch eine Schiffspassage nach England zu erwischen. Während Max und Rosel auf der Harley vorfahren, kauft mein Opa zwei Secondhand-Fahrräder, mein Vater muss auf dem Gepäckträger sitzen. Sie fliehen über Zeeland nach Belgien, um sich weiter nach Dünkirchen durchzuschlagen. Mein Vater erinnert sich an die Flüchtlingskolonnen, an weitere Stuka-Angriffe. Er sieht englische Soldaten flüchten und erinnert sich vor allem an den Inhalt der Lastwagen der britischen Armee. »Die hatten unendlich viele Lastwagen mit. Und alle haben angefangen zu plündern. Die Lastwagen – die Engländer weit weg Richtung Dünkirchen. Voll! Mit Schokolade, mit Whiskey, mit Gott weiß welchen Leckereien! Und da haben wir auch geplündert – wie gesagt, alle Leute haben geplündert. Die Ansässigen dort, die haben schon weiter geguckt. Die haben angefangen, schon die Reifen abzumontieren, um später damit zu chinchen.«

Bevor sie in Dünkirchen ankommen, machen sie in einem kleinen Dorf in Belgien Rast. Auf dem Marktplatz steht ein schweres Maschinengewehr zur Luftabwehr. Die Angriffe gehen unvermittelt weiter. Mein Vater erzählt, wie sie an Haustüren klopfen, um irgendwo Unterschlupf zu finden. »Wir wollten ins Haus rein. Alle waren voller Angst. Und ein Haus hatte ein Rähmchen, und die Frau guckte durch das Rähmchen raus und mein Vater sagte: ›We willen binnen, is te gevaarlijk buiten.‹ Sagte die Frau, hatte die rundgeguckt, hat die meine Mutter in den Blick genommen und gesagt: ›Je kunt niet binnenkomen, je hebt een Duits gezicht.‹* Zeigte die auf meine Mutter, die hätte ein deutsches Gesicht. Sind wir nicht reingekommen, mussten wir draußen bleiben. Zum Teil haben wir auch Zugang bekommen, und haben dann in den Fluren von den Häusern liegen dürfen.«

In einer anderen Nacht finden sie Unterschlupf in einem kleinen Hotel, als Männer in belgischen Uniformen hereinstürmen und rufen: »*Parachutisten zijn gedaalt! Parachutisten zijn gedaalt! Alle in de kelder.*« Woraufhin alle sich in den Keller begeben, weil sie neue Luftangriffe fürchten. Die Männer sind jedoch keine Soldaten, sondern Plünderer. Während die Menschen angstvoll im Keller ausharren, klauen die Marodeure Schmuck und andere Habseligkeiten, die von den Flüchtenden in den Zimmern zurückgelassen wurden. Auch die Fahrräder von meinen Großeltern nehmen sie mit. »Musste der wieder neue Fahrräder kaufen …«, schließt mein Vater die Anekdote ab. »Hat der die gekauft oder hat der die geklaut?«, will ich wissen. »Das weiß ich nicht«, antwortet mein Vater ungewohnt

* Mein Großvater sagt: »Wir wollen rein, es ist zu gefährlich draußen.« Er bekommt zur Antwort: »Sie können nicht reinkommen, die da hat ein deutsches Gesicht.«

kleinlaut. »Mir gegenüber hätte er nicht gesagt, er hätte die geklaut. Der wollte mich ja ehrlich erziehen. Das ist zwar vergeblich gewesen, aber wie gesagt, er hat sein Bestes getan.«

Allein in diesem einen kleinen Satz schwingt so viel mit. So viel Liebe für seinen Vater, so viel Schmerz über dessen Verlust, aber auch so viel Stolz, zeit seines Lebens ein widerspenstiges, eigenwilliges Kerlchen geblieben zu sein, an dem jeder Erziehungsversuch abprallt und das seine Unehrlichkeit wie einen Orden vor sich herträgt. Als Zeichen dafür, dass am Ende nicht zählt, wer der Ehrlichste ist, sondern wer überlebt.

Wann genau mein Großvater, seine Familie, Max und Rosel in Dünkirchen eintreffen, lässt sich schlecht rekonstruieren. Mein Vater gibt an, Dünkirchen sei schon »ziemlich platt geschmissen« gewesen. Sie landen in irgendeinem Keller. Der Boden zittert von den Detonationen. Am nächsten Morgen versuchen es Max und mein Opa Theo bei der Hafenkommandantur. Als sie sich verabschieden, reicht mein Vater ihnen zwei Stahlhelme, die er auf dem Weg gefunden hat – einen englischen und einen französischen. »Hier, om u te beschutten«, sagt er. Als er mir das erzählt, lacht er kopfschüttelnd in sich hinein. »Haben die natürlich auf dem Weg weggeschmissen. Was sollst du mit einem Stahlhelm, wenn du getroffen wirst, dann nützt dir der Stahlhelm auch nix.«

Bei der Hafenkommandantur haben sie tatsächlich Glück. Die Briten würden meinen Großvater und Max mitnehmen. Die Sache hat nur einen Haken: Frauen und Kinder dürfen laut Militärreglement nicht mit auf die Schiffe. Jedes Mal wenn mir mein Vater diese Geschichte erzählt, bin ich zugleich voller Stolz und voller Trauer. Es ist einfach so verdammt knapp. Und es ist diese Episode, die maßgeblich zur Heldenerzählung über meinen Großvater gehört. Er hätte sich selbst retten können, aber er hat darauf verzichtet, weil er seine Familie nicht im Stich lassen wollte.

Die tieferen Dimensionen verstehe ich erst heute. Mein Vater ist damals neun. In seinen Augen ist es im Prinzip seine Schuld, dass sein eigener Vater das Schiff nicht genommen hat. Dass er sich nicht retten konnte. Dass ihn diese Entscheidung letztendlich das Leben gekostet hat. Vielleicht so ähnlich wie bei Kindern, die lange glauben, sie seien schuld daran, dass sich ihre Eltern trennen. Mein Vater macht als Erwachsener das genaue Gegenteil von dem, was sein Vater gemacht hat. Er gibt nicht alles für seine Familie oder seine Kinder. Und vielleicht hat das für ihn bedeutet, zu überleben.

Ich wiederum sehe in meinem Großvater das, was ich mir von meinem Vater gewünscht hätte. Einen Menschen, dem die Familie wichtiger war als das eigene Leben. Auch das ist natürlich viel zu simpel gedacht. Aber auch ich bin ja noch wirklich klein, als ich die Geschichten über meinen Großvater höre. Und ich höre sie oft. Als Kind kann ich meinen Opa Theo in drei Sätzen fassen: Er hat gegen die bösen Nazis gekämpft. Er hat sein Leben riskiert für seine Familie, weil er nicht alleine nach England gefahren ist. Und er wurde von den Nazis umgebracht, weil er gegen sie geschrieben hat. Es sind diese drei Kernerzählungen, die mein Bild von meinem Großvater prägen. Die ich kenne, seit ich denken kann. Mein Vater und ich haben so unterschiedliche Perspektiven auf diese Welt, dass es kein Wunder ist, dass das Weltbild von Klein-Dietrich, meinem Vater, und Klein-Nora nicht zusammenfinden. Mein Vater betrachtet die Welt aus einer Perspektive, die ich hoffentlich niemals werde einnehmen müssen. Und es braucht fünfzehn Jahre Abstand und einen kompletten Zusammenbruch meines Vaters, damit diese beiden Welten miteinander in Kontakt treten können. Wie schwer das ist, das Erlebte von damals ins Heute zu übersetzen. Und das, obwohl es immer noch in uns ist und nachwirkt.

Mit vor Enttäuschung schweren Gliedern setzt die Gruppe ihre Flucht fort. Es geht nordostwärts zurück nach Belgien. Sie landen in De Panne. Es ist die letzte Nacht, bevor Wehrmacht und SS dort einmarschieren. Wieder übernachten sie im Keller eines Hotels. Mein Vater erinnert sich deshalb so gut an diese Nacht, weil »das Bier schlecht war«. Klingt heute nach einer humorigen Ausrede für einen derben Kater. Im Juni 1940 war das allerdings weniger witzig. »Ich weiß, da hat man mir noch – als Getränk gab es bloß noch Bier und das war schlechtes Bier, da hab ich noch wahnsinnig gekotzt.«

Ich bin nicht so sicher, ob es daran lag, dass das Bier schlecht war, oder vielmehr daran, dass neunjährige Jungs aus gutem Grund kein Bier trinken sollen. Hatte mein Vater so einen Durst, dass er zu viel davon getrunken hat? Für die Flüchtenden bleibt nicht viel Zeit, um sich über sowas Gedanken zu machen. Als am nächsten Morgen die SS einmarschiert, bricht Rosel in Tränen aus. »Jetzt ist es zu Ende. Jetzt sind wir alle verloren.«

Verloren sind sie noch nicht, aber es ist klar, dass sie auch in De Panne nicht werden bleiben können. Schließlich geben Max und Rosel auf. Wenn die Deutschen eh schon überall sind, können sie auch genauso gut nach Eindhoven zurückfahren. Mein Großvater will auf gar keinen Fall zurück in die Niederlande. Er beschließt, sich nach Antwerpen durchzuschlagen, wo er Kontakte hat. Und Geld hat er auch noch. Er hat sich vor der Flucht noch die Kohle eingesteckt, die er und Plato gesammelt hatten, um junge Flüchtlinge aus Deutschland zu unterstützen. Jetzt war er selber auf der Flucht, andere Geflüchtete konnte er ohnehin nicht mehr unterstützen. Er gibt Max 300 Gulden von diesem Geld, damit er für eine Zeit über die Runden kommt. Dann trennen sich die Wege.

Was mein Vater auf dem Weg nach Antwerpen sieht, beschreibt er in knappen Worten: »Kolonialsoldaten – zum Teil ohne Arm, zum Teil das Gesicht total zermatscht. Pferde – die Deutschen kamen ja mit Pferden, ne, die Belgier auch – Bäuche aufgequollen, Beine gen Himmel. Die Deutschen da, hatten ihre

Kameraden, die Toten, preußisch genau aufgestapelt. Die Feinde hatten die liegen lassen. Die stanken da im Sommerwind – also, mein Vater ... ich guckte da hin. Theo hat nix gesagt, hat gar nix gesagt. Hat auch nicht gesagt: ›Schau nicht da hin‹ und so weiter. Ich hab es aber genau in Erinnerung. Und die letzten Kämpfe.«

Das Nächste, woran mein Vater sich in unserem Gespräch erinnert, ist die Ankunft in Antwerpen. In einem kleinen Zimmer mit einem großen Bett und einer Matratze. Ein Bett für drei Personen. Aber nach all den Strapazen des letzten Monats wahrscheinlich das Schönste, was er seit langem gesehen hat. »Ich lag irgendwo auf der Kante«, schließt er ab. Und ich atme kurz durch.

Das, was er mir da an Details erzählt, reicht, um einen Eindruck zu bekommen von dem Grauen, das er gesehen hat. Um zu ahnen, welches Grauen all die Menschen erleben, die vor Krieg, Hunger und Verfolgung fliehen. Um zu wissen: Niemand sollte jemals solche Bilder sehen müssen. Es wird mir auf ewig ein Rätsel bleiben, wie Menschen sich so etwas gegenseitig antun können. Wie Menschen von Krieg und Heldentaten träumen können, die in Wahrheit nur grausamstes und sinnlosestes Morden sind. Dass nicht alle Menschen sich im Angesicht solcher Erzählungen und Bilder einig sind, dass es verabscheuungswürdig ist, sich Derartiges anzutun. Es macht mich regelmäßig wütend, dass Machthabende solche Massaker verantworten und auch noch genügend Menschen finden, die sie in diesem Vorhaben unterstützen. Und dass wir nicht alle viel mehr tun, mich eingeschlossen, um ähnliches Grauen in anderen Ländern zu verhindern.

Denn mein Opa, mein Vater, ich – wir sind ja am Ende nur Platzhalter für eine Geschichte, die sich so oder ähnlich immer und immer wiederholt. Die Umstände mögen individuell sein, aber das Prinzip dahinter ist dasselbe. Es wiederholt sich überall da, wo Menschen Ähnliches erleben. Ob nun Nazis das sinnlose Morden verantworten oder Kämpfer in einem heiligen Krieg. Ob es der Genozid an Jüd:innen ist, an Sinti:zze und Rom:nja, Bosniak:innen, Tutsi und Hutu, Jesid:innen oder den Rohingya. Es wiederholt sich überall da, wo politische Gegner, Aktivist:innen und Journalist:innen verfolgt, inhaftiert und ermordet werden, weil ihre Äußerungen und ihre Haltung den Machthabenden nicht in den Kram passen. Überall da kehren die Folgegenerationen die Scherben ihrer Vorfahren zusammen. In sich selbst und in ihren Familien. Und überall da ist es ihre Aufgabe, davor zu warnen, dass es nie wieder so weit kommen darf.

2018
Wer bestimmt die Perspektive?

Den ganzen Tag schon huste ich. Meine Nase ist zu. Meine Ohren auch. Ich bekomme kaum was mit. Dabei ist heute ein wirklich wichtiger Tag. Und ein furchtbar aufregender dazu. Denn heute, am 2. November 2018, werde ich am späten Abend zusammen mit Stephanie Borgert die Bühne des Theaters in Münster betreten. Es ist eine riesige Bühne. Hinter uns schwarze Vorhänge, in der Mitte liegt ein runder, roter Teppich. Das Erkennungszeichen des Events, auf dem wir uns befinden. Ein unabhängiger TED-Talk. Das TEDx in Münster.

Dass ich an diesem Abend nicht alleine, sondern mit einer weiteren Person auf die Bühne gehe, hat eine kuriose Vorgeschichte. Denn wer einen Talk auf einer TEDx-Bühne halten will, muss sich bewerben. Einer der Organisatoren des Events in Münster hatte mir vorgeschlagen, doch einfach mal ein Paper mit der Geschichte meines Großvaters einzureichen. Von selbst wäre ich nie auf die Idee gekommen. Aber wenn sich die Gelegenheit schon mal bietet, warum eigentlich nicht. Also fülle ich die erforderlichen Unterlagen aus und bewerbe mich. Es dauert gefühlt eine Ewigkeit, bis Rückmeldung kommt. Man sei in Diskussionen, heißt es. Denn ich bin nicht die einzige Bewerberin, die etwas über ihren Opa erzählen will. Auch eine Frau namens Stephanie Borgert hat eine Bewerbung eingereicht, um über ihren Opa zu sprechen. Im Gegensatz zu meinem war der aber nicht Widerstandskämpfer, sondern SS-Offizier. Und jetzt können sich die Organisator:innen nicht für eine Geschichte entscheiden. Ob ich mir vorstellen könne, den Talk mit ihr gemeinsam ... Ich weiß nicht warum, aber ich sage sofort zu. Ein Bauchgefühl. Klar kann ich. Und irgendwann telefonieren wir dann. Stephanie und ich haben auf Anhieb einen Draht zueinander. Unser erstes Telefonat dauert eine gute Stunde. Im Prinzip wissen wir recht schnell: Ja, das passt. Vielleicht sogar noch besser, als wenn jede von uns einzeln ihre Geschichte auf der Bühne erzählt.

Unsere Geschichten haben – trotz aller Unterschiedlichkeit – einen gemeinsamen Ausgangspunkt: einen Ordner mit Prozessakten. Im Gegensatz zu mir weiß Stephanie aber nicht, was ihr Opa genau gemacht hat. Sie bekommt den Ordner von ihrer Oma mit den Worten: »Mach damit nach meinem Tod, was du willst.« Sie findet raus, dass ihr Opa, der alte Mann, der so lustig mit den Ohren wackeln konnte, während des Zweiten Weltkriegs als SS-Obersturmführer vorübergehend das Kommando im Lager Schachty hatte. Nach dem Krieg arbeitet Walter Pohl wie bereits zuvor als Kriminalkommissar. In den 60er Jahren wird er angeklagt, an der Ermordung von hundert Juden und politischen Funktionären in Schachty beteiligt gewesen zu sein. Er wird in erster Instanz verurteilt. In zweiter freigesprochen unter Verlust aller Ehrenrechte. Zurück bleibt der Mann, den Stephanie Borgert als ihren Opa kennenlernt. Ein Mann, der für die Enkelkinder mit den Ohren wackelt, ansonsten in der Familie aber nichts zu melden hat.

In den Prozessakten sind die Morde, die Walter Pohl zu verantworten hat, detailliert beschrieben. Und auch seine Haltung dazu. Diese Morde seien zwar abscheulich gewesen, aber »politisch richtig und kriegsnotwendig«, so seine Aussage im Prozess. Stephanie Borgerts Haltung gegenüber dieser Geschichte ist klar: Was ihr Großvater getan hat, ist durch nichts zu rechtfertigen. Und es darf nie wieder geschehen. Und trotzdem bleibt da der Wunsch, diese Person greifen zu können, die sie als ihren Opa kennengelernt hat. Der Versuch, irgendwie diese Person in Kongruenz zu bringen mit den grausamen Taten. Es entsteht ein Theaterstück, in dem sie die Auseinandersetzung mit ihrem Großvater auf der Bühne sucht. Verkörpert von einem Schauspieler.

Auch wenn unsere Großväter auf verschiedenen Seiten der Geschichte standen: Wir tun es nicht. Wir erzählen zwar aus verschiedenen Perspektiven, aber aus den gleichen Gründen. Weil wir klarmachen wollen, aus all diesen Geschichten kann es nur einen Schluss geben: So etwas darf nie wieder geschehen. Und so betreten wir am 2. November 2018 gemeinsam die Bühne.

Mir schlägt das Herz bis zum Hals. Ich schaue in das tiefe Schwarz, aus dem mir nur ein leises Rascheln und Rutschen verrät, dass darin 800 Menschen gleich hören werden, was wir beide ihnen erzählen möchten. Stephanie und ich stehen weit auseinander. Einige Meter vor uns in der Mitte liegt der kreisrunde, rote Teppich. Das ist unser Ziel. Wir sprechen abwechselnd je einen kleinen Teil unserer Geschichten. Immer wenn eine von uns ihren Text beendet, macht sie einen Schritt nach vorne auf den Teppich zu. Das Scheinwerferlicht blendet zuerst Stephanie und dann mich. Ich muss nicht mehr husten. Meine Ohren sind plötzlich frei. Mein Kopf auch. Ich bin super konzentriert. Adrenalin – was für ein Stoff. Aus dem Publikum kommt kein Laut mehr. Vielleicht nehme ich auch einfach nichts mehr wahr. Nach 18 Minuten treffen wir uns auf dem roten Kreis in der Mitte der Bühne, um gemeinsam unsere Botschaft ans Publikum zu richten.

Es ist Stephanie Borgert, die mit unserem Schlusswort beginnt: »Und hier stehen wir: Die Enkelin eines Widerstandskämpfers – und die Enkelin eines SS-Offiziers. Hier stehen wir Seite an Seite und sprechen von unserer Angst in der Gegenwart und unseren Hoffnungen für die Zukunft.«

Ich: »Gemeinsam haben wir eine Botschaft für Sie: ›Nie wieder Faschismus.‹ Es liegt an uns, die Zukunft zu gestalten.«

Einen kurzen Moment lang bleibt alles still.

Dann brandet Applaus auf. Das Licht geht an. Ich sehe all die vielen Menschen, die wir heute erreicht haben. Ich bin dankbar für diese Chance. Gleichzeitig sind die letzten zwanzig Minuten in meinem Kopf wie ausgelöscht. Wir stehen da und versuchen, den Applaus ein wenig auszuhalten. Dann gehen wir von der Bühne. Endlich darf ich wieder husten.

Drei Tage später wird Verfassungsschutzchef Hans-Georg Maaßen von Bundesinnenminister Horst Seehofer in den Ruhestand versetzt.

Es ist bezeichnend, dass unser Vortrag genau in die Zeit fällt, in der sich der Chef des Verfassungsschutzes deutlich als jemand zeigt, der nicht etwa auf dem rechten Auge blind ist, sondern – schlimmer – mit dem rechten Rand liebäugelt. Vorsichtig formuliert.

Was war passiert?

Zwei Monate zuvor, am Abend des 26. August 2018, taucht im Netz ein Video auf. Es zeigt mehrere Männer, die hinter zwei weiteren herrennen. Es wird gebrüllt: »Haut ab!«, »Kanacken« und »Ihr seid hier nicht willkommen!«. Die Aufnahmen stammen vom Rand einer Demonstration in Chemnitz. Dort war am frühen Morgen bei einem Streit nach dem Chemnitzer Stadtfest ein 35-jähriger Mann erstochen worden. Tatverdächtig sind ein Syrer und ein Iraker. Beide Männer haben in Deutschland Asyl beantragt. Noch am selben Tag kommt es zu zwei Demonstrationen. Die AfD hatte zu einer Kundgebung gegen »Ausländergewalt« aufgerufen, zu der laut Medienberichten rund 100 Personen erschienen. Ein weiterer Aufruf erfolgte durch die rechtsextreme Hooligan-Gruppe »Kaotic Chemnitz«. Die hatte über soziale Netzwerke rund 800 Personen mobilisiert.[1]

Bereits den ganzen Tag werden über soziale Netzwerke und in Chat-Gruppen Falschmeldungen zum Tathergang verbreitet, die zusätzlich dafür sorgen, dass sich die Situation zuspitzt. Das Opfer des Messerattentats soll gestorben sein, weil es Frauen vor der Belästigung durch die beiden Migranten beschützt habe. Es ist die Rede von einem zweiten Toten. Nichts davon wird bestätigt. Auch zu den Hintergründen der Tat hat sich die Polizei am Sonntagnachmittag noch gar nicht geäußert. Nicht äußern können. Einfach, weil niemand so schnell ermitteln kann. Dass das Opfer einen kubanischen Vater hat und aufgrund seiner Hautfarbe in der Vergangenheit selbst Ziel von rechter Gewalt war, spielt zu keiner Zeit eine Rolle. Ich wünsche mir natürlich grundsätzlich, dass Herkunft keine Rolle spielt dabei, ob wir den Tod eines Menschen betrauern. Aber dass ausgerechnet diejenigen, die jetzt gegen »Ausländergewalt« aufrufen, diesen Fakt unter den Tisch fallen lassen, weil es ihrer Agenda nutzt, ist so bemerkenswert wie absurd.

Das Video mit dem Angriff auf die beiden Männer, die tatsächlich regelrecht über die Straße gejagt werden, ist nicht das einzige, das an diesem Tag auftaucht. Im Netz kursieren weitere Handyvideos, die mitunter Straftaten dokumentieren, wie das Zeigen des Hitlergrußes und Angriffe auf Journalist:innen. Es werden rechtsextreme Parolen gebrüllt. Die Polizei bekommt die Situation nicht unter Kontrolle. Es fliegen Flaschen und Steine in Richtung der Beamten. Anweisungen werden ignoriert.[2]

Einen Tag später, am Montag, dem 27. August 2020, gehen die Kundgebungen weiter. Das rechtsgerichtete Bündnis Pro Chemnitz, das seit Ende 2018 vom Verfassungsschutz beobachtet wird, meldet einen Protestzug an, bei dem 6000 Personen teilnehmen. Die Partei Die Linke ruft zur Gegendemonstration auf, zu der sich etwa 1500 Menschen einfinden. Dem Aufruf von Pro Chemnitz sind zahlreiche Rechtsextreme aus ganz Deutschland gefolgt und eigens nach Chemnitz angereist. Es werden Mitglieder gesichtet, die zur Freien Kameradschaftsszene gehören, zur rechten Partei Der III. Weg, Pegida, NPD und der Identitären-Szene. Auch AfD-Politiker reisen extra an, um an der Demonstration teilzunehmen. Einer von ihnen präsentiert sich auf Twitter stolz mit Bildern. Es ist Hans-Peter Stauch, Mitglied des Landtages in Baden-Württemberg. Dazu schreibt er: »Falls ich später mal gefragt werden sollte, wo ich am 27. August 2018 war, als die Stimmung in #Deutschland kippte: Ja, ich war in #Chemnitz dabei! #SchutzundSicherheit #GrenzenDicht #Remigration #AfDwählen #Merkelmussweg #c2708«[3]

Selbst der Berliner Verfassungsschutz spricht in der Folge von einem »offenkundigen Schulterschluss« von Rechtsextremisten mit der AfD.[4]

Währenddessen sind zahlreiche Politiker:innen noch damit beschäftigt, zu den Ereignissen von Sonntag Stellung zu beziehen. Regierungssprecher Steffen Seibert verurteilt in einer Erklärung die rechtsextremen Ausschreitungen. Im Bezug auf die Bilder aus dem Video benutzt er den Begriff »Hetzjagd«. Auch Bundeskanzlerin Angela Merkel spricht später von einer Hetzjagd und wird dafür scharf kritisiert. Auch von Parteikollegen. Verfassungsschutzchef Hans-Georg Maaßen zweifelt die Echtheit des Videos an, die Quelle sei nicht verifiziert. Außerdem könne er darauf keine Hetzjagd erkennen. Das Video ist von einem Twitter-Account mit dem Handle »Antifa Zeckenbiss« in Umlauf gebracht worden. Wer es gefilmt hat, ist nicht bekannt. Aber inzwischen sind ohnehin weitere Videos mit ähnlichen Inhalten aufgetaucht. Ein Rechercheverbund aus *Süddeutscher Zeitung*, WDR und NDR wird einige Monate später Indizien veröffentlichen, die zumindest nahelegen, dass sich Rechtsextreme gezielt zur Jagd auf Menschen verabredet haben, die sie als Ausländer markieren. Zumindest tauchen Chatprotokolle auf, in denen explizit von »Jagd machen« die Rede ist.[5]

Was bei all der Diskussion um den Begriff »Hetzjagd« völlig untergeht: Im Schatten der Demonstrationen am 27. August 2018 greifen Rechte ein jüdisches Restaurant in Chemnitz an und werfen Steine auf die Eingangstür. Einer der Steine soll den jüdischen Ladenbesitzer getroffen haben. Auch hier versuchen rechte Medien, wie das Blog Philosophia Perennis, Zweifel an den Berichten zu säen und den Restaurantbesitzer zu diskreditieren.[6]

Statt sich um die tatsächliche Bedrohung durch Rechtsextremismus zu kümmern, wird also ein Begriff rauf- und runterdekliniert, der den einen übertrieben, den anderen gerade recht erscheint. Und wo die Emotionen ohnehin schon hochkochen, nutzt die AfD die aufgeheizte Stimmung, um noch ein bisschen mehr Öl ins Feuer zu gießen. Sie meldet zeitgleich mit Pegida für den 1. September 2018 einen »Trauermarsch« an. Dresscode: Schwarze Anzüge und weiße Rosen. Auch Pro Chemnitz meldet für die gleiche Zeit eine Kundgebung an – mit ähnlicher Route.[7] Bei diesem angeblichen Trauermarsch ganz vorne mit dabei: Der thüringische AfD-Fraktionschef Björn Höcke.

Dass diese offensichtliche Provokation, dieser Schulterschluss mit Rechtsextremen und Neonazis in Thüringen so stattfindet, ist auch eine Botschaft. Wir können das. Wir haben nichts zu befürchten. Eine Sicherheit, die auch daher kommt, dass Politiker wie Hans-Georg Maaßen und Innenminister Horst Seehofer die rechtsextremen Übergriffe in Chemnitz verharmlosen. In Interviews und Pressekonferenzen stellen sie sich demonstrativ gegen die Bundeskanzlerin. So lässt Maaßen am 7. September 2018 in einem Interview mit der *Bild*-Zeitung verbreiten, dass dem Verfassungsschutz keine belastbaren Informationen für Hetzjagden und auch keine Belege vorlägen, dass das Video zum Vorfall authentisch sei. Das alles sei nur ein Ablenkungsmanöver vom »Mord« selbst.[8] Während Innenminister Seehofer dem Verfassungsschutzchef beispringt und ihm »sein vollstes Vertrauen« ausspricht, gibt es heftige Kritik aus den anderen Parteien. Auch Maaßens Integrität wird in Frage gestellt. Es kommt sogar so weit, dass die Große Koalition auf dem Spiel steht.

Elf Tage nach dem *Bild*-Interview einigen sich die Spitzen der Großen Koalition darauf, Maaßen als Chef des Verfassungsschutzes abzulösen. Er soll als Staatssekretär ins Bundesinnenministerium versetzt werden – und damit sogar noch eine höhere Besoldung bekommen. Dieser Krisenplan stößt ebenfalls auf heftige Kritik. Also bekommt Maaßen einen Posten als Sonderberater im Innenministerium bei gleichen Bezügen. Als er im Oktober vor den europäischen Geheimdienstchefs seine Abschiedsrede hält, wiederholt er dort, dass die Hetzjagden von Chemnitz frei erfunden seien, er erzählt von deutscher Medienmanipulation und einem Plan »linksradikaler Kräfte in der SPD«, ihn aus seinem Amt zu entfernen. Damit ist er endgültig nicht mehr im Amt zu halten.

Es ist im Übrigen nicht das erste Mal, dass Maaßen mit fragwürdigem Verhalten auffällt. Seit Jahren gibt es rund um den Verfassungsschutz immer wieder Ungereimtheiten bei der Aufarbeitung von Rechtsextremismus in Deutschland. Wie zum Beispiel im Fall des Attentäters, der am Berliner Breitscheidtplatz mit einem LKW zwölf Menschen tötet. Maaßen verschweigt dem Parlament einen V-Mann im näheren Umfeld des Attentäters. Schon vor den Ausschreitungen in Chemnitz gibt es Hinweise darauf, dass Maaßen Kontakte zur AfD pflegt.[9] Darüber berichtet die AfD-Aussteigerin Franziska Schreiber in ihrem Buch und legt, um die Richtigkeit ihrer Aussagen zu bestätigen, dazu eine eidesstattliche Erklärung ab. Bereits 2016 gibt es heftige Kritik am damaligen Verfassungsschutzchef, wegen der mangelhaften Aufarbeitung der Morde des sogenannten Nationalsozialistischen Untergrunds (NSU) in Verbindung mit V-Mann Corelli.[10]

Und heute? Heute zeigt sich Hans-Georg Maaßen offen mit Rechtspopulisten und AfDlern. Als prominentes Mitglied der Werteunion, eines Vereins, der Ende März 2017 gegründet wird und sich als »Vertreter des konservativen Markenkerns von

CDU und CSU« versteht, strebt er eine Zusammenarbeit zwischen CDU und AfD an. Weil sich die Werteunion immer stärker in Richtung AfD radikalisiere, treten im August 2020 einige Landesvorsitzende von ihren Ämtern zurück.[11]

Während Stephanie Borgert und ich also auf einer Bühne in Münster vor 800 Menschen vor den Gefahren des Rechtsextremismus warnen und uns offen dafür einsetzen, nach den humanistischen Werten zu leben, auf denen unser Grundgesetz aufgebaut ist, verharmlosen namhafte Politiker diese Gefahr.[12] Und nicht nur das. Sie gießen sogar noch Öl ins Feuer, sorgen mit Begriffen wie »Asyltourismus« und der Debatte um eine Errichtung von »Ankerzentren« für Geflüchtete für eine weitere Verschiebung des Diskurses in Richtung einer menschenfeindlichen Grundhaltung gegenüber Schutzsuchenden.[13]

1940-41

Der Junge wird sonst komisch

In Antwerpen findet mein Großvater mit seiner Familie zunächst Unterschlupf im Hotel Midi am Eiermarkt, wo er sich auch polizeilich meldet. Dort bleibt er etwa einen Monat. Im Juli dann geht es weiter nach Brüssel. In ein Haus, das einem Herrn La Sure gehört. La Sure hat einen Filmverleih, der allerdings kurz vor dem Bankrott steht. Er gehört, wie mein Großvater, der katholischen Friedensbewegung an, hat sich allerdings – wie sich später herausstellen wird – inzwischen radikalisiert. Er arbeitet für die Nationalsozialisten und übersetzt Nazipropaganda ins Flämische und Französische, um sie seinen belgischen Landsleuten zu vermitteln. Trotzdem versteckt er meinen Opa, meine Oma und meinen Vater in einem kleinen Zimmer auf dem Dachboden seines Wohnhauses. Vielleicht einfach um der guten alten Zeiten willen.

Das Haus von La Sure befindet sich mitten im Rotlicht-Viertel – in der Rue Linné. Das ist natürlich hoch interessant für einen neunjährigen Jungen. Und weil er ohnehin zum Spielen maximal in den ummauerten, gepflasterten Innenhof darf, verbringt er viel und gerne Zeit damit, vom Dachfenster aus das Treiben auf der Straße zu beobachten.

Seine Lieblingsgeschichte aus dieser Zeit trägt in seinem Buch *Rot Mof* den Titel: »Die Rache der Nutten von der Rue de Linné«.[1] Die Szene beobachtet mein neunjähriger Vater aus dem Wohnzimmerfenster. Die Familie darf im Wohnzimmer ihr Frühstück einnehmen, gemeinsam mit Herrn und Frau La Sure. Er sieht, wie sich an diesem Vormittag einige Damen des gegenüberliegenden Bordells mit Lockenwicklern in den Haaren und Kippe in den Winkeln ihrer rot geschminkten Münder lautstark und heiser lachend über die Fenster hinweg unterhalten, während eine Gruppe uniformierter Nazis das Bordell betritt. Man hört sie schon von Weitem, denn die Sohlen ihrer Stiefel sind mit Nägeln beschlagen, die ordentlich Krach machen, wenn sie im Gleichschritt die Straße entlangmarschieren. Während die deutschen »Helden« sich drinnen verlustieren, kommen zwei der Frauen mit einem Eimer und Schrubbern um die Ecke. Damit verteilen sie großzügig Seife auf dem Bürgersteig vor dem Etablissement. Als die Herren das Bordell gut gelaunt verlassen und sich versammeln, um im Gleichschritt abzumarschieren, erleben sie ihr blaues Wunder. Einer nach dem anderen rutscht auf dem glatten Bürgersteig aus und landet auf seinem »Heldenarsch«, wie mein Vater das nennt. Unter dem grölenden Gelächter der Damen versuchen sie, sich wieder zu berappeln. Und da das Ganze peinlich genug ist, verschwinden sie so schnell wie möglich von der Bildfläche.

Geschichten wie diese hat mein Vater am allerliebsten erzählt. Und dabei hat er, wenn möglich, ordentlich derbes Vokabular benutzt. Überhaupt gehörte das Wort »Arsch« zu einem seiner Lieblingswörter. Wahrscheinlich, weil er darin das R so schön hart rollen konnte. Und auch alles rund um den »Arsch« hat er mit Vorliebe verwendet, um die Menschen zu schockieren. Ein verbaler Mittelfinger an den Klassismus und eine Reminiszenz an das Proletariat, dem seine Mutter entstammte und das er in Ehren zu halten gedachte. Heute amüsiert mich das ein bisschen. Aber früher war mir das megapeinlich, dass er vor allen Leuten Wörter wie »kacken« und »scheißen« benutzte. So etwa in die Richtung: »Die tun alle so vornehm, aber kacken müssen wir alle.«

Drei Monate lang versteckt sich mein Großvater mit seiner Familie im Dachgeschoss des Hauses von Herrn La Sure. Dann wird ihm die Sache zu brenzlig. Denn La Sure entpuppt sich in den Gesprächen am Frühstückstisch immer mehr als krasser Antisemit und strammer Nationalsozialist. Mein Großvater erträgt sein Gerede über die »Christusmörder« nicht mehr, die einer niederen Rasse angehören würden. Und auch wenn er ihm bestimmt viel Geld für das Versteck und sein Schweigen zahlt – sicher sind sie da nicht. Also packen sie ihre Habseligkeiten und ziehen im Oktober 1940 weiter in Richtung Stadtmitte – in die alte Wohnung von Plato, die ja jetzt frei ist, weil Plato sich nach London abgesetzt hat. Das Apartment liegt im dritten Stock, und es gelingt ihnen tatsächlich, dort für einige Zeit unterzutauchen. Im Gegensatz zur Rue Linné können sie sich in der anonymen Großstadt auch relativ frei bewegen. Mein Vater erzählt von langen Spaziergängen, von gelegentlichen Mittagessen im Kaufhaus Bon Marché und von seiner kindlichen Begeisterung für das Manneken Pis. Mein Großvater kennt Brüssel wie seine Westentasche. Oft genug hat er in den Jahren zuvor Plato hier besucht. Einmal geht mein Opa mit meinem Vater sogar ins Kino. Es läuft *Robin Hood* in flämischer Synchronisation. In seinem kindlichen Leichtsinn wünscht sich mein Vater für den Heimweg auch ein richtiges Abenteuer – und bekommt es prompt, aber unfreiwillig.

Als er an der Hand meines Großvaters den Bürgersteig langgeht, schwankt und stolpert ihnen ein deutscher Offizier entgegen mit Monokel, in vollem Nazi-Ornat und ordentlich betrunken. Mein Opa zieht meinen Vater an der Hand aus dem Weg: »Let op, die duitse zuiper«*, sagt er. Doch der betrunkene Monokel-Träger stößt trotzdem mit meinem Opa zusammen, der den Offizier so heftig zurückstößt, dass der hinfällt. Ups. Mein Opa beginnt sofort, sich in aller Form auf Französisch zu entschuldigen, aber der Monokel-Nazi ist außer sich. Am Bo-

* »Pass auf, der deutsche Säufer!«

den liegend, lallend und fluchend, fummelt er an seinem Holster herum, um seine Waffe zu ziehen. Mein Opa zerrt meinen Vater hinter sich her, und beide rennen, so schnell sie können, weg. Sie retten sich in eine Seitenstraße und drücken sich in einen Türeingang, um nach Luft zu schnappen. Während sie von Weitem die Trillerpfeifen der Militärpolizei hören, machen sie, dass sie nach Hause kommen. Im Türeingang zur rettenden Wohnung imitiert mein Opa mit rollendem R: »Weitermachen, meine Herren.« Mein Vater prustet sofort los. So laut, dass er ermahnt werden muss, ein bisschen leiser zu lachen. Aber irgendwo muss die Angst ja hin.

Trotz aller Abenteuer: Auch in Brüssel will mein Großvater nicht bleiben. Vor allem, weil er sich Sorgen um seinen Sohn macht.

»Er meinte, ich würde komisch werden, wenn ich keine Schule mehr besuchte. Ich durfte ja mit niemandem, mit keinen Kindern mehr Umgang pflegen. Das ging ja nicht. Offiziell waren wir ja Holländer, in Belgien waren wir Holländer. Und da habe ich den Namen Dirk auch bekommen. Denn Dietrich ist ja total deutsch, da wären sie sofort draufgekommen.«

Für meinen Vater ist es das dritte Mal, dass er seinen Namen ändern muss. Geboren als Dietrich Franz wird er in Holland erst zum Dieter, weil das weniger deutsch klingt, und in Belgien schließlich zu Dirk, weil das noch holländischer klingt und auch im Belgischen und Französischen nicht so auffällig ist. Als deutscher Junge nimmt sich mein Vater zu diesem Zeitpunkt ohnehin nicht mehr wahr. Er ist inzwischen fast zehn Jahre alt und seit seinem zweiten Lebensjahr in den Niederlanden. Niederländisch ist zu seiner Hauptsprache geworden, obwohl er mit seiner Mutter noch Deutsch spricht. Einen Bezug zu Deutschland als Land oder Heimat hat er nicht mehr. Und auch wenn er mir von seiner Kindheit erzählt, wechselt er manchmal, ohne es zu merken, ins Niederländische. Ich verstehe ihn in der Regel trotzdem sehr gut. Ich hab ihn oft Niederländisch reden hören, und zu Hause habe ich Kinderserien auf Niederländisch im Fernsehen gesehen, weil da die Schlümpfe liefen. Und ehrlich gesagt: Ich mag das, wenn mein Vater Niederländisch spricht.

Mein Opa Theo findet einen Platz für ihn in einem flämisch-nationalistischen Jugendheim in Halle bei Antwerpen. Das Jugendheim wurde gestiftet von Dr. Reimond Tollenaere, einem Rechtsanwalt und Politiker, der nicht nur ein überzeugter Nationalist ist, sondern ganz offen mit den Nazis kollaboriert. Er ist Mitglied der Schwarzen Brigade des Vlaams Nationaal Verbond (VNV), eines Zusammenschlusses flämischer Nationalisten. Er lässt sich 1941 als Unterleutnant der belgischen Waffen-SS an die Ostfront versetzen und wirbt aktiv Freiwillige für den Einsatz. Und zwar genau in dem Jugendheim, in das mein Vater jetzt ziehen wird – zunächst ohne seine Eltern.

Über das Warum kann ich nur spekulieren. In einem seiner Verhöre erzählt mein Großvater, dass er in einem Tanzcafé Kontakt zu einer jungen Frau hat, die mit dem Chefredakteur einer belgischen Untergrundzeitschrift mit katholischem Einfluss verbandelt ist. Vielleicht hat er gehofft, für *La Libre Belgique* arbeiten zu können, um ein bisschen Geld zu verdienen. Denn nach knapp sechs Monaten in Brüssel geht das so langsam zur Neige. Außerdem werden aufgrund des Krieges die Lebensmittel immer knapper und damit auch teurer. Vielleicht hat mein Großvater auch nach Wegen gesucht, doch noch nach Großbritannien zu kommen. Diesmal mit Frau und Kind. Und vielleicht wollte er auch einfach nur, dass sein Sohn irgendwo betreut ist, falls ihm und meiner Oma etwas zustößt oder sie doch verhaftet werden. Schließlich tummeln sich inzwischen überall in Belgien Nazis. Und am Ende ist es für einen knapp Zehnjährigen wahrscheinlich tatsächlich angenehmer, unter Gleichaltrigen zu sein, als sich mit seinen Eltern in einer Großstadt verstecken zu müssen. Ich für meinen Teil möchte niemals in die Situation kommen, sowas entscheiden zu müssen.

Mein Vater erinnert sich interessanterweise gerne an die Zeit im Waisenhaus. Ein streng katholisches Kinderheim mit nationalistischer Ausrichtung. Wie mein Großvater diesen Widerspruch innerlich überwunden hat, ist mir ein Rätsel. Wahrscheinlich gar nicht. Es ist einfach die einzige Option, seinen Sohn irgendwo unterzubringen, denn er hätte ihn ja nie offiziell in eine Schule bekommen. Im Mai 1941 ist das Geld endgültig aufgebraucht. Nur eine eiserne Reserve haben meine Großeltern noch. In Form von neun Goldstücken, die in ihre Mäntel eingenäht sind. Der Leiter des Jugendheims, ein Herr van Humbeek, kommt mit meinem Großvater überein, dass er dort als Hausmeister arbeiten kann. Meine Oma soll als Köchin mitkommen. Ausgerechnet. Immerhin ist die Familie jetzt wieder zusammen.

Jedes Mal wenn mein Vater von seiner Zeit dort erzählt, bin ich einigermaßen schockiert, unter welchen Umständen er gelebt hat. Gleichzeitig lässt er mir kaum eine Chance, auch nur im Ansatz betroffen zu sein, weil er die ganze Zeit über all die Absurditäten lacht, die er da erlebt hat. Zum Beispiel als er mir erzählt, dass es verboten war, sich »untenrum« anzufassen. Und das galt auch fürs Waschen. Ich bin so entsetzt, als er mir das erzählt, ich kann das kaum glauben. »Aber er hätte dir doch wenigstens mal den Popo waschen können!«, sage ich einigermaßen empört und meine meinen Opa. Aber mein Vater lacht nur sein tiefes, bauchiges Lachen.

»Nein, nein, nein. Das gab es nie! Wir kriegten einen halben Eimer warmes Wasser und dann durften wir uns entkleiden bis hier [er zeigt auf die Hüfte oberhalb der Gürtellinie] und dann durften wir uns ein bisschen die Brüste rumfummeln. Aber jeden Morgen mussten wir uns den Kopf unter das eiskalte Wasser von ner Pumpe halten, das war die Hygiene. Und kackten auf nem Plunschklo. Allemal.«

Ich hab direkt einen sehr unangenehmen Geruch in der Nase, sehe kleine, wilde Jungs mit zotteligen Haaren, dreckverschmierten Gesichtern und schwarzen Fingernägeln vor meinem inneren Auge, die sich ständig am Hintern kratzen. Denn Toilettenpapier gibt's ja auch nicht. Ich hoffe inständig, dass sie wenigstens ab und an mal in einen See oder Ähnliches hüpfen konnten. Und das alles, weil Gott angeblich verboten haben soll, dass man sich im Genitalbereich anfasst oder wäscht. Liebe Güte!

»Da ging es ja ordentlich rund da. Schläge, das war das tägliche Brot. Das Essen das war gleich null. Suppe von Erbsen mit Tierchen drin, also mit Käfern drin. Gemahlenes Getreide mit Milchsuppe mit Strontjes, also praktisch mit Mäuse- und Rattenscheiße drin. Mussten wir essen, sonst konnten wir ja nicht leben. Morgens gab es eine Schnitte Brot. Das Brot war selbstgebacken, auch mit Mehl, wo also auch Rattenküttel drin waren und Mäuseküttel. Das knirschte zwischen den Zähnen. Wir haben das überstanden.«

Kein Wunder, dass mein Vater später so stolz auf seinen »eisernen Magen« ist, der alles verträgt, auch verschimmeltes Brot. Und heute schmeißen wir Lebensmittel weg, wenn das Mindesthaltbarkeitsdatum erreicht ist. Bei seinen Erzählungen muss ich aber auch unweigerlich an all die Menschen denken, deren Leben im Prinzip nur aus Unterernährung besteht. Die kein anderes Leben kennen als das des Mangels. Die in Lagern für Geflüchtete geboren und dort eine weitere Generation großziehen werden, weil es kein Zurück mehr gibt. Dass selbst jetzt in Europa Menschen unter ähnlichen Umständen leben müssen. Vielleicht nicht in katholisch-nationalistischen Waisenhäusern. Aber in Zelten umgeben von Ratten und Mäusen, ohne die Möglichkeit, ihre Vorräte anständig aufzubewahren oder einer gründlichen Körperhygiene nachzugehen. Puh.

Aber trotz all der kruden Umstände: Mein Vater erinnert sich wirklich gerne an seine Zeit in dem Kinderheim. Vielleicht auch deshalb, weil er das erste Mal so richtig unter Gleichaltrigen ist und sich austoben kann. Obwohl er natürlich auch in den Niederlanden zur Schule gegangen ist. Aber der Bewegungsdrang wird ja größer, je älter man wird. Und auch die Unabhängigkeit von den Eltern. Und weil mein Vater es schon gewohnt war, dass sich in seinem Leben ständig irgendetwas änderte, hatte er anscheinend auch schon eine Strategie.

»Ich hab mich relativ wohlgefühlt. Wir hatten immer Hunger, okay. Ich hab mich mit den Insassen, die ungefähr gleichaltrig waren, solidarisiert und hab mit denen Mätzchen gemacht und hab jedenfalls dafür gesorgt, nicht aufzufallen. Das macht man ja so. Wenn du auffällst, dann – entweder positiv oder negativ – dann haste Probleme.«

Und so passt sich mein Vater halt an, macht mit den anderen Kindern Blödsinn, geht in die flämische Schule und besucht sowas wie die belgische Hitlerjugend. Jeden Morgen zitieren die Kinder gemeinsam diesen Satz: »Wat wals is, fals is. Sla dood.« Was Wallonisch ist, ist falsch. Schlagt sie tot. Selbst an meinem Vater, dem Sohn eines Antifaschisten, prallt das nicht ab. Im Gegenteil. Er will ja dazugehören. Und so erzählt er mir, dass er sich schon nach kurzer Zeit selbst auch als Flame wahrnimmt. »Wir waren ja flämisch bis geht nicht mehr! Ich war auch flämisch! Die Wallonen, die hätte ich nicht sehen mögen!!«

So leicht geht das – und so schnell. Denn zu diesem Zeitpunkt ist mein Vater nicht mal ein Jahr in Belgien. Als er dort zur Kommunion geht, bekommt er wie die anderen Kinder auch eine Armbrust vom Stellmacher. Als Zeichen der Mannbarkeit und Wehrbarmachung, erklärt er mir. Keine richtige natürlich, aber einen Nagel, sagt er, konnte man da schon reinmachen. Und das hat durchaus zu ernsthaften Verletzungen geführt. Aber was soll ein Zehnjähriger auch machen? Ich glaube, was mein Vater durch die ganzen Umzüge, Sprach- und Namenswechsel gelernt hat, ist, sich überall eine neue Identität zuzulegen. Und deshalb war das für ihn nichts Festes, sondern etwas Variables. Aus Dietrich wird nicht nur Dieter und dann Dirk, sondern aus einem deutschen Kind wird erst ein niederländisches und dann ein flämisches. Mein Vater hat versucht, das Beste daraus zu machen. Aber feste Bindungen hatten für ihn keinen Wert. Es konnte ja ständig irgendwas passieren, und dann musste er sich wieder neu erfinden. Und natürlich macht das später Probleme, wenn es um die Verbindung mit anderen Menschen geht.

Es sind diese Geschichten, die mir ermöglichen, das Verhalten meines Vaters nachvollziehen zu können. Zu begreifen, warum er geworden ist, wer er ist. Ihn auf einer Metaebene zu betrachten – losgelöst von unserer familiären Beziehung. Aber natürlich ist seine Entwicklung nicht unabdingbar. Wir können uns auch anders entscheiden. Wir sind keine Marionetten. Aber dafür brauchen wir die Möglichkeit zu reflektieren. Geschützte Räume, in denen wir über das Erlebte sprechen können. Im Zweifel Therapeut:innen, die uns dabei begleiten, wenn wir dem Grauen und den Traumata unserer Vergangenheit begegnen. Nur ist das ja extrem neues Wissen über uns als Menschen. Wissen, das wir nur haben, weil wir heute in der Lage sind, uns das in Ruhe anzuschauen. Weil wir eine lange Phase des Friedens genießen durften, in der wir Entwicklungen und Auswirkungen bis in die nächste und übernächste Generation nachverfolgen können. Und ehrlich: Ich schätze mich glücklich, das zu können und diese Gelegenheit zu haben.[2]

1942
Die Verhaftung

Im Prinzip begibt sich mein Großvater in die Höhle des Löwen, als er zusammen mit meiner Oma in dem Waisenhaus anheuert, in dem er Monate zuvor meinen Vater untergebracht hat. Vielleicht denkt er, dass sie ihn da am wenigsten suchen würden. Oder dass er so später sagen könnte, er hätte seine Haltung dem Nationalsozialismus gegenüber geändert. Schließlich habe er ja in einem national eingestellten, flämischen Waisenhaus gearbeitet. Ganz sicher spielt auch die zunehmende Not eine Rolle. Selbst wenn mein Großvater Geld gehabt hätte, es gab einfach kaum noch was zu kaufen. Zum einen, weil durch den Krieg der Nazis an allen Fronten die Lebensmittel knapp sind. Zum anderen, weil das Geld selbst einfach nichts mehr wert ist. Statt Geld gibt es Lebensmittelkarten, die man gegen das Notwendigste eintauschen kann. Um Lebensmittelkarten zu bekommen, muss sich mein Großvater aber irgendwo melden oder registrieren lassen. Im Verhör mit der Gestapo hat er angegeben, dass er von Juli 1940 bis zu seiner Verhaftung im Hotel Midi in Antwerpen gemeldet war. Wie ist er also an Lebensmittelkarten gekommen?

Die Auflösung finde ich in einem Gespräch mit meinem Vater. Darin erzählt er mir die Geschichte, wie es überhaupt zur Verhaftung gekommen ist. Und dabei spielen die Lebensmittelkarten eine entscheidende Rolle. Und auch die unerschütterliche Haltung meines Großvaters. »Der war ja auch wahnsinnig leichtsinnig. Er hat versucht, die Erwachsenen praktisch zu Antifaschisten zu erziehen, während der Chef genau das Gegenteil machte.« Selbst in diesem nazigeführten Kinderheim konnte er seine politische Überzeugung nicht für sich behalten. Im Gegenteil. Während der Stifter des Waisenhauses Tollenaere sich mit einigen der im Waisenhaus rekrutierten Jungen an die Ostfront versetzen lässt, nutzt mein Großvater dessen Abwesenheit, um sein eigenes Programm durchzuziehen. Als langjähriger Jugendführer und überzeugter Katholik kann er nicht einfach dabei zusehen, wie Jugendliche dazu erzogen werden, in einem Krieg zu kämpfen, in dem sie mit ziemlicher Sicherheit sterben. Und so kämpft er halt seinen Kampf gegen die NS-Ideologie im Waisenhaus weiter, erinnert sich mein Vater.

»Mit den älteren Jungen über 16 hörte er zuweilen, ich hab das ja mitbekommen, den englischen Sender auf Niederländisch – das Radio gehörte dem Waisenhaus – und versuchte mit denen zu diskutieren. Der konnte das einfach nicht ertragen, dass die blind in ihr Elend liefen, da hat der mit denen diskutiert.«

Ich bin hin- und hergerissen, ob ich das besonders mutig oder besonders dumm finde, ehrlich gesagt. War sich mein Großvater so sicher, dass er da lebend rauskommt? Oder dachte er vielleicht sogar das Gegenteil: Wenn ich hier schon nicht lebend rauskomme, dann möchte ich wenigstens versuchen, das Leben der Jungs zu retten? Das würde seiner christlichen Haltung entsprechen, aber das so durchzuziehen, da gehört schon eine ganze Menge Mumm dazu. Und die Fähigkeit, die unmittelbare Gefahr für das eigene Leben und möglicherweise das seiner Familie komplett zu ignorieren. Denn es gibt durchaus Ärger mit Mijnheer van Humbeeck, dem katholischen Geistlichen in dem Kinderheim, der auch meinen Großvater und meine Oma eingestellt hat. Als ihm zu Ohren kommt, dass mein Opa Theo mit den Jungs die Radiosendungen der Briten verfolgt und anschließend Diskussionsrunden mit ihnen hält, gibt's ne ordentliche Ansage: »Je mag niet meer over politiek praten, dat is verboden. In mijn huis kan niemand mer over politiek praten, en u mijnheer Hespers ook niet!«*

Während mein Vater die Standpauke von Mijnheer van Humbeek performt, korrigiert er sich im Nachsatz kurz: »Nee, Kels! Wir hatten ja den Namen meiner Mutter angenommen, Kels hießen wir da. Kels mit s. Ab Waisenhaus.« Und damit wäre dann auch geklärt, wie mein Großvater an Lebensmittelkarten für sich und seine Familie gekommen ist. Er hat sich unter falschem Namen gemeldet. Also, so halb. Er hat halt den Namen seiner Frau angegeben. Und irgendwie ist das auch bezeichnend für die Art und Weise, wie er in den Verhören mit der Wahrheit umgeht. Denn als er sagt, er sei bis zu seiner Verhaftung im Hotel Midi gemeldet gewesen, stimmt das ja irgendwie. Halt unter seinem richtigen Namen. Dass er sich dann später unter einem anderen Namen nochmal in Antwerpen meldet, verschweigt er einfach. Und ich gehe davon aus, dass es damals nicht unüblich war, aufgrund des Krieges keine Ausweispapiere mehr zu haben. Und ohne Ausweispapiere kann man sich eben als niederländische Familie Kels melden, ohne dass das zunächst groß auffällt. Digitale Melderegister, die sich in Sekundenschnelle abgleichen ließen, gab es nicht. Und es sind so viele Menschen kreuz und quer durch die Länder unterwegs, auf der Flucht vor den Nazis, dass auch die damaligen Behörden mit der Bearbeitung von Papieren ziemlich überfordert gewesen sein dürften. Diese klitzekleine Änderung am Nachnamen meiner Großmutter, nämlich aus einem z ein s zu machen, damit es weniger auffällt – nun ja, das ist im Prinzip Makulatur. Dabei hätte mein Großvater sich auch einfach einen komplett anderen Namen ausdenken können. Irgendeinen. Vielleicht ist es aber auch gar

* »Sie dürfen nicht mehr über Politik sprechen, das ist verboten. In meinem Haus darf niemand mehr über Politik sprechen, auch Sie nicht, Mijnheer Hespers!«

nicht so doof, möglichst nah an der Wahrheit zu bleiben. Vielleicht lässt sich die kleine Notlüge so einfach besser verkaufen, und es rutscht einem im Fall der Fälle nicht so schnell der falsche Name raus.

Doch auch diese Tarnung kann nicht verhindern, dass mein Großvater am Ende festgenommen wird. Mein Vater glaubt, dass eine Auseinandersetzung mit einem der Jungs im Waisenhaus die Ursache für den Verrat ist. Und er hat auch einen konkreten Verdacht, was sich heute natürlich überhaupt nicht mehr überprüfen lässt. Weshalb wir es hier mal bei dem Spitznamen des Jungen belassen: Fons. »Der war ein total verruchtes Arschloch, heimtückischer Bursche«, ist die Beschreibung meines Vaters, und er zieht dabei die Augenbrauen zusammen, senkt seine Stimme verschwörerisch und guckt gleichzeitig eindringlich, ernst und böse. Dieser Fons, den mein Vater auf irgendwas zwischen 15 und 16 Jahren schätzt, fängt morgens am Frühstückstisch an, meinen Großvater zu provozieren. »Na, was hast du heute Nacht gemacht? Hast du deine Frau gevögelt?«

In einem Saal voller pubertierender Jungs, die zum großen Teil ohne ihre Eltern aufwachsen oder als schwererziehbar gelten, ist das natürlich ganz dünnes Eis. Jetzt gilt es, nicht das Gesicht zu verlieren und die eigene Autorität zu wahren.

»Mein Vater hat den gewarnt und hat gesagt: ›Hör auf damit!‹ Da sagt er: ›Will je me slaan?‹ Und dann sagt mein Vater: ›Ja, ik zal je slaan.‹ Hat sich den Fons, hat den übers Knie gelegt und hat dem vor versammelter Mannschaft mit der bloßen Hand den Arsch versohlt. Und da ist der wutheulend rausgerannt und hat gesagt: ›Ik weet iets van u! Ik weet iets van u!‹ Und dann hat der gesagt, hat er bestimmt der Gestapo weitergetragen. So kann's gewesen sein.«

Während mein Vater das so erzählt, sortieren sich in meinem Hirn verschiedene Positionen zu dieser Geschichte. Zum einen finde ich es ziemlich krass, wie selbstverständlich da geschlagen wird. Zum anderen bin ich natürlich komplett gegen eine Vorverurteilung. Mein Vater erinnert sich zwar an diese Szene, aber das muss ja noch nicht heißen, dass es dann ausgerechnet auch dieser Junge war, der meinen Großvater verraten hat. Auf der anderen Seite ist das am Ende aber auch egal, wer es war. Zum einen, weil diese Person eh nicht mehr zur Rechenschaft gezogen werden kann. Und zum anderen, weil es sich auch nicht mehr ändern lässt. Die Geschichte ist ja geschrieben.

Und so wird mein Großvater am 10. Februar 1942 von der belgischen Polizei verhaftet. Allerdings nicht im Waisenhaus, sondern in Antwerpen. Dorthin musste er nämlich einmal im Monat fahren, um seine Lebensmittelkarten abzuholen. Die belgische Polizei verhaftet ihn aber nicht, weil er per Haftbefehl von der Gestapo gesucht wird. Sie verhaftet ihn wegen falscher Devisengeschäfte. Also im Prinzip deshalb, weil er sich unter falschem Namen Lebensmittelkarten besorgt hat. Auch meine Großmutter wird noch am selben Tag verhaftet.

Mein Vater erinnert sich genau an den Tag, als sie seine Mutter mitnehmen. Es kommen zwei Männer in dunkler Kleidung, sagt er. Einer der Jungs des Waisenhauses öffnet die Tür. Meine Großmutter ist in der Küche und kocht die nächste Mahlzeit. »Die war gerade dabei, so ne Suppe zu kochen, das war anfürsich Milch mit ein paar Eimern Wasser und dieses Ratten-Mauseküttel-Mehl darin, mehr gab es ja nicht. Und Zucker gab es sowieso nicht.« Sie hat den Schöpflöffel noch in der Hand, als die beiden Männer eintreten.

»Und dann sagten die: ›Sind sie Frau Hespers?‹ Meine Mutter wurde starr. Die wusste ja gar nicht, dass der Mann schon verhaftet war. Ließ den Löffel fallen, nickte. ›Ziehen Sie den Mantel an, machen Sie sich fertig, wir bringen Sie nach Antwerpen ins Gefängnis, Ihr Mann sitzt schon da.‹ Das ging ruckzuck, ging das. Ich stand dabei, verstand die Welt nicht mehr, konnte mir nichts vorstellen. Bevor die verschwanden draußen, hat die sich nochmal umgeguckt. ›Ich komm wieder‹, hat sie gesagt.«

Als mein Vater das erzählt, ist er viel leiser. Die große Show, das Drama aus der Geschichte um Fons ist verschwunden. Er wirkt jetzt viel weicher, viel kindlicher. Ich bin fasziniert, wie er die Facetten wechselt, während er seine Geschichten erzählt. Wie aus einem 83-Jährigen mal ein kleiner Junge, mal ein Gestapo-Scherge und mal ein raumeinnehmender Erzähler wird. Jetzt kann ich ihm ansehen, wie er das Unverständnis wieder spürt, das er auch als Zehnjähriger gehabt haben muss. Es sind noch elf Tage bis zu seinem elften Geburtstag. Und den wird er ohne seine Eltern feiern. Seinen Vater hat er an diesem Tag zum allerletzten Mal in Freiheit gesehen. Er wird ihn nur noch ein einziges Mal wiedertreffen.

Drei Wochen lang bleiben meine Großeltern im Gefängnis in Antwerpen, zumindest entnehme ich das den Verhörprotokollen. Dann werden sie nach Deutschland ausgeliefert. Theoretisch müssten sie also Anfang März dort angekommen sein. Ins Spionageabwehrgefängnis nach Wilhelmshaven überstellt werden sie allerdings erst am 26. März 1942. Das sind deutlich mehr als drei Wochen. Wo also war mein Großvater in der Zwischenzeit? Gefangene gehen ja nicht einfach so unterwegs verloren. Eine mögliche Erklärung finde ich in Unterlagen, die mir vom Bundesarchiv in Berlin aufgelistet werden und den Dokumenten zugeordnet sind, die mit meinem Großvater zu tun haben. Die tragen allerdings einen Sperrvermerk, was das Ganze natürlich nur noch interessanter macht. Es sind Dokumente aus dem Nachlass von Franz Dahlem. Wer in der DDR aufgewachsen ist, dem wird der Name vielleicht bekannt sein. Franz Dahlem war ein KPD-Politiker, der wie mein Großvater bereits 1933 ins Ausland emigrierte. Dahlem ging allerdings nach Frankreich. Wie mein Großvater war er überzeugter Katholik. Anders als mein Großvater überlebt Franz Dahlem allerdings trotz langjähriger Haft im KZ Mauthausen. In der DDR wird Franz Dahlem später ein hochrangiger SED-Politiker werden. Ich erhalte von den Enkelinnen die Erlaubnis, Einsicht in die Unterlagen zu nehmen, und auch, darüber zu schreiben, sollte ich etwas Interessantes finden. Und ich finde etwas.

Es ist ein Brief von Franz Dahlem vom 14. November 1966. Der Brief ist allerdings nicht an meinen Vater adressiert, sondern an Wilhelm Elfes, einen ehemaligen Politiker in Mönchengladbach. Dahlem schreibt darin:

»Beim Ordnen meiner Dokumente und Unterlagen für geschichtliche Erinnerungen stieß ich wieder auf den Namen meines damals jungen Leidenskameraden Hespers aus der Mönchen-Gladbacher katholischen Arbeiterbewegung, mit dem ich im Jahre 1942 monatelang im Bunker des zentralen Gestapohauses in Berlin zusammen war.«[1]

Ich habe die Daten verglichen, damals als ich in der Topographie des Terrors war. Da stand ich vor dem Bild von Franz Dahlem, der – anders als mein Großvater – dort prominent platziert ist. In der Ausstellung gibt es gleich mehrere Wände mit Portraits politischer Gefangener, die dort inhaftiert waren, denn die Gedenkstätte steht auf den Ruinen des ehemaligen Reichssicherheitshauptamtes. Da, wo heute die Niederkirchner Straße in Berlin ist, war während des NS-Regimes die Prinz-Albrecht-Straße. Aus irgendeinem Grund blieb ich an Dahlems Portrait hängen. Obwohl ich noch nichts von den Unterlagen wusste, die im Bundesarchiv liegen. Aber schon damals denke ich: Ob die sich gekannt haben? Einfach, weil mein Großvater zum selben Zeitpunkt dort inhaftiert war. Aber das war nur so ein Gedanke im Vorbeigehen. Vielleicht habe ich unbewusst nach jemandem gesucht, mit dem mein Großvater Kontakt gehabt haben könnte. Jemandem, mit dem er reden konnte. Und gerade weil auch Franz Dahlem diesen katholischen Hintergrund hatte, hielt ich das zumindest für möglich. Und jetzt, zwei Monate nach meinem Besuch in der Topographie des Terrors, sitze ich vor einem Brief von ebendiesem Franz Dahlem und lese, dass die beiden tatsächlich miteinander Kontakt hatten. In dem Brief gibt Franz Dahlem auch den Grund an, warum er sich nähere Informationen zu meinem Großvater wünscht: »Ich möchte ihm in meinen Erinnerungen einen Platz geben.«[2]

Es rührt mich zutiefst, das zu lesen. Vielleicht auch, weil es eben wieder ein Beleg dafür ist, dass die Geschichte wahr ist. Dass mein Großvater Menschen erreicht und Menschen bewegt hat. Dass er nicht egal war. Und dass sein Tod nicht egal war. Dass sein Kampf gegen den Nationalsozialismus tiefe Anerkennung gefunden hat. Es ist etwas, von dem ich glaube, dass es Seelenfrieden geben kann. Denn mein Vater war rastlos auf der Suche nach ebenjener Anerkennung, die ihm so oft auch verwehrt wurde. Und mir tut das einfach leid. Weil er ja tatsächlich eine ganze Menge durchgemacht hat. Und während mein Großvater Theo für sich selbst entscheiden konnte, welche Opfer er bringt im Kampf gegen den Nationalsozialismus, hatte mein Vater keine Wahl. Welche Opfer er bringen musste, was er aushalten musste, weil sein Vater Widerstandskämpfer war, hat er sich nicht aussuchen können. Und wenn man schon gezwungen ist, so ein Leben zu leben, dann will man da verdammt nochmal auch Anerkennung für. Und das ist im Zweifel auch einer der Gründe, warum mein Vater so penetrant jedem seine Geschichte unter die Nase gehalten hat. Ob die Person das jetzt wollte oder nicht.

Im weiteren Schriftwechsel offenbart Franz Dahlem dann etwas, das durchaus ein Missing Link sein könnte und ein Hinweis darauf, wo mein Großvater nach seiner dreiwöchigen Haft in Antwerpen wohl abgeblieben ist. Wenn er da überhaupt drei Wochen lang war. Am 17. Mai 1967 schreibt Franz Dahlem: »Wir waren ja auch lange zusammen in dem Auslieferungsgefängnis in Castres in Südfrankreich und hatten uns sehr befreundet, sowohl menschlich wie politisch.«[3] »Lange« im Sinne von »mehrere Monate« stimmt sicher nicht. Aber dass sich die beiden im Geheimgefängnis in Castres begegnet sind, das könnte in der Tat stimmen. Weil das aber ein Geheimgefängnis war, gibt es darüber keine Aufzeichnungen. Aus den Unterlagen von meinem Großvater weiß ich, dass die Nazis es auch nicht so genau nahmen, wenn es darum ging, Verhörprotokolle mit dem richtigen Datum zu versehen. Vielleicht ist die Angabe, dass er am 26. März 1942 nach Wilhelmshaven überstellt wurde, deshalb auch nicht ganz korrekt. Das erste Verhör mit meinem Großvater findet nämlich erst am 16. April 1942 statt. Wenn ich da jemanden in die Finger bekomme, von dem ich glaube, dass er mit dem britischen Geheimdienst zusammengearbeitet hat, warum warte ich drei Wochen, bevor ich ihn zum ersten Mal verhöre? Mir kommt das jedenfalls ziemlich seltsam vor. Vielleicht ist beim Datum auch ein Tippfehler in den Unterlagen. Leider lässt sich das nicht mehr überprüfen, weil die Unterlagen aus Wilhelmshaven, die nicht nach Berlin übermittelt wurden, verschollen sind. Mit anderen Worten: Es könnte sein, dass die beiden Männer gemeinsam in Castres waren. Mit Sicherheit waren sie zur gleichen Zeit im Reichssicherheitshauptamt in Berlin inhaftiert.

Im Briefwechsel mit Elfes erfährt Franz Dahlem, dass mein Großvater zusammen mit Dr. Hans Ebeling alias Plato zusammengearbeitet hat. Und dass Plato 1967 die Schrift *Jugend Contra Nationalsozialismus* herausgegeben hat, deren 5000 Exemplare aber sofort vergriffen waren. Franz Dahlem nimmt daraufhin Kontakt mit Hans Ebeling auf. In einem Brief an ihn umreißt er kurz, in welcher Form er mit meinem Großvater Kontakt hatte, während beide im Gestapo-Gefängnis in der Prinz-Albrecht-Straße inhaftiert waren.

»In der gemeinsamen Zelle sprachen wir nicht nur über unsere Erlebnisse im antifaschistischen Kampf, sondern – und das ist mir fest im Gedächtnis haften geblieben – darüber, wie einmal das zukünftige demokratische Deutschland nach der Niederwerfung des Hitler-Regimes aussehen solle. […] Und so verständigten wir uns im Prinzip auch darüber, wie es auch zu einer späteren Zusammenarbeit zwischen Kommunisten und Christen kommen müßte. Wir konnten unter unseren Verhältnissen nichts schriftlich niederlegen, vereinbarten aber, daß wir sofort zusammenkommen würden, wenn wir lebendig aus der Hölle der Gestapo-Haft herauskommen sollten.«[4]

Mein Großvater hat schon früh mit den Linken zusammengearbeitet, hatte da nie Berührungsängste und dürfte deshalb durchaus Interesse gehabt haben an einer derartigen Zusammenarbeit. Und zu dem Zeitpunkt ist die DDR natürlich noch nicht abzusehen, genauso wenig wie die Aufteilung Deutschlands zwischen England, Frankreich und der Sowjetunion und alles, was daraus folgt.

Allerdings sieht das natürlich 1967 schon ganz anders aus. Da ist die DDR bereits existent. Franz Dahlem ist darin ein hochrangiger Funktionär. Und natürlich wirft das auch Fragen auf. Fragen, die ich allerdings nicht beantworten kann. Zum Beispiel nach der Motivation. Denn obwohl Franz Dahlem schreibt, er möchte meinem Großvater in seinen Erinnerungen einen Platz einräumen, findet sich in seiner 1977 veröffentlichten Biografie *Am Vorabend des Zweiten Weltkrieges. Erinnerungen* nichts über meinen Großvater. Die Erinnerungen, die in zwei Bänden erscheinen, enden aber auch im August 1939. Da haben sich mein Großvater und Franz Dahlem noch gar nicht gekannt. Und wer weiß, was Franz Dahlem dann eben auch nicht veröffentlichen durfte. Die Unterlagen meines Großvaters lagen zum Beispiel all die Jahre im SED-Archiv, aber als »lupenreinen Kommunisten« konnte man ihn jetzt nicht durchgehen lassen. Möglicherweise war es deshalb gar nicht gerne gesehen, dass irgendwer über ihn schrieb. Schließlich war er gegen jede Form von Diktatur. Und für Franz Dahlem ist in der DDR auch nicht alles so reibungslos gelaufen. So galt er in den Gründerjahren der DDR als Widersacher von Walter Ulbricht, wurde verhaftet und später rehabilitiert. Schwierige Gemengelage, die ich mangels Wissen über die DDR und die politischen Akteur:innen so gar nicht einschätzen kann. Franz Dahlem jedenfalls schließt mit besten Grüßen an meinen Vater, die mir dann doch noch ein paar Tränen der Rührung in die Augen treiben: »Übermitteln Sie bitte dem Sohn meines Kameraden Theo Hespers, Volksschullehrer Dieter Hespers, bei der Gelegenheit ebenfalls beste Grüße in Erinnerung an den mutigen Kampf und das mutige Verhalten seines Vaters in der Gestapo-Zentrale.«[5]

2018/2019
Hannibal

Wie groß ist das Problem mit Rechtsextremismus eigentlich wirklich? Bislang war vor allem von »Einzelfällen« die Rede. Maximal von einzelnen Gruppierungen, die natürlich an sich als Problem gelten, aber eben als ein lokales, örtlich begrenztes Problem. Der Fokus liegt auf lange bekannten Hooligangruppen oder Neonazis. Dass das Problem deutlich größer und gravierender ist, enthüllen vor allem Journalist:innen der *taz* nach und nach.

Sie berichten über ein gut organisiertes rechtsextremes Netzwerk in Deutschland. Und zwar nicht irgendwo, sondern in den Institutionen, die eigentlich Bürgerinnen und Bürger schützen sollen – auf der Basis des Grundgesetzes und eben nicht auf der Basis rechtsextremer, rassistischer Ideologien. Es geht um ein Netzwerk, das bereits seit 2015 unentdeckt operieren kann. Als die ersten Berichte darüber erscheinen, klingt das alles so absurd, als hätte sich jemand einen sehr unrealistischen *Tatort*-Plot ausgedacht.

Es ist Anfang 2017, als der Elitesoldat Franco A. festgenommen wird. Nach und nach stellt sich heraus, dass sich der Oberleutnant im Dezember 2015 unter falschem Namen in einer Gießener Erstaufnahmeeinrichtung als Flüchtling registrieren lässt.[1] Im Januar 2016 stellt er einen Asylantrag. Dieser wird genehmigt. Franco A. erhält unter seinem falschen Namen sogar Sozialleistungen.

Was hatte er vor? Wollte Franco A. als syrischer Flüchtling getarnt einen Terroranschlag verüben? Als Beweis dafür, dass es falsch war, Geflüchtete in Deutschland aufzunehmen? Der Verdacht liegt nahe, so ganz genau lässt sich das bis heute allerdings nicht klären.[2] Was sich aber klären lässt: Das Weltbild von Franco A. ist durch und durch geprägt von rechtsextremem Gedankengut. Bei verdeckten Ermittlungen gegen ihn finden sich zahlreiche Hinweise darauf. Nicht zuletzt seine Masterarbeit, die er an der französischen Militärakademie schreibt, ist durchsetzt von rechtsextremer, rassistischer und antisemitischer Weltanschauung. Obwohl bereits damals vor seiner rechtsextremen Gesinnung gewarnt wird, bleibt es bei einer Verwarnung des Bundeswehrsoldaten. Er muss seine Masterarbeit neu schreiben. Der Militärische Abschirmdienst (MAD), der unter anderem rechtsextremen Tendenzen in der Bundeswehr nachgehen soll, wird nicht informiert.

Die deutschen Behörden ermitteln weiter gegen Franco A. Der Vorwurf: »Vorbereitung einer schweren staatsgefährdenden Straftat«. Terrorverdacht. Auch gegen einige seiner Kameraden vom Jägerbataillon 291 wird ermittelt. Dabei stellt sich heraus, dass Franco A. über tausend Schuss Munition für Gewehre und Pistolen aus dem Truppenbestand gestohlen und bei einem Freund deponiert haben soll. Gefunden wurden auch Leucht- und Nebelmunition sowie Zünder für Handgranaten. Zudem taucht eine Liste mit 25 Namen von hochrangigen Politiker:innen, Institutionen und Personen des öffentlichen Lebens auf, die sich für Geflüchtete und eine liberale Flüchtlingspolitik einsetzen. Unter anderem stehen Heiko Maas (SPD) und Claudia Roth (Grüne) auf dieser Liste sowie Annette Kahane, die Gründerin der Antonio Amadeu Stiftung. Einer gemeinnützigen Organisation, die sich seit ihrer Gründung 1998 gegen Rassismus und Rechtsextremismus in Deutschland einsetzt.

Gefunden haben die Ermittelnden diese handschriftliche Liste bei Maximilian T., ebenfalls Teil des Jägerbataillons 291 und ein sehr guter Freund von Franco A. Im Juli 2017 lassen die

Ermittlungsbehörden Maximilian T. wieder frei, es wird allerdings weiter ermittelt. Das Brisante an der Geschichte: 2018 veröffentlichen Medien, dass Maximilian T. als Referent für den Bundestagsabgeordneten Jan Nolte arbeitet, der für die AfD unter anderem im Verteidigungsausschuss des Bundestages sitzt.[3] Damit hat Maximilian T. Zugang zum Bundestag.

Rechtsextremisten bei der Bundeswehr – das klingt alles andere als gut. Vor allem, weil die betreffenden Personen an Waffen und Munition gelangt sind, weil entweder bei der Kontrolle geschlampt wurde oder aktiv weggesehen. Aber irgendwie beruhigt man sich 2017 noch mit der »Einzelfall«-These. Dass dahinter noch wesentlich mehr steckt, darauf gibt es im November 2018 erste Hinweise.

Die *taz* veröffentlicht unter der Überschrift »Hannibals Schattenarmee« einen ersten Artikel über ein umfassendes rechtsextremes Netzwerk in Deutschland. Der Artikel ist das Ergebnis einer einjährigen Recherche, in der die Journalist:innen Martin Kaul, Christina Schmidt und Daniel Schulz der Frage nachgehen, ob es in den Reihen der Bundeswehr ein rechtes Untergrundnetzwerk gibt.[4] Darin geht es unter anderem auch um eine Gruppe von Preppern, die sich auf einen »Tag X«, eine politische Krise vorbereiten. Eine Krise, für die sie sich bevorraten, für die sie trainieren und sich bewaffnen.

»Nach einem Jahr fügt sich aus unseren Recherchen ein Bild, das keinen anderen Schluss zulässt: Überall in Deutschland, auch in Österreich und der Schweiz, haben sich Gruppen formiert, die daran arbeiten, einen eigenen Staat im Staate aufzubauen. Mitglieder in diesen Gruppen sind Polizisten und Soldaten, Reservisten, Beamte und Mitarbeiter des Verfassungsschutzes, die unter konspirativen Bedingungen einen Plan hegen: Wenn sie die Zeichen sehen, wenn ›Tag X‹ da ist, wollen sie zu den Waffen greifen.«[5] Auch der Verfassungsschutz und der Militärische Abschirmdienst (MAD) haben die Gruppe bereits ins Auge gefasst.

Seit inzwischen fünf Jahren beschäftige ich mich intensiv mit der nationalsozialistischen Vergangenheit, ihren Folgen, aber auch dem Rechtsextremismus der Gegenwart. Und ich habe das Gefühl: Trotz allem, was wir über den Nationalsozialismus wissen und in der Schule gelernt haben, fehlt uns die Vorstellungskraft, dass es Menschen gibt, die sich genau das zurückwünschen. Einen nationalsozialistischen Staat, einen Führer, Militär, Soldaten, Krieg, Heldenverehrung. Nix friedliches Miteinander. Nix Demokratie. Nix verhandeln und streiten für eine gerechtere Welt. Es geht um Macht, größtmögliche Macht unter Einsatz von Waffengewalt. Um das gewaltsame Durchsetzen eines menschenverachtenden Weltbildes. Und die Menschen, die davon träumen, haben Zugang zu allen wichtigen Strukturen dieses Landes. Sie sitzen in Polizeibehörden und Ämtern. Kein Wunder, dass da selbst der Verfassungsschutz nervös wird und ermittelt. Und das sogar noch unter Hans-Georg Maaßen, der sich inzwischen selbst so nah am rechten Rand befindet, dass von »Rand« schon keine Rede mehr sein kann.[6]

Das Netzwerk, das die *taz*-Recherchen zutage fördern, wird von einem Elitesoldaten der Bundeswehr geleitet: André S., Tarnname: Hannibal. Er ist Administrator verschiedener Chatgruppen. Chatgruppen, die im Herbst 2015 entstehen. Genau: In dem Zeitraum, in dem besonders viele Geflüchtete an deutschen Bahnhöfen ankommen. In den Chats geht es unter anderem um die Flüchtlingspolitik der Bundesregierung – und wie man sich dagegen wehren kann. In einer dieser Gruppen, die von Hannibal administriert werden, findet sich ein alter Bekannter: Der Soldat Franco A. – der ist nicht nur passiv Mitglied in dieser Gruppe. Er hat auch persönlichen Kontakt zu André S. aka Hannibal.

Ein größeres Medienecho bleibt allerdings aus. Bei den öffentlich-rechtlichen Sendern ist es erstaunlich still um diesen Fall. Mich wundert das. Natürlich wollen wir Journalist:innen nicht einfach alles voneinander abschreiben. Natürlich wollen wir Belege sehen. Nachprüfbare Beweise haben. Und ja, die *taz* gehört zu den Blättern, die im politischen Spektrum links verortet werden. Aber wenn ein Team aus mehreren Journalist:innen nach einer mehr als einjährigen Recherche ein solches Netzwerk aufdeckt, dann sollte das schon zu denken geben, wenn es daraufhin kein größeres Medienecho gibt.

Die Begründungen sind zum Teil abenteuerlich. Im Fernsehen sei das Netzwerk kein Thema, weil Informanten verdeckt auftreten würden,[7] die zugespielten Dokumente seien zum Teil geheim. Und klar: Wer setzt sich schon in eine Polit-Talkshow und sagt: »Ja, ich bin Teil eines Untergrundnetzwerkes, das sich auf den Tag X vorbereitet, geplant hat, Politiker:innen und Aktivist:innen des linken Spektrums zu töten und gewaltsam die Macht zu übernehmen, weil wir mit der Flüchtlingspolitik der Bundesregierung nicht einverstanden sind. Außerdem glorifizieren wir die Wehrmacht und den Nationalsozialismus. Das ist meine Meinung. Lassen Sie uns gerne kontrovers darüber diskutieren.« Richtig. Klingt unwahrscheinlich, nicht nur, weil eine solche Person sich eher die Zunge abbeißen würde, als gendergerechte Sprache zu verwenden. Andere Stimmen halten das Thema für zu komplex. Außerdem habe Rechtsextremismus gerade nicht Konjunktur, weil die Öffentlichkeit sich stärker für islamistischen Terror interessieren würde. Und nein, das habe ich mir nicht ausgedacht.[8]

Es scheint bei dem Thema eine interessante Art von Verweigerungshaltung zu geben. Weil wir nicht wollen, dass sowas in Deutschland nochmal passiert, passiert es auch nicht. Punkt. Und wenn doch, dann schauen wir einfach in die andere Richtung. Oder halten uns Augen und Ohren zu. Dabei ist der Grund für die Ermittlungen von Staatsanwaltschaft und

Verfassungsschutz ziemlich eindeutig: Es geht um den Verdacht der Vorbereitung einer schweren staatsgefährdenden Straftat. Es geht um Terror. Rechtsextremen Terror. Und trotzdem findet keine umfassende Debatte statt. Zum Beispiel über rechtsextreme Tendenzen in der Bundeswehr, bei der Polizei oder in staatlichen Behörden. Und das, obwohl sich in den Netzwerken nachweislich Polizisten, Juristen, Beamte und Verfassungsschützer tummeln – und das generische Maskulinum ist hier kein Zufall. Es hätte zahlreiche Möglichkeiten gegeben, das alles zu thematisieren. Aber das Thema ist eine heiße Kartoffel, an der sich zum Zeitpunkt der Veröffentlichung der Hannibal-Recherchen anscheinend niemand die Finger und schon gar nicht den Mund verbrennen will.

Und so bleibt es einer kleinen interessierten Zahl von Menschen und Medienschaffenden vorbehalten, sich damit ausführlicher zu beschäftigen und es so wenigstens auf dem Schirm zu haben. Nur für den Fall.

1942
»Sie sagen hier wissentlich die Unwahrheit« – Verhör in Wilhelmshaven

»Ist das wirklich mein Großvater?« Ich bin ein bisschen aufgeregt, als ich die Fotos aus dem braunen Umschlag hole. Und dann sitze ich da im Bundesarchiv in Berlin und starre sie an. Das Titelfoto meines Podcasts zeigt meinen Großvater mit 19 Jahren. Es ist das Bild, das sich am tiefsten in mein Gedächtnis eingegraben hat, weil es in unserem Wohnzimmer hing. Und jetzt sitze ich vor diesen Mugshots meines Großvaters, vor den Bildern, die bei seiner Einlieferung ins Spionageabwehrgefängnis in Wilhelmshaven gemacht worden sind, und bin nicht sicher, ob er das wirklich ist. Aber die hohe Stirn, die leicht abstehenden Ohren, die Nase mit den großen Nasenlöchern, wie sie auch mein Vater hat, das erkenne ich schon irgendwie wieder. Es ist, als hätte ich einen Schatz gefunden. So in etwa muss mein Großvater ausgesehen haben, als mein Vater ihn das letzte Mal in Freiheit gesehen hat. Ich mache heimlich ein Foto von dem Bild in den Unterlagen und bestelle natürlich einen Scan. Leider ist mein Vater ein absoluter Technikverweigerer, immer schon gewesen, so dass ich ihm nicht einfach sofort das Foto per Messenger schicken kann. Nicht mal per SMS. Ich werde also warten müssen, bis wir uns das nächste Mal treffen. Und eigentlich ist jetzt auch gar keine Zeit für solche Gefühlsduseleien, weil ja noch Hunderte Seiten Akten vor meiner Nase liegen, die ich in nur zwei Tagen sichten muss.

Als ich meinem Vater das Foto nach meiner Rückkehr aus Berlin zeige, brummt er nur nachdenklich: »So hat er also ausgese-

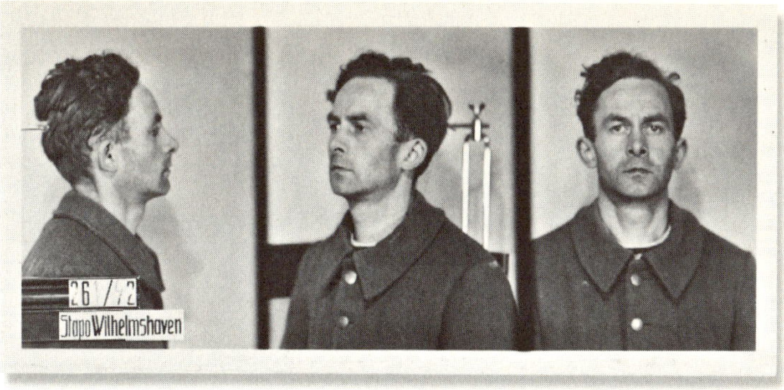

Diese Bilder werden von meinem Großvater angefertigt, als er ins Spionageabwehrgefängnis in Wilhelmshaven eingeliefert wird. Zuvor war er drei Wochen in Belgien inhaftiert, mindestens weitere drei Wochen lang ist sein Aufenthaltsort ungeklärt.

hen.« Ja. So hat er ausgesehen. Inzwischen bin ich sicher, dass das Bild meinen Großvater zeigt. Ich hab es mit anderen Fotos abgeglichen. Und wieder merke ich, wie wenig Gedanken ich mir darüber mache, was das für meinen Vater bedeutet, so ein Foto in den Händen zu halten. Im Gegensatz zu ihm hab ich immer eine Rolle, auf die ich mich zurückziehen kann: Die neugierige Journalistin, die in Archiven wühlt, recherchiert und dabei spannende Dokumente zutage fördert. Mein Vater aber ist der Sohn, dessen Vater von den Nazis ermordet wurde. Dessen Kindheit geprägt war von Verfolgung und Flucht. Der einen großen Teil des Krieges ohne seinen Vater durchstehen musste, weil der ja unbedingt gegen die Nazis kämpfen musste und deshalb umgebracht wurde. Das ist eine sehr kindliche Perspektive, aber ich kann mir gut vorstellen, dass ein Zwölfjähriger so etwas denkt: »Meinem Vater war die Politik wichtiger als ich!« Ein unglaublich schmerzhafter Gedanke. Und irgendwie stimmt er ja auch. Auf einer sehr individuellen Ebene. Um das große Ganze zu verstehen, nämlich, dass er auch für seinen Sohn, für seine Familie gekämpft hat, damit die eine lebenswertere Zukunft haben, eben weil er ihn geliebt hat, das ist eine ganz schön harte Reflexionsleistung. Für die braucht man Zeit. Zeit, die man sicher nicht hat, wenn einem die Bomben um die Ohren fliegen.

Aber so weit ist es noch nicht. Noch sitzt mein Großvater im Spionageabwehrgefängnis in Wilhelmshaven und wird dort verhört. Beim ersten Verhör am 16. April 1942 geht es um seinen Lebenslauf. Er muss alles erzählen: Von seinen Familienverhältnissen und seinem beruflichen Werdegang. Von der nicht ganz gelungenen Weltreise und dem achtwöchigen Aufenthalt in Russland. Von seinem Kampf gegen die Separatisten im Rheinland 1923, von seinen politischen Aufgaben und Ämtern vor 1933, von seinen Zugehörigkeiten zu den verschiedenen Jugendbünden und den Parteien, in denen er sich engagiert hat. Wann er geheiratet hat, wo er gewohnt hat und warum er schließlich in die Niederlande geflüchtet ist. Danach geht es um seine politischen Aktivitäten in Holland und wie es ihm gelungen ist, sich dort zu finanzieren. Diese ersten Einlassungen sind auf elf maschinengeschriebenen DIN-A4-Seiten festgehalten. Sie umfassen ungefähr den Zeitraum bis 1936. Das Verhör ist von meinem Großvater handschriftlich unterzeichnet. Allerdings steht da nicht, wie unter den Verhörprotokollen in Berlin »gelesen und genehmigt«, sondern nur »geschlossen«.

Das Verhör wird am darauffolgenden Tag fortgesetzt. Jetzt geht es um die journalistische Tätigkeit meines Großvaters. Für wen er geschrieben hat, mit wem er Kontakt hatte. Um die Gründung der *Kameradschaft*. Er berichtet von seinen Reisen nach Dublin und London und auch von seinen Kontakten zum tschechoslowakischen Presseattaché. Vor allem interessiert die Gestapo, ob und wie viel Geld er für seine »Berichtgebung« erhalten hat und ob ihm bekannt gewesen sei, dass seine »Berichte« zu Spionagezwecken genutzt werden sollten.

> Theo Hespers: »Mit meinem Material war sehr bald auch Erban nicht zufrieden und forderte von mir bestimmte Angaben über Deutschland.«
> Frage: »Was meinte er mit bestimmten Angaben?«
> Theo Hespers: »Erban verlangte, dass ich über Wirtschaftsfragen, über militärische Dinge, politische Ereignisse und um Angaben über einen bevorstehenden Krieg seitens Deutschlands genaue Unterlagen übersenden sollte.«
> Frage: »Welchen Eindruck gewannen Sie hieraus?«
> Theo Hespers: »Aus diesen Angaben entnahm ich, dass Erban auf dem Gebiete der Spionage tätig war. Zu mindestens aber sich damit beschäftigen wollte.«[1]

Mein Großvater bestreitet allerdings, dass er irgendwelche Informationen weitergegeben hat, die Erban hätte nutzen können, da sie ohnehin kein Geheimnis gewesen sind. Denn zu diesem Zeitpunkt – um 1939 – sei bereits spekuliert worden, dass Hitler einen Krieg mit England anstrebte. Und spätestens nach dem Venlo-Zwischenfall und der Verhaftung der beiden britischen Agenten wurde das auch in der deutschen Presse diskutiert. Und tatsächlich hatte England Deutschland bereits am 3. September 1939 den Krieg erklärt, kurz nach dem Überfall der Deutschen auf Polen. Von Geheimnisverrat kann da also keine Rede sein. Wohl aber davon, dass mein Großvater die Sache in seinen Berichten deutlich anders einschätzte, als es die Nationalsozialisten gerne an die deutsche Bevölkerung verkauften.

Als die Gestapo-Beamten bei meinem Großvater nachfragen, woher er denn das Material für seine Stimmungsberichte über Deutschland hatte, gibt er nur eine sehr vage Antwort. »Vom Hörensagen«, sagt er, aus seinem Bekannten- und Kundenkreis. Direkte Beziehungen oder Kontakte ins Reich will er nicht gehabt haben. Was er hier nicht angibt: Das HTO bezieht für die Redaktion der *Kameradschaft* deutsche Zeitungen und Zeitschriften. Aus den darin enthaltenen Artikeln werden Pressemappen erstellt.[2] Obwohl die deutsche Presse zu diesem Zeitpunkt vor allem ein Sprachrohr der Staatspropaganda ist, lassen sich doch einige Informationen daraus ziehen.

Auch dieses zweite Verhör wird auf elf maschinengetippten DIN-A4-Seiten dokumentiert. Es endet mit den Worten: »Ich bin bereit, über alles genauestens nachzudenken und werde dementsprechend bei meinem nächsten Verhör Rede und Antwort stehen. Die gefertigte Niederschrift ist mir genauestens bekannt und braucht daher nicht noch einmal vorgelesen werden.«

Für mich steht da: Wir haben das hier alles so aufgeschrieben, wie wir lustig sind, und uns interessiert auch nicht, ob der Gefangene das richtig wiedergegeben findet. Das ist natürlich Spekulation, unwahrscheinlich ist das trotzdem nicht. Und das Verhör ist für diesen Tag wohl doch nicht beendet. Zumindest gibt es kein neues Datum für das nun folgende, dokumentierte Kreuzverhör. Auch die Seitennummerierung ist hier fortlaufend. Es ist das einzige Protokoll, das ich in den Unterlagen finde, das in diesem Stil gehalten ist. Nämlich Frage, Antwort, Frage, Antwort – über zehn Seiten. Es beginnt mit den Worten: »Nochmals vorgeführt, wurde Hespers zu den bestehenden Widersprüchen nochmals gehört, wobei er erklärte …«[3]

Er wird zu allen von ihm genannten Personen erneut befragt. Mein Opa antwortet nur dann eindeutig, wenn er weiß, dass die Personen entweder bereits von der Gestapo verhaftet wurden oder sich ins Ausland absetzen konnten. Bei allen anderen antwortet er ausweichend. Ziemlich häufig sagt er dann, er könne sich an die Namen nicht erinnern. Er hätte die Informationen von einem seiner Kunden, deren Bekannte wiederum öfter nach Deutschland reisten, und er wisse nicht mehr genau, was er da von wem gehört hätte. Und tatsächlich beschwert sich die Gestapo in ihrem Abschlussbericht im Prinzip über genau diese Taktik meines Großvaters. Nämlich nur das zuzugeben, wenn überhaupt, wofür die Gestapo bereits Beweise hat.

> Frage: »Waren für Sie noch sonstige Personen beschäftigt, die sich an der Abholung der Flugblätter von Frl. Meyer betätigten und für die Weiterverbreitung eintraten?«
> Theo Hespers: »Nein, sonst niemand.«
> Vorhalt: »Sie sagen hier wissentlich die Unwahrheit!«
> Antwort: »Wenn mir hier der Name Hazeleger vorgehalten wird, so muß ich zugeben, dass auch die Eheleute Hazeleger einige male Flugblätter von Amsterdam abholten.«[4]

Nach diesen ersten beiden Verhören wird mein Großvater drei Wochen lang nicht mehr verhört. Zumindest sind in seinen Unterlagen keine weiteren Protokolle mehr zu finden. Erst später erfahre ich Details über die Haftbedingungen in Wilhelmshaven. Mein Großvater gibt darüber in einem Verhör vor dem Ermittlungsrichter des Volksgerichtshofs in Berlin am 15. April 1943 Auskunft. »Als ich damals vor der Polizei in Wilhelmshaven vernommen wurde, war ich in einem Arbeitserziehungslager untergebracht und war durch harte Arbeit und Hunger körperlich geschwächt. Auch bedrückte es mich, daß ich von meiner Frau und meinem Kinde keine Nachricht hatte, ich war deshalb den Anforderungen einer Vernehmung nicht gewachsen.«[5]

Noch deutlicher wird mein Großvater, als er in einem Brief an den Volksgerichtshof versucht, gegen die Anklageschrift vorzugehen und eine Verschiebung der Hauptverhandlung zu erwirken.

1. Sind die polizeilichen Protokolle vom 17.4. – 26.5. 1942 unter rechtsgültigen Umständen entstanden? a) Durch die Art der Haft im Arbeitsgefängnis in Wilhelmshaven, so u.a. durch regelmässigen Nahrungsentzug, Hunger, Schlafentzug, Überanstrengung, harte Behandlung war ich körperlich, durch Verbot mein in Belgien allein zurückgelassenes Kind zu benachrichtigen oder zu versorgen und Sorge um dessen Schicksal und das meiner verhafteten Frau war ich seelisch völlig widerstandslos gemacht und so den Anforderungen einer Vernehmung nicht gewachsen.[6]

Immerhin in dieser Beziehung haben wir aus der Vergangenheit gelernt. Eine Aussage, die heute unter solchen Bedingungen zustande käme, wäre vor Gericht nichts wert. Im Gegenteil, der Verdächtige hätte die Möglichkeit, sich rechtlicher Mittel zu bedienen, um dagegen vorzugehen. Was die NS-Justiz angeht, bin ich allerdings nicht sicher, ob dort irgendwo festgelegt war, dass solche Verhöre gegen geltendes Recht verstoßen, denn bereits mit Beginn des NS-Regimes wurden Geständnisse erfoltert. In den Verhören wurde mit brutalster Gewalt vorgegangen. Erst nach Ende der Nazidiktatur können sich Überlebende entsprechend juristisch wehren.

Mein Großvater beklagt allerdings auch, dass seine Aussagen in den Protokollen nicht richtig wiedergegeben werden. Und das finde ich vor allem vor dem Hintergrund interessant, dass im Protokoll vom 17. April 1942 in Wilhelmshaven angegeben ist, ihm sei das Protokoll gar nicht erst vorgelesen worden, weil er wisse, was da drinsteht. So unberechtigt sind meine Zweifel also nicht, dass der Satz »Die gefertigte Niederschrift ist mir genauestens bekannt und braucht daher nicht noch einmal vorgelesen werden« vielleicht genau das Gegenteil von dem bedeutet, was da protokolliert wurde.

> Wenn mir dann die Protokolle vorgelesen wurden, habe ich wiederholt gefunden, daß Dinge darin standen, die ich nicht gesagt hatte. Als ich mich dann weigerte die Protokolle zu unterschreiben, wurde mir gesagt, daß könne ja zum Schluß noch hinzugefügt werden, was ich noch aufgenommen haben wollte. So habe ich dreimal, und zwar bei der Niederschrift vom 21./23.5.1942 – Bl. 1989 d.A. Bd. II die Unterschrift verweigert. Dabei wurde mir gesagt, das Protokoll wäre auch ohne Unterschrift gültig und, wenn ich unterschriebe, würde man mir die Möglichkeit geben, einiges zu berichtigen. So ist es dann zur Unterschrift und dann zu dem Protokoll vom 26.5.1942 gekommen. Aber auch das ist nicht entsprechend meinen Angaben ausgefallen, denn ich habe nicht erklärt, ich hätte gewußt, daß es Spionagematerial wäre. Erban hatte überhaupt nicht von Spionage gesprochen.[7]

Letztendlich beeindrucken diese Einwände meines Großvaters aber genau niemanden. Denn es geht von Anfang an nicht darum, Recht zu sprechen oder die Wahrheit rauszufinden. Es geht darum, jemanden zu verurteilen und zur Schau zu stellen, wie hart das NS-Regime gegen alle durchgreift, die es wagen, mit dem Feind zusammenzuarbeiten. Es ist völlig unerheblich, ob mein Großvater einfach journalistisch tätig war oder ob er tatsächlich als Agent gearbeitet hat. Ob er über die Lage in Deutschland einfach nur anders berichtet hat, als es das NS-Regime gerne im Ausland dargestellt weiß, oder ob er tatsächlich militärische Nachrichten weitergegeben hat. Ob er tatsächlich Sabotage-Akte in Deutschland geplant hat oder ob sich da einfach nur zwei Männer wichtig machen wollten, die mit ihren Informationen auch noch Kohle verdienen konnten. Wichtig ist nur der Schauprozess. Wichtig ist das Todesurteil. Wichtig ist, dass die Nazis erneut berichten können, was für harte Hunde sie sind. *Peak law and order.*

Und egal, was meinem Großvater noch einfällt, egal, wie sehr er versucht, seinen Hals doch noch aus der Schlinge zu ziehen. Er ist bereits verurteilt, noch bevor überhaupt das erste Verhör stattfindet. Noch bevor ein Prozess stattgefunden hat. Das Todesurteil ist unabwendbar.

Erst Mitte Mai, also drei Monate nach seiner Verhaftung in Antwerpen, hat mein Großvater das erste Mal wieder Kontakt zu seiner Familie. Es ist ein Brief von seiner Schwester Aenne mit Datum vom 12. Mai 1942. Seiner Antwort entnehme ich, dass sie ihm darin mitteilt, dass mein Vater immer noch in dem Kinderheim in Halle bei Antwerpen ist und meine Oma inzwischen ins Frauengefängnis in Vechta bei Essen überführt wurde. Am 25. Mai 1942, inzwischen gibt es bereits sieben Verhörprotokolle, schreibt er an Aenne, seine Mutter und die anderen Geschwister:

> Endlich höre ich auch, dass Ihr wisst, wo mein Kind ist. Das ist eine meiner größten Sorgen. Leitet bitte seine Rückkehr so schnell wie möglich in die Wege. Er war zuletzt im Jugendheim eines flämischen Freundes. Aber die Verhältnisse dort machen es notwendig, dass der Junge <u>so schnell wie möglich</u> unter <u>normale Verhältnisse</u> kommt. Am liebsten hätte ich Dieter unter Eurer Obhut. Wegen der Ernährung ist er vielleicht besser bei der Schwiegermutter aufgehoben. <u>Behütet Dieter gut,</u> körperlich und geistig, dass er ein guter und froher Mensch wird. <u>Steht auch Käthe zur Seite</u>, wenn sie wieder frei kommt, denn sie ist schwach und hilfsbedürftig. Ich hoffe von Herzen, daß ich mich ganz auf Eure gemeinsame Hilfe für Frau und Kind verlassen kann. Ich werde Euch ewig dafür dankbar sein![8]

Was für eine Erleichterung muss das trotz aller Umstände für meinen Großvater gewesen sein, endlich von seinem Sohn und seiner Frau zu hören. Zu wissen, dass sein Sohn lebt. Dass er noch immer dort ist, wo er ihn zurücklassen musste. Und glücklicherweise ist mein Vater mit elf Jahren ja auch noch zu jung, um als Soldat eingezogen zu werden. Wäre er nur ein paar Jahre älter, sähe das anders aus. Und wie schlimm muss es gleichzeitig sein, im Gefängnis festzusitzen und andere zu bitten, sich um das eigene Kind zu kümmern? Keinen Einfluss mehr auf seine Erziehung haben zu können. Und so ganz kann mein Großvater auch nicht davon lassen, sei es aus Verantwortungsgefühl meinem Vater gegenüber, aus Sorge um sein Wohlergehen oder weil er inzwischen mitbekommen hat, was für ein ausgefuchstes Kerlchen sein Sohn ist. Jedenfalls schreibt er in seinem Brief an Aenne auch noch: »Es wird für Dieter erst schwer sein, sich einzugewöhnen. Er muß erst wieder gutes Deutsch lernen. Helft ihm auch dabei. Haltet ihn zur Wahrheitsliebe an und dass er in allem ein guter Mensch, Deutscher und Christ wird!«[9]

Und so kommt mein Vater im Juni 1942 zurück nach Deutschland. Er wohnt bei seiner Großmutter im Dahl, weil er dort tatsächlich besser aufgehoben ist. So ein eigener Gemüsegarten und Obstbäume hinterm Haus sind in dieser Zeit eine kleine Lebensversicherung. Das können ihm die Verwandten seines Vaters in der Stadt nicht bieten. Aber er besucht sie regelmäßig. Vor allem seine Tanten Maria, Aenne und Berta kümmern sich rührend um ihn. Und auch wenn es ihm tatsächlich am Anfang schwerfällt, lernt er schnell wieder gutes Deutsch. Weil seiner Familie gesagt wurde, dass es sich vielleicht positiv auf die Beurteilung seines Vaters auswirken könnte, tritt Klein-Dieter auch ins Jungvolk der Hitlerjugend ein. Er hat ohnehin keine andere Wahl. Ohne HJ-Mitgliedschaft keine Zukunft in Nazideutschland. Sich dem zu entziehen oder zu widersetzen hätte definitiv negative Auswirkungen auf die Beurteilung mei-

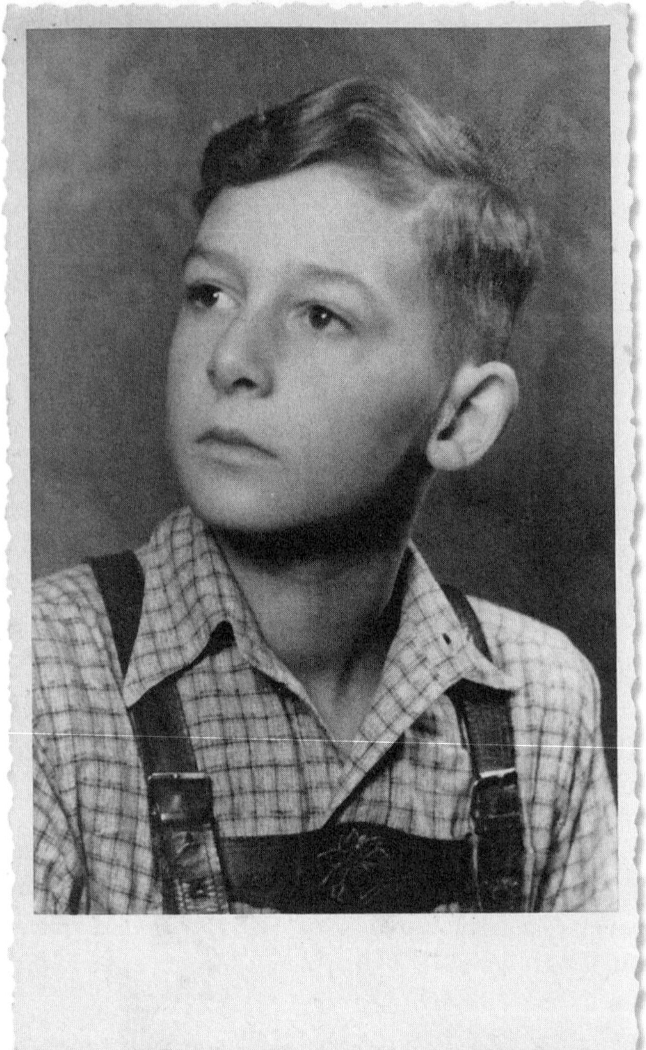

Ungefähr so muss mein Vater ausgesehen haben, als er wieder zurück in Deutschland war. 12 oder 13 Jahre ist er da alt. Ein Datum des Fotos ist nicht angegeben. Auf der Rückseite steht »Aenne«, das ist der Name einer seiner Tanten.

nes Großvaters gehabt, wenn es auch im Ergebnis keinen Unterschied mehr gemacht hätte. Sogar die HJ-Bannführerschule in Süchteln wird mein Vater später besuchen. Den mentalen Spagat muss man sich mal vorstellen, mit denen zu marschieren, die gleichzeitig den eigenen Vater ins Gefängnis sperren und ihn später auch noch umbringen.

Dabei hat mein Vater in der HJ gleich zu Beginn einen schweren Stand. Denn er ist der Sohn eines Hochverräters und damit ganz unten in der Hierarchie. Auch die bei den Jugendlichen nach neun Jahren NS-Doktrin schon fest implementierte Rassenideologie bekommt mein Vater zu spüren. »Man hatte den Jugendlichen beigebracht, dass also praktisch die Juden das Urübel wären«, erinnert er sich in einem unserer Gespräche. »Und alles, was auf der Welt passierte an Negativem, das wären nur die Juden schuld. Die Juden hätten den Krieg gemacht und hätten den Krieg gewollt, die hätten den Krieg finanziert und so weiter und so fort.«

Eines Tages zeigt einer der Jungs auf ihn und sagt: »Der Hespers sieht genau aus wie ein Jude!« Dass diese Geschichte nicht böse endet, verdankt mein Vater seinem damaligen Fähnleinführer. Der lässt erst gar keine Diskussion aufkommen und verteidigt ihn: »Der Hespers sieht nicht aus wie ein Jude. Der Hespers sieht aus wie ein waschechter Germane«, erinnert sich mein Vater an die Worte, die ihn davor retten, dauerhaft in der Gruppe gemobbt zu werden. Erstaunlich, was passiert, wenn mal jemand nein sagt. Selbst in so einer Situation.

2019
#nazisraus

In meinem Job als Social-Media-Managerin und Journalistin beobachte ich seit inzwischen fast zehn Jahren, wie sich Hass im Digitalen, gerne auch als »Hass im Netz« bezeichnet, ausbreitet. Dieser Hass schwirrt aber nicht einfach nur auf irgendwelchen Bildschirmen oder Servern rum. Er ist nicht körperlos. Im Gegenteil. Vor den Bildschirmen und an den Tastaturen sitzen Menschen. Menschen, die sich durch Worte beeinflussen lassen. Die einen fühlen sich angestachelt, die anderen eingeschüchtert.

Es wird gezielt Angst verbreitet. Und Wut. Auf Geflüchtete. Auf Journalist:innen. Auf Medien. Auf Politiker:innen. Auf Aktivist:innen. Es sind nicht nur, aber vor allem Frauen. Für Dunja Hayali, Katharina Nocun, Claudia Roth, Sawsan Chebli, Renate Künast, Henriette Reker, Luisa Neubauer und viele andere gehören Hassnachrichten, Vergewaltigungs- und Morddrohungen zum Alltag. Und auch wer diesen Menschen nicht im Netz folgt, hatte eine Chance, mitzubekommen, wie groß das Eskalationspotential ist. Denn diese Angst, diese Wut macht sich auch im realen Leben breit. Zum Beispiel, indem Journalist:innen bei ihrer Arbeit angeschrien und angegriffen werden, wenn sie am Rande von Demonstrationen berichten wollen. Indem sie bedroht werden, wenn sie ihre von der Verfassung im Rahmen der Pressefreiheit zugesicherte Arbeit machen wollen. Indem auf Demonstrationen Miniatur-Galgen für Angela Merkel und Sigmar Gabriel durch die Gegend getragen werden. Oder bei den zahlreichen Übergriffen auf Geflüchtete. Wer da noch glaubt, dass der Hass ausschließlich im Netz verbleibt, muss die letzten Jahre – Verzeihung – unter einem Stein gelebt haben. Denn das, was wir da sehen, was sich im Außen bereits manifestiert hat, wird gezielt und minutiös in den sozialen Netzwerken vorbereitet und organisiert. Es ist nicht losgelöst voneinander zu betrachten. Es gehört zusammen.

Für alle, die das bisher erfolgreich ignoriert haben, öffnet sich am Abend des 1. Januar 2019 ein kleines Fenster in diese Welt, diesen Abgrund aus Wut und Hass, in den gezielt immer mehr Gift geschüttet wird. Es ist 21:51 Uhr, als die ZDF-Journalistin Nicole Diekmann ihren Neujahrswunsch auf Twitter veröffentlicht: »Nazis raus«.[1] Ein simpler Satz. Grundkonsens in einer Demokratie, sollte man meinen. Aber so funktioniert das im Digitalen schon lange nicht mehr. Der persönliche Account von Nicole Diekmann hat zu diesem Zeitpunkt etwas mehr als 70000 Follower.[2] Entsprechend schnell macht der Tweet die Runde. In den Kommentaren gibt es zunächst viel Unterstützung, aber nicht nur. Die eigentliche Aufregung beginnt erst mit einem weiteren Tweet. Nur drei Minuten später, also um 21:54 Uhr, kommentiert die Journalistin in einem Retweet die Frage »Wer ist denn für Sie ein Nazi?« ironisch mit: »Jede/r, der/die nicht die Grünen wählt.«[3]

Und damit beginnt der Shitstorm: Auf den unterschiedlichsten Wegen wird Nicole Diekmann nicht nur wüst beleidigt. Ihr werden Morddrohungen geschickt, ihr wird Gewalt angedroht, ihr werden auf diverse Arten Vergewaltigungen gewünscht.[4]

In der Folge erhält die Journalistin zunächst viele Solidaritätsbekundungen von Kolleg:innen, und es erscheinen Artikel über den Shitstorm an sich. Danach allerdings folgt ein absurder Metadiskurs. In einigen Artikeln wird nämlich darüber diskutiert, ob eine Journalistin sowas wie »Nazis raus« überhaupt twittern sollte. Mich wundert nicht nur die Debatte als solche, sondern auch, wie wenige der Journalist:innen, die sich in diese

Debatte werfen, in der Lage sind, die Formel »Nazis raus« in einen aktuellen Kontext zu stellen, und stattdessen kritisieren, dass sie allzu pauschal verwendet würde.[5] Stichwort: Nazikeule.

Grundsätzlich wäre es mir persönlich auch lieber, in sozialen Netzwerken würde präziser mit dem Begriff »Nazis« umgegangen werden. Wenn Menschen, statt einfach »Nazi« zu schreiben, konkret benennen würden, dass eine bestimmte Aussage rassistisch, faschistisch oder menschenverachtend ist. Aber dass in der Debatte nicht thematisiert wird, welche Aktualität »Nazis raus« hat, macht mich fassungslos. Denn nicht wenige derer, die zumindest in der ideologischen Tradition der Nazis stehen, sind ja längst wieder drin. Nämlich in Behörden, Institutionen und politischen Ämtern. Es ist ein Kampf um Deutungshoheit. Und es gibt Redaktionen oder Journalist:innen, die diesen Diskurs bewusst oder unbewusst mit betreiben.

Interessant ist, dass die Debatte ausgerechnet durch die Frage ausgelöst wurde: »Wer ist denn für Sie ein Nazi?« Definitiv eine Provokation. Ein Klick auf den Account, von dem sie stammt, zeigt eine Timeline, in der sich eine sehr eindeutige Sprache findet. Es ist die Sprache der bewussten und gewollten Diskursverschiebung. Es ist immer wieder eine schwierige Entscheidung, ob man auf solche Provokationen überhaupt reagieren sollte. Aber es ist müßig, das im Nachhinein zu diskutieren. Ich wage zu behaupten, dass in diesem Kontext auch ein Zwinkersmiley im Retweet von Nicole Diekmann die Eskalation nicht verhindert hätte.[6] Denn solche Stiche sind nicht zufällig gesetzt. Es hat längst eine gezielte, gewollte und organisierte Diskursverschiebung begonnen. Bei der Frage »Wer ist denn für Sie ein Nazi?« ging es nie darum, eine Definition zu erhalten. Es ging darum, die Tür zu öffnen für alle, die sich zu Unrecht als Nazis beschimpft sehen. Und mit der Empörung über die Antwort von Nicole Diekmann ging es darum, diese Antwort gezielt falsch zu verstehen.

Wie das funktioniert, steht im rechten *Handbuch für Medien-Guerillas.*[7] Es ist die perfekte Troll-Anleitung. Das gezielte Miss- und Falschverstehen ist kein Versehen. Es hat Methode. Und da hilft auch kein Fehlereinräumen, Entschuldigen und Einordnen. Denn darum geht es nicht. Es geht darum, Aussagen zu dekontextualisieren. Im Fall von »Jede/r, der/die nicht die Grünen wählt« ist das leider besonders leicht. Denn die Ironie, die Anspielung auf den immerwährenden Vorwurf der »linksgrünversifften Medien«, wird willentlich übersehen und die Aussage auf ein Totschlagargument verkürzt: Aha, nur weil ich nicht grün wähle, bin ich also ein Nazi. Das eignet sich hervorragend, um jede Diskussion zu beenden und sich selbst als Opfer zu stilisieren.

Dass das so leicht gelingt, liegt auch daran, dass in 140 beziehungsweise 280 Zeichen gar kein differenzierter Diskurs möglich ist. Anders als in einer echten Unterhaltung, in der ich mein Gegenüber ansehen und entsprechend reagieren kann, geht es in sozialen Netzwerken vor allem darum, eine Meinung zu platzieren. Und das passiert durchaus gut organisiert. Zum Beispiel über Netzwerke wie »Reconquista Germanica«. Über dieses Netzwerk, das stramm militärisch-hierarchisch organisiert war – inzwischen ist es aufgelöst –, wurden mehrfach gezielt Kampagnen im Netz vorbereitet. Zusammengeschlossen hatte es sich bereits im Sommer 2017. Ziel war es, den Bundestagswahlkampf zu beeinflussen – zugunsten der AfD. Ob das gelungen ist, lässt sich schwer feststellen. Es ist schlicht unmöglich, da einen kausalen Zusammenhang herzustellen. Einfach, weil die Gesamtlage zu komplex ist und sich das damit nie eindeutig wird zuordnen lassen. Und trotzdem sind die Effekte spürbar. Im *Handbuch für Medien-Guerillas*, das in der Gruppe unter den Mitgliedern rumgereicht wird, sind ausführlich Kommunikationsstrategien beschrieben, mit denen Diskurse gekapert werden sollen: »Ziel der ersten Kampagne ist es, die AfD so stark wie möglich in den Bundestag zu hieven. Wir werden heute also auch den Meme-Krieg oder vielleicht sogar den Meme-Blitzkrieg […] gegen die Köterrasse im Bundestag eröffnen.«[8]

Außerdem werden dezidiert Frauen als Ziele in den Fokus gerückt, die in sozialen Netzwerken in irgendeiner Form politisch, aktivistisch oder journalistisch auftreten. Ein Zusammenhang, der gerne übersehen wird. Bei den Angriffen ist das Kräfteverhältnis immer massiv ungerecht. Denn am Ende sehen sich Einzelpersonen Hunderten bis Tausenden Kommentierenden gegenüber. Auch, weil sich die Mitglieder der Gruppe oft mehrere Accounts anlegen, die sie gleichzeitig bespielen. Es geht vor allem ums Senden und Beschäftigen. Denn die Vielzahl der Kommentare muss irgendwie moderiert werden. Außerdem verstärken sich die Accounts gegenseitig. Und wer am lautesten schreit, wird gehört, und wen man nicht hören will, den brüllt man nieder.

Ob das Netzwerk auch im Fall von Nicole Diekmann zum Shitstorm aufgerufen hat, ist nicht bekannt. Aber es wäre sicher lohnenswerter gewesen, diese Dynamiken journalistisch auszuwerten, statt darüber zu diskutieren, ob »Nazis raus« jetzt die korrekte Terminologie ist oder nicht. Vor allem, weil längst bekannt sein könnte, wie sich die Neue Rechte im Netz organisiert. Journalist:innen wie Christian Fuchs oder Karolin Schwarz recherchieren und veröffentlichen regelmäßig dazu.[9] Und bereits 2016 weist die Aktivistin und Publizistin Kübra Gümüşay in ihrem viel beachteten Talk »Organisierte Liebe«[10] darauf hin, wie Hass im Netz organisiert wird und dass es dringend einer Gegenbewegung bedarf. Und dennoch begreifen auch Anfang 2019 viele noch nicht wirklich, was sich da im Netz zusammenbraut. Redaktionen nehmen das Problem weiterhin nicht ernst genug, lassen zum Beispiel ihre Kommentarspalten in sozialen Netzwerken unmoderiert oder senden, ohne zu kommunizieren, und tragen so erheblich dazu bei, dass sich

Hassrede massiv verbreitet. Das gilt übrigens über alle Redaktionen und Medienkanäle hinweg, privat wie öffentlich-rechtlich, bei Print, Online, TV, Radio. Überall sind die Social-Media-Teams immer noch schlecht und unzureichend besetzt. Wenn sie überhaupt besetzt sind. Eine Lücke, in die ehrenamtliche Aktivist:innen springen, wie etwa auf Facebook die Mitglieder der Gruppe #ichbinhier, die sich im Dezember 2016 gründet, um etwas gegen Hatespeech im Netz zu unternehmen und Hassrede sowie der massenhaften Verbreitung von Falschmeldungen etwas entgegenzusetzen. Eine Organisation, deren Unterstützung auch von Redaktionen dankbar angenommen wird, wenn unter Nachrichten, etwa zu Migrationspolitik, der Diskurs gekapert wird, weil das Community-Management-Team einfach nicht mehr hinterherkommt. Und die auf Grundlage ihrer Arbeit eine Studie zu Hatespeech und rechten Troll-Accounts veröffentlicht hat.[11]

Obwohl dieser Shitstorm auch für Nicole Diekmann eine ebenso anstrengende wie unangenehme Erfahrung ist: Sie wird nicht leiser. Sie wehrt sich und macht einige der Drohungen, die sie erhält, öffentlich. Auch da ist sie nicht die Erste. Auch das machen viele andere Menschen, die in sozialen Netzwerken bedroht werden, genauso. Nur: Bis 2019 haben sie damit kaum Erfolg. Anzeigen verlaufen im Sande. Polizei und Staatsanwaltschaften machen dabei nicht selten eine schlechte Figur.[12] Sie sind entweder überfordert, nicht ausreichend geschult oder sehen sich aufgrund der Anonymität der Absender nicht in der Lage zu handeln. Und das, obwohl das 2017 verabschiedete Netzwerkdurchsetzungsgesetz, kurz Netz-DG, Besserung versprach.

Aber – und auch das will ich nicht unerwähnt lassen – es gibt erste Initiativen, wie das Hate-Speech-Movement oder die Organisation Hate Aid, die versuchen, Betroffene von Hassrede und digitaler Gewalt zu unterstützen. Es gibt Gegenrede. Es gibt Netzwerke wie »Reconquista Internet«, die sich als Gegenbewegung verstehen. Sie haben inzwischen eine Organisation gegründet, die sich »Hass melden« nennt. Es sind die Menschen hinter diesen Gruppen, die dafür sorgen, dass im Netz trotz aller Versuche, Diskurse zu kapern, Raum für Diskussion und Kommunikation bleibt.

Die Gefahren, die Radikalisierungstendenzen, die sich beobachten lassen, sind dennoch nicht zu unterschätzen. Denn die manifestieren sich nicht nur in Hate Speech im Netz. Die manifestieren sich im analogen Leben da draußen. Da, wo sich Menschen versammeln, um ihrem Hass und ihrer Wut Ausdruck zu verleihen, indem sie auf Demonstrationen rechtsextreme Parolen brüllen oder sich organisieren, um gezielt Menschen anzugreifen, die sie als »fremd« markieren.

Und noch ein grundsätzliches Missverständnis gehört an dieser Stelle aufs Tapet, für alle, die sich gegen die »Nazikeule« verwahren wollen. Es ist etwas, das mir auch durch die Beschäftigung mit der Geschichte meines Großvaters immer klarer wird: Nazi ist nicht erst, wer mit Knüppeln hinter Menschen herrennt, die er oder sie als fremd markiert. Nazi ist nicht erst, wer Juden ermordet oder die Ermordung von Juden fordert. Immer und überall haben Faschismus und Rechtsextremismus mit Worten begonnen. Mit Worten der Ausgrenzung. Mit Worten der Fremdmarkierung. Mit Worten der Schuldzuweisung. Mit Worten des Hasses. Wer mit seinen Worten andere Menschen aufgrund äußerer Merkmale oder Religionszugehörigkeit pauschal zum Problem erklärt, wer sich selbst nur in Abwertung seines Gegenübers erhöhen kann, wer sich rassistisch äußert, den Holocaust leugnet oder dazu aufruft, anderen Menschen Schaden zuzufügen, muss sich fragen, ob es nicht zu Recht Kritik an seiner Haltung gibt und ob er oder sie sich noch auf dem Boden unseres Grundgesetzes befindet. Denn es waren zuerst Worte, die zu einem Klima geführt haben, in dem Taten möglich waren. Wer also Worte des Hasses benutzt, der Verachtung, der ungerechtfertigten und pauschalen Schuldzuweisung. Wer Menschen als nicht zugehörig zu unserer Gesellschaft markiert, nutzt die Sprache des rechten Spektrums, die Sprache derer, die den Nationalsozialismus erst ermöglicht haben. Es ist eine Sprache, die auch heute immer noch Opfer fordert.

1943

»Und sag den Freunden, dass ich niemanden verraten habe«

Bis zu seinem letzten Atemzug kämpft mein Großvater darum, doch noch irgendwie mit dem Leben davonzukommen. Und das, obwohl ihm klar gewesen sein muss, dass es kein Entrinnen gibt. Manchmal bin ich mir gar nicht sicher, ob es ihm dabei um sein Leben geht – oder um sein Andenken. Es ist ein verdammt schwieriger Kampf, denn er hat enorm hohe moralische Ansprüche an sich. Auf gar keinen Fall will er jemanden verraten. Ein Umstand, an dem sich sowohl die Ermittler im Spionageabwehrgefängnis in Wilhelmshaven als auch in Berlin die Zähne ausbeißen. So heißt es im Schlussbericht aus Wilhelmshaven:

> Bei Hespers handelt es sich um eine Person, die in ihrer Aussage sehr vorsichtig ist und nur das eingesteht, wofür Beweise vorliegen. Heute spielt Hespers den Unschuldigen und versucht glaubhaft zu machen, seine Nachrichtentätigkeit so durchgeführt zu haben, dass dem Deutschen Reiche ein Schaden nicht entstehen konnte.[1]

Und mehr noch: Mein Großvater versucht sogar, seine Taten so aussehen zu lassen, als hätte er im Sinne und zum Vorteil des »Deutschen Reiches« gehandelt. Er behauptet zum Beispiel, dass er und der Kameradschaftskreis verhindert hätten, dass die Kommunisten und Separatisten sich effektiv organisieren. In gewisser Weise ist das nicht mal gelogen. Denn die Kommunisten lehnen eine Zusammenarbeit mit der Gruppe aus ideologischen Gründen ab. Was allerdings im Falle meines Großvaters nicht heißt, dass auch er den Kontakt abbricht. Im Gegenteil. Mit dem ein oder anderen KPD-Mitglied bleibt er weiterhin in Verbindung, vor allem dann, wenn es sich um Katholiken handelt. Eine zielgerichtete Bekämpfung der Kommunisten, wie mein Großvater das in den Verhören versucht darzustellen, findet nicht statt. Die verschiedenen Gruppierungen können sich halt nur nicht darauf einigen, wie ein Deutschland nach dem Ende der NS-Diktatur aussehen soll.

Gerade den stark ideologisch geprägten Ermittlern, die sich nicht nur einen geständigen Schuldigen wünschen, sondern vor allem noch mehr Namen und damit Personen, die sie verhaften können, geht mein Großvater mit seiner Art gehörig auf den Zeiger. Ganz besonders groß muss der Hass des Kriminalangestellten Kalle sein, der für die Ermittlungen in Berlin maßgeblich verantwortlich ist. Er stellt meinen Großvater in seiner Beurteilung im Prinzip als dreisten Lügner hin.

> Hespers hat in allen Vernehmungen versucht, alle seine hoch- und landesverräterischen, sowie sonstigen staatsfeindlichen Tätigkeiten abzustreiten. Er hat von sich aus niemals eine strafbare Handlung zugegeben und war nur in den Fällen zu Geständnissen zu bewegen, in welchen ihm einwandfreies Beweismaterial, wie z. B. seine Artikel in den Schriften, vorgehalten werden konnten. Aber auch in diesen Fällen versuchte er auf ganz gerissene Art und Weise eine eigene Schuld herabzumindern. […]. Der Unterzeichnete kann nicht umhin, das Wesen des Hespers als das eines Jesuiten zu charakterisieren, der immer wieder versucht, den gestellten Fragen auszuweichen und ein wirklich einmal gegebenes Zugeständnis im nächsten Satz zu widerrufen.[2]

Von *in dubio pro reo* ist hier nichts zu merken. Im Gegenteil. Die Doktrin der NS-Ideologie liest sich praktisch in jeder Zeile. Es ist eine einzige Rechtfertigung eines Mordes in staatlichem Auftrag – getragen von seinen ausführenden Organen. Auch die Haltung meines Großvaters scheint natürlich durch. Er hat im Rahmen seines Gewissens versucht, irgendwie an die nationalsozialistische Ideologie anzudocken. Seine Taten irgendwie doch noch im Sinne des Nationalsozialismus zu rechtfertigen. Das musste scheitern. Und so ist Kalles abschließendes Urteil im wahrsten Sinne des Wortes vernichtend.

> Hespers ist als ein ganz abgefeimter Staatsfeind zu betrachten, der es selbst in der Emigration verstanden hat, die Art und Weise seiner Tätigkeit, seine Verbindungen usw. seinen nächsten Mitarbeitern und Freunden zu verschleiern. Er muss als einer der gefährlichsten Gegner des nationalsozialistischen Deutschlands betrachtet werden, den nur die härteste Strafe treffen kann.[3]

Es ist eine schmerzhafte Form von Bewunderung, die ich für meinen Großvater empfinde, wenn ich diese Zeilen lese. Wie er versucht, sich selbst und seinen moralischen Ansprüchen gerecht zu werden und sich trotzdem selbst zu retten. Irgendwie. Nur rauskommen da. Nur nicht mehr in den Fängen der Nazis sein. Er hätte sich sogar an die Front schicken lassen. Er, der überzeugte Pazifist, dessen schärfste Waffe seine Worte sind. Oder doch für die Nazis spionieren? Das behauptet zumindest der Herr Kriminalangestellte. Es sind die letzten Worte des Schlussberichts.

> So hat er auch versucht, sich der Geheimen Staatspolizei als Agent gegen angebliche feindliche Bestrebungen in Belgien anzubieten. Die Nachprüfung dieses Vor-

schlages führte aber nur zu dem Ergebnis, dass Hespers auf jede Art und Weise versucht, seine Freiheit wiederzuerlangen, um dann evtl. sogar wieder vom Ausland aus gegen den deutschen Staat zu arbeiten.[4]

Ich weiß nicht, ob dieser Schlussbericht bei den Akten liegt, die mein Großvater vor Prozessbeginn erhält. Oder ob er lediglich die Verhörprotokolle bekommt. Aber ab dem Tag, an dem sie ihm mitteilen, dass er wegen Hoch- und Landesverrats angeklagt und zum Tode verurteilt werden soll, fängt er an, sich schriftlich zu verteidigen. Brief für Brief für Brief. Und das, obwohl die Anzahl der Blätter, die er bekommt, um etwas zu schreiben, stark limitiert ist. Er muss am Schluss sogar entscheiden, ob er das Papier nutzt, um schriftlich beim Volksgerichtshof eine Wiederaufnahme des Verfahrens zu erwirken oder seiner Familie ein paar Zeilen zukommen zu lassen.

Nur noch ein einziges Mal wird er in den Monaten, die er in Berlin inhaftiert ist, seinen Sohn sehen. Der fährt mit seiner Tante Berta, der jüngsten Schwester meines Großvaters, nach Berlin. Sie übernachten bei Verwandten. Mein Vater erzählt was von einem Onkel Quirin, den ich aber leider nicht ausfindig machen kann. Stattdessen finde ich aber einen Dr. Walter Menningen, einen angeheirateten Onkel meines Opas Theo. Und der ist bei der Wehrmacht. Als ich seinen Namen auf gut Glück in eine Suchmaschine eingebe, werde ich in einem Antiquariat fündig. Dort gibt es ein kleines Heft, DIN A5, aus grobem, gelblichem Papier. 34 Seiten dünn. Titel *Pioniere zerstören sowjetische Rollbahn*, Heft 124, herausgegeben von der Kriegsbücherei der deutschen Jugend. Da schau an. Ist das vielleicht der Onkel, der meinen Opa da rausholen soll? Oder sogar einer der Kontakte von Theo zur Wehrmacht? Immer wieder lese ich, dass mein Großvater Kontakt zu einem katholischen Wehrmachtsoffizier im Reich haben soll. Und dann stoße ich auf diesen Dr. Walter Menningen, einen Oberstleutnant und zu diesem Zeitpunkt Kommandeur der 8. Panzerdivision. Nur leider fällt der bereits 1942 – und kann folglich nichts mehr für meinen Großvater tun. So er es denn überhaupt getan hätte. Aber die Verzweiflung meines Großvaters ist so riesig, dass er seinem kleinen, knapp zwölfjährigen Sohn bei dessen einzigem Besuch im Reichssicherheitshauptamt aufträgt, den Kontakt herzustellen. Mein Vater erinnert sich genau an seinen Besuch im Gefängnis: »Als wir eintraten, sagte meine Tante Berta plötzlich voller Hochachtung: Haste das gesehen? Da kam Rommel vorbei! General Rommel. Feldmarschall Rommel!«

Für mich ist das eine ganz befremdliche Vorstellung: Mein kleiner Vater, noch nicht mal zwölf Jahre alt, in der Höhle des Löwen. Er, dem das Schicksal seines eigenen Vaters mitunter ganz schön Probleme bereitet. Für einen Zwölfjährigen ist das ein enormer Gedankenspagat. Auf der einen Seite in den Fängen der NS-Doktrin, die seinen Vater zum »gefährlichsten Gegner des nationalsozialistischen Deutschlands« erklärt, auf der anderen Seite einfach ein Sohn, ein Kind, das seinen Vater vermisst. Dem gesagt wird, es müsse jetzt brav mit der Hitlerjugend mitmarschieren, weil das seinem Vater helfen würde. Und dann muss er ihn in einem Gefängnis besuchen. Und statt seines Vaters steht da plötzlich, zumindest optisch, ein Fremder, denn die Haft hat meinen Großvater enorm verändert.

»Dass er es noch gewagt hat nach all den Monaten ... Der war ja total erledigt, der war 39 Jahre alt, der war ein Schatten seiner selbst. Der war ganz grau geworden. Aber er lächelte mich an, als ich kam. Wir standen da und der kam mir entgegen zwischen den zwei Typen. Und sagte auf Niederländisch: ›Hoe gaat het met u, mijn jong?‹

Das hat der noch riskiert, da hat er noch gegen den Stachel gelöckt! Und dann der Typ da: ›In Deutschland wird nur deutsch gesprochen!‹«

Mein Vater erzählt auch, dass Theos Gesicht anders aussah. Seine Tanten sagen ihm, sein Vater hätte ein Nervenleiden. Durch die Folgen der Haft. Ich bin mir da nicht so sicher. Vielleicht sind es doch die Folgen massiver Misshandlungen. Über die Arolsen Archives[5] bekomme ich Dokumente über Arztbesuche meines Großvaters während der Haft. Leider sind nicht alle Krankenbücher der Haftanstalten erhalten geblieben. Aber von dem, was ich sehen kann, ist mein Großvater häufiger am Tag nach den Verhören beim Gefängnisarzt. Kopfschmerzen steht dann da. Im März 1943 leidet er an einer Mandelentzündung. Etwa eine Woche lang wird er fast täglich untersucht. Anfang April scheinen die Beschwerden abzuklingen, kurz danach ist er wieder beim Arzt. Diesmal steht Gesichtsrose in den Akten. Das ist grundsätzlich nicht unmöglich. Mein Vater hatte in späteren Jahren eine hartnäckige Schuppenflechte im Gesicht, an Händen, Füßen und Gelenken. Ich erinnere mich gut an die trockenen, roten Flecken überall, die er unablässig eingecremt hat. Ich finde nur auffällig, dass sowas wie »Kopfschmerzen« immer am Tag nach dem Verhör auftritt. Und ich gehe ganz sicher davon aus, dass die Gefängnisärzte keine Ursachen für Beschwerden aufgeführt haben. Da steht halt nicht: Hämatome am Kopf wegen massiver Gewalteinwirkung.

Worüber genau er mit seinem Vater Theo bei diesem Besuch gesprochen hat, das weiß mein Vater nicht mehr. Aber er erinnert sich daran, dass er ein Poesiealbum dabeihatte. Und da soll sein Vater ihm ein paar Sprüche reinschreiben. Zwei Stück wählt er aus, die sich so tief ins Herz meines Vaters graben, dass er sie nicht mehr vergisst. »Edel sei der Mensch, hilfreich und gut« von Johann Wolfgang von Goethe und »Tapfer ist der Löwensieger, tapfer ist der Weltbezwinger, tapf'rer, wer sich selbst bezwang« von Johann Gottfried von Herder. Und an einen weiteren Satz erinnert sich mein Vater, denn er bekommt eine Botschaft mit auf den Weg. »Und sag den Freunden, dass ich niemanden verraten habe.« Nach allem, was ich bislang recherchiert habe, stimmt das. Nicht zuletzt Kriminalassistent Kalle regt sich ja darüber auf, dass von meinem Großvater nur das zu erfahren ist, was ihm eindeutig bewiesen werden kann.

Das Poesiealbum hat mein Vater nicht mehr. Wie auch die vielen anderen Andenken an seinen Vater wird es bei den Bombenangriffen auf Mönchengladbach am 10. September 1944 unter den Trümmern begraben werden.

2019

Faschismus tötet – immer noch

Die Mitglieder des selbsternannten »Nationalsozialistischen Untergrunds« (NSU) ermorden zwischen 2000 und 2007 zehn Menschen, 43 weitere Mordversuche sind dokumentiert sowie drei Sprengstoffanschläge und 15 Raubüberfälle. Weil es sich bei neun der Ermordeten um Zuwanderer aus der Türkei und aus Griechenland handelte, wurden die Fälle lange nicht aufgeklärt. In verschiedenen Medien wurde die Mordserie als »Döner-Morde« bezeichnet. Erst mit der Selbstenttarnung des NSU durch die Suizide der Haupttäter Uwe Böhnhardt und Uwe Mundlos sowie die Festnahme von Beate Zschäpe Anfang November 2011 wird das ganze Ausmaß der rechtsextremistischen Terrororganisation erfasst und bekannt. Obwohl es einen Prozess gegen Beate Zschäpe und mehrere Untersuchungsausschüsse zu den Fällen gab, ist bis heute nicht alles aufgeklärt. Was auch daran liegt, dass im Laufe der Untersuchungen Akten verschwinden oder vorsätzlich vernichtet werden. Es ist auch nicht sicher, ob das komplette Ausmaß des rechtsterroristischen Netzwerks erfasst wurde. Das mediale Interesse ist zunächst groß, aber der Prozess zieht sich über fünf Jahre hin. Ein Zeitraum, der es vielen Menschen schwer macht, dranzubleiben und den Überblick zu behalten. Zwei Täter haben sich ja selbst gerichtet, und die Hauptangeklagte Beate Zschäpe wurde zu lebenslanger Haft verurteilt. Irgendwie scheint damit für viele das Kapitel »Rechtsterrorismus« abgeschlossen zu sein. Als hätten sich damit alle rechtsextremistischen Bestrebungen in Luft aufgelöst. Dabei bleiben so viele Fragen ungeklärt. Auch darüber, ob und in welcher Form der NSU Unterstützung erhalten hat von Menschen, die für den Staat selbst arbeiten.

2. August 2018. Die Anwältin Seda Başay-Yıldız erhält per Fax ein Drohschreiben – unterzeichnet mit NSU 2.0. Es ist das erste einer ganzen Reihe von Drohschreiben. Başay-Yıldız ist im NSU-Prozess als Anwältin der Nebenklage aufgetreten. Von der Existenz dieser Drohschreiben, die sich nicht nur gegen die Anwältin selbst, sondern auch gegen ihre kleine Tochter richten, erfährt die Öffentlichkeit erst im Dezember 2018 über die Medien. Das Brisante an dem Fall: Es erhärtet sich der Verdacht, dass die Daten der Anwältin von einem Polizeicomputer aus abgerufen wurden. Und nicht nur das: In der Folge wird ebenfalls öffentlich, dass Polizist:innen in Hessen rechtsextreme Ideologie in Chatgruppen austauschen. Ein Polizist fliegt auf mit einem persönlichen Nazimuseum, andere zeigen auf Partys den Hitlergruß, es gibt Polizist:innen, die sich zu den selbsternannten Reichsbürgern zählen – und das alles bereits über Jahre, ohne dass es irgendwelche Konsequenzen gegeben hätte. Ein Skandal.[1]

Unterdessen erhält die Rechtsanwältin weitere Drohschreiben, auch ein Kollege, ebenfalls Anwalt der Nebenklage, wird in ähnlicher Weise bedroht.

Drei Monate später, Anfang März 2019. Die Kabarettistin Idil Baydar veröffentlicht massive Drohungen und Beleidigungen, gerichtet gegen sie und ihre Familie, unterschrieben mit »SS-Obersturmbannführer«. Die zweite Drohung erhält sie per SMS. Am 15. März 2019. Dem Tag, an dem im neuseeländischen Christchurch ein Attentäter in zwei Moscheen 51 Menschen tötet und 50 weitere verletzt. Die unmissverständliche Drohung an Idil Baydar ist, mit ihr und ihrer Mutter das Gleiche zu tun, was gerade in Christchurch passiert ist.[2] Obwohl Idil Baydar Anzeige erstattet, passiert nichts. Die Ermittlungen werden eingestellt, weil die Drohungen anonym über externe

Anbieter und Plattformen versendet worden seien und daher ein Täter oder eine Täterin nicht ermittelt werden könne. Eine Verbindung zu den Fällen in Hessen wird nicht hergestellt.

Idil Baydar fühlt sich von der Polizei und den Behörden im Stich gelassen. Denn die helfen ihr nicht. Der einzige Rat, den sie erhält, lautet: Wechseln Sie Ihre Handynummer. Als wenn sie nicht mehr bedroht wäre, nur weil sie die Drohungen nicht mehr erreichen. Im besten Fall wird daraus die Hilflosigkeit der Behörden sichtbar, wenn es um digitale Gewalt und Hassnachrichten geht. Im schlimmsten Fall sind es Desinteresse oder Rassismus. Letzteres kann, wie wir später erfahren werden, nicht ausgeschlossen werden. Aber noch scheinen die beiden Fälle nichts miteinander zu tun zu haben. Schließlich sind die Drohungen an Idil Baydar nicht mit NSU 2.0 unterzeichnet. Im Zuge der Ermittlungen stellt sich später heraus: Auch die persönlichen Daten von Idil Baydar wurden von einem Polizeicomputer in Hessen abgerufen.[3]

Wieder drei Monate später, am 2. Juni 2019, wird der hessische CDU-Politiker Walter Lübcke mit einem Kopfschuss auf seiner Terrasse im hessischen Istha bei Kassel ermordet. Ein Schuss aus nächster Nähe, etwas, das eher nach einer Hinrichtung aussieht als nach einer Tat im Affekt. Aber als die Meldungen vom Tod des Politikers in den Medien auftauchen, ist es merkwürdig still. Niemand will öffentlich über ein Motiv spekulieren. Niemand außer denen, die in den Kommentarspalten ihrem Hass freien Lauf lassen. Ihrem Hass auf Walter Lübcke. Denn der hessische CDU-Politiker hatte sich im Herbst 2015 sehr engagiert für die Unterbringung von Geflüchteten eingesetzt. Im Oktober 2015 gibt es eine Bürgerversammlung im hessischen Lohfelden. Als Lübcke dort auftritt, er ist zu diesem Zeitpunkt hessischer Regierungspräsident, gibt es rassistische Zwischenrufe. Walter Lübcke lässt sich das nicht gefallen, tritt öffentlich und deutlich für seine Überzeugung ein: Er sei stolz auf die Werte dieser Republik, »wer diese Werte nicht vertritt, kann dieses Land jederzeit verlassen, wenn er nicht einverstanden ist.«

Es gibt ein Video von dieser Veranstaltung, das vor allem in rechten Kreisen die Runde macht. In der Folge erhält Walter Lübcke Hassbotschaften und Morddrohungen, ein rechtes Blog veröffentlicht die Privatadresse des CDU-Politikers, er steht zeitweise unter Polizeischutz. Vier Jahre später bricht sich der Hass von damals erneut Bahn. In den Kommentarspalten äußern Nutzer:innen ihre unverhohlene Freude über den Tod des Politikers. »Die Sau ist endlich tot«, ist dort zu lesen. Oder: »Zum Glück ist dieses Arschloch erledigt.« Auch auf der Facebookseite der AfD Dithmarschen findet sich ein höhnischer Kommentar, in dem angezweifelt wird, dass es sich überhaupt um einen Mord handelt. Trotz allem will niemand von einem politischen Mord sprechen. Schon gar nicht von einer rechtsextremistisch motivierten Tat. Nicht, solange kein Täter präsentiert werden kann.[4]

Ich erinnere mich, wie ich auf einer Party mit einer Kollegin darüber diskutiere. Während sie sich dafür ausspricht, sich noch nicht festzulegen, was das Tatmotiv ist, und auch zunächst nicht vorschnell von einem politisch motivierten Mord zu sprechen, bin ich da anderer Meinung. Vor allem, was die Positionierung angeht. Und um das an dieser Stelle klar zu machen: Natürlich muss die journalistische Berichterstattung da korrekt sein, darf nicht vorschnell Urteile fällen, muss sich an den Fakten orientieren. Aber zu den Fakten gehörte eben auch, dass vor allem unter Rechtsextremen offen Freude darüber gezeigt wird, dass einem Menschen, einem Politiker gewaltsam das Leben genommen wurde. Und es ist eben auch Aufgabe von Journalistinnen und Journalisten, solche Informationen und Tatsachen einzuordnen und zu kommentieren. Das passiert natürlich nicht in den Nachrichten. Aber in einem Kommentar als journalistischem Format ist für derlei Einordnungen durchaus Platz. Auch von Politiker:innen kommt zunächst nur wenig. Und so wird fast zwei Wochen lang vor allem eines getan: um die Motive herumgeeiert. Am 15. Juni 2019 – dreizehn Tage nach der Tat – wird der polizeibekannte Rechtsextremist Stephan E. festgenommen. Die DNA-Spuren einer Hautschuppe auf der Leiche von Walter Lübcke führen die Polizei zu ihm. Laut einem Bericht des *Spiegel* vom 17. Juni 2019 ist E. bereits in den 90ern zu einer Haftstrafe ohne Bewährung verurteilt worden, weil der damals Zwanzigjährige mit einer Rohrbombe eine Unterkunft für Asylsuchende angegriffen hat. Der Name Stephan E. fällt auch in einem NSU-Untersuchungsausschuss, der die rechtsextreme Szene in Hessen beleuchtet. Er wird vom Gremium als »gewaltbereiter Rechtsextremist« geführt.[5]

Die Ermittlungen in dem Fall übernimmt der Generalbundesanwalt. Der ist eigentlich nicht für Einzeltäter zuständig, sondern kommt dann zum Einsatz, wenn es sich um eine schwerwiegende, staatsgefährdende Straftat handelt, wie etwa beim NSU. Der Fall Stephan E. scheint damit genau diesem Ermittlungskreis zugeordnet. Wenige Tage später legt Stephan E. im Gefängnis ein Geständnis ab und gibt zu, Walter Lübcke mit einem Kopfschuss ermordet zu haben. Er sei 2015 auf der Veranstaltung dabei gewesen. Wenige Tage später widerruft Stephan E. sein Geständnis allerdings wieder. Ermittelt wird auch gegen einen weiteren mutmaßlichen Täter oder zumindest Komplizen.

Immerhin in Hessen gibt es Demonstrationen gegen rechte Gewalt und für ein vielfältiges Miteinander. Eine bundesweite Reaktion bleibt aus. Was ich einigermaßen verwunderlich finde. Ein Rechtsextremist ermordet einen Politiker, weil er sich für Geflüchtete eingesetzt hat. Und alles, was uns dazu einfällt, ist ein Achselzucken? Und danach business as usual? Was ist mit den Parteikolleg:innen? Warum wird da nicht öffentlich drüber diskutiert? Ich verstehe das nicht. In meiner Welt führt das zu massiver Irritation.

Es ist eine Welt, in der ich mich jetzt seit über vier Jahren mit dem Leben und der Entwicklung meines Großvaters beschäftige. Eine Welt, in der ich mich parallel dazu auch mit den Entwicklungen beschäftige, die dazu geführt haben, dass mein eigener Großvater, dessen christlich soziale Haltung der von Walter Lübcke in großen Teilen entsprochen haben dürfte, von Rechtsextremen zum Tode verurteilt und ermordet worden ist. Es gibt allerdings einen entscheidenden Unterschied. Der Mord an Walter Lübcke wurde nicht durch den Staat verübt. Die Rechtsextremen regieren dieses Land nicht. Aber sie haben eine neue Anlaufstelle gefunden: eine Partei, die in einem demokratischen Land in die Landtage und den Bundestag gewählt worden ist. Und in deren Reihen auch Rechtsextreme mindestens geduldet werden.

Ein Umstand, den auch Bundespräsident Frank-Walter Steinmeier in einer Rede benennt, die er drei Wochen nach der Tat beim Empfang zum 100-jährigen Bestehen des Volksbundes Deutsche Kriegsgräberfürsorge e.V. hält, wenn auch eher implizit als explizit. In der Rede weist er nicht nur auf den politischen Hintergrund des Täters hin, sondern nimmt auch die Zusammenhänge in den Blick: »Schon der Verdacht, dass in diesem Land mit dieser Geschichte jemand, der für die Demokratie gearbeitet hat, hingerichtet wird durch einen politischen Mord, mutmaßlich begangen von einem überzeugten Rechtsextremisten, dem dann im Netz auch noch Beifall geklatscht wird – das alles ist furchtbar und unerträglich.« Er sieht in dieser Rede nicht nur die Gewalttäter selbst als Gefahr, sondern auch das Klima und die Netzwerke, in denen sich Menschen zu solchen Taten legitimiert oder gar ermutigt fühlen.[6] Es ist ein Klima, in dem ganz bewusst Ängste geschürt werden. Vor Geflüchteten, vor dem »Untergang des Abendlandes«, vor einer angeblichen linken Meinungsdiktatur. Ein Klima, in dem Gewalt verharmlost und toleriert wird, wenn sie »die Richtigen« trifft. Ein Klima, in dem aus Worten Taten werden. Welche Worte das sind, welche Taten mit ihnen herbeiphantasiert werden, lässt sich in Kommentarspalten von sozialen Netzwerken tagtäglich tausendfach nachlesen.

In der Folge des Attentats auf Walter Lübcke veröffentlicht die *taz* ihre Recherchen zu den Ermittlungen des Bundeskriminalamtes gegen »Nordkreuz«. Die Gruppe wird von Marco G. geleitet und gehört zu dem Netzwerk, dessen Administrator der ehemalige Elitesoldat Hannibal alias André S. ist. Marco G. ist der Verbindungsmann zu Hannibal. Auch in dieser Untergruppe befinden sich Polizisten und Anwälte, ein Kampfsportlehrer, Sportschützen und Reservisten. Auch sie bereiten sich auf den Tag X vor.[7]

Im Zentrum der Ermittlungen des BKA stehen aber nicht alle Mitglieder von Nordkreuz. Es werden vor allem Jan Hendrik H., ein Anwalt und ehemaliger Lokalpolitiker aus Rostock, und Haik J. ins Auge gefasst. Haik J. arbeitete bis zu den Ermittlungen bei der Kriminalpolizei in Ludwigslust. Bei den Durchsuchungen finden die Beamten Listen mit Namen. Hinter einigen dieser Namen sind handschriftlich Adressen oder andere Notizen ergänzt. Die Listen werden bereits bei der ersten Razzia des BKA im August 2017 gefunden, aber niemand hält es für nötig, die darauf verzeichneten Personen zu informieren. Es bestehe keine akute Gefahr, so damals die Einschätzung von Mecklenburgs CDU-Innenminister Lorenz Caffier.

Im Juni 2019 werden dann doch Menschen informiert, die auf den Listen stehen. Auch, weil zu ihnen zusätzliche Informationen dokumentiert sind. Informationen, die weder Jan Hendrik H. noch Haik J. haben dürften. Zum Beispiel Grundrisse von Wohnungen oder Büros. Von Todeslisten will aber niemand sprechen. Eher von Feindeslisten. Und eine weitere Frage stellt sich: Wenn angeblich keine wirkliche Bedrohung vorgelegen hat, warum wird dann gegen Jan Hendrik H. und Haik J. wegen »Vorbereitung einer schweren, staatsgefährdenden Straftat«, sprich Terror, ermittelt?

Warum tauchen immer wieder neue Verbindungen im Zusammenhang mit dem Hannibal-Netzwerk auf? Wie kann es sein, dass massenhaft Munition bei der Bundeswehr verschwindet?[8] Wie groß ist dieses Netzwerk? Und wie groß ist die Gefahr, die von ihm ausgeht? Viele dieser Fragen sind nicht abschließend geklärt. Und die Netzwerke, ihre Protagonist:innen und Machenschaften sind so verstrickt und umfangreich, dass wir wohl auf ein Buch der Journalist:innen werden warten müssen, die seit 2017 zu diesem Komplex recherchieren.

Mir ist auch erstmal gar nicht so wichtig, sofort alles zu wissen. Aber trotzdem gibt es auch jetzt schon Sachverhalte, die wichtig sind für die Öffentlichkeit. Die nicht verschwiegen gehören. Denn es scheint nicht nur massive Radikalisierungstendenzen in der rechtsextremen Szene zu geben. Es gibt auch weitreichende Verstrickungen bis hinein in die Staatsorgane. Also jene Institutionen, die Bürgerinnen und Bürger eigentlich schützen sollten.

Als es im November 2015 um die Hintergründe eines mutmaßlich vereitelten Anschlags von Islamisten im Rahmen eines Länderspiels in Hannover ging, wurde der damalige Innenminister Thomas de Maizière für seinen Satz »Ein Teil dieser Antwort würde die Bevölkerung verunsichern« ausgelacht.[9] Nun: Jetzt bin ich verunsichert, weil Rechtsextremisten hier ihr Unwesen treiben und einige Politiker:innen auch noch Wasser auf diese Mühlen gießen, die sich vor allem dann schneller zu drehen scheinen, wenn es um das Thema Migration geht. Ich bin verunsichert, dass die offensichtlich stattfindende Radikalisierung von Staatsbediensteten lieber unter den Teppich gekehrt wird, als öffentlich darüber zu sprechen. Ich bin verunsichert, weil ich das Gefühl habe, dass nicht wenige Politiker:innen mehr Angst davor haben, ihre Macht aufs Spiel zu setzen, als die Leben der Menschen, die sie regieren.

Aber es bleibt nicht viel Zeit für Verunsicherung. Am 9. Oktober 2019 lese ich via Twitter von einem Mann, der versucht, eine Synagoge in Halle anzugreifen. Ich weiß nicht mehr genau, wann ich einsteige. Ich bereite gerade ein neues Seminar vor. Und mir rennt die Zeit weg. Immer wieder checke ich zwischendurch meinen Twitteraccount. Irgendwann steht fest: In Halle rennt ein Attentäter durch die Gegend. Er hat versucht in eine Synagoge einzudringen. Dabei wird er von einer Frau angesprochen. Wenige Sekunden später ist die Frau tot. Danach schießt der Attentäter in einen Döner-Imbiss und tötet dort einen jungen Mann. Das alles streamt der Täter per Helmkamera live ins Netz.[10]

Ich beginne zu recherchieren. Es ist Jom Kippur, der höchste jüdische Feiertag. An diesem Tag versammeln sich Jüd:innen in der Synagoge und verbringen dort meist gemeinsam den Tag. Die Smartphones sind in aller Regel ausgeschaltet. Viele wissen daher noch gar nicht, was sich da gerade in Halle abspielt. In mir bricht etwas. Mir steigen Tränen in die Augen, als ich das lese. Ich kann gar nicht genau erklären, warum. Aber ich kann nicht mehr weiterarbeiten. Schnell gibt es Aufrufe, sich an diesem Abend zu einer Mahnwache vor der Synagoge der eigenen Stadt zu versammeln. Ich habe keine Ahnung, ob in Köln jemand eine solche Mahnwache organisiert. Aber das ist mir auch egal. Ich suche in meiner Wohnung nach einer Kerze, nehme ein paar Bierdeckel aus einer Schublade, die ich irgendwann mal aus einer Kneipe habe mitgehen lassen. »Kein Kölsch für Nazis« steht dadrauf. Die müssen jetzt als improvisierter Tropfschutz dienen. Dann setze ich mich auf mein Fahrrad und fahre zur Synagoge in Köln. Davor steht – wie immer – ein Polizeiauto.

Beim Anblick des Streifenwagens komme ich mir plötzlich unfassbar naiv vor. Weil mir erst jetzt wirklich bewusst wird, dass der nicht da steht, um eine eventuelle Bedrohung unter Umständen vielleicht nötigenfalls abzuwenden. Nein. Er steht da, weil Jüd:innen in Deutschland immer noch akut bedroht sind. 74 Jahre nach Ende des NS-Regimes. Ich schäme mich so. Ich schäme mich, in einer Gesellschaft zu leben, in der es immer noch zum Normalzustand gehört, dass jüdisches Leben bedroht ist. Meine Güte, wie blind war ich denn eigentlich all die Jahre? Und das, obwohl ich mich doch mit dieser Geschichte beschäftige. Mehr als mir manchmal guttut. Aber ich hab immerhin die Wahl, mich damit zu beschäftigen. Also mehr oder weniger. Aber ich muss mich eben nicht damit beschäftigen, weil ich qua Geburt zu den Menschen gehöre, die ohnehin auf der Liste von Rechtsextremen ganz oben stehen.

Lange stehe ich alleine vor der Synagoge und halte meine Kerze, die immer wieder vom Wind ausgepustet wird. Sie ist auch nicht dafür gemacht, draußen rumzustehen. Ein verzweifelter symbolischer Akt an diesem Abend. Aber ich habe eine ganze Packung Streichhölzer dabei und zünde sie demütig und trotzig immer wieder aufs Neue an. Irgendwann kommt eine Gruppe Studierender hinzu. Und vereinzelt andere Menschen. Wir sind vielleicht zehn Personen. Später am Abend kommen die Mitglieder der jüdischen Gemeinde aus der Synagoge. Sie wundern sich, was los ist. Wir sprechen mit einigen von ihnen, erklären kurz, was passiert ist. Sie sind gefasst. Es ist nichts Neues für sie, für ihren Glauben angegriffen und verfolgt zu werden. Ich fühle mich schon wieder so schrecklich ignorant. Ich weiß gar nichts. Nichts weiß ich. Meine Tränen, meine Hilflosigkeit sind mir selber peinlich. Die Realität ist: Den Frieden, an den ich immer geglaubt habe, den gab es nie für alle. Also klar, wir leben in einem grundsätzlich friedlichen Land. Hier fallen keine Bomben, hier verfolgt der Staat seine Bürger:innen nicht einfach so ohne Beweise dafür, dass sie etwas angestellt haben. Aber Sicherheit? Die gibt es deswegen noch lange nicht für alle, die hier leben. Nicht für Jüdinnen und Juden. Und auch nicht für all jene, die als »fremd« und »ausländisch« markiert werden. Faschismus tötet. Immer noch. Und immer wieder.

1943
Hochverräter müssen hängen

Am 8. April 1943, mehr als ein Jahr nach seiner Verhaftung in Belgien, wird offiziell Haftbefehl gegen meinen Großvater erlassen. Er wird ihm eine Woche später, am 13. April 1943, ausgehändigt. Er muss den Erhalt mit seiner Unterschrift quittieren. Wieder eine Woche später, am 21. April 1943, verfasst er einen Brief »an den Oberreichsanwalt des Volksgerichts Berlin«: »Hiermit erlaube ich mir ergebenst gegen den Haftbefehl vom 8.4.1943 gegen mich, bezw. dessen Inhalt Beschwerde zu erheben.«[1]

Leider macht er gleich zu Beginn einen Argumentationsfehler, denn mein Großvater versucht es mit folgender Strategie: Ihr habt mich ausgebürgert, deshalb bin ich kein deutscher Staatsbürger mehr, also gelten auch deutsche Gesetze nicht für mich. Außerdem hat er seine »Taten« im Ausland begangen, er müsste also nach niederländischem Recht beurteilt werden. Und er behauptet, er sei bereits 1935 ausgebürgert worden. Das stimmt nachweislich nicht. Und auch sonst versucht mein Großvater vor allem zu erklären, dass er einfach komplett falsch verstanden wurde. Außerdem seien die Protokolle in Wilhelmshaven unter unzumutbaren Umständen entstanden.

> Meine Vernehmung von der Geh. Staatspolizei in Wilhelmshaven besonders z. letztgenannten Punkt wurden seinerzeit in Verhältnissen und in einer Form durchgeführt, daß sie zu völlig irrigem Ergebnis führen mußten. In den polizeilich formulierten Protokollen

wurden die wirklichen Zusammenhänge falsch und lückenhaft zum Ausdruck gebracht und ergeben so das Gegenteil des wahren Tatbestandes. Da so eine zutreffende Beurteilung nicht möglich ist, mir aber alles daran gelegen ist, sowohl im Interesse der Gerichte wie meinem persönlichen Interesse, richtige Unterlagen noch vor einer Anklage-Erhebung zu beschaffen, bitte ich Sie Herr Oberreichsanwalt, ergebenst, eine erneute, genaue Vernehmung zu den in Frage stehenden Punkten veranlassen zu wollen.[2]

Der Oberreichsanwalt des Volksgerichtshofes in Berlin ist zu diesem Zeitpunkt Ernst Lautz, der hinter vorgehaltener Hand auch »Fleischerhaken-Ernst« genannt wird.[3] Ein eiskalter Jurist, bei dem Gnadengesuche lediglich ein weiteres Stück Papier für die Akten sind, bevor das Todesurteil vollstreckt wird. Lautz nimmt unter anderem 1941 an der Tagung der höchsten Juristen teil, in der die Aktion T4 zur »Vernichtung lebensunwerten Lebens« in Gaskammern vorgestellt wird. Er ist ein derart überzeugter Nationalsozialist, dass er noch am 30. Januar 1945 einen Appell von Roland Freisler an die deutsche Justiz unterstützt, der die Ergebenheit zum »Führer« bekräftigt.[4] Im Nürnberger Juristenprozess 1947 wird er zu zehn Jahren Haft verurteilt. Zehn Jahre. Für das massenhafte Aussprechen von Todesurteilen. In der Urteilsbegründung heißt es dazu: »Der Dolch des Mörders war unter der Robe des Richters verborgen.«[5]

Noch schlimmer ist Reichsjustizminister Otto Georg Thierack. Er ist es, der im Fall von Max Behretz persönlich eine Begnadigung ablehnt.

In der Strafsache gegen den vom Volksgerichtshof vom 9. Juli 1942 wegen Zersetzung der Wehrkraft des deutschen Volkes und Vorbereitung zum Hochverrat zum Tode verurteilten Max Behretz habe ich mit Ermächtigung des Führers beschlossen, von dem Begnadigungsrecht keinen Gebrauch zu machen, sondern der Gerechtigkeit freien Lauf zu lassen.[6]

Wenn ich in diesem Zusammenhang das Wort Gerechtigkeit lese, wird mir speiübel. Speiübel vor Wut. Max Behretz wird am 24. September 1942 um 4:36 Uhr in einer Garage des Gefängnisses Plötzensee mit einem Fallbeil enthauptet. Zehn Tage zuvor hat Reichsjustizminister Thierack bereits veranlasst, dass Max' Leiche dem Anatomischen Institut der Universität Berlin überlassen werden soll. Allein das finde ich so gruselig, menschenverachtend und widerwärtig, dass mir die Worte fehlen.

Thierack gehört zu den wichtigsten Vollstreckern des NS-Regimes. Im August 1942 steigt er vom Oberreichsanwalt zum Justizminister auf, womit die Unabhängigkeit der Justiz sichtbar beseitigt wurde.[7] Er unterstützt unter anderem Hitlers im April 1942 geäußerte Forderung, zu milde urteilende Richter aus dem Amt zu entlassen.[8] Thiearck ist verantwortlich für die Aktion »Vernichtung durch Arbeit« und bedauert es in einem Schreiben, dass die Justiz nur einen kleinen Beitrag dazu leisten könne, Polen, Russen, Juden und »Zigeuner« auszurotten.[9] Unter seiner Führung erhöht sich die Zahl der Todesurteile. Nur drei Prozent der Gnadengesuche wird stattgegeben.

Das Beispiel von Max zeigt deutlich: Es gibt wirklich keinen Ausweg für meinen Großvater. Im Prinzip ist er bereits tot, bevor er überhaupt angeklagt wird. Ohnehin ist der Volksgerichtshof nicht mehr als ein Schauprozesshof. Wie viel mein Großvater darüber weiß, kann ich nicht sagen. Seine Anklageschrift trägt das Datum vom 30. Mai 1943. Sie umfasst 32 Seiten. Erst drei Wochen später wird diese Anklageschrift meinem Großvater vorgelegt. Es ist der 22. Juni 1943. Die Hauptverhandlung soll nur vier Wochen später stattfinden, am 22. und 23. Juli 1943. Eineinhalb Tage sind angesetzt. Einen eigenen Anwalt kann sich mein Großvater nicht leisten. Er schreibt zwar diesbezüglich an seine Familie, sagt aber auch, dass er im Prinzip weiß, dass er das nicht von ihnen verlangen kann, weil Kosten von mindestens tausend Reichsmark einfach zu viel sind. Es ist Geld, das die Familie nicht hat.

Zwei Tage nachdem meinem Großvater die Anklageschrift ausgehändigt worden ist, erhält er den Bescheid, dass seine Haftbeschwerde kostenpflichtig abgelehnt wird. Nur wenig später erhält er gleich die nächste Hiobsbotschaft. Der ihm zugeteilte Pflichtverteidiger Wübken gibt an, zum genannten Gerichtstermin keine Zeit zu haben:

> Infolge schweren Bombenschadens und der dadurch bedingten ausserordentlichen Schwierigkeiten in meiner Praxis und inbezug auf mein sonstiges Leben muss ich in der Zeit vom 18.6. bis 15.7.1943 unbedingt ausspannen, zumal da ich bereits mehrere Jahre keinen zusammenhängenden Urlaub gehabt habe.[10]

Es klingt zynisch, aber auch den Verteidigern ist wahrscheinlich klar, dass sie ohnehin nichts für ihre Mandanten tun können. Es ist also vergebene Liebesmüh, sich in so einen Fall zu vertiefen. Wer will schon einen Toten verteidigen? Einen Hochverräter, der es nach der eigenen Auffassung vielleicht sogar verdient hat zu sterben. Und trotzdem schreit alles in mir »Arschloch!«, als ich die Begründung des Anwalts lese.

Die Uhr tickt weiter, der Prozess rückt näher – und mein Großvater hat immer noch nicht mit einem Anwalt über seinen Fall sprechen können. Immer in der Hoffnung, dass sich doch noch ein Ausweg auftut. Er hat sich und sein Leben noch nicht aufgegeben – obwohl er es eigentlich besser weiß. Vielleicht will er sich aber auch am Ende nicht vorwerfen müssen, nicht alles versucht zu haben. Und so schreibt er an drei aufeinanderfolgenden Tagen all das Papier voll, das er bekommen kann. Um beweisen zu können, dass es völlig an den Haaren herbeigezogen ist, dass er ernsthaft Sprengstoffattentate geplant hat. Dass alles ganz anders war, als dargestellt, dass er zum Wohle des Deutschen Reiches gehandelt hat und nicht zu dessen Nachteil. Und aus der Sicht meines Großvaters stimmt das ja sogar. Nur ist halt seine Vorstellung, was zum Wohle Deutschlands ist, so ziemlich das Gegenteil von dem, was die Nazis glauben, was gut für ihr »Deutsches Reich« ist. Meine Lieblingsstelle ist diese hier – es geht um seine Spionagetätigkeit: »Meine Berichte an Erban gingen alle regelmäßig per Post, offen, an Erbans Adresse. Ich bezweifle, ob dies der übliche Weg für Spionageberichte ist.«[11] Es ist ein verstecktes »Wie dumm seid ihr eigentlich« – und es ist nicht das einzige dieser Art. Für seine Einlassungen stehen ihm fünf Seiten Papier zur Verfügung.

Erst am 6. Juli 1943 wird meinem Großvater ein neuer Pflichtverteidiger zugeteilt. Bis zur Verhandlung sind es nur noch etwas mehr als zwei Wochen. Er schreibt einen Brief an seine Mutter und die Geschwister, in dem er sich schon von ihnen verabschiedet. So halb zumindest. Denn gleichzeitig schreibt er auch, dass er weiter daran glaubt, dass sich doch noch alles zum Guten wendet. Wie soll man auch der eigenen Familie die Hoffnungslosigkeit beschreiben, die in so einer Situation liegt?

10. Juli 1942: Theos Anträge auf Wiederaufnahme des Verfahrens werden abgelehnt. Dafür findet endlich das von ihm so heiß ersehnte Treffen mit dem Rechtsanwalt statt. Es ist ein Herr Astfalck. Über das Treffen selber finde ich nichts in den Akten, aber vier Tage später setzt der Rechtsanwalt ein Schreiben an den Volksgerichtshof auf, mit der Bitte, den Verhandlungstermin zu verschieben. Diesem Schreiben liegen 24 hand-

schriftliche Seiten meines Großvaters bei, beidseitig beschrieben, einige auf liniertem Papier. Ich gehe davon aus, dass er Besuch hatte – er bittet mehrfach darum in seinen Briefen – und dass ihm bei der Gelegenheit jemand einen Schreibblock und Tinte gebracht haben muss. Im Prinzip legt er – sofern ihm das sein Gewissen erlaubt – jetzt alle noch verbliebenen Karten auf den Tisch. Er fordert die Vernehmung oder Neuvernehmung verschiedener Zeugen. Darunter auch Max Behretz, der zu diesem Zeitpunkt längst tot ist, ebenso wie Selma Meyer. Er listet seitenweise Fragen auf, die diesen Zeugen gestellt werden sollen, um so Widersprüche in den Vernehmungsprotokollen aufklären zu können. Er muss fieberhaft geschrieben haben. Immer wieder endet er und fängt erneut an. »Ergebenst, Theo Hespers.«

Er geht die komplette Anklageschrift durch. Wenn er schon nicht neu vernommen wird, dann sollen wenigstens neue Zeugen geladen werden. Zwei Tage später, am 16. Juli 1943, wird der Antrag auf eine Terminverschiebung der Hauptverhandlung abgelehnt. Die Briefe sind wahrscheinlich ungelesen in den Prozessordner gewandert. Am 20. Juli, nur zwei Tage vor Prozessbeginn, erhält mein Großvater dann die Nachricht, dass seine erneuten Einwendungen als unerheblich zurückgewiesen werden. Alle Anträge werden abgelehnt. Es werden keine neuen Zeugen vernommen. Wie auch. Mindestens zwei der Hauptzeugen haben die Nazis ja bereits umgebracht. Und so beginnt am 22. Juli 1943 ein Prozess vor dem Volksgerichtshof, dessen Urteil längst feststeht. Am 23. Juli 1943 wird das Todesurteil verkündet.

Ich habe keine Ahnung, wie es meinem Großvater danach geht. Ich stelle mir die absolute Stille vor. Ein Sausen in den Ohren. Alle Geräusche wie durch Watte. Es ist aus. Alles, was bleibt, ist ein gähnender Abgrund aus Hoffnungslosigkeit. Aber einen Strohhalm, ein fragiles Etwas, scheint mein Großvater doch noch zu sehen. Und er klammert sich mit aller Macht daran.

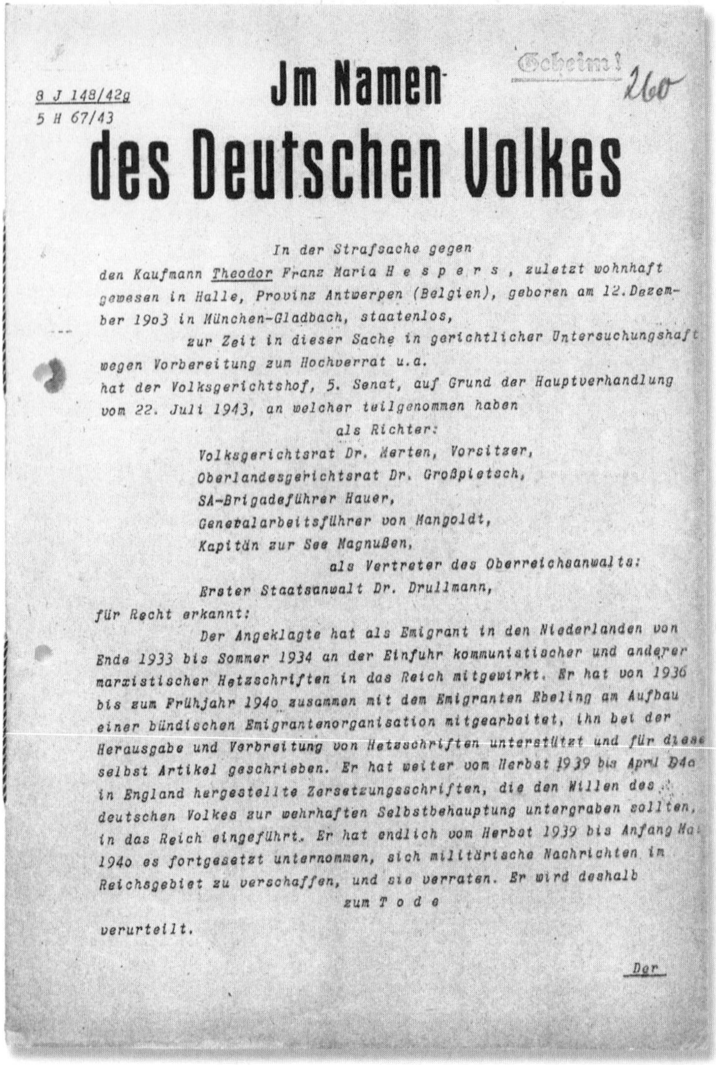

Geheim!
260

8 J 148/42g
5 H 67/43

Jm Namen des Deutschen Volkes

In der Strafsache gegen
den Kaufmann Theodor Franz Maria H e s p e r s , zuletzt wohnhaft gewesen in Halle, Provinz Antwerpen (Belgien), geboren am 12. Dezember 19o3 in München-Gladbach, staatenlos,
zur Zeit in dieser Sache in gerichtlicher Untersuchungshaft
wegen Vorbereitung zum Hochverrat u.a.
hat der Volksgerichtshof, 5. Senat, auf Grund der Hauptverhandlung vom 22. Juli 1943, an welcher teilgenommen haben

als Richter:

Volksgerichtsrat Dr. Merten, Vorsitzer,
Oberlandesgerichtsrat Dr. Großpietsch,
SA-Brigadeführer Hauer,
Generalarbeitsführer von Mangoldt,
Kapitän zur See Magnußen,

als Vertreter des Oberreichsanwalts:

Erster Staatsanwalt Dr. Drullmann,

für Recht erkannt:

Der Angeklagte hat als Emigrant in den Niederlanden von Ende 1933 bis Sommer 1934 an der Einfuhr kommunistischer und anderer marxistischer Hetzschriften in das Reich mitgewirkt. Er hat von 1936 bis zum Frühjahr 194o zusammen mit dem Emigranten Ebeling am Aufbau einer bündischen Emigrantenorganisation mitgearbeitet, ihn bei der Herausgabe und Verbreitung von Hetzschriften unterstützt und für diese selbst Artikel geschrieben. Er hat weiter vom Herbst 1939 bis April 194o in England hergestellte Zersetzungsschriften, die den Willen des deutschen Volkes zur wehrhaften Selbstbehauptung untergraben sollten, in das Reich eingeführt. Er hat endlich vom Herbst 1939 bis Anfang Mai 194o es fortgesetzt unternommen, sich militärische Nachrichten im Reichsgebiet zu verschaffen, und sie verraten. Er wird deshalb

zum T o d e

verurteilt.

Der

Es ist ein seltsames Gefühl, das Dokument in Händen zu halten, mit dem der eigene Großvater zum Tode verurteilt wird. Auch, weil es Unrecht unter dem Deckmantel der Gerichtsbarkeit ist.

Der Verratslohn von 649.34 RM wird eingezogen.
Der Angeklagte trägt die Kosten des Verfahrens.

Gründe:

I.

Der Angeklagte ist der Sohn eines Kaufmanns und hat nach dem Besuch eines Gymnasiums bis zur Sekundareife den Beruf eines Textilkaufmanns erlernt. Er ist verheiratet. Aus seiner 1930 geschlossenen Ehe ist ein jetzt 12 jähriger Sohn hervorgegangen. Er ist einmal wegen Zuwiderhandlung gegen die Devisenvorschriften vorbestraft. Sein Bruder ist katholischer Geistlicher.

Vom 14. bis zum 24. Lebensjahr gehörte der Angeklagte dem katholischen Abstinenzlerverein "Quickborn" an, war zuletzt Ortsgruppenführer in München-Gladbach und will als solcher im Jahre 1923 gegen die Serapatisten gekämpft haben. Im gleichen Jahre lernte er aus Anlaß einer Besprechung verschiedener örtlicher Jugendorganisationen in München-Gladbach den Führer des "Jungnationalen Bundes" Hans Ebeling kennen. 1925 trat er der "Christlich-sozialen Jugend" und später der "Christlich-sozialen Reichspartei" bei. In der Folgezeit arbeitete der Angeklagte eng mit der RGO. zusammen und setzte sich für eine Einheitsfront mit der KPD. ein. Im Jahre 1927 wurde der Angeklagte Mitglied der "Internationalen Arbeiterhilfe" (IAH.) und mit einer kommunistischen Jugenddelegation zu einer zweimonatigen Besichtigungsreise in die Sowjet-Union entsandt. In den Jahren 1928 bis 1930 wurde er von der "Christlich-sozialen Reichspartei", in der er sich wiederum betätigte, bei den Wahlen zur Stadtverordnetenversammlung in München-Gladbach und zum Preußischen Landtag als Kandidat aufgestellt. Im Jahre 1932 schied er aus der "Christlich-sozialen Partei" aus und wurde Mitglied der RGO. Er ließ sich für die Reichstagswahl im März 1933 als Kandidat der "Einheitsliste der Arbeiter und Bauern", einer getarnten kommunistischen Liste, aufstellen. Auch bewarb er sich bei den Wahlen zur Stadtverordneten-Versammlung in München-Gladbach Ende März 1933 als Vertreter einer "Kampffront der Werktätigen" um einen Sitz. Anfang April 1933 floh er, weil er seine Festnahme befürchtete, nach den Niederlanden und ließ alsbald seine Familie dorthin nachkommen. Er wohnte zunächst bis Februar 1935 in dem in der Nähe der deutschen Grenze gelegenen Ort Melik bei Roermond, sodann bis zum Mai 1936 in Hellmond und von Mitte 1936 bis zur Besetzung der Nie-

der-

Und so schreibt er am 25. Juli 1943 sein erstes Gnadengesuch. Adressiert an »den Führer und Reichskanzler Adolf Hitler«. Er führt als Beleg für seinen Gesinnungswandel alles an, wovon er glaubt, dass es nützlich sein könnte. So schreibt er von seinem Einsatz gegen die Separatisten 1923, mit dem er dazu beigetragen habe, dass das Rheinland dem »Deutschen Reich« erhalten blieb, von seinem Bruder Franz, der Hauptfeldwebel bei der Wehrmacht ist, von seinem Onkel Walter Menningen, dem Oberstleutnant, der das Deutsche Kreuz in Gold erhalten hat, von seinem Aufenthalt in dem flämisch-nationalistischen Kinderheim in Belgien, dessen Angehörige bei der Waffen-SS sind. Und nicht zuletzt bittet er aus Rücksicht auf seine Frau, seinen Sohn und seine Mutter, »die Deutschland 6 Kinder schenkte, den Führer ergebenst um Begnadigung« und darum, seine Todesstrafe in eine Haftstrafe umzuwandeln. Und weil er in diesem einen Brief noch nicht alles gesagt hat, was er sagen will, schreibt er noch eine Ergänzung an den »Führer«. Weil der Platz – oder besser gesagt – das Papier nicht ausreicht. Er pokert erneut. Gibt an, weitere Informationen zu haben. Ob diese Briefe jemals verschickt wurden? Ich wage, das zu bezweifeln. Immerhin landen sie im Gnadenheft, dass mit dem ersten Schreiben für meinen Großvater angelegt wird.

Am 4. August 1943 geht das erste Gnadengesuch seiner Familie ein. Es ist meine Oma Käthchen, die schreibt.

> Mein Mann ist von Jugendauf ein radikaler Idealist gewesen, daher war er den Lebenswirklichkeiten gegenüber oft fremd und blind. Auf eigenen Vorteil für sich oder seine Familie war er nie bedacht. Wenn er an seinem Vaterland schuldig wurde, dann ist das nur von hierher zu verstehen.[12]

Ihr Brief ist adressiert an den Reichsjustizminister Otto Georg Thierack. Unterzeichnet ist ihr maschinengetipptes Schreiben mit »Heil Hitler« – und ich kann die »Grußformel« hier kaum hinschreiben, so widerwärtig finde ich sie.

Der Vorsitzende des 5. Senats des Volksgerichtshofs, Johannes Heinrich Wilhelm Merten, legt sich allerdings bereits am 7. August 1943 fest: »Ein Gnadenerweis für Hespers, der auch keine neuen Tatsachen für ein Wiederaufnahmeverfahren geltend gemacht hat, wird NICHT befürwortet.«[13] Im Prinzip ist ab diesem Zeitpunkt jedes weitere Gnadengesuch nur noch dazu da, die rote Mappe zu füttern. Was ich immer wieder auf eine seltsame Art faszinierend finde. Sie hätten es auch gleich in den Müll werfen können. Stattdessen wird alles dokumentiert. Für Forschende ist das natürlich ein Glück. Nur meinem Opa hat das überhaupt nichts gebracht. Und natürlich auch nicht den vielen anderen politischen Gefangenen, die vor dem Volksgerichtshof zum Tode verurteilt wurden.

Mein Großvater schreibt weiter Gnadengesuche. Unter anderem adressiert an Propagandaminister Joseph Goebbels, mit dem er immerhin 1923 gegen die Separatisten gekämpft hat. Im Wochentakt landen weitere Schreiben beim 5. Senat des Volksgerichtshofes. Meine Großmutter schickt ein zweites Gnadengesuch für ihren Mann, seine beiden Schwestern Aenne und Berta schreiben und auch seine Mutter. Selbst Mijnheer van Humbeek, der Leiter des nationalistisch-flämischen Kinderheims in Halle bei Antwerpen, bittet um Gnade für meinen Großvater und bescheinigt ihm, sich in Halle der nationalsozialistischen Idee angeschlossen zu haben. Aber auch das nutzt nichts. Denn nur wenig später, am 28. August 1943, geht dem Oberreichsanwalt ein Schreiben der StaPo Wilhelmshaven zu. Darin enthalten sind die Lichtbilder von der Einlieferung in die Haftanstalt sowie folgende Einschätzung:

H e s p e r s, der als intelligent und zielbewußt anzusprechen ist, war sich zweifellos der Tragweite seiner Handlungsweise in vollem Umfang bewußt. Seine rege politische Betätigung läßt ihn als einen fanatischen Gegner des Dritten Reiches erkennen, wobei seine landesverräterische Betätigung im gegenwärtigen Kriege erschwerend ins Gewicht fällt.

Ein Gnadenerweis kann im vorliegenden Falle aus Gründen der Staatssicherheit nicht befürwortet werden, da mit einem Gesinnungswandel bei H. nicht zu rechnen ist.

Gegen die etwaige Überlassung der Leiche an die Angehörigen werden Bedenken erhoben, da H e s p e r s, der sich im übrigen um seine Familie wenig oder gar nicht gesorgt hat, in seinem Heimatort einen großen Bekanntenkreis hatte. Die Bestattung würde unnötiges Aufsehen erregen.[14]

Das Schreiben aus Wilhelmshaven wird bereits am 9. August 1943 aufgesetzt. Die Leiche meines Großvaters wird den gleichen Weg nehmen wie die Leiche seines Freundes Max. In die Forschung der Berliner Charité. Dabei lebt mein Großvater zum Zeitpunkt des Schreibens noch. Es ist eine so himmelschreiende Ungerechtigkeit, die dort als Verwaltungsakt zu Papier gebracht wird. Menschen schreiben das. Über andere Menschen. Und haben noch die Frechheit, das mit so einem lapidaren Satz zu rechtfertigen wie dem, mein Opa habe sich nicht um seine Familie gesorgt. Was einfach glatt gelogen ist. Eine Familie, die jetzt noch nicht mal den Leichnam meines Großvaters bestatten darf, weil irgendwelche indoktrinierten Mediziner meinen, sie müssten an ihm rumschnippeln. Was wollen die suchen? Die Stelle im Gehirn, in der Anstand und Moral wohnen? Wollen sie den Widerstand gegen Menschenverachtung nachträglich noch aus seinem Körper schneiden? Alleine sich darüber Gedanken zu machen treibt mich so nah an den Abgrund, dass ich mir das selbst verbieten muss. Aber gerade Mediziner:innen und Wissenschaftler:innen tragen in meinen Augen eine so große moralische Verantwortung, dass mir das kalte Kotzen kommt, wenn ich daran denke, welche Rolle sie im Nationalsozialismus gespielt haben. Und wie bereitwillig es viele von ihnen getan haben. Sei es bei der Entwicklung der Gaskammern, bei schmerzhaften medizinischen Experimenten an lebenden Menschen oder bei der Tötung »lebensunwerten Lebens«, worunter auch Menschen mit geistigen und körperlichen Behinderungen fielen.

2020

Omagate, Thüringen, Hanau, Corona

Es muss keine Mehrheit geben, damit Rechtsextreme Macht ausüben können. Es genügen Handreichungen aus der vermeintlichen Mitte der Gesellschaft, um ihnen zu Macht zu verhelfen. Und nichts zeigt besser als das Jahr 2020, wie gut diese Strategie aufgeht. Wobei das erste Lehrstück schon Weihnachten 2019 seinen Anfang nimmt. Auf WDR2 läuft die Persiflage des Kinderliedes »Meine Oma fährt im Hühnerstall Motorrad« – nur, dass die Oma in dem Fall keine »ganz besond're Frau« mehr ist, sondern eine »alte Umweltsau«, die Billigfleisch bei Aldi kauft, zudem noch mit dem SUV auf dem Weg zum Arzt zwei Opas mit Rollator überfährt und, statt in den Urlaub zu fliegen, aufs Kreuzfahrtschiff umsteigt. Was für eine rücksichtslose Alte, die da die Zukunft ihrer Enkelkinder aufs Spiel setzt!!!11!1[1] Gesungen wird das Lied, das schon immer eine beliebte Grundlage für Verballhornungen jeglicher Art war, vom Dortmunder Kinderchor. Wie unschuldig eigentlich.

Das passende Video mit dem Kinderchor landet zwischen den Jahren auf der Facebook-Seite von WDR 2 – ab da nimmt das Unheil seinen Lauf. Denn in den Weihnachtstagen haben sehr viele Menschen Zeit, am Rechner abzuhängen. Und die nutzen sie auch. Das Video landet in Kreisen, die so gar keinen Spaß verstehen – oder verstehen wollen. Klar, man kann darüber diskutieren, ob das jetzt gelungene Satire ist oder nicht, das ist durchaus Geschmacksache. Aber dass aus einem harmlosen Kinderlied, das ursprünglich mal getextet wurde, um die Fridays-for-Future-Generation zu verkackeiern, ein handfester

Eklat wird, das ist nun doch einigermaßen erstaunlich. Denn es melden sich Stimmen von Menschen, die sich dagegen verwahren, dass ihre Omas, die einen Krieg erlebt hätten und Hunger leiden mussten, als Umweltsäue bezeichnet werden. Allein dieser Vorwurf ist absurd, wenn man sich überlegt, dass die Kinder im Video zwischen zehn und zwölf Jahren alt sind – und deren Großeltern wohl eher aus den 50ern stammen als aus den 30ern. Aber um Argumente geht es längst nicht mehr. Die Diskussion eskaliert zunächst auf Facebook – und einen Tag später auf Twitter.

Hinzu kommt der Tweet eines WDR-Mitarbeiters, der die Omas derer, die sich aufregen, als Nazisäue bezeichnet. Eine Anspielung darauf, dass viele Profile von Kommentierenden einen ziemlich eindeutigen Bezug zur AfD aufweisen oder andere Inhalte teilen, die sich problemlos im rechten bis rechtsextremen Spektrum verorten lassen. Das wird später auch eine Analyse des Datenspezialisten Luca Hammer belegen, der nachweist, dass die Empörungswelle von rechten Accounts gezielt gesteuert wurde.[2] Und da war der zweifelsohne provokante Tweet des WDR-Mitarbeiters natürlich ein gefundenes Fressen.

Was aber in der Folge passiert, ist wie ein Unfall, bei dem man einfach nicht wegschauen kann. Die Redaktionsleitung lässt das Video löschen, Tom Buhrow, Intendant des WDR, entschuldigt sich in einer Sondersendung vom Krankenbett seines Vaters aus, der ganz sicher keine Umweltsau sei, auf WDR 2 in aller Form bei den Hörerinnen und Hörern für das Video und dessen wohlgemerkt satirischen Inhalt. Das sorgt aber nicht wie erwartet für Beruhigung. Nein. Jetzt geht das Ganze erst richtig los. Denn inzwischen wird nicht nur der »Nazisau« twitternde Mitarbeiter mit Hassnachrichten und Morddrohungen überhäuft, sondern auch die Verantwortlichen des Kinderchors. Beim Hörerservice des WDR laufen die Telefone heiß mit Beschwerden. Im Netz werden Petitionen gegen den Rundfunkbeitrag verbreitet, und es wird zu Demonstrationen vor dem WDR aufgerufen. Zu diesen Demonstrationen versuchen vor allem AfDler, die rechtsextreme »Bruderschaft Deutschland« und die Identitären zu mobilisieren. Am Ende kommen nur wenige. Dafür ist der Gegenprotest umso größer und lauter.

Im Prinzip läuft dieselbe Empörungsmaschinerie an wie zu Beginn des Jahres, als Nicole Diekmann »Nazis raus« twitterte. Und trotzdem gibt es immer noch kaum ein Bewusstsein dafür, wie sich rechte Netzwerke organisieren. Und welche Gefahr von ihnen ausgeht. Stattdessen wird ein bewusst falsch verstandenes und ganz gezielt durch rechte Akteure zu einer Empörung hochgekochtes Narrativ durch eine Entschuldigung von höchster Stelle legitimiert. Dabei wird bereits seit Jahren öffentlich gemacht, wie diese Strategie funktioniert, sind seit Jahren Organisationen wie Reconquista Internet und #ichbinhier im Netz unterwegs, um dem etwas entgegenzusetzen. Warum sorgt das ausgerechnet in den Chefetagen der Medienhäuser nicht für einen Lerneffekt, was den Umgang mit solchen gezielt gefahrenen Empörungskampagnen angeht? Ich kann da nur mutmaßen. Aber eine mögliche Antwort ist: weil man es nicht wahrhaben will. Und weil es bis dahin nicht nur, aber vor allem andere betrifft. Menschen, die als fremd oder »nicht deutsch« gelesen werden. Frauen. Aktivist:innen und Politiker:innen. Wesentlich seltener sind diejenigen betroffen, die in Spitzenpositionen sitzen, männlich, *weiß* und konservativ sind – und so ist nun mal die Mehrheit der Machtpositionen in Deutschland besetzt. Die Angehörigen dieser Mehrheit halten sich krampfhaft Augen und Ohren zu und wollen nicht wahrhaben, dass es ein Problem mit Rechtsextremismus in Deutschland gibt. Dass es Rechtsextremisten sind, die es sich zum Ziel gemacht haben, die Medienlandschaft anzugreifen. Und zwar vor allem dann, wenn ihnen nicht passt, was dort veröffentlicht wird. Wenn es um Migrationspolitik geht, um soziales, gesellschaftliches Miteinander, um Diversität und Gleichberechtigung. Weil er sich für Nächstenliebe und soziales Miteinander eingesetzt hat, ist nicht mal ein halbes Jahr zuvor ein Politiker von einem rechtsextremen Attentäter ermordet worden. Nicht mal drei Monate nach diesem Mord fand das Attentat auf die Synagoge in Halle statt. Die Motive des Täters: Antisemitismus, Rassismus, Islamfeindlichkeit und Frauenfeindlichkeit. Trotzdem werden all diese Motive krampfhaft als Ursachen geleugnet oder kleingeredet. Sie sind die Ursache für vieles von dem, was 2020 geschieht. Denn das #Omagate ist nur der Auftakt einer Kaskade von Ereignissen, die uns allen vor Augen führen könnten, wie groß die Probleme wirklich sind.

Nur wenige Wochen später. Landtagswahlen in Thüringen. Ich habe die Bilder noch lebhaft vor Augen. Und spüre auch jetzt noch das flaue Gefühl in der Magengegend, als FDP-Politiker Thomas Kemmerich im dritten Wahlgang mit 45 Stimmen zum neuen Ministerpräsidenten Thüringens gewählt wird. Damit erhält er bei einer Enthaltung eine Stimme mehr als der bisherige Ministerpräsident Bodo Ramelow von der Linken. Kemmerich, dessen FDP im Thüringer Landtag gerade mal 5 der 90 Sitze hat. Woher also kommen die anderen 40 Stimmen? Die Rechnung ist ziemlich schnell gemacht. Denn der von der AfD ins Rennen geschickte Kandidat hat nicht eine einzige Stimme seiner Fraktion erhalten. Damit ist klar: Der FDP-Politiker hat sich mit den Stimmen von CDU und AfD wählen lassen. Und zwar einer AfD, die zu diesem Zeitpunkt von Björn Höcke geführt wird. Höcke, der laut einem Gerichtsurteil des Verwaltungsgerichts Meiningen vom 26. September 2019 als Faschist bezeichnet werden darf, weil dieses Werturteil auf einer überprüfbaren Tatsachengrundlage beruhe.[3]

Jetzt hätte Kemmerich an dieser Stelle die Chance gehabt, die Wahl nicht anzunehmen. Einfach, um eine klare Abgrenzung von der zumindest rechtspopulistischen und in Teilen eben deutlich rechtsextremen AfD vorzunehmen. Und ja, das hätte natürlich Konsequenzen gehabt. Es hätte entweder noch einmal eine Runde stattfinden müssen, um einen Ministerpräsidenten zu wählen – oder aber die komplette Neuwahl des Landtags. Es wäre aber auch ein klares Zeichen in Richtung der AfD gewesen, dass man sich nicht für deren taktische Spielereien missbrauchen lässt. Wobei es berechtigte Zweifel daran gibt, dass Kemmerich von der Rochade der AfD nichts gewusst habe, wie er nach der Wahl behauptet. Er sei halt »übermannt« worden[4], erklärt später sein Parteivorsitzender Christian Lindner. Und weil er so übermannt war, zögert Kemmerich nicht und nimmt die Wahl freudestrahlend an. Ich kann Thomas Kemmerich nicht in den Kopf gucken, aber ich wage zu behaupten: Mit einer klaren und überzeugten inneren Haltung in Bezug auf Rechtspopulismus und Rechtsextremismus wäre das nicht passiert. Wer innerlich fest davon überzeugt ist, dass das in einer Demokratie kein legitimer Weg sein kann, lässt sich nicht »übermannen«. Der weist allein den Versuch, Demokratie auf diese Weise zu manipulieren und auszuhölen, zurück. Eine solche Haltung, eine solche Entscheidung hätte Thomas Kemmerich weit mehr Respekt und Achtung eingebracht.

Was mir an dem Szenario in Thüringen so große Bauchschmerzen macht, ist nicht, dass es eine Partei wie die AfD gibt. Das allein wäre noch nicht das Problem. Das Problem fängt da an, wo sie wieder und wieder legitimiert wird. Wo es Politiker:innen gibt, die – aus welchen Gründen auch immer – der Meinung sind, es handele sich hier um eine ganz normale Partei. Die außer Acht lassen, dass diese Partei es sich zur Aufgabe gemacht hat, wo es geht, die Demokratie zu trollen.[5] Sei es mit absurden Anträgen in Landtagen und im Bundestag oder eben durch Machtspiele wie in Thüringen. Das ist ein bewusstes Missachten und Verletzen demokratischer Spielregeln ...

Und auch wenn sich das für eine Journalistin nicht gehört, aber als die linke Landes- und Fraktionsvorsitzende Susanne Hennig-Wellsow bei der Vereidigung Thomas Kemmerichs den Handschlag verweigert und ihm den Blumenstrauß vor die Füße wirft, der eigentlich für Bodo Ramelow gedacht ist, denke ich: So und nicht anders. Das denke ich als Mensch und Nachfahrin eines Mannes, der es mit seinem Leben bezahlt hat, dass sich zu wenige Politiker deutlich genug von Rechtsextremen abgegrenzt haben.

Auch wenn viele Politiker:innen den Ablauf der Wahl und das Verhalten von Thomas Kemmerich im Nachgang scharf verurteilen – der Schaden ist angerichtet. Und längst nicht alle Politiker im Thüringer Landtag distanzieren sich vom Ablauf dieser Wahl. Darunter Politiker der CDU, die nicht selten auch laut über eine mögliche Kooperation mit der AfD nachdenken. Etwas, das Annegret Kramp-Karrenbauer in ihrer Funktion als CDU-Vorsitzende nach dem Mord an Walter Lübcke noch entschieden abgelehnt hat. Es müsse vollkommen und unzweifelhaft klar sein, dass es keine Form der Zusammenarbeit mit der AfD geben kann und wird, betonte sie.[6]

Eine denkbar schlechte Figur macht der FDP-Vorsitzende Christian Lindner im Nachgang dieser Wahl, weil er nicht nur Kemmerichs Verhalten damit verteidigt, er sei »übermannt« gewesen von den Ereignissen, sondern zudem das Wahlergebnis eine Überraschung nennt. Eine Überraschung, die durchaus in Frage gestellt werden kann. Denn im Vorfeld der Wahl hatte Kramp-Karrenbauer vor genau so einer Rochade der AfD gewarnt.[7] Als Quelle ihrer Informationen nannte sie die Unionsfraktion.

Dass Kemmerich nach Gesprächen mit seinem Parteivorsitzenden Lindner dann letztendlich doch wieder von seinem Posten zurücktritt, ist nur ein schwacher Trost. Bis heute hat sich Thomas Kemmerich nicht für sein Verhalten entschuldigt. Es gibt keine Anzeichen für irgendeine Form von Einsicht für das, was er da zu verantworten hat. Im Gegenteil. Im Oktober 2020 twittert Kemmerich: »Nicht die Annahme der Wahl war der Fehler, sondern der Umgang der anderen demokratischen Parteien mit der Situation.«[8] Dass sich das Präsidium der FDP danach geschlossen von diesen Aussagen Kemmerichs distanziert, ist längst überfällig.

Aber es bleibt nicht viel Zeit für Diskussionen. Nur wenige Wochen nach dem Tabubruch von Thüringen. Wie jeden Morgen schaue ich auch an diesem Donnerstag nach dem Aufwachen direkt in mein Smartphone und scrolle durch die Meldungen der vergangenen Nacht. Es ist Altweiber, einer der wenigen Tage des Straßenkarnevals, die ich sehr regelmäßig und gerne feiere. Im Wohnzimmer liegt schon mein Kostüm parat. Ich werde als »Shitstorm« gehen. Auf eine Party mit WDR-Mitarbeiter:innen. In Anbetracht dessen, was seit Januar auf uns einprasselt in den sozialen Netzwerken, war mir nach einem ironischen Kommentar auf die aktuelle Situation. Auf ein weißes T-Shirt habe ich das Scheißhaufen-Emoji aus Filz gebastelt, daneben steht: »Irre, was heute Nacht im Internet los war«. Aber an diesem Morgen will das alles so gar nicht mehr zusammenpassen. Denn in der Nacht wurden neun Menschen bei einem Anschlag auf zwei Bars, eine Shishabar und einen Kiosk in Hanau bei Frankfurt erschossen. Ein rassistischer Hintergrund wird nicht ausgeschlossen, denn bei den Ermordeten handelt es sich um »acht Männer und eine Frau mit Migrationshintergrund«, wie es in den Meldungen heißt. Ich persönlich bevorzuge den Begriff Einwanderungsgeschichte. Aber an diesem Morgen spielt meine persönliche Befindlichkeit zur Wortwahl keine Rolle.

Mir ist die Lust am Feiern vergangen. Aber ich bin verabredet. Und irgendwie möchte ich jetzt Menschen treffen. Auch, um darüber sprechen zu können. Ich will damit nicht alleine sein. Und noch ein Gedanke macht sich sofort in mir breit. Ein Gedanke, der bei jedem terroristischen Anschlag hochkommt: Wir lassen uns unsere Freiheit nicht nehmen. Wir lassen uns das Feiern nicht nehmen. Ihr Terroristen macht uns keine Angst. Es ist seltsam, aber nach all den Anschlägen, die es in den letzten Jahren in Europa gab, ist das fast schon einstudiert. Zugegeben: An diesem Tag ist das schwieriger für mich. Die Diskussionen um die Hintergründe des Omagate, der Tabubruch von Thüringen – davor bereits der Anschlag von Halle und der Mord an Walter Lübcke –, das alles steckt mir in den Knochen. Und auch jetzt sieht es wieder so aus, als sei der Anschlag »rassistisch motiviert«, wie es in den Nachrichten heißt. Mit anderen Worten: Wieder hat ein Rechtsextremer Menschen in Deutschland ermordet, weil sie seiner Auffassung nach »nicht von hier« sind. Es schmerzt. Es macht mir Angst. Mir, die mit ihren blonden Haaren ohne Probleme als »eine von hier« durchgeht. Gut, das, was in dem Kopf mit den blonden Haaren steckt, gefällt Rechtsextremisten halt nicht so gut, aber ich würde eben nicht aufgrund optischer Merkmale als »fremd« eingeordnet und erschossen.

Auf der Karnevalsparty spreche ich mit einem Kollegen. Auch er gehört zu denen, die wir als »Migranten« bezeichnen. Wir unterhalten uns kurz. Ich sage, dass es mir schwerfällt, heute hier fröhlich zu feiern nach dem, was passiert ist. Er antwortet etwas, mit dem ich so gar nicht rechne, nämlich dass überall auf der Welt Menschen sterben würden. Durch Anschläge. In Bürgerkriegen. Wie ich denn darauf reagieren würde? Ob ich denn da jedes Mal aufhören würde zu feiern? Wie sehr mich denn ein Anschlag der Taliban auf Menschen in Afghanistan bestürzen würde? Puh. Ja. Also. Die ehrliche Antwort: Meine Betroffenheit hält sich in Grenzen. Weil das weit weg ist. Und trotzdem ist mir bewusst, dass es mich betroffen machen sollte. Weil es eben Menschen sind, genau wie ich. Die bittere Wahrheit ist aber auch: Wir halten das in anderen Ländern für normal. Für so normal, dass unsere Politik solche Länder, wie zum Beispiel Afghanistan, zu sicheren Herkunftsländern erklärt und Menschen, die auf der Suche nach Sicherheit zu uns geflohen sind, dorthin abschiebt. Wie betroffen macht mich das denn?

Die Antwort ist: Betroffenheit allein löst das Problem nicht. Sie hilft niemandem. Ich überlege, was mein Vater machen würde. Und die Antwort ist relativ leicht. Er würde feiern. Er, dessen Leben so oft bedroht war, der unter den Trümmern eines Hauses gelegen hat, er würde feiern. Er würde das Leben feiern, eben weil es einem so schnell genommen werden kann. Weil wir nur dieses eine Leben haben. Und so werde auch ich heute Karneval feiern. Also zumindest werde ich es versuchen – und kläglich scheitern. Ich bin auf dieser Party. Körperlich zumindest. Aber meine Gedanken sind woanders. Der mentale Spagat will mir einfach nicht gelingen.

Später sehe ich auf Twitter viele Beiträge von Freund:innen, Kolleg:innen, die ihrer Wut freien Lauf lassen, dass trotz des rassistischen Anschlags einfach weiter Karneval gefeiert wird. Neun Menschen werden von einem Rechtsextremen ermordet – und Deutschland feiert Karneval. Ich kann die Wut verstehen. Ich diskutiere nicht darüber. Nichts von dem, was ich hier schreibe, habe ich dazu gesagt. Weil meine Perspektive nicht zur Debatte steht. Weil die Wut und auch die Angst all jener Berechtigung hat, die mit diesem Anschlag mitgemeint sind. Es sind die Kinder derer, die in Deutschland eine neue Heimat gefunden haben. Diejenigen, die nicht »deutsch« aussehen. Und das meint bis heute, dass es ein weit verbreitetes Bild davon gibt, dass Deutsche helle Haut und helle Haare haben. Was kompletter Unsinn ist. Und erschreckend, weil es zeigt, wie tief dieses Bild in unserer Gesellschaft verankert ist. Mir selber wird das erst in dieser geballten Wut, die sich da in den sozialen Netzwerken entlädt, deutlich bewusst. Zum ersten Mal sehe ich die Angst derer, die auch in dieser Shishabar hätten sitzen können.

Es ist eine Angst, die sich schon lange aufgestaut hat. Die nie richtig ernst genommen wurde. Die unter den Teppich gekehrt wurde. Es ist eine Angst, die auch mit den Morden des rechtsextremen Terrornetzwerks NSU zu tun hat. Es ist die Angst, auch diesmal wieder nicht ernst genommen zu werden. Die Angst davor, dass auch hier nicht ordentlich ermittelt wird. Dass Dokumente verschwinden, wie es auch schon bei den Ermittlungen zum NSU passiert ist. Dass die Polizei die Familien der Opfer verdächtigt. Die Angst, dass auch das mit Vorurteilen innerhalb der Polizei zu tun hat. Mit Rassismus. Mit Rechtsextremismus. Es ist die Angst, als Menschen zweiter Klasse zu gelten. Als Menschen, die hier nicht wirklich dazugehören und um die auch deshalb nicht in gleichem Maße getrauert wird. Was, wenn die Ermordeten nicht Ferhat, Mercedes, Sedat, Gökhan, Hamza, Kaloyan, Vili-Viorel, Said, Nesar und Fatih geheißen hätten, sondern Leon, Laura, Torben, Max, Nick, Jan, Fabian, Tom und Alex. Das sollte natürlich keinen Unterschied machen. Aber wir müssen uns diese Frage stellen, ob das wirklich so ist. Und wir müssen sie vor allem ehrlich beantworten. Würde es einen Unterschied machen? Wären wir betroffener? Hätten wir dann vielleicht sogar Karneval abgesagt?

Es ist eine Diskussion, die eine große Öffentlichkeit verdient hätte. Eine lohnenswerte Diskussion. Aber mitten in diese Diskussion tritt etwas, dem es egal ist, wie wir heißen und woher wir kommen. Es ist ein Virus mit dem Namen Sars-CoV-2.

1943
Die Blutnächte von Plötzensee

Die letzten Tage vor seinem Tod müssen grausam gewesen sein für meinen Großvater. Und nicht nur für ihn. Über 300 zum Tode verurteilte Gefangene sind Anfang September im Strafgefängnis Plötzensee inhaftiert. Und viele weitere sollen noch folgen. Nicht zuletzt deswegen hatte sich Hitler bereits beschwert, dass ihm die Bearbeitung der Gnadengesuche zu lange daure und er eine Beschleunigung der Verfahren wünsche. Diesem Wunsch will Otto Georg Thierack natürlich gerne nachkommen. Es kommt allerdings ein Bombenangriff der Alliierten dazwischen. Fast zwei Wochen lang werden schwere Luftangriffe auf Ziele in und um Berlin geflogen. In der Nacht vom 3. auf den 4. September gehört auch die Haftanstalt Berlin-Plötzensee dazu. Dabei wird der Hinrichtungsschuppen getroffen, in dem das Fallbeil steht, mit dem auch Theos Freund Max ermordet wurde. Das Fallbeil wird durch den nachfolgenden Brand schwer beschädigt und ist vorübergehend nicht einsatzfähig. Es soll zwar schnellstmöglich repariert werden, aber das wird nicht schnell genug sein, um »Platz zu schaffen« in Plötzensee. Denn auch einige Zellentrakte sind schwer getroffen, Wände eingestürzt, Zellentüren aus den Verankerungen gerissen. Nur vier Gefangene nutzen die Gunst der Stunde und fliehen. Gefesselt, wie es in einem Aktenvermerk vom 6. September 1943 heißt. Die Verbliebenen werden zu zweit oder zu viert in die noch vorhandenen Zellen umverteilt.

Als Alternative zur Enthauptung wird der Tod durch Erhängen diskutiert. Eigentlich sollte dafür eine Vorrichtung mit einem Holzplateau und Falltüren gebaut werden. Weil es die nicht gibt, muss improvisiert werden. Dazu werden Fleischerhaken genutzt, die im Hinrichtungsschuppen an einem schwarzen Balken angebracht sind. Die Massenhinrichtungen, die als »Blutnächte von Plötzensee« in die Geschichte eingehen werden, beginnen in den frühen Abendstunden des 7. September 1943 – nur drei Tage nach Ende der Luftangriffe.

Den Befehl, sofort mit der Vollstreckung der Todesurteile zu beginnen, gibt der Staatssekretär des Reichsjustizministeriums, Curt Rothenberger, da sich Otto Georg Thierack zu diesem Zeitpunkt auf Dienstreise befindet.[1] Die Namen der Gefangenen gibt Rothenberger telefonisch durch, die Liste der Personen, deren Todesurteile mit sofortiger Wirkung vollstreckt werden sollen, wird handschriftlich erstellt. Unter ihnen Gefangene, für die noch gar keine Vollstreckungsbescheide vorliegen oder deren Gnadenverfahren noch nicht abgeschlossen sind. Allein in der ersten Nacht, vom 7. auf den 8. September 1943, werden 186 Gefangene erhängt. In Achterreihen. An ebenjenen Fleischerhaken, von denen mein Vater mir erzählt hat, und die ich im März 2015 mit eigenen Augen sehe, als ich die Gedenkstätte Plötzensee besuche. Ein Anblick, der mir die Kehle zuschnürt. Hier also hat das Leben meines Großvaters sein Ende gefunden. Und ich kann und will mir nicht vorstellen, was er in den letzten Tagen und Stunden seines Lebens durchgemacht hat. Beim Anblick der Leichen im Hof. Zusammen mit all den anderen zum Tode Verurteilten. Wissend, dass das, was hier geschieht, Unrecht ist. Himmelschreiendes Unrecht. Mein Großvater stirbt in den späten Abendstunden des 9. September 1943 einen grausamen Tod durch Erhängen.

Das ganze Ausmaß der Menschenverachtung spiegelt sich auch in der Abwicklung dieses Massenmordes wider. In einem Aktenvermerk des Generalstaatsanwalts vom 15. September 1943 heißt es: »In der Zeit vom 7. bis zum 12.9.1943 sind in

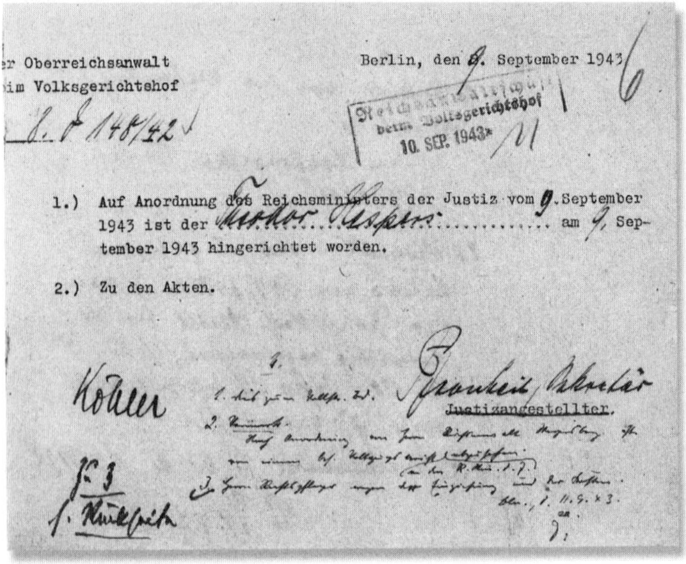

r Oberreichsanwalt
im Volksgerichtshof

Berlin, den 9. September 1943

Reichsanwaltschaft beim Volksgerichtshof 10. SEP. 1943

1.) Auf Anordnung des Reichsministers der Justiz vom 9. September 1943 ist der .... am 9. September 1943 hingerichtet worden.

2.) Zu den Akten.

Justizangestellter.

Mit diesen Dokumenten schließt die Akte meines Großvaters. Sein Leben wird zu einem Stapel aus Papier, Erinnerungen und wenigen Fotografien. In Recht gekleidetes Unrecht, gut dokumentiert.

Plötzensee über 230 Todesurteile vollstreckt. Die Wegschaffung der Leichen hat das Anatomische Institut übernommen. Sie ist im wesentlichen durchgeführt durch die Institutsdiener Pachali und Schwalbe. Die Arbeit war umso unangenehmer, als ein großer Teil der Leichen mehrere Tage im Freien (zeitweise im Regen) liegen mußte.«[2]

Im selben Schreiben wird darum gebeten, den Institutsdienern eine Zuwendung von 400 Reichsmark zu bewilligen für die Entlohnung dieses unangenehmen Dienstes. Und das ist etwas, das ich einfach nicht zusammenbekomme: Während die mas-

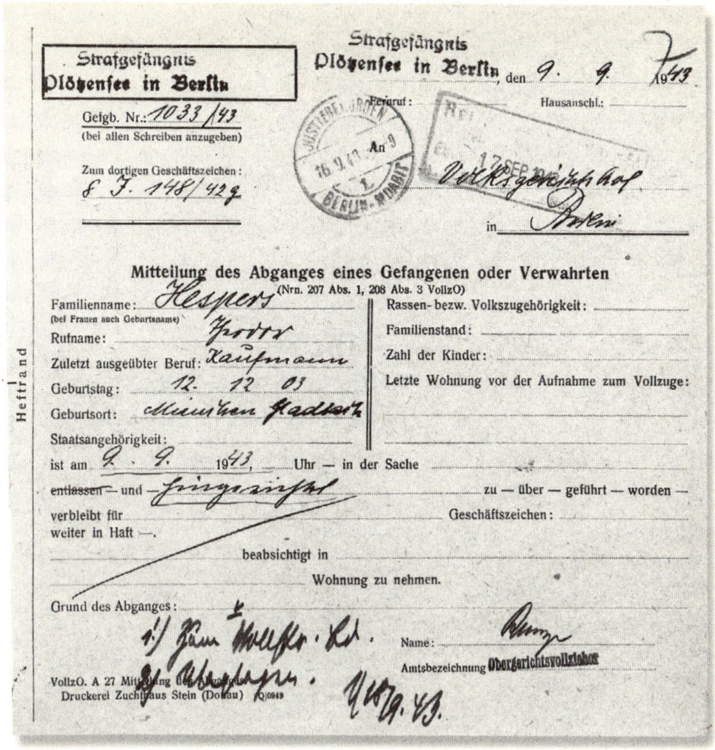
Strafgefängnis Plötzensee in Berlin

Gefgb. Nr.: 1033/43
(bei allen Schreiben anzugeben)

Zum dortigen Geschäftszeichen: 8 J. 148/42 g

Strafgefängnis Plötzensee in Berlin, den 9. 9. 1943

Fernruf: Hausanschl.:

An Volksgerichtshof

in Berlin

Mitteilung des Abganges eines Gefangenen oder Verwahrten
(Nrn. 207 Abs. 1, 208 Abs. 3 VollzO)

Familienname: Hespers
(bei Frauen auch Geburtsname)
Rufname: Theodor
Zuletzt ausgeübter Beruf: Kaufmann
Geburtstag: 12. 12. 03
Geburtsort: München Gladbach
Staatsangehörigkeit:

Rassen- bezw. Volkszugehörigkeit:
Familienstand:
Zahl der Kinder:
Letzte Wohnung vor der Aufnahme zum Vollzuge:

ist am 9. 9. 1943, Uhr — in der Sache
entlassen — und — hingerichtet — zu — über — geführt — worden —
verbleibt für Geschäftszeichen:
weiter in Haft —.
beabsichtigt in
Wohnung zu nehmen.

Grund des Abganges:

Name:
Amtsbezeichnung Obergerichtsvollzieher

VollzO. A 27 Mitteilung des Abganges
Druckerei Zuchthaus Stein (Donau)

senhafte Ermordung politisch Gefangener völlig emotionslos hingenommen wird, zeigt sich ausgerechnet bei der Beseitigung des Massakers bei den Verantwortlichen doch noch so etwas wie ein Funke Bewusstsein dafür, dass das irgendwie abgründig ist. Dass da etwas angerichtet worden ist, dessen Beseitigung eine besondere Zumutung ist. Die sich aber – und da hört es dann auch schon wieder auf mit der menschlichen Regung – mit 200 Reichsmark pro Person abgelten lässt. Eine Summe, die immerhin etwas mehr als dem durchschnittlichen Monatslohn eines Arbeiters entspricht.

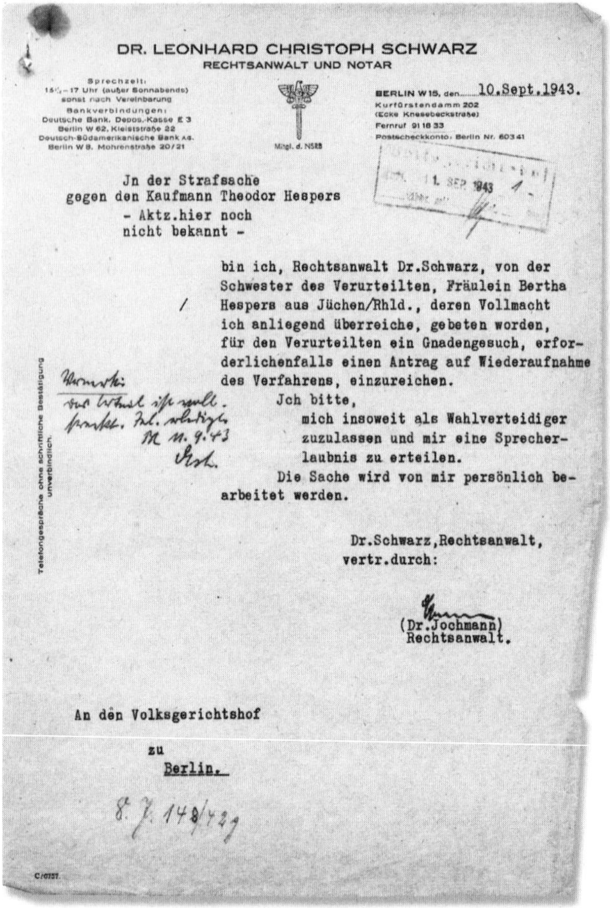
DR. LEONHARD CHRISTOPH SCHWARZ
RECHTSANWALT UND NOTAR

Sprechzeit:
15½–17 Uhr (außer Sonnabends)
sonst nach Vereinbarung
Bankverbindungen:
Deutsche Bank, Depos.-Kasse E 3
Berlin W 62, Kleiststraße 22
Deutsch-Südamerikanische Bank AG.
Berlin W 8, Mohrenstraße 20/21

Mitgl. d. NSRB

BERLIN W 15, den 10.Sept.1943.
Kurfürstendamm 202
(Ecke Knesebeckstraße)
Fernruf 91 18 33
Postscheckkonto: Berlin Nr. 60341

11. SEP 1943

Jn der Strafsache
gegen den Kaufmann Theodor Hespers
- Aktz.hier noch
nicht bekannt -

bin ich, Rechtsanwalt Dr.Schwarz, von der Schwester des Verurteilten, Fräulein Bertha Hespers aus Jüchen/Rhld., deren Vollmacht ich anliegend überreiche, gebeten worden, für den Verurteilten ein Gnadengesuch, erforderlichenfalls einen Antrag auf Wiederaufnahme des Verfahrens, einzureichen.

Jch bitte,
mich insoweit als Wahlverteidiger zuzulassen und mir eine Sprecherlaubnis zu erteilen.

Die Sache wird von mir persönlich bearbeitet werden.

Dr.Schwarz,Rechtsanwalt,
vertr.durch:

(Dr.Jochmann)
Rechtsanwalt.

Telefongespräche ohne schriftliche Bestätigung unverbindlich.

An den Volksgerichtshof
zu
Berlin.

8 J. 148/42 g

C/0757.

Wahrscheinlich hätte auch dieser Anwalt nicht verhindern können, dass mein Großvater hingerichtet wird. Aber wer weiß. Als ich das Datum sehe, bin ich trotzdem enttäuscht. Einen Tag nach der Hinrichtung meines Großvaters. Obwohl ich wusste, was passiert, hab ich in all den Dokumenten und Akten mit ihm mitgefiebert. Es war einfach so knapp. Zumindest fühlt es sich so an. Vielleicht auch deshalb, weil wir in Hoffnungslosigkeit nicht leben können. Und so hoffen wir einfach so lange, bis die Fakten auf dem Tisch liegen. Auch über 70 Jahre später noch.

Einen Tag nach der Hinrichtung meines Großvaters, am 10. September 1943, setzt ein Rechtsanwalt mit dem Namen Dr. Leonhard Christoph Schwarz ein Schreiben an den Volksgerichtshof auf. Beiliegend ist eine Strafprozessvollmacht. Unterschrieben von Theos Schwester Berta. Die Familie hat endlich das Geld aufgebracht für einen privaten Strafverteidiger. 1000 Reichsmark. Es ist das letzte Dokument im Gnadenheft.

Mit der Sekunde, in der sein Leben erlischt, wird mein Großvater zur Akte. Zu einem bürokratischen Vorgang, der abgewickelt werden muss. Einer von vielen. Sein Schicksal mag für mich besonders sein, aber er teilt es mit über 16000 Menschen, gegen die in den Jahren der NS-Diktatur ein Todesurteil verhängt und vollstreckt wurde. Als ich 2015 seinen Namen in der Gedenkstätte Plötzensee suche, finde ich ihn nicht gleich. Kein Bild dort erinnert an ihn. Andere Schicksale wurden vorgezogen. Zuerst bin ich enttäuscht. Aber dann wird mir bewusst, wie schwer es sein muss auszuwählen, wen wir aus der Vielzahl der Menschen, die dem NS-Regime zum Opfer gefallen sind, besonders herausstellen. An wessen Schicksale wir erinnern, wo doch jedes einzelne eine eigene, erinnerungswürdige Geschichte hat. Wie viele Schicksale für immer gesichts- und namenlos bleiben werden. Wie viele Millionen Menschen diese Diktatur auf dem Gewissen hat. Wie viele Millionen Nachfahr:innen bis heute mit den Traumata leben, die durch die Verfolgung und massenhafte Ermordung, durch das Auslöschen ganzer Familien und Stammbäume entstanden sind. Wie tief die Narben sind, dass selbst Enkel:innen und Urenkel:innen sie noch spüren. Sie sind so tief und schmerzhaft, dass sie die Zeit überdauern.

Wann genau mein Vater, der kleine Dietrich, erfährt, dass sie seinen Vater hingerichtet haben, weiß ich nicht. Niemand aus der

Familie traut sich, ihm zu sagen, was passiert ist. Und so erfährt er es von einem Priester.

»Die Verwandtschaft hat gar nicht gewagt, mir das zu erzählen. Ich musste zum Kamillianer, zu einem Vorsteher vom damaligen Orden. Und der Präses, der hat mich in die Kirche reingeholt, und fing dann an zu fragen: ›Haste lange Zeit von deinem Vater nichts mehr gehört?‹

›Ja‹, sag ich, ›lange Zeit nicht mehr, stimmt.‹

›Ja‹, sagt der, ›dein Vater ist tot. Der ist in Berlin umgebracht worden.‹

Und dann ist er mit mir noch nach Hause gegangen, die Brunnenstraße runter, weil er Angst hatte, ich hätte mir was angetan. Aber ich hab das damals – ich hab das zwar gewusst, aber ich glaub, ich hab noch nicht mal geheult. Das heißt, ich hab es verstanden, aber ich hab es nicht geglaubt. Irgendwie hab ich es nicht wahrgenommen.«

Viel Zeit, das alles zu verarbeiten, bleibt ihm ohnehin nicht. Denn schon bald wird es für die Familie zu gefährlich in Mönchengladbach, und so fliehen sie – erneut. Diesmal nach Aken an der Elbe, einem kleinen Ort im heutigen Sachsen-Anhalt. Dort erleben sie auch das Ende des Krieges. Für einen TV-Beitrag in der *Aktuellen Stunde* des WDR wird mein Vater 2015 dazu interviewt. Auch ich bin Teil dieses Beitrags. Das Gespräch mit ihm führt mein Kollege und bester Freund Henry Bischoff. Mein Vater fühlt sich geehrt und freut sich natürlich, dass er nochmal fürs Fernsehen interviewt wird. Aber eine Frage ist dabei, die ihn aus der Fassung bringt. Henry fragt nach seiner letzten Begegnung mit seinem Vater Theo im Gefängnis Plötzensee: »Finden Sie es heute gut oder tapfer, dass er sich hat nichts anmerken lassen in der Situation?« Mein Vater kämpft mit den Tränen. Mit stockender Stimme sagt er: »Es ist ihm typisch. Er – ähm – er hatte ein stark ausgeprägtes Gewissen …« Dann versagt ihm die Stimme, er wischt sich die Tränen aus dem Gesicht.

Der Kameramann ist so empathisch und hört sofort auf zu filmen. Und ich erlebe zum allerersten Mal, dass mein Vater weint. Dass er keine Witze macht. Nicht großspurig erzählt. Ich kann damit überhaupt nicht umgehen. So viel Nähe haben wir zu diesem Zeitpunkt noch nicht. Ich reiche ihm ein Taschentuch und eine kleine Flasche Wasser. Aber ihn in den Arm nehmen kann ich trotzdem nicht. Ich bin einfach komplett überfordert mit der Situation. Und vielleicht war das auch gut so. Wer weiß, was das ausgelöst hätte.

Heute, nach den Jahren, die ich an dieser Geschichte sitze, könnte ich das. Heute würde ich ihn in den Arm nehmen. Heute dürften alle Dämme brechen. Weil ich so viel besser verstehe, was da eigentlich passiert ist. Weil ich damit nicht nur ihn und seine Geschichte umarmen würde, sondern eben auch meine Geschichte mit ihm.

2020

Hand in Hand mit Rechten

Seit Anfang des Jahres breitet sich in China ein Virus aus. Sars-CoV-2 verursacht eine Lungenkrankheit mit dem Namen Covid-19.[1] An der durch das Virus ausgelösten Erkrankung sterben ungewöhnlich viele Menschen. Weil das Virus die Lunge so stark angreift und zersetzt. Zunächst ist die Rede von einer Epidemie, doch langsam, aber sicher wird klar, dass die Ausbreitung nicht lokal begrenzt ist. Dieses Virus wird sich weltweit ausbreiten. Erste Fälle sind in Deutschland bereits seit Ende Januar bekannt. Am 11. März 2020 stuft die Weltgesundheitsorganisation die Lage als Pandemie ein. Wenige Tage später werden für Deutschland Kontaktbeschränkungen ausgesprochen, um eine weitere Ausbreitung der Erkrankung zu verhindern und eine Überlastung von Krankenhäusern, wie es in Norditalien und Spanien zu beobachten war, zu verhindern. Das öffentliche Leben kommt zum Erliegen. Schulen und Kindergärten werden geschlossen. Selbst die Bundesliga stellt eine Woche später den Spielbetrieb ein. Und das soll was heißen in Deutschland.

Auch in den sozialen Netzwerken wird es für kurze Zeit geradezu friedlich. Die vorherrschenden Themen sind neben Klopapier-Memes die Inhalte, die im NDR-Info-Podcast mit dem Virologen der Berliner Charité Prof. Christian Drosten besprochen werden. Und die Erfahrungen von Eltern, die sich zwischen Homeoffice und Homeschooling beziehungsweise Kinderbetreuung zerreißen.

Doch die Ruhe ist trügerisch. Es dauert nicht lange, da drängen Tweets und Posts von Menschen in die Timelines, die bezweifeln, dass das Virus überhaupt existiert. Andere glauben zwar an dessen Existenz, bezweifeln aber die dramatischen Auswirkungen. Auch, weil es in Deutschland – anders als zum Beispiel in Italien und Spanien – eben nicht zu einer Überlastung der Krankenhäuser kommt. Während Forschende auf der ganzen Welt sich vernetzen und mit großer Intensität daran arbeiten, die Schwachstellen des Virus zu identifizieren und einen Impfstoff zu entwickeln, steigt der gesellschaftliche Druck.

Was der Lage nicht besonders zuträglich ist: Es gibt keine einheitlichen Regelungen. Hygienekonzepte werden entwickelt und verworfen, die sich auch noch von Bundesland zu Bundesland unterscheiden. Das betrifft auch die Maskenpflicht. Die gilt zuerst nur innerhalb geschlossener Gebäude, dann auch in Zügen, im öffentlichen Nahverkehr und in Schulen.[2]

Es ist ausgerechnet diese Schutzmaßnahme, an der sich eine neue Bewegung manifestiert. Für sie ist der Mund-Nasen-Schutz, der das Risiko einer Ansteckung für uns selbst und andere minimieren soll, zum Symbol der Grundrechtseinschränkungen schlechthin geworden, die zu Beginn der Pandemie durchaus drastisch waren. Vor allem, weil zu den Hygienemaßnahmen ein Demonstrationsverbot gehört. Und Demonstrationen sind der Inbegriff der Demokratie. Wenn nicht mehr demonstriert werden darf, wie soll dann die Bevölkerung ihren politischen Willen kundtun? Eine Kritik, auf die schnell reagiert wird: Mitte April ist klar, dass ein generelles Demonstrationsverbot gegen das Grundrecht auf Versammlungsfreiheit verstößt, so das Urteil des Bundesverfassungsgerichts. Aber: Wer eine Demonstration anmeldet, muss sich an die im jeweiligen Bundesland geltenden Hygieneauflagen halten. Und dazu gehört in den allermeisten Fällen das Tragen einer Mund-Nase-Bedeckung und ausreichender Abstand zwischen den Teilnehmenden.

Und an dieser Stelle nimmt eine Entwicklung ihren Lauf, die ihren vorläufigen Höhepunkt darin findet, dass am 29. August

2020 Rechtsextreme mit schwarz-weiß-roten Reichsflaggen auf den Stufen des Bundestagsgebäudes stehen. Aber eins nach dem anderen. Denn es kommen noch zwei weitere Komponenten hinzu, die wichtig sind, um diese Ereignisse zu verstehen.

Die eine Komponente sind Verschwörungserzählungen. In diesen Verschwörungserzählungen gibt es das Virus entweder gar nicht, oder es wurde im Labor gezüchtet. So ganz einig ist man sich da nicht. Einig ist man sich aber, dass damit auf irgendeine Weise die Menschheit unterdrückt werden soll. In diesem Zusammenhang taucht immer wieder auch das Wort »Diktatur« auf. In einer weiteren Erzählung wird behauptet, dass es sich bei der Corona-Pandemie um eine jüdische Weltverschwörung handelt rund um den Investor George Soros. Es ist etwas, worauf sich Corona-Leugner:innen und die Akteure der Neuen Rechten auf seltsame Weise einigen können. Deren ebenfalls antisemitisches Narrativ behauptet, dass die Zuwanderung von Muslimen nach Europa von einer jüdischen Weltelite gesteuert sei, um die weiße deutsche bzw. westeuropäische Bevölkerung auszurotten und durch Zuwanderer zu ersetzen. Diese Erzählung ist auch unter dem Schlagwort »Der große Austausch« bekannt. Das Wort »Umvolkung« findet hier ebenfalls Verwendung.

Es gibt ganze Bücher über Inhalt und Ursprung dieser Erzählungen, auf die ich an dieser Stelle verweisen möchte.[3] Hier ist vor allem wichtig: Diktatur und Unterdrückung sind die Schnittmenge, an der sich Corona-Leugner:innen, Verschwörungsgläubige und Rechtsextremisten treffen. Es sind Menschen, die sich von den Mächtigen hintergangen und betrogen fühlen. Daraus ergibt sich für sie ein gemeinsames Ziel: gegen jene vorzugehen, die vermeintlich ihre Freiheit bedrohen. Und so kommt es, dass im Mai erstmalig Corona-Leugner:innen Seite an Seite mit Rechtsextremen und Neonazis demonstrieren. Für die Freiheit und gegen die Einschränkung ihrer Grundrechte. Und so schwenken die einen die Regenbogenflagge und die anderen die Reichsflagge – Reichskriegsflagge ist ja verboten – in seeliger Eintracht und maskenlos verbunden gegen ein Virus.

Und nur um das an dieser Stelle einmal deutlich zu machen: Ja, es gibt einiges zu kritisieren am Vorgehen der jeweiligen Landesregierungen und auch der Bundesregierung, was die Maßnahmen betrifft. Nicht alles ist logisch. Nicht alles ist konsequent. Nicht alles, was entschieden wurde, ergibt in der Praxis Sinn. Auch über die gesetzten Prioritäten seitens der Politik lässt sich trefflich diskutieren.

Aber nichts davon lässt sich lösen, indem man Seite an Seite mit Rechtsextremisten auf die Straße geht, weil man an grundsätzlich wissenschaftlich gesicherten Erkenntnissen zweifelt. Oder keinen Bock hat, sich beim Einkaufen für ein paar wenige Minuten eine Mund-Nase-Bedeckung aufzuziehen, weil man das als Eingriff in die persönliche Freiheit versteht. Eine Freiheit, auf die man eigentlich nur aus egoistischen Gründen bestehen kann. Denn um sich selbst und andere zu schützen, sollten eigentlich weder Vorschriften noch Gesetze notwendig sein. Das gehört zum respektvollen Umgang miteinander in einer friedlichen Gesellschaft und sollte daher schlicht qua Einsicht eine Selbstverständlichkeit sein.

Dass auch mit Mund-Nasen-Schutz und Abstand friedliche Kundgebungen in Deutschland möglich sind, beweisen die Black-Lives-Matter-Demonstrationen. Anlass für die Demos ist ein Video, das am 25. Mai 2020 in den sozialen Netzwerken kursiert. Es zeigt den *weißen* Polizeibeamten Derek Chauvin, der 7 Minuten und 46 Sekunden lang auf dem Hals eines offensichtlich festgenommenen und mit Handschellen gefesselten Schwarzen Mannes kniet.[4] Es ist zu hören, wie er mehrfach sagt, er könne nicht atmen (»*I can't breathe*«). Als der Rettungswagen eintrifft, ist der Mann bewusstlos. Wiederbelebungsversuche bleiben erfolglos. In der Notaufnahme kann nur noch sein Tod festgestellt werden.

Der Name des Mannes ist George Floyd. Er wird zum Symbol einer neuen, langanhaltenden Protestwelle, die weltweit Widerhall findet. Allein in Deutschland wird in 19 Städten demonstriert, darunter Berlin, Köln, Hamburg und München. Trotz strenger Hygieneauflagen, die in aller Regel eingehalten werden, versammeln sich insgesamt weit über 50 000 Menschen. Unter dem Hashtag #blacklivesmatter[5] wird in den sozialen Netzwerken nicht nur über Polizeigewalt in den USA diskutiert, sondern auch auf rassistische Strukturen innerhalb der Polizei in Deutschland hingewiesen. Auf Instagram laden Schwarze Aktivist:innen dazu ein, sich mit Rassismuskritik zu beschäftigen.

Es ist das erste Mal, dass mir in meinem Leben das Thema so nah kommt. Ich versuche, so viel wie möglich darüber zu lernen, welche Rassismuserfahrungen Schwarze Menschen und People of Color hier in Deutschland machen. Versuche, mein Wissen darüber zu erweitern, wo hier rassistische Strukturen bestehen und wie ich etwas daran ändern kann. Wo auch ich selbst Teil dieser Strukturen bin und damit Teil von Rassismus. Immer wieder lese ich dabei auch von rassistischen Übergriffen durch die Polizei in Deutschland.

Nur wenige Wochen vor den Protesten veröffentlicht WDR 5 eine fünfteilige Podcast-Serie mit dem Titel »Oury Jalloh und die Toten des Polizeireviers Dessau«.[6] Die Recherche von Margoth Overath gibt mir zu denken. Und sie weckt Zweifel, ob hier in Deutschland ein Bewusstsein für strukturellen Rassismus in Behörden existiert und wie damit umgegangen wird. Erneut.

Anfang Juli dann gibt es Diskussionen um eine Rassismus-Studie bei der Polizei in Deutschland. Die Europäische Kommission gegen Rassismus und Intoleranz (ECRI) hatte in einem im März 2020 veröffentlichten Bericht empfohlen, dass in

Deutschland eine Rassismus-Studie bei der Polizei durchgeführt werden sollte.[7] Es geht insbesondere um die Praxis des Racial Profiling. Eine Expertengruppe der Vereinten Nationen kam 2017 zu dem Schluss, dass Racial Profiling, also das unbegründete Überprüfen von Personen aufgrund äußerer ethnischer Merkmale, unter deutschen Polizeikräften weit verbreitet sei. Während Bundesjustizministerin Christine Lambrecht von der SPD eine solche Studie befürwortet, lehnt Innenminister Horst Seehofer von der CSU sie wiederholt ab. Und das, obwohl in sozialen Netzwerken immer häufiger Betroffene ihre Stimme erheben und Vorfälle öffentlich machen. Obwohl Polizist:innen dabei gefilmt werden, wie sie unverhältnismäßige Kontrollen durchführen, auch unter Anwendung körperlicher Gewalt. Das sind alles zunächst mal Indizien, die ich als Journalistin im Einzelfall nochmal überprüfen würde. Recherchieren. Beide Seiten befragen. Dokumentieren. Es berichten allerdings auch betroffene Journalist:innen über ihre Erfahrungen. Aus verschiedenen Bundesländern.

Die anschließende Diskussion ist eine Grundsatzdebatte und dreht sich um die Frage: Ist die Polizei rassistisch? Sie wird überwiegend in den sozialen Netzwerken diskutiert, aber auch in verschiedensten Zeitungsartikeln und Kommentaren. Vor allem Innenminister Horst Seehofer weist diesen Diskursversuch als Generalverdacht gegen die Polizei vehement zurück. Dabei ist das gar nicht der Kern der Diskussion. Es geht nämlich nicht darum, alle Polizist:innen als überzeugte Rassisten zu brandmarken. Es geht darum, gesellschaftliche Strukturen zu identifizieren und zu benennen, die Menschen aufgrund ihrer ethnischen Merkmale benachteiligen. Es geht um einen Rassismus, der nicht nur auf einer persönlichen Ebene von individuellen Vorurteilen stattfindet, sondern in den Strukturen unserer Gesellschaft verankert ist. Und damit auch bei der Polizei. Deshalb sind nicht automatisch alle Polizist:innen rechts. Aber gerade in

Kombination mit einer rechtsextremen Ideologie ist diese Form des institutionalisierten Rassismus hoch gefährlich. Es ist diese Gefahr, der die Polizei in eigenem Interesse Aufmerksamkeit schenken sollte. Nicht wenige Polizist:innen sprechen sich sogar für eine solche Untersuchung aus. Warum seitens des Innenministeriums dieser Diskurs im Hinblick auf die Polizei mit aller Macht verhindert wird, ist mir persönlich nach allem, was allein in den letzten zwei Jahren an rechtsextremen Strukturen und Netzwerken an die Öffentlichkeit gelangt ist, ein Rätsel. Gerade auch deshalb, weil nicht selten Staatsbedienstete beteiligt sind.

Mit dem Ende des Sommers 2020 sorgen dann erneut Rechtsextreme für Schlagzeilen. Unter dem Hashtag #SturmaufBerlin wird in den sozialen Netzwerken und in Chat-Gruppen zu einer bundesweiten Großdemo in Berlin aufgerufen.[8] Zu diesen Demonstrationen mobilisieren nicht nur die Corona-Leugner von »Querdenken«, die bereits seit April in Stuttgart regelmäßig Demos gegen die Hygieneregeln organisieren. Auch Björn Höcke, die NPD, »Der III. Weg« und zahlreiche Influencer:innen der Verschwörungsgläubigen rufen über die verschiedensten Kanäle dazu auf, am 29. August 2020 in Berlin gegen die Corona-Maßnahmen zu demonstrieren. Am Rande solcher Demonstrationen kommt es immer wieder zu Übergriffen auf Journalist:innen, es werden Menschen bepöbelt und angegriffen, die eine Mund-Nase-Bedeckung tragen. Die Stimmung auf diesen Veranstaltungen ist – trotz bunter Peace-Flaggen und »Liebe«-Bekundungen – gereizt bis feindlich aggressiv.

Bei den Aufrufen für die Großdemo in Berlin werden gezielt offenkundige Analogien zur NS-Zeit genutzt. Wer sich auch nur im Ansatz mit der deutschen Vergangenheit beschäftigt, sollte diese recht leicht benennen können. Dabei geht es nicht nur um den Namen »Sturm auf Berlin«, eine Bezeichnung, die – natürlich nur rein zufällig – an den »Marsch auf Berlin« erinnert, wie ein Putschversuch der NSDAP unter Adolf Hitler im Jahr 1923 genannt wird. Es geht auch um die Bezeichnung der Demo selbst als »Tag der Freiheit«, die – ebenfalls rein zufällig natürlich – damit den gleichen Titel trägt wie der NS-Propagandafilm von Leni Riefenstahl aus dem Jahr 1935 über den siebten Reichsparteitag der NSDAP im September desselben Jahres.[9]

Bereits im Vorfeld ist deutlich, was das in Berlin für eine Veranstaltung werden wird: Eine Ansammlung von Verschwörungsanhänger:innen, Corona-Leugner:innen, Hygienemaßnahmen-Kritiker:innen und eben einer Reihe von Mitgliedern rechter bis rechtsextremistischer Organisationen. Und so entstehen die Bilder, die an Absurdität kaum zu überbieten sind. So wehen Regenbogenflaggen, die eigentlich das Symbol der LGBTQI-Community[10] sind, neben Reichsflaggen. Neonazis marschieren neben tanzenden Hippies mit Blümchen und Esoteriker:innen. Besonders verstörend in der Berichterstattung ist die Tatsache, dass von vielen Medien hervorgehoben wird, dass auch Familien mit Kindern dabei seien. Als wäre das ungewöhnlich. Als wenn Kinder einen davor schützen würden, an Verschwörungen zu glauben oder rechtsextremen Ideologien anzuhängen. Als wenn der Nationalsozialismus nicht gezeigt hätte, wie bereitwillig Eltern ihre Kinder einer Ideologie opfern, sie frühzeitig in entsprechenden Organisationen zu Kanonenfutter oder Gebärmaschinen drillen lassen. Kleine Soldaten und zukünftige Heldenmütter, bereit, ihr Leben einem Führer zu schenken und für ihr Vaterland zu sterben. Das ist Familie im Nationalsozialismus. Wer sich vor diesem Hintergrund wundert, dass unter den Rechtsextremen nicht nur volltätowierte Glatzen mit Springerstiefeln mitlaufen, hat nicht verstanden, wie tief die Wurzeln sind, die diese Ideologie geschlagen hat. Und was eben bis heute aus diesen Wurzeln erwächst. Und hat auch nicht verstanden, dass die wirkliche Gefahr nicht von ein paar wenigen Extremisten ausgeht, sondern von denjenigen, die sich im Gewand der Normalität mit dieser Ideologie identifizieren.

Dass im Vorfeld der Demo der Berliner Verfassungsschutz verkündet, dass nicht festgestellt werden könne, dass die Demonstrationen von Rechtsextremen unterwandert seien, klingt wie blanker Hohn.[11] Wobei – unterwandert kann man das wirklich nicht nennen. Nichts daran ist geheim oder mysteriös. Es ist allzu offensichtlich. Mehr noch, die Demonstrationen werden mitunter sogar von Rechtsextremen organisiert. Was dann passiert, hätte so wenig passieren dürfen wie der Tabubruch von Thüringen. Denn am Rande der Demos versammeln sich Coronaleugner:innen, Reichsbürger:innen und Rechtsextreme, überwinden die Absperrungen und besetzen die Treppen vor dem Bundestagsgebäude. Stolz schwenken sie ihre Reichsflaggen. Nur Minuten nach dieser Aktion, die stattfinden kann, weil zu diesem Zeitpunkt gerade mal drei Polizist:innen vor dem Gebäude stehen – wird die Menge auch unter Einsatz von Pfefferspray zurück hinter die Absperrung gedrängt.[12] Aber die Zeit reicht, um Bilder eines vermeintlichen Triumphs zu produzieren, die in entsprechenden rechten Chatgruppen gefeiert werden können.

Unter Politiker:innen lösen sie eine riesige Empörung aus. Bundespräsident Frank-Walter Steinmeier nennt den Vorfall »verabscheuungswürdig«, lobt jedoch den Einsatz der Polizei. Gleichzeitig gibt er an, dass man damit nicht habe rechnen können.[13] Auch viele andere Politiker:innen melden sich zu Wort, um die Vorfälle scharf zu verurteilen. In den sozialen Netzwerken überbieten sich Journalist:innen und Aktivist:innen mit Einschätzungen, zynischen Pointen, Drohungen und Warnungen. Was dabei völlig in den Hintergrund gerät: Insgesamt sind an diesem Wochenende nach Schätzungen der Polizei 38 000 Menschen zu den Demonstrationen nach Berlin gekommen. Und das sind ehrlich gesagt nicht so richtig viele. Schon gar nicht, wenn man bedenkt, wie langfristig und aufwändig für diese Demonstrationen mobilisiert wurde. Und klar, es gab im Vorfeld ein langes Hin und Her, ob diese Veranstaltungen – es handelte sich tatsächlich um mehrere angemeldete Demonstrationen – genehmigt werden oder nicht. Aber selbst bei den unter strengen Hygieneauflagen stattfindenden »Black lives Matter«-Demonstrationen gegen Rassismus und rassistische Polizeigewalt sind deutschlandweit deutlich mehr Menschen auf die Straße gegangen. Nur um die Relationen nicht aus den Augen zu verlieren: Laut und dreist ist nicht zwingend gleichbedeutend mit relevant.

Und damit sind wir im Prinzip beim vorläufig letzten Akt und einem weiteren, negativen Höhepunkt der Ereignisse. Am 16. September 2020 wird bekannt, dass es Razzien bei der Polizei in Nordrhein-Westfalen gegeben hat. 34 Polizeidienststellen und Privatwohnungen werden bei diesen Razzien durchsucht, 29 Beamtinnen und Beamte vorläufig suspendiert, 15 Beschuldigten wird eine Disziplinarverfügung zugestellt. Sie alle waren Teil einer Chatgruppe, in der rechtsextreme Inhalte verbreitet wurden. Darunter Bilder von Adolf Hitler und die fiktive Darstellung eines Geflüchteten in einer Gaskammer. Die Chatgruppe besteht seit 2013. Seit wann dort rechtsextreme Inhalte verbreitet werden, ist, während ich diese Zeilen tippe, noch nicht bekannt. Der Chat allerdings fliegt nicht auf, weil einer der Beteiligten ihn geleaked hätte. Es ist Zufall, dass die Ermittelnden darauf stoßen. Und nicht, wie es ein Sprecher der Polizei in mehreren Interviews angibt, weil seitens der Polizei aktiv in diesem Fall ermittelt wurde.[14]

Nur zwei Tage später werden in Mecklenburg-Vorpommern zwei Beamte nach Durchsuchungen suspendiert. Insgesamt stehen 17 Beamt:innen und ein Tarifangestellter der Landespolizei Mecklenburg-Vorpommern im Verdacht, rechtsextremes Gedankengut in Chats ausgetauscht zu haben. Und dann ist da ja noch der Polizeiskandal in Hessen und die Tatsache, dass dort von Polizeirechnern die Adressen von Menschen abgerufen wurden, die in der Folge Drohschreiben unterschrieben mit »NSU 2.0« erhalten haben.

Es ist nicht der erste Fall von Rechtsextremismus in der Polizei – und es bleibt nicht der letzte. Immer neue Fälle werden aufgedeckt, Chatgruppen von Polizist:innen, in denen sich ein rassistisches, rechtsextremes Weltbild offenbart. Horst, wir haben ein Problem! Aber es scheint eines zu sein, das ausgerechnet der Innenminister lieber nicht sehen möchte. Eine bundesweite Studie zu rassistischen Strukturen in der Polizei, in diesem Rahmen könnten auch rechtsextreme Einstellungen erfasst werden, lehnt er nach wie vor ab. Stattdessen will er eine Studie zum Rassismus in der Gesellschaft als solcher.

Noch während ich die letzten Zeilen für dieses Buch tippe, geht das Ringelpietzen zwischen Konservativen und Rechten weiter. In Sachsen-Anhalt gibt es Streitigkeiten um die Erhöhung des Rundfunkbeitrags für das Jahr 2021. Das Land will als einziges der Erhöhung nicht zustimmen. Das führt zu Streitigkeiten innerhalb des Landtages. Nachdem Landesinnenminister Holger Stahlknecht angekündigt hat, bei einem Bruch der Koalition mit SPD und Grünen zur Not auch mit Hilfe der AfD weiterregieren zu wollen, muss er seinen Hut nehmen. Am Ende wird Sachsen-Anhalts Ministerpräsident Haseloff der Beitragserhöhung trotzdem nicht zustimmen und sie damit zunächst verhindern. Was 2021 noch auf uns wartet? Ich weiß es nicht. Was ich aber weiß, ist, dass 2021 mehrere Landtags- und die Bundestagswahl anstehen. Die Geschichte meines Großvaters ist zu Ende erzählt. Aber meine Geschichte, unsere Geschichte geht weiter. Womöglich ist dieses Kapitel längst überholt, wenn das Buch das Licht der Welt erblickt. Womöglich müssten nach den ersten Landtagswahlen bereits mehrere Kapitel hinzugefügt werden, wenn die Entwicklungen in gleichem Tempo voranschreiten.

Wir haben in den USA gesehen, wie fragil und angreifbar Demokratie sein kann. Wie Politik versagt hat. Wie Machtgier und Geld sich in ein System einkaufen konnten, um es von innen aufzufressen. Das ist nicht im luftleeren Raum passiert. Das ist passiert, weil es Menschen gibt, die aus Opportunismus einen rassistischen, chauvinistischen und faschistoiden Präsidenten namens Donald Trump viel zu lange mitgetragen haben. Die sich selbst und ihre Kontrollmechanismen überschätzt haben. Welchen Schaden die Demokratie, aber vor allem die Menschen in den USA dadurch erlitten haben, wird noch lange aufgearbeitet werden müssen. Wir haben aber auch gesehen: Diese Demokratie ist wehrhaft. Sie hat Schaden genommen. Aber sie hat überlebt. Fürs Erste.

Die Frage ist: Was müssen wir tun, damit so etwas hier nicht passiert? Ich bin nicht sicher, ob es die eine Lösung gibt, die jede und jeden von uns zufriedenstellen wird. Aber wenn wir uns weiterhin wahlweise anschreien oder gar nicht erst hinsehen, statt uns mutig unseren gesellschaftlichen Problemen zu stellen und uns um Lösungen zu kümmern, wird sich gar nichts ändern. Zumindest wird sich nichts zum Besseren wenden.

Was ich mir deshalb wünsche? Eine mutige Politik. Eine, die beispielhaft vorangeht, statt sich von rechten Parolen ins Bockshorn jagen zu lassen. Eine, die Probleme erkennt, benennt und Lösungen vorstellt, die sich auf eine Zukunft hin entwirft, von der wir schon absehen können, vor welche Herausforderungen sie uns stellt. Es leben so viele kluge, engagierte und mutige Menschen in diesem Land, die sich schon längst mit den Problemen in Gegenwart und Zukunft beschäftigen. Statt uns in Scharmützel verstricken zu lassen, statt Hass und Hetze gegen Einzelpersonen weiter Raum zu geben, müssen wir diesen Menschen ermöglichen, ihr Potential zu leben. Wir brauchen einander. Und zwar nicht nur innerhalb Deutschlands, innerhalb Europas. Wir brauchen einander überall auf der Welt. Denn die Probleme der Zukunft sind größer als die kleingeistigen Machtansprüche von Präsidenten, Oligarchen und Diktatoren. Aber bevor wir die ganze Welt retten, sollten wir vielleicht im Kleinen anfangen. Vor der eigenen Haustür. Bei uns selber. Bei Familie, Freund:innen und Nachbar:innen – und solchen, die es werden sollen.

2018
Das Wettrennen ist zu Ende

Die Entwicklungen der letzten drei Jahre hat mein Vater nicht mehr miterlebt. Es ist Ende Januar 2018. Ich bin in Berlin, als ich folgende Nachricht auf meiner Mailbox abhöre: »Nora, du musst mich hier im Krankenhaus abholen! Zur Not fahre ich mit dem Taxi.«

Es sind die letzten Worte, die ich je von meinem Vater hören werde. Nur wenige Tage nach unserer letzten Aufräumaktion in seinem Zimmer wird er ins Krankenhaus eingeliefert. Er verliert innerlich Blut, und eine Darmspiegelung soll klären, woher der hohe Blutverlust kommt. Es ist der zweite Versuch, das medizinisch abzuklären. Beim ersten Versuch ein halbes Jahr zuvor hatten die Ärzte wohl einen Fehler gemacht bei der Koloskopie. Irgendwas mit der Sedierung hatte nicht richtig geklappt und die Untersuchung war für meinen Vater so schmerzhaft, dass er sich geweigert hatte, sie wiederholen zu lassen. Stattdessen hatte er sich selbst aus dem Krankenhaus entlassen, und das, obwohl eine Schwester ihm gedroht hat, die Polizei zu rufen, damit die ihn zurück in sein Zimmer bringt. Mein Vater hat sie ausgelacht. Es mag bei vielen anderen Patient:innen in seinem Alter Eindruck schinden, aber mit der Polizei kann man meinem Vater keine Angst machen. Dafür hat er einfach zu viel erlebt. Also packt er seine Sachen und türmt aus dem Krankenhaus. Also »türmt« im Sinne von: Ein 86-Jähriger schnappt sich seinen Gehstock und seine Tasche und verlässt in angemessener Geschwindigkeit, aber bestimmt das Gebäude. Diesmal kann er sich allerdings nicht mehr vor der Untersuchung drücken, er ist zu schwach.

Währenddessen bin ich in Berlin, weil *Die Anachronistin* für einen Preis nominiert ist. Die Preisverleihung soll am Montagabend, dem 29. Januar 2018, stattfinden. Ich hätte diesen Preis wirklich gerne. Aber nicht unbedingt für mich, obwohl ich mich natürlich geehrt fühle, sondern für meinen Vater, der sich sein Leben lang nach Anerkennung seiner Geschichte gesehnt hat. Ich würde ihm so gerne einen Preis in die Hand drücken, wenn wir uns am Mittwochabend sehen. Denn dann wollen mein Vater und ich gemeinsam eine Lesung abhalten. In der frisch eingeweihten Theodor-Hespers-Schule in Mönchengladbach.

Im September 2019 wurde vor dem Schulgebäude feierlich und im Beisein des Oberbürgermeisters eine Gedenkstele eingeweiht. Ein Lebenstraum meines Vaters erfüllt sich damit. Endlich gibt es in Mönchengladbach nicht nur einen sichtbaren Ort, der an seinen Vater erinnert, sondern sogar eine Schule, die nach ihm benannt ist. Schon damals habe ich das Gefühl, dass er mit dem Erreichen dieses Ziels das Leben langsam loslässt. Aber man braucht natürlich keine prophetischen Kräfte, um zu wissen, dass es ein 86-jähriger Mann mit so einer Krankengeschichte nicht mehr allzu lange macht. Sein Körper ist nur noch ein Flickwerk, und oft denke ich, dass es schlicht sein unbändiger Lebenswille ist, der dieses inzwischen seeuntaugliche Gefährt von Biomasse noch durch die Wogen des Lebens vorantreibt.

Jetzt also ruft er mich an und teilt mir über meine Mailbox mit, dass er im Krankenhaus liegt, aber dass er, egal, was passiert, am Mittwochabend mit mir zusammen diese Lesung machen will. Und ich soll ihn dazu aus dem Krankenhaus abholen. Als ich die Nachricht abhöre, bin ich mir ziemlich sicher, dass ich ihn auf gar keinen Fall im Krankenhaus abhole. Weil das schon seinen Grund haben wird, dass er da ist. Ich will ihn später dazu zurückrufen. Aber dann eskalieren die Ereignisse. Es wird die für mich turbulenteste Berlin-Reise, die ich je gemacht habe.

Sie beginnt am Freitag vor der Preisverleihung. Im Zug nach Berlin sehe ich bei Instagram, dass eine Tattoo-Künstlerin freie Termine hat. Ich will seit Langem unbedingt eine ihrer tollen Zeichnungen auf meinem linken Arm verewigt haben. Kaum in Berlin angekommen mache ich mich also auf den Weg zu ihrem Studio, bekomme tatsächlich den Termin und freu mich wie ein Kohlrabischnitzel. Blöderweise habe ich nicht genug Bargeld dabei. Also flitze ich zum nächsten Geldautomaten, während ich telefoniere, um einen bereits zugesagten Termin zu verschieben, der jetzt mit meiner Sitzung im Tattoo-Studio kollidiert. Mitten im Gespräch merke ich: Scheiße! Ich hab gerade 500 Euro abgehoben – aber die Kohle nicht aus dem Automaten genommen. Wie doof kann man eigentlich sein?! Im Prinzip wäre das ein perfekter Zeitpunkt, um komplett auszuflippen. Interessanterweise passiert das aber nicht. Stattdessen gehe ich zurück zum Automaten und hebe einfach die gleiche Summe nochmal ab. Und ja, es ist ein absolutes Privileg, wenn man sich darüber nicht aufregen muss. Aber *shit happens*, und vielleicht bekomme ich das Geld ja sogar wieder – falls es sich nicht zwischendurch jemand anders geschnappt hat. Für den Moment bin ich einfach nur froh und dankbar, dass ich nicht mehr in einer Situation lebe, in der das für mich bedeutet hätte, nicht zu wissen, wie ich den Monat rumkomme.

Ich lasse mir also mein Tattoo stechen und treffe mich anschließend mit dem stark erkälteten Jörg, einem Spieldesigner, den ich über Twitter kennengelernt habe. In seinem neuesten Spiel, *Through the darkest of times*, versetzen sich die Spielenden in die Rollen von Widerstandskämpfer:innen. Wir wollen ausloten, ob es Möglichkeiten gibt, zusammenzuarbeiten. Die restlichen geplanten Treffen werden allerdings samt und sonders abgesagt: Grippewelle. Und wirklich jede und jeder, den oder die ich in Berlin kenne, liegt mit Fieber im Bett. Also nutze ich das Wochenende, um die Unterlagen und Akten zu lesen, die ich mir mitgenommen habe. Es ist die Ruhe vor dem Sturm.

Am Montag, dem Tag der Preisverleihung, fahre ich schon am Vormittag mit der Straßenbahn in das Hotel, das für die Nominierten gebucht wurde. Ich checke ein, mache es mir in meinem Zimmer bequem, nutze die Zeit für ein bisschen Entspannungsyoga vor all der Aufregung und will dann los zu einem Termin in der Gedenkstätte Deutscher Widerstand, um mir gemeinsam mit der Leiterin anzusehen, was es dort über meinen Großvater gibt. Blöderweise kann ich aber mein Portemonnaie nicht finden. Ich suche überall, sogar im Kühlschrank der Minibar, aber es bleibt verschwunden. Damit gibt es eigentlich nur zwei weitere Möglichkeiten: Entweder ich habe es verloren, was ich mir nicht vorstellen kann, oder es wurde mir geklaut. Und jetzt erinnere ich mich auch an die beiden Typen in der Straßenbahn. An den halb offenen Reißverschluss meiner Laptoptasche ... Alles klar. Was auch immer passiert ist, ich muss die Karten sperren lassen. Mein Smartphone hab ich ja immerhin noch, also erledige ich die entsprechenden Anrufe und mache mich auf zum Termin in der Gedenkstätte. Zu Fuß. BVG fahren ist ja nicht ohne Kohle. Auf dem Weg dahin rufe ich die Leiterin an und entschuldige mich dafür, dass ich zu spät kommen werde. Außerdem telefoniere ich mit meiner Bank, um rauszufinden, wie ich an die 500 Euro komme, die ich am Freitag im Automaten habe stecken lassen. Noch fünf Stunden bis zur Preisverleihung.

Nach dem Termin in der Gedenkstätte, ich habe inzwischen rausgefunden, zu welcher Bank der Automat gehört, wackel ich also in eine entsprechende Filiale, um eine Zählung des Bestands zu veranlassen. Gar nicht so einfach, denn ich kann mich ja nicht ausweisen. Dann suche ich mir per App den Weg zur nächsten Polizeidienststelle. Ich muss ewig warten, bis eine wirklich nette Polizistin meine Personalien und die Verlustmeldung sowie alle Details zum Diebstahl aufnimmt. Ich bin bis heute erstaunt darüber, wie systematisch und rational ich mit alldem umgegangen bin. Inzwischen ist es halb vier. Ich werde eine Stunde zurück zum Hotel brauchen, wenn ich zu Fuß gehe. Das wird knapp. Freundlicherweise schenkt mir die Polizistin drei Euro, damit ich die Bahn nutzen kann. Und so bin ich pünktlich im Hotel, mache mich fertig für den Abend, freue mich, viele bekannte und noch unbekannte Menschen zu treffen und einen schönen Abend zu haben. Mal ganz davon abgesehen, hab ich auch eine echt aufregende Story, die ich erzählen kann.

Und so lache ich gemeinsam mit vielen anderen Menschen über meine Schusseligkeit am Geldautomaten, wir sind empört und irritiert über das geklaute Portemonnaie, und immer wieder sage ich diesen einen Satz: »Am Ende ist es nur Geld. So ärgerlich das ist. Aber es ist niemand wirklich zu Schaden gekommen«. Und natürlich kann ich das vor allem deshalb so sehen, weil ich nicht in Existenznot bin.[1]

Dann beginnt die Preisverleihung und irgendwann stehe ich neben zwei sehr bekannten Podcastern auf der Bühne. Das Publikum darf abstimmen, wer von uns den Preis bekommt. Es gewinnt der Podcast, den die meisten Menschen kennen – und das ist nicht meiner. Ich hatte es geahnt, und trotzdem bin ich unfassbar enttäuscht, als der Gewinner aufgerufen wird. Ich wollte doch meinem Vater einen Preis mit nach Hause bringen. Mir gelingt es nicht mal, für den Sieger zu klatschen. Als ich meine Gesichtsentgleisung bemerke, ist es schon zu spät. Wird ja alles live gestreamt. Und so stehe ich da mit hängenden Armen und verhalte mich total unsportlich. Es tut mir noch in der Sekunde leid. Und natürlich klatsche ich dann doch noch pflichtbewusst, aber das fühlt sich so gar nicht synchron zu dem an, was ich innerlich empfinde. Der Moment der Enttäuschung dauert aber nur kurz. Wir feiern fast die ganze Nacht durch. Bevor auch die Letzten schlafen gehen, leihe ich mir noch fünfzig Euro von einem Kollegen für die Rückfahrt nach Köln am nächsten Morgen. Oder besser gesagt, in ein paar Stunden. Wenigstens das Bahnticket ist auf meinem Smartphone gespeichert.

Irgendwann am frühen Dienstagnachmittag trudele ich immer noch verkatert, übermüdet und trotzdem mit reichlich Adrenalin im Blut in Köln ein. Zwei Aufgaben warten auf mich: Irgendein Dokument finden, mit dem ich mich ausweisen kann, und bei der Bank vorbeifahren, um zu sehen, ob meine Konten abgeräumt wurden. Blöd ist halt: Für einen neuen Personalausweis brauche ich mehr Geld, als ich aktuell habe. Denn von den geliehenen fünfzig Euro habe ich bereits zehn für Snacks in der Bahn ausgegeben. Sieben weitere Euro gehen drauf, um biometrische Passfotos machen zu lassen. Ich finde einen alten, inzwischen abgelaufenen Reisepass in einem meiner Schränke. Damit gehe ich zur Bank. Dort werde ich extrem streng prüfend angesehen und muss lange diskutieren, um letztendlich wenigstens noch dreißig Euro von meinem Konto abheben zu können. Und ich bin sogar dankbar dafür, dass sie dort mit mir diskutieren und mir nicht einfach die Kohle auszahlen. Mit dem Geld geht's dann wieder zum Bürgeramt. Und auch hier hab ich unverschämtes Glück, denn an diesem Nachmittag hat es geöffnet. Ist in Köln nicht selbstverständlich. Ich beantrage neue Ausweispapiere und mache mich danach auf zur Kölner Polizei. Da gebe ich eine zusätzliche Anzeige auf, um einen möglichen Betrug über Lastschriftgeschäfte verfolgen lassen zu können. Den Tipp hatte mir die Polizistin aus Berlin noch nachträglich gegeben. KUNO-Sperre nennt sich das. Von der Kölner Polizei geht es mit weiteren Unterlagen zurück zur Bank. Endlich kann ich neue Karten beantragen und mich für die Übergangszeit mit Bargeld eindecken. Am Schalter werde ich gefragt, ob ich nicht einen ausführlicheren Blick auf meine Auszüge werfen möch-

Es war kalt am Tag der Beerdigung, aber sonnig. Farbenfroh sollte es sein und nicht trübsinnig. Und das war es auch. Auf der Gitarre meines Vaters ist ein Edelweiß zu sehen, auf dem Bild daneben spielt er beim Edelweißpiraten-Festival in Köln. Das war sein Leben. Der Kampf darum, dass nicht vergessen wird, was sein Vater und so viele andere geleistet haben im Kampf gegen rechts. Im Kampf für eine friedliche Welt.

te. Ich verneine. »Sind Sie sicher?« Die Nachfrage kommt mir nun doch seltsam vor. Also riskiere ich einen Blick auf den Bildschirm, den mir der Bankbeamte freundlicherweise ein wenig zudreht. Ich staune nicht schlecht, als er mir mitteilt, dass mein Konto komplett leergeräumt ist … Uff.

Auch an diesem Tag rufe ich meinen Vater nicht zurück. Ich weiß nur so viel: Am nächsten Morgen soll trotz seines schlechten Gesundheitszustandes die Koloskopie durchgeführt werden. Als am frühen Mittwochmorgen das Telefon klingelt, sehe ich die Nummer meines ältesten Bruders. Ich weiß sofort, was los ist. Als ich abhebe und ihn begrüße, sagt er mit sanfter, trauriger Stimme: »Der Papa ist heute morgen gestorben«, und schnieft.

Ich würde ihn am liebsten umarmen und trösten, aber uns trennen mehr als achtzig Kilometer. Ich weiß nicht mehr, was ich geantwortet habe. Wir haben ein wenig gesprochen, und ich hab sofort in den Organisationsmodus umgeschaltet: Was ist jetzt zu tun? Wen muss ich informieren? Wie geht es jetzt weiter? Und was ist mit der Lesung heute Abend? Als Erstes informiere ich meine Mutter, die ja seit der Trennung jeglichen Kontakt zu meinem Vater abgebrochen hat. Auch mit ihr verstehe ich mich seit einiger Zeit nicht mehr so gut. Aber ich halte es nur für fair, dass sie von mir erfährt, dass der Mensch, mit dem sie ja immerhin zwei Kinder in die Welt gesetzt und einen großen Teil ihres Lebens verbracht hat, nun nicht mehr da ist. Außerdem rufe ich zwei seiner Freunde aus den Niederlanden an, zu denen die anderen keinen Kontakt haben. Hein van der Bruggen hat sich umfangreich mit der Lebensgeschichte von Max Behretz auseinandergesetzt und sie vor einigen Jahren auf Niederländisch veröffentlicht. Dabei hat er meinen Vater als Zeitzeugen ausfindig gemacht, die beiden standen seitdem in regelmäßigem Kontakt. Elisabeth van Blankenstein ist die Enkelin des Journalisten Dr. Marcus van Blankenstein und hat ihre Doktorarbeit über das Leben und Wirken ihres Großvaters geschrieben. Dazu hat sie in den 90er Jahren Einsicht in die Prozessakten von Theo Hespers genommen und damit im Prinzip die Verhörprotokolle erst wiederentdeckt und für meinen Vater kopiert.[2] Elisabeth van Blankenstein hat meinen Vater seitdem regelmäßig besucht, und auch ich habe sie in den letzten Jahren

Am liebsten hätten wir meinen Vater neben seinem Vater begraben. Aber es gibt ja keine Leiche – und somit auch kein wirkliches Grab mit seinen sterblichen Überresten. Aber es gibt ein Ehrengrab für Theo Hespers. Ganz hinten in der Bildmitte, wo die andere Kerze rot leuchtet. Und so haben die beiden sich wenigstens in Sichtweite. Irgendwie zumindest.

kennenlernen dürfen. Beide sind tief bestürzt über die Nachricht.

Dann telefoniere ich mit der Lehrerin, die die Veranstaltung an der Theo-Hespers-Schule organisiert hat. Sie ist ein wenig überrascht, als ich ihr sage, dass ich die Lesung nicht absagen möchte. Es ist nur so: Mein Vater hätte Himmel und Hölle in

Bewegung gesetzt, um bei dieser Lesung zu sein. Er wollte sogar aus dem Krankenhaus türmen. Wie kann ich da jetzt diese Veranstaltung absagen? Und so fahre ich am späten Nachmittag von Köln nach Mönchengladbach und halte im Beisein weniger Lehrer:innen, Schüler:innen, Eltern und meines großen Bruders eine kleine, sehr intime Lesung. Es ist ein bisschen wie eine Vigil. Und so begleiten wir gemeinsam meinen Vater mit den Texten über ihn und den Helden, um dessen Anerkennung er so lange gekämpft hat, wohin auch immer seine Reise nun geht.

Als ich am späteren Abend zu Hause eintreffe, verfasse ich einen Nachruf, den ich über die sozialen Netzwerke und in meinem Blog veröffentliche. Der Titel: »Das Wettrennen ist zu Ende.« Er beginnt mit folgenden Worten: »Er hat sich die hellste Nacht des Jahres ausgesucht, um seinen Weg zu finden.« Und so war es wirklich. Denn in dieser Nacht hatte der Mond gleich drei Bezeichnungen: Bluemoon, Supermoon und Blutmond. Mit anderen Worten: Himmelsspektakel. Drunter hätte es mein Vater auch nicht gemacht. Und ich? Ich weine, während ich seinen Nachruf in die digitale Welt tippe, das erste Mal an diesem Tag. »Papa, mach's gut da, wo du jetzt hingehst«, schreibe ich. »Viel Spaß – und ärger die anderen nicht so doll. Jetzt bist du wieder bei deinem Vater, für dessen Andenken du so sehr gekämpft hast.«

Epilog

> Wir sahen, dass die Vertreter des Sozialismus sich nicht entschieden für eine Neuordnung einsetzten, dass die Vertreter des Nationalismus nicht das Wohl des Volkes und der Nation, sondern egoistische Ziele im Auge hatten, dass die Vertreter des Katholizismus nicht die Weitsicht zeigten, die der Weltkirche ansteht, dass die Vertreter des Christentums mit der Nächstenliebe nicht ernst machten.[1]

Seit meiner Teenagerzeit will ich über meinen Großvater schreiben. Nie hätte ich gedacht, dass ich selbst in diesem Buch eine Rolle spielen würde. Dass auch mein Leben Teil dieser Geschichte sein wird. Weil ich nie damit gerechnet hätte, dass sich Faschismus und Rechtsextremismus noch einmal in dieser bedrohlichen Gestalt zeigen, die wir weltweit beobachten können. Sei es in den USA, der Türkei, in Ungarn oder Polen. Sei es in Gestalt von Neonazis, Nipstern oder innerhalb einer rechtskonservativen Partei wie der AfD, die in ihren Reihen problemlos Rechtsextremisten und Faschisten duldet. Ich bin Teil dieser Geschichte, weil ich Teil einer Gegenwart bin, die noch immer keinen Umgang findet mit den Schatten der Vergangenheit. Einer Gegenwart, in der sich bestimmte Politiker:innen und Medienverantwortliche Augen, Ohren, Nase und Mund zuhalten, um ja nicht die Probleme unserer Zeit benennen, ja nicht Haltung zeigen zu müssen. Einer Gegenwart, in der sich aus Angst vor einer Spaltung der Gesellschaft weggeduckt wird, statt mutig voranzugehen. Statt Probleme zu benennen und Lösungen anzubieten, statt verantwortungsvoller Weiterentwicklung werden schlechtsitzende Pflaster auf die Wunden der Vergangenheit geklebt.

Ich kann mich noch so gut an dieses Gefühl erinnern, als ich 2012 neben Matthias von Hellfeld im Hörfunkstudio sitze. Überwältigt von meinen Gefühlen. Überwältigt von der Erkenntnis, was für ein Geschenk das eigentlich ist, frei sprechen zu dürfen. Ohne Angst, dafür vom Staat zur Rechenschaft gezogen zu werden. Weil es Menschen gab wie meinen Großvater, die daran geglaubt haben, dass wir es besser können. Dass ein Miteinander möglich ist. Und das, obwohl sie sahen und erlebten, zu welchen Grausamkeiten Menschen fähig sind. Obwohl sie sahen, wie viele ihrer Freunde und Bekannten mitmachten bei der organisierten Vernichtung von Menschenleben. Für diese Freiheit, zu denken, zu sprechen und all das auch zu veröffentlichen, haben sie einen hohen Preis bezahlt. Mein Großvater hat nicht erlebt, wie sich all seine Wünsche für uns erfüllt haben. Dass wir heute glücklich, gesättigt und froh leben können. Zumindest gibt es für sehr viele von uns die Chance dazu. Und eigentlich ist es so viel leichter, diese Errungenschaften zu pflegen, als sie wieder neu erstreiten zu müssen. Oder auf Basis dieser Errungenschaften zu diskutieren, wie wir immer noch vorhandene Ungerechtigkeiten in der Gesellschaft beseitigen können, damit noch mehr Menschen teilhaben können an dem, was wir Wohlstand nennen. Und damit meine ich nicht, dass sich jede und jeder einen SUV kaufen kann. Vielleicht müssen wir auch einfach neu verhandeln, was wir als Wohlstand definieren. Was uns Menschen »glücklich und froh« macht. Eins hat die Geschichte gezeigt: Nationalismus und Faschismus sind es definitiv nicht.

Als ich 2012 in diesem Radiogespräch sage, dass ich froh bin, in einer Zeit zu leben, in der wir nicht das gleiche Risiko eingehen müssen wie mein Großvater damals, war noch nicht abzusehen, was uns erwartet. Pegida war nicht abzusehen. Die AfD war nicht abzusehen. Die Erfolge der AfD waren erst recht nicht abzusehen. Oder die politischen Morde durch Rechtsextremisten. Mein Vater war der festen Überzeugung, dass sich die Rechten nicht durchsetzen werden. Er hatte keine Angst. Und er hätte auch jetzt keine Angst. Wovor auch? Er hatte dem Tod schon zigmal ins Gesicht geblickt, bevor er überhaupt annähernd erwachsen war. Er hatte Verfolgung, Hunger und Krieg überlebt. Und so hat er sich auch benommen. Wie jemand, der den Tod besiegt hat. Die Angst anderer hat er nie für voll genommen. Angst? Pipifax! Wovor haben wir denn bitte heute Angst? Existenzängste? Jemand, der als Straßenmusiker durch die Welt gezogen ist und von der Hand in den Mund gelebt hat, der lacht über Existenzängste. Der nimmt auch Besitz nicht ernst. Der hat nichts zu verlieren als sein Leben. An dem hat mein Vater allerdings gehangen. Am Leben als solchem. Am Dasein. Am kreativen Schaffen. Alles andere war für ihn zweitrangig. Auch das Leben anderer.

Ich versuche, mir an seiner Furchtlosigkeit ein Beispiel zu nehmen. Mutig zu sein. Aber ich hab nicht erlebt, was er erlebt hat. Und ich habe auch, ehrlich gesagt, gar keinen Bock, auszuprobieren, ob ich das überleben würde. Und deshalb ist die Frage: Was tun mit der Angst davor, Demokratie, Freiheit und Frieden zu verlieren an jene, die sich in Hass und Wut vereinen? Die mit Macht versuchen, all das zu zerstören, und anstelle der – zugegebenermaßen durchaus langwierigen – demokratischen Prozesse neue, autoritäre Strukturen errichten wollen? Nein, Geschichte wiederholt sich nicht. Aber die zugrunde liegenden Dynamiken können wir immer wieder in den verschiedensten Systemen beobachten. Die Verfolgung und Massenvernichtung der Juden durch den Nationalsozialismus war beispiellos. Aber wer so tut, als hätte es seitdem keine Genozide, keine Völkermorde mehr gegeben, läuft blind durch die Gegenwartsgeschichte. Hat sich nie mit dem Krieg in Jugoslawien beschäftigt und dem Genozid an den Bosniaken. Oder dem Völkermord an den Jesiden. Oder der systematischen Verfolgung der Kurden. Oder der Verfolgung und Ermordung der Rohingya. Wir Menschen sind dazu fähig. Überall auf der Welt. Zu jeder Zeit.

Wir sind belastbarer und anpassungsfähiger, als uns auf lange Sicht guttut. Denn natürlich arrangieren sich Menschen in autoritären Systemen, auch ohne sie aktiv zu unterstützen oder gut zu finden. Und wir täten gut daran, jenen Menschen zuzuhören, die uns davon erzählen können, welche negativen Folgen das für sie hatte. Zum Beispiel jenen, die bis zur Wende in der DDR gelebt haben, obwohl sie keine Befürworter des Systems waren. Natürlich überleben Menschen in Diktaturen. Aber sie zahlen einen hohen Preis dafür. Einen Preis, den auch Generationen nach ihnen noch zahlen.

Ich habe lange damit gehadert, dass ich unter etwas leiden soll, mit dem ich nichts zu tun habe. Warum hatte ausgerechnet ich so einen seltsamen, alten Vater? Warum muss ich auch heute noch unter dem leiden, was die Nazis meinem Großvater angetan haben? Erst seit wenigen Jahren weiß ich, dass ich mit diesen Erfahrungen nicht alleine bin. Dass zahllose Nachfahr:innen von religiös und politisch Verfolgten auch heute noch darunter leiden, was ihren Eltern und Großeltern widerfahren ist. Und dass die Geschichte meines Großvaters nur eine von vielen ist. Eine Geschichte, die sich zu unterschiedlichen Zeiten in unterschiedlichen Ländern so oder ähnlich wiederholt. Nämlich überall da, wo Menschen aufgrund ihrer politischen Überzeugung verfolgt, verhaftet und ermordet werden. Und nicht selten sind sie eben nicht die Einzigen. Denn was sie kritisieren, sind in aller Regel Regierungen, die korrupt sind, machtgierig und in großem Stil bestimmte Bevölkerungsgruppen diskriminieren. Nach willkürlichen Merkmalen. Hauptsache, irgendjemand ist schuld.

Aber ich will mich nicht einfach nur als Opfer der Geschichte sehen. Wir alle sind Gewordene. Wir alle haben eine Geschichte. Wir alle sind Nachfahr:innen von Menschen, die sich in der Vergangenheit mehr oder weniger ruhmreich geschlagen haben. Wir alle sind Überlebende der Geschichte. Die entscheidende Frage ist doch: Was fangen wir an mit unserer Zukunft? Worauf wollen wir uns hinentwickeln?

Die Annahme, Nationalismus und Faschismus würde sich nur gegen bestimmte Gruppen von Menschen richten, ist gefährlich. Wer den Nationalsozialismus ausschließlich mit der Shoa in Verbindung bringt, hat nicht verstanden, dass sich diese Ideologie gegen alle Menschen und alles Menschliche richtet. Der Genozid an Jüdinnen und Juden ist der grausamste Beweis dafür, aber eben nicht der einzige. Faschismus und Nationalismus dienen nur einer kleinen, klar umrissenen Gruppe von Menschen. Sie dienen der Macht und der Zerstörung. Im Nationalsozialismus hatte der einzelne Mensch keinen Wert an sich. Sein Wert bemaß sich aus seiner Funktion. Das Ziel war die Weltherrschaft. Und dafür wurde ein regelrechtes Zuchtprogramm für Menschen entwickelt. Frauen als Brutmaschinen für die nächste Generation Soldaten. Männer, die ohne Widerspruch gehorchten und sich für die Mächtigen ins Gefecht warfen. Frauen, die ein Kind auf die Welt bringen und erziehen, nur damit irgendein fanatischer Oberbefehlshaber es in einen größenwahnsinnigen Krieg führt, in dessen Gefechten es am Ende bereitwillig stirbt. Oder als Mädchen nur dazu erzogen zu werden, für Nachwuchs zu sorgen, und dafür, dass der ordentlich versorgt wird und gesund aufwächst, um ihn in den Dienst der Macht zu stellen. Und ja, Arbeitskraft wurde auch gebraucht. Für eine Industrie, die vor allem Kriegswerkzeug herstellen sollte.

Und nein, das wird sich in der Form wahrscheinlich so schnell nicht wiederholen. Aber was der faschistischen Ideologie zugrunde liegt, ist die Idee eines uniformen Menschen. Eine Homogenität, die rein ideologisch ist und nichts mit der Welt zu tun hat, in der wir leben. Die Idee, dass wir mit allem zufrieden sein werden, wenn nur alle gleich genug sind, ist eine absurde Dystopie. Wie viel sinnvoller ist es, eine Welt zu erschaffen, die für möglichst viele Menschen lebenswert ist. In der möglichst wenige durchs Raster fallen und möglichst vielen ein Leben in Frieden, Gesundheit und Wohlstand möglich ist. Das setzt die Bereitschaft zu teilen voraus. Das setzt voraus, dass es uns gelingt, Ressourcen gerechter zur Verfügung zu stellen. Das setzt aber auch voraus, dass wir unseren Wertekompass korrigieren. Sind wir nur, was wir besitzen? Sind wir nur, was wir leisten?

Was wir wirklich leisten müssen: Wir müssen uns auf eine sich stark verändernde Welt einstellen. Ehrlich gesagt haben wir keine Zeit, uns in diesen politischen Diskussionen zu verzetteln. Unser Leben als Individuum ist endlich. Aber wenn wir darüber hinaus als Menschen weiter existieren wollen, müssen wir gemeinsam Lösungen finden. Und das heißt auch, endlich aufeinander zuzugehen und voneinander zu lernen, statt sich ab- und auszugrenzen. Ich wünsche es allen Menschen.

Danksagung

Es ist keine Selbstverständlichkeit, dass es dieses Buch gibt. So vieles musste sich erst finden, bis es möglich war, das hier zu schreiben. Und deshalb gilt mein erster Dank meinem Vater, der so lange durchgehalten hat, bis wir endlich einen Weg zueinander gefunden haben. Danke an meinen großen Bruder Dirk für den beständigen Realitätsabgleich und sein großes Herz. An meine Schwester Milli, die mich immer wieder erdet. Danke auch an meine Mutter, die mich trotz aller Schwierigkeiten machen lässt, was ich für wichtig und richtig halte. Ein herzliches Dankeschön geht auch an meine Literaturagentin Imke Rösing, die geduldig darauf gewartet hat, bis ich mich bereit gefühlt habe für dieses große Projekt. Und an meinen Lektor Thomas Halupczok für die wertschätzende und konstruktive Arbeit an diesem so persönlichen Buch. Er hat es irgendwie geschafft, dass ich trotz aller Umstände nie das Gefühl hatte, unter Druck zu sein.

Ganz viel Liebe geht aber auch raus an meine Wahlfamilie da draußen. An Jenny Stadelmann fürs wohlwollende, aber ebenso kritische wie ehrliche Feedback und die seelische Vorbereitung auf die Lektorenmachete im Textdschungel des ersten Entwurfs. An Katharina Thoms, die das Manuskript nochmal mit einem Historikerinnen-Blick gelesen hat. An Nadia S. Zaboura fürs Mitfiebern und die seelische Unterstützung. An Rebekka Endler für den Austausch über die Höhen und Tiefen, die jedem Schreibprozess innewohnen, und die Gelegenheit, immer wieder auch über mich selbst lachen zu können. An Mara Pfeiffer, die mir in ihrer Entschlossenheit und Haltung ein Vorbild ist. An Simone Buchholz, die mir die Angst vor dem Lektorat genommen hat. An Katrin Ohlendorf und Marc Steinhäuser für ihre Unterstützung bei der Recherche zur Kölner Silvesternacht. An Lena Lotte Stärk, die mir trotz Auszeit in der Redaktion immer das Gefühl gegeben hat, wenn alles schiefgeht, haben wir hier einen Platz für dich. An Ann-Kathrin Büüsker für ihren Humor und ihren gut kuratierten Twitter-Feed, ohne den mir so mancher Artikel durchgegangen wäre. An Herrn Wirtz vom Stadtarchiv Mönchengladbach, der mir schnell und unbürokratisch ein paar kleine, aber wichtige Puzzleteile zur Geschichte zusammengesucht hat. An Patrick Bormann und Asha Hedayati. An Elisabeth van Blankenstein und Hein van der Bruggen.

Und last but not least natürlich ein großes Danke an Matthias von Hellfeld, der mir vor inzwischen acht Jahren die Tür geöffnet hat, hinter der dieser Weg lag.

Mein ganz besonderes Dankeschön gilt außerdem all jenen, die sich schon seit Jahren für Demokratie und ein faires Miteinander einsetzen, offline wie online. Die sich offen gegen Rechtsextremismus und Rassismus stellen. Die sich trotz Drohungen nicht unterkriegen lassen. Die sich mutig ins Gespräch und in Diskussionen werfen. Danke.

Abbildungsnachweis

S. 10, S. 15, S. 25, S. 90, S. 324: Theo-Hespers-Stiftung e.V. (theo-hespers-stiftung.de); S. 18, S. 69, S. 95, S. 140, S. 315, S. 358f., S. 376ff.: Bundesarchiv Berlin, R3017–3051; S. 39: Bayerische Staatsbibliothek (1000dokumente.de); S. 65: Hein van der Bruggen; S. 79, S. 151, S. 205, S. 216f., S. 240, S. 401, S. 403: Nora Hespers; S. 115: Matty Vigelius; S. 118: Collectie Atria Amsterdam; S. 120, S. 136, S. 244, S. 246: privat; S. 165, S. 266: Archiv der Autorin; S. 209: Konrad-Adenauer-Stiftung e.V., Berlin; S. 231: www.mythoselser.de; S. 259: WAZ/Stadtarchiv Mönchengladbach

Anmerkungen

Prolog
Wenn dir die Geschichte vors Schienbein tritt

1 Brief von Theo Hespers an seine Familie aus der Gestapo-Haft vom 13. August 1942.

Die Vorgeschichte 1923-33
Wie man zum Feind der Nazis wird

1 »Die Blutnächte von Plötzensee«. ‹www.gedenkstaette-ploetzensee.de/die-blutnaechte-von-ploetzensee›, zuletzt abgerufen am 21.06.2020.
2 Jutta Finke-Gödde, *Theo Hespers*, Mönchengladbach 2004, S. 18.
3 Gerd Krumeich, »Die Rheinlandbesetzung«. 2012, ‹www.bpb.de/geschichte/zeitgeschichte/geschichte-im-fluss/*135676*/die-rheinlandbesetzung›, zuletzt abgerufen am 12.06.2020.
4 Finke-Gödde. *Theo Hespers*, S. 22.
5 Am 21. Oktober wurde das Aachener Rathaus besetzt und die »Freie und unabhängige Republik Rheinland« ausgerufen. Ähnliche Besetzungen fanden in Duisburg, Jülich, Mönchengladbach, Bonn und Erkelenz statt. Die Bewegung scheiterte bereits Mitte November 1923. Vgl. Gabriele Rose, »Das Rheinland strebt ›los von Berlin‹«, 17.10.2017, ‹www.fes.de/e/das-rheinland-strebt-los-von-berlin/›, zuletzt abgerufen am 09.01.2021.
6 Interview mit meinem Vater vom 15.02.2015: »Plato, wir sind dumm gewesen. Wir hätten die Separatisten unterstützen müssen. Hätten wir nämlich eine Regierung gehabt im Rheinland, hätte der Hitler keinen Zugriff zur Industrie gehabt.«
7 Werner Becker, »Brief an den Volksgerichtshof Berlin«. 1942, Bundesarchiv Berlin, R3017-3051.
8 Viele dieser Jugendbewegungen haben ihren Ursprung in der »Wandervogel«-Bewegung, die bereits 1896 gegründet wurde.
9 »Maria 2.0« ist eine feministische Bewegung innerhalb der katholischen Kirche, die mehr Ämter für Frauen fordert. ‹www.mariazweipunktnull.de›, zuletzt abgerufen am 13.07.2020).
10 Finke-Gödde. *Theo Hespers*, S. 19.

11 Meinulf Barbers, »Theo Hespers – ein Widerstandskämpfer, der aus dem Quickborn kam«. Referat am 18.08.2003 auf Burg Rothenfels.
12 Finke-Gödde. *Theo Hespers*, S. 24.
13 Aus dem Verhör von Theo Hespers vom 13. Juni 1942 im RSHA Berlin. Bundesarchiv Berlin, R3018-NJ1319.

Herbst 2012
Klopf, klopf – jemand zu Hause?

1 »Erinnerung als Erbe«. Redaktionskonferenz mit Matthias von Hellfeld über Erinnerungskultur vom 24. Oktober 2012. DRadio Wissen, ‹http://ondemand-mp3.dradio.de/file/dradio/2012/10/24/drw_201210241803_erinnerung_als_erbe_7c759d31.mp3›, zuletzt abgerufen am 23.01.2021
2 Theodor Hespers, Peter Lütsches, »So wollen wir Deutschland«. in: *Kameradschaft – Schriften junger Deutscher* 12 (1938), Amsterdam 1938, S. 228-233.

Frühjahr 1933
Kein Weg zurück

1 Soweit nicht anders angegeben, stammen die Zitate meines Vaters aus Interviews, die ich mit ihm zwischen dem 28.08.2014 und dem 25.03.2015 geführt habe.
2 »Reichstagsbrand – auf dem Weg in die Diktatur«, 26.02.2018, ‹www.bpb.de/politik/hintergrund-aktuell/265402/reichstagsbrand›, zuletzt abgerufen am 13.06.2020.
3 »Verordnung des Reichspräsidenten zum Schutz von Volk und Staat«, 28. Februar 1933, ‹www.1000dokumente.de/index.html?c=dokument_de&dokument=0101_rbv&object=facsimile&st=&l=de›, zuletzt abgerufen am 13.06.2020.
4 Dirk Hespers, *Rot Mof. Kindheitserinnerungen an den Widerstandskämpfer und Vater Theo Hespers*, Mönchengladbach 2002. In diesem selbstverlegten Buch hat mein Vater fragmentarisch einige seiner Erinnerungen an seinen Vater und seine Kindheit festgehalten. »Rot mof« ist im Niederländischen eine beleidigende Bezeichnung für Deutsche und heißt so viel wie »faulender Stinker«. Mof wurde während des Nationalsozialismus aber auch synonym für »Nazi« verwendet. In jedem Fall ist es nicht nett gemeint.
5 Verhör von Theo Hespers im Reichssicherheitshauptamt (RSHA) Berlin vom 13. Juni 1942. Bundesarchiv Berlin, R3018-NJ1319.
6 In meinem Podcast *Die Anachronistin* gehe ich noch davon aus, dass mein Großvater zu Fuß direkt bis nach Venlo oder Roermond gelaufen

ist. Das wäre wesentlich weiter gewesen. Durch Zufall habe ich einen Hinweis erhalten von einem Nachfahren der Menschen, die damals politisch Verfolgte über die holländische Grenze geschmuggelt haben. Der Grenzübergang war in Wegberg – und das ist wirklich nicht allzu weit vom Elternhaus meines Großvaters entfernt.

1998
Und dann ist er weg

1 Sabine Bode, *Die vergessene Generation. Die Kriegskinder brechen ihr Schweigen*, Stuttgart 2004. Und: dies., *Kriegsenkel. Die Erben der vergessenen Generation,* Stuttgart 2013. Die Begriffe werden kontrovers diskutiert. Auch die Bücher. Weil NS nicht nur Krieg bedeutete, sondern eben auch Verfolgung und Vernichtung. Dafür können die Kinder nichts, die in dieser Zeit aufgewachsen sind, wohl aber deren Eltern, die zu großen Teilen das NS-Regime unterstützt haben. Die Kinder der Verfolgten der NS-Zeit bekommen bis heute weit weniger Aufmerksamkeit und Anerkennung.

1933-34
Ein Reformhaus in Holland

1 Hans von Dahlen, »Theo Hespers«. in: *Juni. Magazin für Kultur und Politik am Niederrhein* 3 (1987), S. 72ff.
2 Es gibt zwei Schreibweisen des Namens. Einmal mit und einmal ohne h. Um Verwirrungen zu vermeiden, werde ich im Fall von Max konsequent die Schreibweise mit h verwenden.
3 Verhör von Max Behretz im Gestapo-Gefängnis in Köln vom 9. Oktober 1940. Bundesarchiv Berlin, R3018-NJ1319.
4 Aus dem schriftlichen Gnadengesuch von Berta Hespers vom 27. Juli 1943, adressiert an Adolf Hitler. Bundesarchiv Berlin, R3017-3051.
5 Verhör von Max Behretz vom 9. Oktober 1940.

1934-35
Die Widerstandsgruppe fliegt auf

1 Hans von Dahlen, »Theo Hespers«.
2 Ebd.
3 Ebd.
4 Ebd.
5 Ebd.
6 Katzenstein, Alfred. *Einblicke*. Berlin (o.J.), S. 53.

7 Ebd., S. 51.
8 Ebd.
9 Otto Engels wird elf Jahre lang, also bis zum Ende des »Dritten Reichs«, in Haft bleiben. Aber er wird überleben.
10 Anklageschrift gegen Max Behretz vom 6. Mai 1942. Deutsches Bundesarchiv, R3017-3051.

2014
Auf ein Buch kann ich nicht warten

1 Lars Wienand, »Lutz Bachmann zur Geldstrafe verurteilt: Seine gesammelten Entgleisungen«, 19.04.2016, ‹www.morgenpost.de/politik/article207441989/Lutz-Bachmann-vor-Gericht-Seine-gesammelten-Entgleisungen.html›, zuletzt abgerufen am 11.08.2020.
2 »Lutz Bachmann: Pegida-Gründer wegen Volksverhetzung verurteilt«, 30.11.2016, ‹www.spiegel.de/politik/deutschland/lutz-bachmann-pegida-gruender-muss-wegen-volksverhetzung-9600-euro-zahlen-a-1123765.html›, zuletzt abgerufen am 09.01.2021.
3 Alexander Schneider, Ulrich Wolf, Tobias Wolf und Heinrich Maria Löbbers, »Das krumme Leben des Pegida-Chefs«, 02.12.2014. ‹www.saechsische.de/das-krumme-leben-des-pegida-chefs-3224574.html›, zuletzt abgerufen am 15.11.2020.
4 Das ist natürlich extrem verkürzt. Allen, die hier tiefer eintauchen möchten, sei die dreiteilige Podcast-Serie »Der erste Tag der AfD« vom Bayerischen Rundfunk empfohlen: »Der erste Tag der AFD«. *BR Podcast.* Erstsendedatum 17.11.2019, ‹www.br.de/radio/bayern2/der-erste-tag-der-afd100.html›, zuletzt abgerufen am 16.01.2021.
5 Jürgen Zurheide, »Alternative für Deutschland – ›Für mich als Liberale deutlich zu weit rechts‹«, 13.09.2014, ‹www.deutschlandfunk.de/alternative-fuer-deutschland-fuer-mich-als-liberale.694.de.html?dram:article_id=297417›, zuletzt abgerufen am 13.11.2020.

1935
Over de Waterkant – Flucht ins Landesinnere

1 Hans von Dahlen, »Theo Hespers«, S. 72ff.
2 Verhör von Max Behretz vom 9. Oktober 1940.

Weihnachten 2014
Der Stoff, der mich nicht schlafen lässt

1 Hein van der Bruggen, *Spiegel van Roermond: jaarboek voor Roermond* 19 (2011), S. 86.
2 Der Prozess geht als Wuppertaler Gewerkschaftsprozess in die Geschichtsbücher ein. Siehe auch Stephan Stracke, *Die Wuppertaler Gewerkschaftsprozesse. Gewerkschaftlicher Widerstand und internationale Solidarität*, Bremen, Wuppertal 2012.
3 Bart De Cort, *Van vrouwen, vrede en verzet. Selma Meyer (1890-1941) en haar Holland Typing Office*, Hamilton, ON, 2015, S. 11.
4 Verhöre von Selma Meyer. Bundesarchiv Berlin, R3018-NJ1319 und R3018-15439.
5 Monika Nehr, »Johanna Weitz, Dr. jur. (1892-1960) – Ein Portrait«, in *Vergessene Frauen*, hg. v. GEDOK Berlin, Berlin 2005, S. 171 ff.
6 Aus dem Verhör des britischen Geheimdienstmitarbeiters Major Stevens vom 10. Dezember 1939, der die Gestapo auf die Spur von Johanna Weitz bringt: »Die Frau soll Beamtin eines Frauengefängnisses in Thüringen sein. Nach dem, was mir Blankenstein erzählte, war sie Dr. jur. – Sie war nur auf der Durchreise in Amsterdam und fuhr am anderen Tag nach Brüssel weiter, wo eine Besprechung zwischen ihr und Ebeling und Hespers stattfand.« Bundesarchiv Berlin, R3018-NJ1319.
7 Nehr, »Johanna Weitz«, 171 ff.

1937
Eine neue Widerstandsgruppe formiert sich

1 Aus dem Verhörprotokoll von Max Behretz vom September 1940 in Köln. Bundesarchiv Berlin, R3018-NJ1319.
2 Brief meines Großvaters an seine Familie vom 6. August 1942.
3 Susanne Rochholz, *Hans Ebeling. Die deutsche Jugendbewegung und der Widerstand gegen den Nationalsozialismus*, hg. v. der Theo-Hespers-Stiftung e.V., Mönchengladbach 1995.
4 Bericht über die Deutsche Jugendfront des Kriminalangestellten Kalle vom 21. Februar 1942. Deutsches Bundesarchiv, R3018-NJ1743.
5 Verhöre von Selma Meyer, z.B. vom 6. November 1940 in Den Haag. Bundesarchiv Berlin, R3018-15439.
6 Verhör von Theo Hespers vom 3. Oktober 1942. Bundesarchiv Berlin, R3018-NJ1319.
7 Schlussbericht des Kriminalassistenten Kalle vom 1. März 1943 in Berlin. Bundesarchiv Berlin, R3018-NJ1319.
8 Andreas Pretzel, 2007. »Eros und Widerstand. Ein Netzwerk der bündischen Jugendbewegung im Exil«, in: *invertito. Jahrbuch für die Geschichte der Homosexualitäten* 8 (2007), S. 66ff.

9 *Deutscher Reichs-Anzeiger und Königlich Preußischer Staats-Anzeiger* 25 (1. Februar 1937), ‹https://digi.bib.uni-mannheim.de/periodika/reichsanzeiger/ausgaben/1937/5/25›, zuletzt abgerufen am 18.07.2020.

10 Andreas Pretzel, »Eros und Widerstand«, S. 66ff.

11 Dass es übrigens bis Anfang der 2000er gedauert hat, bis die Geschichte der wegen Homosexualität Verfolgten überhaupt historische Betrachtung findet, hat unter anderem mit dem Paragrafen 175 zu tun. Viele der Männer, die in den Berliner Prozessen wegen Homosexualität angeklagt und verurteilt wurden, haben – wenn sie das NS-Regime überlebten – später inkognito gelebt. Haben geheiratet, Familien gegründet und ein bürgerliches Leben geführt. Viele waren nicht geoutet. Obwohl der Paragraf seit Mitte der 70er Jahre in Deutschland kaum noch Anwendung fand, war bis zu seiner Streichung aus dem Strafgesetzbuch (StGB) 1994 Homosexualität weiterhin offiziell strafbar. Die Veröffentlichung der Forschungen hätte also durchaus dazu führen können, dass Personen unfreiwillig geoutet worden wären. Oder dass Familienmitglieder durch die Forschung und Veröffentlichung überhaupt erst von der Homosexualität dieser Menschen erfahren hätten. Deshalb wurde nach 1994 weitere zehn Jahre gewartet, bis einzelne Namen tatsächlich vollständig veröffentlicht wurden.

2015
Auf der Suche nach der Stimme meines Großvaters

1 Bericht aus Wilhelmshaven über Theo Hespers. Bundesarchiv Berlin, R3018-NJ1319.

2 Verhör von Theo Hespers im RSHA vom 13. Juni 1942. Bundesarchiv Berlin, R3018-NJ1319.

3 Verhör von Theo Hespers im RSHA Berlin vom 15. Juni 1942. Bundesarchiv Berlin, R3018-NJ1319.

4 Brief von Theo Hespers an den Volksgerichtshof in Berlin vom 26. Juni 1943, aus dem »Antrag auf Beweiserhebung« von Theo Hespers an den 5. Senat des Volksgerichtshofs. Bundesarchiv Berlin, R3017-3051. (Rechtschreibfehler und Unterstreichungen im Original)

5 Brief von Theo Hespers an seine Mutter aus dem Polizeigefängnis in Berlin vom 13. August 1942.

1937
Ein journalistisches Leben im Exil

1 Ein Konkordat ist eine vertragliche Vereinbarung, die das Verhältnis zwischen der katholischen Kirche und einem Staat regelt. Das Reichskonkordat, das Papst Pius und der damalige Vizekanzler Franz von

Papen am 20. Juli 1933 unterzeichnen, sollte der katholischen Kirche Religionsfreiheit im »Deutschen Reich« garantieren. Das Abkommen galt als außenpolitischer Erfolg. Nach Artikel 16 des Konkordats mussten die katholischen Bischöfe z.B. dem »Deutschen Reich« die Treue schwören. Ziel des NS-Regimes war es, mit dem Konkordat den Widerstand aus Reihen der Katholiken zu besänftigen, geistliche politische Einmischung zu unterbinden und deutsche Katholiken dazu zu bewegen, sich »rückhaltlos in den Dienst des nationalsozialistischen Staates« zu stellen, so Hitler. Vgl. »Vor 85 Jahren: Vatikan und Deutsches Reich unterzeichnen ›Reichskonkordat‹«, 16. Juni 2018, ‹www.bpb.de/politik/hintergrund-aktuell/272739/vatikan-und-deutsches-reich-unterzeichnen-reichskonkordat›, zuletzt abgerufen am 16.01.2021.

2 Seine Mitgliedschaft im Quickborn, einer freikirchlichen Vereinigung, zeigt, dass er schon früh gegen die Konventionen und Traditionen der katholischen Kirche rebelliert.

3 Eine päpstliche Enzyklika ist eine Art offizieller Rundbrief an die Gemeinden mit Verlautbarungen des kirchlichen Lehramts.

4 Uwe Klußmann, »›Mit brennender Sorge‹«, 31.07.2012, ‹www.spiegel.de/spiegel/spiegelgeschichte/d-87462450.html›, zuletzt abgerufen am 07.02.2021.

5 Hans Steinhage, *Verzet door het woord.* Amersfoort 2010. (Übersetzung der Autorin)

6 Verhör von Theo Hespers im Spionageabwehrgefängnis in Wilhelmshaven vom 17. April 1942. Bundesarchiv Berlin, R3018-1319.

7 Elisabeth van Blankenstein, *Dr. M. van Blankenstein: een Nederlands dagbladdiplomaat. 1880-1964*. Den Haag 1999, S. 208.

8 Ebd.

9 Da die deutschen Behörden Schwierigkeiten mit der korrekten Schreibweise niederländischer Namen hatten, wird aus ij häufig y, so auch bei Selma Meyer, die eigentlich Meijer geschrieben wird.

10 Verhör von Theo Hespers im Spionageabwehrgefängnis Wilhelmshaven vom 16. April 1942. Bundesarchiv Berlin, R3018-NJ1319.

11 »Pieter Brijnen van Houten«. *Wikipedia*. ‹nl.wikipedia.org/w/index.php?title=Pieter_Brijnen_van_Houten&oldid=56434102›, zuletzt abgerufen am 26.09.2020. (Übersetzung der Autorin)

2015
Blogger für Flüchtlinge

1 Laut einer Studie des Instituts für Demoskopie Allensbach haben sich 55 Prozent der deutschen Bevölkerung ab 16 Jahren im Herbst 2015 in irgendeiner Form engagiert, um Geflüchteten zu helfen. Immerhin elf Prozent dieser Menschen sind auch heute noch in der Geflüchtetenhilfe engagiert. Ganz grob gerechnet sind das etwa sieben Millionen

Menschen. Quelle: 2018. »Engagement in der Flüchtlingshilfe. Ergebnisbericht einer Studie des Instituts für Demoskopie Allensbach«, hg. v. Bundesministerium für Familie, Senioren, Frauen und Jugend ‹https://www.bmfsfj.de/blob/122010/d35ec9bf4a940ea49283485db4625aaf/engagement-in-der-fluechlingshilfe-data.pdf›, zuletzt abgerufen am 22.01.2021.

2 Eine Liste mit Organisationen, die durch die Aktion unterstützt wurden, befindet sich hier: ‹www.betterplace.org/de/fundraising-events/24318-blogger-fuer-fluechtlinge-menschen-fuer-menschen-i›.

3 Ariane Novel u.a. (Hg.), *Willkommen! Blogger schreiben für Flüchtlinge*. Berlin 2015.

4 Grob gesagt untersucht die Epigenetik den Einfluss von Stressfaktoren, wie zum Beispiel traumatisierender Ereignisse, auf eine vorübergehende oder dauerhafte Veränderung bestimmter Gene und deren Vererbung. Die Epigenetik ist noch ein recht junges Fachgebiet der Biologie. Die These der möglichen Traumavererbung ist umstritten und bislang nicht wissenschaftlich bewiesen.

5 Nora Hespers, »Mein Vater, der Kriegsflüchtling«, in: Ariane Novel u.a. (Hg.), *Willkommen!*.

6 »Dresden: Pegida-Anhänger errichten Galgen für Merkel und Gabriel«, 13.10.2015, ‹www.zeit.de/gesellschaft/zeitgeschehen/2015-10/dresden-pegida-galgen-attrappe-demonstration?utm›, zuletzt abgerufen am 22.01.2021.

7 Stefan Locke, »Der sogenannte Pegida-Galgen ist auch en miniatur nicht strafbar«, 06.12.2017, ‹www.faz.net/aktuell/politik/inland/merkel-galgen-auch-im-kleinformat-nicht-strafbar-15327703.html›, zuletzt abgerufen am 22.01.2021.

8 Reiner Burger, »Eine genau geplante Tat«, 15.04.2016, ‹www.faz.net/aktuell/politik/inland/prozess-um-koelner-attentat-auf-henriette-reker-beginnt-14178510.html›, zuletzt abgerufen am 22.01.2021.

9 Der NSU mordete unter der Parole »Taten statt Worte«. Vgl. Peter Schuller, »Der NSU als gelebter Rechtsextremismus«, 16.09.2016, ‹www.bpb.de/veranstaltungen/dokumentation/232373/der-nsu-als-gelebter-rechtsextremismus›, zuletzt abgerufen am 22.01.2021.

10 Für alle, die sich nicht so gut auskennen in der Geschichte des Nationalsozialismus: Rudolf Heß war Hitlers Stellvertreter während des NS-Regimes.

11 Klaus Theweleit, *Männerphantasien*, Bonn 2020. Theweleit beschreibt in seiner zweibändigen Studie über faschistische Gewaltphantasien eine Idealisierung von Männlichkeit, der eine Konstruktion des Weiblichen als feindliches Prinzip gegenübersteht.

12 Reiner Burger, »Eine genau geplante Tat«.

1937-38
Ist Hitler legal?

1 *Kameradschaft. Schriften junger Deutscher.* 1 (11/1937), S. 1. Zitiert nach Hans Ebeling, Dietrich Hespers (Hg.), *Kameradschaft – Schriften junger Deutscher*, Mönchengladbach 1983.

2 Der Schwur von Buchenwald vom 19. April 1945 beginnt mit den Worten: »Kameraden [...] Wir lebend gebliebenen, wir Zeugen der nazistischen Bestialität sahen in ohnmächtiger Wut unsere Kameraden fallen.« ‹buchenwald.de/fileadmin/buchenwald/download/der_ort/Buchen waldschwur.pdf›, zuletzt abgerufen am 16.01.2021.

3 Mein Großvater schreibt in der *Kameradschaft* einen Artikel über diesen Prozess mit dem Titel »Brüder in Not«. Der Artikel taucht später als Beweis für seine hetzerische Tätigkeit gegen das Naziregime in der Urteilsbegründung auf. Vgl. *Kameradschaft* 1 (11/1937).

4 Peter Lütsches, in den Protokollen gerne auch mal Lütges geschrieben, war ein Zentrumspolitiker. Er wird nach der Besetzung der Niederlande durch deutsche Truppen festgenommen, verhört und ins KZ Sachsenhausen deportiert. Er überlebt den »Evakuierungsmarsch« im Februar 1945. Lütsches war in eine Korruptionsaffäre verwickelt und hat 1950 unter Zustimmung Adenauers die Spaltung der *Vereinigung der Verfolgten des Nationalsozialismus* (VVN) angeführt, um als Gegengründung den *Bund der Verfolgten des Nationalsozialismus (BVN)* zu initiieren. (Vgl. Günter Beaugrand, »Zeitzeugen am Redaktionstisch. Die Vereinigung der Verfolgten des Naziregimes (VVN) und der Bund der Verfolgten des Naziregimes (BVN) im Spiegel ihrer Presseorgane«, in: *Historisch-Politische Mitteilungen* 1 (1994), S. 261 ff.

5 Verhör von Peter Lütsches vom 3. Juni 1943. Bundesarchiv Berlin, R3017-3051.

6 In der KBR sind die Ausgaben unter folgender Angabe zu finden: 1937. »Kameradschaft. Schriften Junger Deutscher«. Bruxelles: F. Van den Driessche, F. Lefebvre (Hg.).

7 In Polen regiert die nationalistische, rechtspopulistische PiS-Partei, die u.a. in Städten No-Go-Areas für die LGBTQI-Community errichten lässt, das ohnehin rigorose Abtreibungsverbot verschärft hat und den Klimawandel leugnet. In Ungarn regiert Victor Orbán ebenfalls mit einer nationalistischen, rechtspopulistischen Partei, der Fidesz. Gemeinsam mit Polen blockiert er die Flüchtlingspolitik der EU. Die rechtspopulistische UKIP (UK Indipendence Party) hat maßgeblich die Brexit-Kampagne des britischen Premierministers Boris Johnson unterstützt und vorangetrieben, um hier nur einige wenige Beispiele zu nennen. Überall erleben wir Einschränkungen der Pressefreiheit, Beeinflussung der Justiz und massive Diskriminierung von Minderheiten.

8 Der Reichsjugendführung waren die Hitlerjugend (HJ), das Jungvolk (JV) und der Bund Deutscher Mädel (BDM) unterstellt. »Rechtlich han-

delte es sich beim Jugendführer des Deutschen Reiches um eine Oberste Reichsbehörde (entspricht etwa einem Ministerium) mit Dienstsitz Berlin und war zugleich ein Teil des Parteiapparates der NSDAP«, siehe auch § 3 des Gesetzes über die Hitlerjugend vom 1. Dezember 1936.

9 D.C. Yalden-Thomson, »In der Reichsjugendführung. Bericht eines Engländers«, in: *Kameradschaft – Schriften junger Deutscher* 1 (11/1937).

10 »Ein belgischer Pfarrer erlebt den Kirchenkampf«, in: *Kameradschaft – Schriften junger Deutscher* 2 (12/1937), S. 21.

11 »Ist Hilter legal?«, in: *Kameradschaft – Schriften junger Deutscher* 3 (1/1938), S. 63.

12 Ebd.

13 Ebd.

2015-16
Widersprüche aushalten

1 Ich persönlich finde das Wort irreführend in seiner Verwendung, denn diejenigen, die wirklich eine Krise erleben, sind die Menschen, die bei uns in Deutschland und Europa Schutz und ein menschenwürdiges Leben suchen. Aber die sind gar nicht gemeint. Gemeint ist eine politische und gesellschaftliche Krise, die sich darin zeigt, dass niemand so richtig weiß, wie ein sinnvoller Umgang mit einer humanitären Katastrophe dieser Größe aussehen kann. Eine humanitäre Katastrophe, die ihre Ursache im kollektiven Versagen gleich mehrerer Staaten hat, nicht nur auf dem europäischen Kontinent. Eine humanitäre Katastrophe, die darin begründet liegt, dass das Interesse, eigene Macht zu erhalten und auszuweiten, größer ist, als teils mitverursachte Probleme zu lösen. Eine humanitäre Katastrophe, die sich durch die Zerstörung unseres Planeten und der damit einhergehenden Klimaerhitzung noch deutlich verschärfen wird. Aber das werden wir erst vier Jahre später begreifen. Oder zumindest als Problem erkennen.

2 Angela Merkel auf der Bundespressekonferenz vom 31. August 2015.

3 »670 Euro pro Flüchtling – Dies ist aber kein Taschengeld«, ‹www.mimikama.at/allgemein/670-euro-pro-flchtling-dies-ist-aber-kein-taschengeld/›, zuletzt abgerufen am 15.08.2020.

4 Es gibt seit 2019 eine breitangelegte Debatte darüber, wer in Deutschland »fremd« ist, weil er oder sie gerade erst aus dem Ausland zugewandert ist, und wer als »fremd« gelesen wird, weil Eltern oder Großeltern zugewandert sind, die betreffenden Personen aber in Deutschland geboren sind oder sogar die deutsche Staatsangehörigkeit besitzen.

5 Christian Werthschulte. »›Nach‹ Köln ist wie ›vor‹ Köln. Die Silvesternacht und ihre Folgen«, 06.01.2017 ‹www.bpb.de/apuz/239696/die-silvesternacht-und-ihre-folgen›, zuletzt abgerufen am 29.11.2020.

6 Landtag Nordrhein-Westfalen. 2017. »Schlussbericht des Parlamentarischen Untersuchungsausschusses IV«. Der betreffende Vorgang befindet sich im Bericht ab Seite 533, der Abschlussbericht auf Seite 536.

7 Yermi Brenner, Katrin Ohlendorf, »News after the Fact. Reporting on New Year's Eve in Cologne, with Hindsight«, 02.05.2016, ‹thecorrespondent.com/4403/news-after-the-fact-reporting-on-new-years-eve-in-cologne-with-hindsight/107418601 4132-d7565219›, zuletzt abgerufen am 15.08.2020.

8 Polizei Köln. 01.01.2016, 8:57 Uhr, »POL-K: 160101-1-K/LEV Ausgelassene Stimmung – Feiern weitgehend friedlich«, ‹www.presseportal.de/blaulicht/pm/12415/3214905›, zuletzt abgerufen am 29.11.2020

9 Die *Bild*-Zeitung benutzt das Schlagwort »Sex-Mob« in diversen Headlines und veröffentlicht unter anderem am 05.01.2015 einen Artikel mit dem Titel »Sex-Mob in Köln! Das Minuten-Protokoll der Chaos-Nacht«. Auch der Kölner *Express* und die *Deutschen Wirtschafts Nachrichten* übernehmen das Schlagwort. »Gespenstisch: 1000 Männer belästigen in Köln Frauen, ignorieren Polizei«, 04.01.2016, ‹https://deutsche-wirtschafts-nachrichten.de/161722›, zuletzt abgerufen am 29.11.2020.

10 Joachim Huber, »›Schweigekartell‹ und ›Nachrichtensperren‹«, 07.01.2016, ‹www.tagesspiegel.de/gesellschaft/medien/kritik-an-den-medien-wegen-koeln-berichterstattung-schweigekartell-und-nachrichtensperren/12797422.html›, zuletzt abgerufen am 29.11.2020. NDR. »Die Herkunft der Täter: Übergriffe in den Medien«, 13.01.2016, ‹www.ndr.de/fernsehen/sendungen/zapp/Die-Herkunft-der-Taeter-Uebergriffe-in-Medien,uebergriffe108.html l›, zuletzt abgerufen am 29.11.2020.

11 Besondere Aufmerksamkeit erhält Mitte Januar 2016 die Meldung, ein russisches Mädchen namens Lisa sei von Geflüchteten entführt und vergewaltigt worden. Die Meldung stellt sich als falsch heraus. Verena Mayer, »Fall Lisa: Bewährungsstrafe gegen Angeklagten verhängt«, 20.06.2017, ‹www.sueddeutsche.de/panorama/urteil-in-berlin-fall-lisa-endet-mit-bewaehrung-1 355 3054›, zuletzt abgerufen am 17.08.2020.

12 Frank Patalong, »Köln: Demonstrationen nach den Übergriffen von Silvester«, 09.01.2016, ‹www.spiegel.de/politik/deutschland/koeln-demonstrationen-nach-den-uebergriffen-von-silvester-a-1071250.html›, zuletzt abgerufen am 06.12.2020.

13 »Köln: Polizei löst Pegida-Demonstration auf«, 09.01.2016, ‹www.zeit.de/gesellschaft/zeitgeschehen/2016-01/koeln-frauen-demonstration-sexuelle-gewalt›, zuletzt abgerufen am 16.01.2021.

14 »Köln: Flüchtlinge starten ›Syrer gegen Sexismus‹-Demo«, 16.01.2016, ‹rp-online.de/nrw/staedte/koeln/koeln-fluechtlinge-unterstuetzen-syrer-gegen-sexismus-demo_aid-21234677›, zuletzt abgerufen am 29.11.2020 sowie »›Syrer gegen Sexismus‹: Flüchtlinge verteilen Blumen«,16.01.2016, ‹www.sueddeutsche.de/bayern/wuerzburg-syrer-gegen-sexismus-fluechtlinge-verteilen-blumen-an-passantinnen-1282 1206›, zuletzt abgerufen am 29.11.2020.

15 Werthschulte, »›Nach‹ Köln ist wie ›vor‹ Köln. Die Silvesternacht und ihre Folgen«.

16 #ausnahmslos, »Pressemitteilung – #ausnahmslos-Initiator_innen kritisieren Verschärfung des Aufenthaltsgesetzes im Zuge der Sexualstrafrechtsreform«, 07.07.2016 ‹ausnahmslos.org/post/147035553660/pressemitteilung-ausnahmslos-initiatorinnen›, zuletzt abgerufen am 26.09.2020.

17 Konkrete Zahlen zu sexuellen Übergriffen außerhalb von Paarbeziehungen sind nicht erfasst. Es gibt lediglich Statistiken zum Thema Partnerschaftsgewalt, sie finden sich unter anderem in: Bundeskriminalamt, *Partnerschaftsgewalt – Kriminalstatistische Auswertung – Berichtsjahr 2019*, ‹www.bka.de/SharedDocs/Downloads/DE/Publikationen/JahresberichteUndLagebilder/Partnerschaftsgewalt/Partnerschaftsgewalt_2019.html;jsessionid=237C47E629AFD25D082F97540C5C56F7.live2302?nn=63476›, zuletzt abgerufen am 25.01.2021. Außerdem vgl. Birgit Gärtner, »Gewalt gegen Frauen scheint der Öffentlichkeit ein eher lästiges Problem zu sein«, 15.12.2020, ‹www.heise.de/tp/features/Gewalt-gegen-Frauen-scheint-der-Oeffentlichkeit-ein-eher-laestiges-Problem-zu-sein-4990399.html›, zuletzt abgerufen am 25.12.2020. Auch wenn ich viele der Aussagen im Artikel kritisch sehe, die Einlassungen zu den Schwächen der Statistik und ihrer Aussagekraft sind bemerkenswert.

1938
Warum selbst Pogrom ein Euphemismus ist

1 Zur kurzen Einordnung: Die Sudetendeutschen lebten in der Tschechoslowakei im Grenzgebiet zu Deutschland und sahen sich in Kultur und Sprache als Deutsche. Hitler unterstützte die Autonomie-Bestrebungen der Sudeten und eskalierte den Konflikt mit der Tschechoslowakei. Großbritannien und Frankreich wollten um jeden Preis einen drohenden Krieg verhindern. Und so trafen sich in der Nacht vom 28. auf den 29. September 1938 Adolf Hitler, Neville Chamberlain, Édouard Daladier und Benito Mussolini im Führerbau in München, um ein Abkommen zwischen Deutschland, Großbritannien, Frankreich und Italien zu schließen. Nicht eingeladen zu dieser Konferenz und deshalb auch nicht an den Beschlüssen beteiligt waren Vertreter der Tschechoslowakei und des Verbündeten Sowjetunion.

2 »Deutscher oder europäischer Frieden?« Aus: *Kameradschaft* 6/7 (1938), S. 125f.

3 Ebd.

4 Prof. em. Dr. Arno Herzig, »1815-1933: Emanzipation und Akkulturation«, 05.08.2010. ‹www.bpb.de/izpb/7674/1815-1933-emanzipation-und-akkulturation›, zuletzt abgerufen am 26.09.2020.

5 Gertjan Broek, »Die (fehlenden) Möglichkeiten zu flüchten. Jüdische Emigration 1933-1942«, ‹www.annefrank.org/de/anne-frank/vertiefung/die-fehlenden-moglichkeiten-zu-fluchten-judische-emigration-1933/›, zuletzt abgerufen am 26.09.2020.
6 »Stimmen aus Deutschland: Zerstörung – auf Befehl!«, in: *Kameradschaft* 12 (1938), S. 234ff.
7 Nora Hespers, »Die Anachronistin | #42 – Kein Wort über die Lage der Juden«, 07.04.2019, ‹www.die-anachronistin.de/42-kein-wort-uber-die-lage-der-jude/›, zuletzt abgerufen am 26.09.2020.
8 Herzig, »1815-1933: Emanzipation und Akkulturation«.
9 »Stimmen aus Deutschland: Zerstörung – auf Befehl!«.

2016
Terror, Wut und Angst

1 Christoph Titz, »Clausnitz und die Attacke auf Flüchtlinge: Jetzt will es keiner gewesen sein«, 21.02.2016, ‹www.spiegel.de/politik/deutschland/clausnitz-und-die-attacke-auf-fluechtlinge-jetzt-will-es-keiner-gewesen-sein-a-1078492.html›, zuletzt abgerufen am 16.08.2020.
2 Als Reaktion auf die Wut, die ihm von draußen entgegenschlägt, zeigt ein 15-jähriger Junge im Bus den Demonstrierenden den Stinkefinger. Ein Polizist nimmt das zum Anlass, den körperlich deutlich unterlegenen Jungen in den Schwitzkasten zu nehmen, aus dem Bus zu entfernen und in die Unterkunft zu bringen. Sehr zur Freude der umstehenden Menge. »Jawoll!« grölt einer von ihnen. Später wird diese Maßnahme vom Chemnitzer Polizeipräsidenten als verhältnismäßig und der Situation angemessen beurteilt. Der Junge habe die Demonstrierenden provoziert.
3 Christoph Titz, »Clausnitz und die Attacke auf Flüchtlinge: Jetzt will es keiner gewesen sein«.
4 Lars Radau, »Bautzen: Ein Brand, sie zu wecken«, 22.02.2016, ‹www.zeit.de/gesellschaft/zeitgeschehen/2016-02/bautzen-brand-sachsen-buergermeister/›, zuletzt abgerufen am 26.01.2021.
5 Rechtsextreme waren schon in Bautzen aktiv, bevor die weltpolitische Lage dazu geführt hat, dass so viele Menschen gleichzeitig die Flucht nach Europa antreten. So gab es beispielsweise 2014 gewalttätige Übergriffe gegen die in Ostsachsen lebende Minderheit der Sorben durch Rechtsextreme. Der Fremdenhass war schon da, er hat sich einfach nur an einem neuen oder weiteren Ziel entladen, vgl. dazu: Sophie Herwig, »Rechtsextremismus: ›Scheiß Sorben‹, brüllen sie«, 03.02.2019, ‹www.zeit.de/2019/06/rechtsextremismus-sachsen-sorben-slawische-minderheit-opfer-angriffe›, zuletzt abgerufen am 26.09.2020.
6 Am 13. März 2016 zieht die AfD mit 24,3 Prozent in den Landtag von Sachsen-Anhalt ein, außerdem noch in die Landtage von Rheinland-Pfalz (12,6%) und Baden-Württemberg (15,1%).

7 »Frauke Petry: AfD will Flüchtlinge notfalls mit Waffengewalt stoppen«, 30.01.2016, ‹www.zeit.de/politik/deutschland/2016-01/frauke-petry-afd-grenzschutz-auf-fluechtlinge-schiessen›, zuletzt abgerufen am 16.08.2020.

8 Das letzte Mal, dass an deutschen Grenzen auf Flüchtende geschossen wurde, war zur Zeit der innerdeutschen Grenze zwischen der Bundesrepublik und der DDR, ist also noch gar nicht so lange her. Hier zeigt sich deutlich der Unterschied zwischen einer Demokratie und einer Diktatur.

9 Unter den Augen der Politiker:innen in Berlin bleibt beispielsweise die Lage am LaGeSO über Monate extrem angespannt. Lange Schlangen vor den Gebäuden bei sengender Hitze im Sommer, Starkregen im Herbst und Eiseskälte im Winter. Im Gebäude selbst Beamt:innen, die im Akkord Anträge bearbeiten müssen. Der Frust ist enorm, sowohl vor als auch im Gebäude selbst. Das LaGeSo ist ein Extremfall. Vgl. dazu: Anna Reimann, »Berlin in der Flüchtlingskrise: Hauptstadt des Versagens«, 03.12.2015, ‹www.spiegel.de/politik/deutschland/berlin-in-der-fluechtlingskrise-hauptstadt-des-versagens-a-1065828.html›, zuletzt abgerufen am 26.09.2020.

10 IS steht als Abkürzung für »Islamischer Staat«. Die Selbstbezeichnung der Terrororganisation ist umstritten, denn es gibt weder ein festes Territorium noch wird der »IS« von anderen Staaten als eigenständiger Staat anerkannt. Im arabischsprachigen Raum ist die Bezeichnung »Daesh« gängiger. Zur allgemeinen Verständlichkeit wähle ich hier trotz aller Kritik die Bezeichnung IS.

1938
Hochverrat durch Demokratie

1 Theodor Hespers, Peter Lütsches. »So wollen wir Deutschland«, in: *Kameradschaft* 12 (1938), S. 228ff.

2 Bericht über die »Deutsche Jugendfront« vom 21.02.1942. Bundesarchiv Berlin, R3018-NJ1743, S. 18f.

3 Aus der Anklageschrift gegen Theo Hespers vom 30.05.1943. Bundesarchiv Berlin, R3017-3051.

4 Eberhard Koebel war der Gründer der Deutschen Jungenschaft vom 1.11.1929, besser bekannt als d.j.1.11, der auch Hans Scholl (Weiße Rose) einige Zeit angehörte.

5 Am Niederrhein wird »Lütges« wie »Lütsches« ausgesprochen, deswegen kann es hier zu einer fehlerhaften Schreibweise gekommen sein. Aufgrund der Zusammenarbeit mit Peter Lütsches und der Verhörprotokolle ist aber als sicher anzunehmen, dass hier tatsächlich Peter Lütsches gemeint ist.

6 Theodor Hespers, Peter Lütsches. »So wollen wir Deutschland«, S. 228-233.

7 Nora Hespers, »*Die Anachronistin* | #43 – So wollen wir Deutschland«, 28.12.2019, ‹www.die-anachronistin.de/43-so-wollen-wir-deutschland/›, zuletzt abgerufen am 26.09.2020.

8 »CDU überwindet Kapitalismus und Marxismus. Das Ahlener Wirtschafts- und Sozial-Programm und die grundlegenden Anträge der CDU im Landtag von Nordrhein-Westfalen«, 3. Februar 1947, ‹www.kas.de/c/document_library/get_file?uuid=0bd1a22b-ecf9-fdf2-7390-3fb8d3312b13&groupId=252038›, zuletzt abgerufen am 16.01.2021.

9 Das ist natürlich eine stark verkürzte Darstellung. Genauer nachzulesen in: Wolf-Dieter Narr, *CDU – SPD. Programm und Praxis seit 1945*. Stuttgart u.a. 1966.

2016
Ich lese, er weint

1 Dirk Hespers, *Trampt durch Länder, Kontinente. Ein vagabündisches Leben in Dur und Moll*, Brüggen-Bracht 2011.

2017
Ein Auftritt vor Zeitzeug:innen

1 Annedore Leber, *Das Gewissen steht auf. 64 Lebensbilder aus dem deutschen Widerstand 1933-1945*, Berlin 1954.

1939
Der Venlo-Zwischenfall

1 Verhör Richard Stevens im Reichssicherheitshauptamt in Berlin vom 21. November 1939. Bundesarchiv Berlin, R3018-NJ1319.

2 Heinrich Himmler, »Der Münchner Attentäter verhaftet«. *Deutsche Allgemeine Zeitung* vom 22.11.1939, ‹www.mythoselser.de/texts/deutsche-allgemeine-zeitung-1939-11-22-s1.pdf›, zuletzt abgerufen am 26.01.2021.

3 Dr. Marcus van Blankenstein, »De achtergrond van het grensincident op 9 November 1939 bij venlo«, in: *Het Parool*, 8. März 1947. (Übersetzung der Autorin)

4 Ebd.

5 Verhör von Antonia Verhagen vom 29. Oktober 1940. Bundesarchiv Berlin, R3018-NJ1319,

Januar 2018
Ein Zimmer voller Erinnerungen

1 Die Tschechoslowakei wurde am 28. Oktober 1918 in der neuen Hauptstadt Prag als freiheitlich-demokratischer und sozialer Rechtsstaat nach westlichem Vorbild proklamiert. Im März 1939 wurden Teile der Tschechoslowakei von Hitlers Truppen besetzt und das »Protektorat Böhmen und Mähren« eingerichtet, so dass faktisch Hitler dort regierte. Die Geheimdienstler, mit denen mein Großvater gearbeitet haben soll, stammen aber noch aus der Tschechoslowakei.

1940
Deckname »Katholik«

1 Rudolf Ströbinger, *A-54 – Spion mit drei Gesichtern*. München 1965. S. 128
2 Ebd.
3 Ebd., S. 129.
4 Verhör von Selma Meyer vom 20. November 1940. Bundesarchiv Berlin, R3018-15439.
5 Aus der Urteilsbegründung zum Todesurteil gegen Theo Hespers. Bundesarchiv Berlin, R3017-3051.
6 Verhör von Max Behretz vom 9. Oktober 1940.
7 In Kaldenkirchen bzw. Düsseldorf sind namentlich keine Verantwortlichen zuzuordnen, in Mönchengladbach ist Kriminalassistent Abels zuständig. Er unterschreibt auch alle Eilbriefe und Telegramme
8 Verhör von Max Behretz vom 4. November 1940. Bundesarchiv Berlin, R3018-NJ1319.
9 Aus den Ergänzungen zum Antrag auf ein Wiederaufnahmeverfahren. Theo Hespers, Ende Juni 1943. Bundesarchiv Berlin, R3017-3051.
10 Ströbinger, *A-54*, S. 128.

1940
Es hätte klappen können – Fluchtversuch nach London

1 Verhör von Max Behretz vom 9. Oktober 1940.
2 Ströbinger, *A-54*, S. 128.

2018
Wer bestimmt die Perspektive?

1 »Nach tödlicher Messerattacke: Hunderte demonstrieren in Chemnitzer Innenstadt«, 26.08.2018, ‹www.faz.net/aktuell/politik/inland/messerattacke-in-chemnitz-hunderte-demonstrieren-in-innenstadt-15756928.html›, zuletzt abgerufen am 13.12.2020

2 »Chemnitz: Staatsanwaltschaft: ›Keine Anhaltspunkte für Hetzjagden‹«, 09.09.2018, ‹www.berliner-zeitung.de/politik-gesellschaft/chemnitz-staatsanwaltschaft-keine-anhaltspunkte-fuer-hetzjagden-li.33939›, zuletzt abgerufen am 28.08.2020.

3 @HPStauch. 28.8.2018. *Twitter*, ‹twitter.com/HPStauch/status/1034329578741948417›, zuletzt abgerufen am 28.08.2020.

4 »Berliner Neonazis demonstrierten in Chemnitz mit«, 05.09.2018, ‹www.t-online.de/-/84401398›, zuletzt abgerufen am 19.10.2020.

5 Lena Kampf, Katja Riedel, »Chemnitz-Chatprotokolle: Verabredung zu Hetzjagden«, 26.08.2019, ‹www.sueddeutsche.de/politik/chemnitz-rechtsextremismus-hetzjagden-maassen-1.4577009›, zuletzt abgerufen am 28.08.2020.

6 Jonas Mueller-Toewe, »Jüdisches Restaurant gestürmt – Rechter unter Verdacht«, 12.12.2019, ‹www.t-online.de/-/86983698›, zuletzt abgerufen am 13.12.2020. Und: Tanja Röttger, »Beweise für Überfall auf das jüdische Restaurant in Chemnitz«, 19.09.2018, ‹correctiv.org/faktencheck/2018/09/19/beweise-fuer-ueberfall-auf-das-juedische-restaurant-in-chemnitz/›, zuletzt abgerufen am 13.12.2020.

7 Jonas Mueller-Töwe, »AfD wird in Chemnitz erneut mit Neonazis marschieren«, 01.09.2018, ‹www.t-online.de/-/84375336›, zuletzt abgerufen am 13.12.2020. Und: Ders., »2500 Rechtsextremisten bei AfD-Demo in Chemnitz«, 06.09.2018, ‹www.t-online.de/-/84408946›, zuletzt abgerufen am 16.10.2020.

8 Interessant ist hier nicht nur, welches Medium Maaßen nutzt, um seine Informationen an die Öffentlichkeit zu bringen, sondern auch, wie er sehr eindeutig der Einschätzung der Bundeskanzlerin widerspricht. Auch, dass sich Maaßen zu diesem Zeitpunkt bereits auf einen Mord festlegt – der Fall ist noch nicht geklärt und die Staatsanwaltschaft Dresden ermittelt wegen gemeinschaftlichen Totschlags –, sorgt für skeptisch gehobene Augenbrauen.

9 Tilman Steffen, »Verfassungsschutz: AfD-Aussteigerin bringt Frauke Petry in Erklärungsnot«, 08.08.2018, ‹www.zeit.de/politik/deutschland/2018-08/verfassungsschutz-frauke-petry-afd-hans-georg-maassen-ex-mitarbeiterin-geheimdienst›, zuletzt abgerufen am 26.01.2021. Und: »Hans-Georg Maaßen traf sich mit Frauke Petry in kurzem Abstand«, 14.09.2018, ‹www.spiegel.de/politik/deutschland/hans-georg-maassen-traf-sich-mit-frauke-petry-in-kurzem-abstand-a-1228095.html›, zuletzt abgerufen am 27.09.2020.

10 Markus Reuter, »NSU-Terror: Wir veröffentlichen, wie der Verfassungsschutz das Mobiltelefon von V-Mann Corelli bei sich gefunden hat«, 22.06.2016, ‹netzpolitik.org/2016/nsu-komplex-wir-veroeffentlichen-den-bericht-zum-fund-des-mobiltelefons-von-v-mann-corelli/›, zuletzt abgerufen am 28.08.2020.

11 Lars Wienand, »Aufstand in Werteunion – Landesvorstände treten aus«, 18.08.2020, ‹www.t-online.de/-/88409592›, zuletzt abgerufen am 28.08.2020.

12 Zu den Relativierungen innerhalb der CDU/CSU siehe auch Heike Kleffner, Matthias Meisner, *Unter Sachsen. Zwischen Wut und Willkommen*, Berlin 2017. Hier insbesondere Matthias Meisner, »Die Relativierer – Die Staatspartei CDU unternimmt zu wenig gegen Fremdenhass«, S. 14ff.

13 Bundesinnenminister Seehofer plant nicht nur Ankerzentren und lässt diese auch umsetzen, sondern freut sich auf einer Pressekonferenz darüber, dass zu seinem 69. Geburtstag 69 Asylsuchende abgeschoben werden. Vgl. »Seehofer: 69 Abschiebungen zum 69. Geburtstag«, 10.07. 2018, ‹www.spiegel.de/politik/deutschland/seehofer-69-abschiebun gen-zum-69-geburtstag-a-1217747.html›, zuletzt abgerufen am 13.12. 2020. »Kritik an ›Ankerzentren‹: Seehofers verbales Schulterzucken«, 27.05.2018, ‹www.tagesschau.de/inland/ankerzentren-seehofer-101.html›, zuletzt abgerufen am 13.12.2020. Marc Röhlig, »Asyltourismus: Woher Markus Söder das Wort wirklich hat«, 20.06.2018, ‹www.spiegel.de/politik/asyltourismus-woher-markus-soeder-das-wort-wirklich-hat-a-00000000-0003-0001-0000-000002519539›, zuletzt abgerufen am 13.12.2020. Toralf Staud, »Straf- und Gewalttaten von rechts: Was sagen die offiziellen Statistiken?«, 13.11.2018, ‹www.bpb.de/politik/extremismus/rechtsextremismus/264178/pmk-statistiken›, zuletzt abgerufen am 13.12.2020.

1940-41
Der Junge wird sonst komisch

1 Hespers, *Rot Mof*, S. 22ff.

2 Frieden bezieht sich hier auf meine persönliche, westdeutsche Perspektive. Mir ist bewusst, dass das ein Privileg ist, das selbst Menschen in der DDR nicht uneingeschränkt genießen durften. Und auch in Europa waren die letzten 75 Jahre nicht ausschließlich von Frieden geprägt. Es zeigt aber meiner Meinung nach auch, wie notwendig Frieden und Demokratie sind, um entsprechende gesellschaftliche Reflexions-Prozesse vollziehen zu können.

1942
Die Verhaftung

1 Brief von Franz Dahlem vom 14.11.1966.
2 Ebd.
3 Brief von Franz Dahlem vom 17.05.1967.
4 Brief von Franz Dahlem vom 31.08.1967.
5 Ebd.

2018/2019
Hannibal

1 Konrad Litschko, »Bundeswehrsoldat festgenommen: Das doppelte Spiel«, 27.04.2017, ‹taz.de/!5405118/›, zuletzt abgerufen am 22.01.2021.
2 Bis zur Drucklegung des Buches wurden keine weiteren Erkenntnisse aus dem Fall Franco A. veröffentlicht. Durch die Maßnahmen zur Bekämpfung der Corona-Pandemie konnte ein geplanter Prozess, der zunächst auf den Herbst 2020 verschoben wurde, bis heute nicht stattfinden. »Oberlandesgericht in Frankfurt. Warum Franco A. erst im Herbst vor Gericht stehen wird«, 05.06.2020, ‹www.faz.net/aktuell/rhein-main/frankfurt/warum-franco-a-erst-im-herbst-vor-gericht-stehen-wird-16801058.html›, zuletzt abgerufen am 26.01.2021. Und Katrin Bennhold, »A far-right terrorism suspect with a refugee disguise: The tale of Franco A.«, 29.12.2020, ‹www.nytimes.com/2020/12/29/world/europe/germany-far-right-terrorism-refugee.html›, zuletzt abgerufen am 17.01.2021.
3 Martin Kaul, Konrad Litschko, Sabine Am Orde, »Mitarbeiter von AfD-Abgeordnetem: Maximilian T. darf ins Parlament«, 29.11.2018, ‹taz.de/!5554711/›, zuletzt abgerufen am 17.01.2021.
4 Dies., »Rechtes Netzwerk in der Bundeswehr: Hannibals Schattenarmee«, 16.11.2018, ‹taz.de/!5548926/›, zuletzt abgerufen am 26.01.2021. Bereits ein Jahr zuvor, im Dezember 2017, hatte das Autor:innen-Team einen ersten umfangreicheren Text über das »Kommando Heimatschutz« veröffentlicht. Vgl. Dies., »Terror-Ermittlungen in Norddeutschland: Kommando Heimatschutz«, 20.12.2017, ‹taz.de/!5468003/›, zuletzt abgerufen am 17.01.2021.
5 Kaul, Schmidt, Schulz. »Rechtes Netzwerk in der Bundeswehr«.
6 Im Podcast *Der Tag* vom Deutschlandfunk wundert sich die Journalistin Gudula Geuther am 25.11.2018 über die Radikalisierung der Sprache von Hans-Georg Maaßen, der unter anderem behauptet, Medien und Politiker hätten die Hetzjagden in Chemnitz frei erfunden oder zumindest Informationen ungeprüft verbreitet. Vgl. Ann-Kathrin Büüsker, Gudula Geuther, »Der Tag – Maaßens radikale Rhetorik«, 25.11.2018,

‹web.archive.org/web/20181125175317/https://www.deutschlandfunk.de/der-tag-maassens-radikale-rhetorik.3415.de.html?dram:article_id=432380›, zuletzt abgerufen am 14.12.2020.

7 Jenny Genzmer, »Medienkritik – Wo bleibt die Resonanz auf die ›Hannibal‹-Recherche?«, 24.11.2018, ‹www.deutschlandfunkkultur.de/medienkritik-wo-bleibt-die-resonanz-auf-die-hannibal.1264.de.html?dram:article_id=434071›, zuletzt abgerufen am 31.08.2020.

8 Das ist einer der Gründe, die der Journalist Michael Kraske im Gespräch mit Deutschlandfunk Kultur angibt. Vgl. Tim Wiese, »Medienkritik – Wo bleibt die Resonanz auf die ›Hannibal‹-Recherche?«, 24.11.2018, ‹www.deutschlandfunkkultur.de/medienkritik-wo-bleibt-die-resonanz-auf-die-hannibal.1264.de.html?dram:article_id=434071›, zuletzt abgerufen am 13.12.2020.

1942
»Sie sagen hier wissentlich die Unwahrheit« – Verhör in Wilhelmshaven

1 Verhör von Theo Hespers vom 17. April 1942 in Wilhelmshaven.

2 Darüber geben vor allem die geflüchteten jungen Männer ausführlich bei der Gestapo Auskunft, die von Plato und Selma Meyer in den Niederlanden untergebracht werden. Die bekommen nämlich diese Aufgabe, um ihnen einen Zuverdienst zu ermöglichen, aber auch, damit sie Beschäftigung haben. Vgl. Andreas Pretzel, »Eros und Widerstand«.

3 Verhör von Theo Hespers vom 17. April 1942 in Wilhelmshaven.

4 Ebd.

5 Verhör von Theo Hespers vom 15. April 1943 vor dem Ermittlungsrichter in Berlin. Bundesarchiv Berlin, R3017-3051.

6 Handschriftlicher Antrag von Theo Hespers auf Verschiebung der Hauptverhandlung vom 20. Mai 1943. Bundesarchiv Berlin, R3017-3051.

7 Verhör von Theo Hespers vom 15. April 1943 vor dem Ermittlungsrichter. Bundesarchiv Berlin, R3018-NJ1319.

8 Aus dem Brief von Theo Hespers an seine Familie vom 25. Mai 1942.

9 Ebd.

2019
#nazisraus

1 Nicole Diekmann, auf Twitter, 01.01.2019, ‹twitter.com/nicolediekmann/status/1080204817069498368›, zuletzt abgerufen am 30.08.2020.

2 Ich schreibe hier absichtlich nicht, dass ihr 70000 Personen oder Men-

schen folgen. Denn ein Account lässt sich nicht notwendigerweise auch einer konkreten Person zuordnen. Es gibt Personen mit mehreren Accounts, Fake-Accounts, Ei-Accounts, Spam-Accounts und sogenannten Sockenpuppen-Accounts.

3 Nicole Diekmann, auf Twitter«, 01.01.2019. ‹twitter.com/nicolediekmann/status/1080205605497909252›, zuletzt abgerufen am 30.08.2020.

4 Nicole Diekmann, »Stimmungsmache im Netz: ›Die Empörungs-Maschinerie sprang an‹«, 06.01.2020, ‹www.t-online.de/-/87100402›, zuletzt abgerufen am 22.12.2020.

5 Kathleen Hildebrand, »Reaktionen auf #Nazisraus – Gut gemeint«, 08.01.2019, ‹www.sueddeutsche.de/medien/nicole-diekmann-nazisraus-twitter-1.4279748›, zuletzt abgerufen am 22.12.2020.

6 Nicole Diekmann wird später bei einer Diskussionsrunde im WDR sagen, dass es vielleicht besser gewesen wäre, dem Satz ein Emoticon folgen zu lassen, wie etwa einen Zwinkersmiley, um kenntlich zu machen, dass es sich hierbei um Ironie handelt. Ich bin mir allerdings nicht sicher, ob das wirklich geholfen hätte, den Shitstorm zu verhindern.

7 »Handbuch für Medien-›Guerillas‹«, veröffentlicht am 11.01.2018 von der HoGeSa – Hooligans gegen Satzbau, ‹www.hogesatzbau.de/wollt-ihr-den-totalen-infokrieg/›, zuletzt abgerufen am 30.08.2020.

8 Ebd.

9 Christian Fuchs, Paul Middelhoff, *Das Netzwerk der neuen Rechten: wer sie lenkt, wer sie finanziert und wie sie die Gesellschaft verändern*, Reinbek 2018. Und: Karolin Schwarz, *Hasskrieger. Der neue globale Rechtsextremismus*, Freiburg 2020.

10 Kübra Gümüşay, *Organisierte Liebe*, Vortrag auf der *re:publica 2016*, Berlin, ‹re-publica.com/de/session/organisierte-liebe›, zuletzt abgerufen am 26.01.2021.

11 Philip Kreißel, Julia Ebner u.a. »Hass auf Knopfdruck – Rechtsextreme Trollfabriken und das Ökosystem koordinierter Hasskampagnen im Netz«, Institute for Strategic Dialogue (ISD) 2018, ‹www.ichbinhier.eu/wp-content/uploads/2019/03/ISD_Ich_Bin_Hier_2.pdf›, zuletzt abgerufen am 17.01.2021.

12 Noch im September 2019 urteilte ein Berliner Gericht, dass die Beleidigung »Drecks Fotze« gegenüber Renate Künast »gerade noch hinnehmbar« sei. Vgl. Corinna Cerruti, Julius Betschka, »Künast will gegen Urteil zu Facebook-Beleidigung vorgehen«, 19.09.2019, ‹www.tagesspiegel.de/berlin/gericht-haelt-vulgaere-poebelei-fuer-rechtmaessig-kuenast-will-gegen-urteil-zu-facebook-beleidigung-vorgehen/25031946.html›, zuletzt abgerufen am 22.12.2020. Das Urteil wurde im Januar 2020 teilweise revidiert.

1942
»Und sag den Freunden, dass ich niemanden verraten habe«

1 Abschlussbericht aus Wilhelmshaven vom 28. Mai 1942. Bundesarchiv Berlin, R3018-NJ1319.
2 Schlussbericht des Kriminalangestellten Kalle, Berlin, 1. März 1943. Bundesarchiv Berlin, R3018-NJ1319.
3 Schlussbericht der Gestapo Berlin vom 1. März 1943. Bundesarchiv Berlin, R3018-NJ1319.
4 Ebd.
5 Die Arolsen Archives – International Center on Nazi Persecution – sind das weltweit umfassendste Archiv zu den Opfern des Nationalsozialismus. Bis heute sind dort zum Beispiel persönliche Gegenstände von NS-Verfolgten, Zwangsarbeiter:innen und Ermordeten verschiedener Opfergruppen aufbewahrt. Es ist zudem eines der größten Online-Archive über diese Zeit und gehört zum UNESCO-Weltdokumentenerbe.

2019
Faschismus tötet – immer noch

1 Sebastian Erb, Dinah Riese u.a., »*taz*-Recherche zu Drohmails – Wer steckt hinter ›NSU 2.0‹?«, 05.09.2020, ‹taz.de/!5 709 468›, zuletzt abgerufen am 23.12.2020.
2 Helena Piontek, »Berliner Comedienne erhält Morddrohungen«, 29.03.2019, ‹www.tagesspiegel.de/berlin/polizei-justiz/jilet-aye-berliner-comedienne-erhaelt-morddrohungen/24 155 522.html›, zuletzt abgerufen am 06.09.2020.
3 Frank Angermund, Andrea Löffler. »Droh-Mails im ›NSU 2.0‹-Stil: Daten von Kabarettistin Idil Baydar in Wiesbadener Revier abgerufen«, 15.07.2020, ‹www.hessenschau.de/politik/droh-mails-im-nsu-20-stil-daten-von-kabarettistin-idil-baydar-in-wiesbadener-revier-abgerufen,drohmails-idil-baydar-100.html›, zuletzt abgerufen am 17.01.2021.
4 Anna-Sophie Schneider, Max Holscher. »Walter Lübcke. Was geschah bei der Bürgerversammlung 2015 in Kassel«, 26.06.2019, ‹www.spiegel.de/politik/deutschland/walter-luebcke-was-geschah-bei-der-buergerversammlung-2015-in-kassel-a-1 274 434.html›, zuletzt abgerufen am 17.01.2021. Christoph Schmidt-Lunau, Konrad Litschko, »Mordfall Walter Lübcke in Hessen. Die Stille nach dem Schuss«, 08.06.2019, ‹taz.de/!5 599 505/›, zuletzt abgerufen am 26.01.2021. Matern Boeselager, »So hasserfüllt war die rechtsextreme Kampagne gegen den erschossenen CDU-Politiker«, 04.06.2019, ‹www.vice.com/de/article/mb85bq/walter-luebcke-tot-so-hasserfullt-war-die-rechtsextreme-kampagne-gegen-erschossenen-cdu-politiker›, zuletzt abgerufen am 06.09.

2020. Katja Thorwart, »Tod von Lübcke verhöhnt. Kreispolitiker fordern Rücktritt von AfD-Mann Reschke«, 17.06.2019, ‹www.fr.de/meinung/walter-luebcke-kreisverband-verhoehnt-getoeteten-regierungs praesidenten-12 347 641.html›, zuletzt abgerufen am 23.12.2020.

5 Peter Maxwill, Max Holscher, Matthias Bartsch, »Mordfall Walter Lübcke: Wer ist der Tatverdächtige Stephan E.?«, 17.06.2019, ‹www.spiegel.de/panorama/justiz/walter-luebcke-wer-ist-der-tatverdaechtige-stephan-e-a-1 272 853.html›, zuletzt abgerufen am 06.09.2020.

6 Frank-Walter Steinmeier, »Empfang zum 100. Jubiläum des Volksbundes Deutsche Kriegsgräberfürsorge e.V.«, 23.06.2019, ‹www.bundes praesident.de/SharedDocs/Reden/DE/Frank-Walter-Steinmeier/Reden/2019/06/190 623-Volksbund_Dt_Kriegsgraeberfuersorge.html›, zuletzt abgerufen am 23.12.2020.

7 Christina Schmidt, Sebastian Erb, »Rechter Terror in Deutschland. Auf der Feindesliste«, 06.07.2019, ‹taz.de/!5 608 261/›, zuletzt abgerufen am 06.09.2020.

8 Sebastian Erb, Christina Schmidt, »›Hannibal‹ wegen Granaten und Patronen vor Gericht«, 24.09.2019, ‹taz.de/!5 625 074/›, zuletzt abgerufen am 27.09.2020.

9 Paul Munzinger, »Warum sagt er das?«, 18.11.2015, ‹www.sueddeut sche.de/politik/thomas-de-maiziere-warum-sagt-er-das-1 274 2900›, zuletzt abgerufen am 06.09.2020.

10 »Protokoll des Attentats. ›Jetzt zünden wir sie an‹«, 10.10.2019, ‹www.faz.net/aktuell/politik/inland/das-protokoll-des-attentats-von-halle-16 426 928.html›, zuletzt abgerufen am 26.09.2020.

1943
Hochverräter müssen hängen

1 Brief aus dem Gefängnis Berlin-Moabit vom 21. April 1943.

2 Ebd.

3 »Sozusagen Gnade«, 04.01.1961, ‹www.spiegel.de/spiegel/print/d-43 159 295.html›, zuletzt abgerufen am 15.12.2020.

4 Freisler ist von August 1942 bis zu seinem Tod am 3. Februar 1945 Präsident des Volksgerichtshofs. Er ist einer der 15 Teilnehmer der Wannseekonferenz und gehört zu den maßgeblichen Verantwortlichen für den Holocaust. Lautz gilt als »Star-Ankläger beim Volksgerichtshof« unter Roland Freisler. Vgl. »Ernst Lautz«, in: *Wikipedia*, ‹de.wikipedia.org/wiki/Ernst_Lautz›, zuletzt abgerufen am 26.01.2021.

5 »Einfacher Mord oder Einzelfälle von Greueltaten bilden nicht den Anknüpfungspunkt für die Beschuldigung. Die Angeklagten sind solcher unermesslichen Verbrechen beschuldigt, dass bloße Einzelfälle von Verbrechenstatbeständen im Vergleich dazu unbedeutend erscheinen. Die Beschuldigung, kurz gesagt, ist die der bewussten Teilnahme an einem

über das ganze Land verbreiteten und von der Regierung organisierten System der Grausamkeit und Ungerechtigkeit und der Verletzung der Kriegsgesetze und der Gesetze der Menschlichkeit, begangen im Namen des Rechts unter der Autorität des Justizministeriums mit Hilfe der Gerichte.« Aus: Urteil im Nürnberger Juristenprozess, in: BA, All. Proz. 1, XVII, S1 S. 56.

6 Ablehnung der Begnadigung von Max Behretz. 10. September 1942. Bundesarchiv Berlin, R3018-NJ1319.

7 Prof. Dr. Günter Hirsch, »Die bundesdeutsche Justiz und die Aufarbeitung von NS-Justizunrecht«, Vortrag beim 2. Rosenburgsymposium am 5. Februar 2013.

8 »Deutsches Reichsgesetzblatt Teil I 1867-1945«, 27.04.1942, ‹alex.onb.ac.at//cgi-content/alex?aid=dra&datum=1942&size=45&page=349›, zuletzt abgerufen am 15.12.2020.

9 Helmut Kramer, »Der Beitrag der Juristen zum Massenmord an Strafgefangenen und die strafrechtliche Ahndung nach 1945«, in: *Kritische Justiz* 1 (2010), S. 89-107. Das Wort »Zigeuner« hat eine herabwürdigende und beleidigende Bedeutung. Es wird hier als Zitat ausgeschrieben verwendet, um die Haltung und den Kontext zur NS-Ideologie darzustellen.

10 Brief des Rechtsanwalts Wübken an den 5. Senat beim Volksgerichtshof vom 25. Juni 1943. Bundesarchiv Berlin, R3017-30.

11 Briefe von Theo Hespers an den Volksgerichtshof zwischen dem 26. und 28. Juni 1943. Bundesarchiv Berlin, R3018-3051.

12 Gnadengesuch von Katharina Hespers vom 4. August 1943. Bundesarchiv Berlin, R3018-3051.

13 Handschriftliche Notiz des Vorsitzenden des 5. Senats beim Volksgerichtshof Merten. Bundesarchiv Berlin, R3017-3051.

14 Schreiben der StaPo Wilhelmshaven vom 26.08.1943. Bundesarchiv Berlin, R3018-3051.

2020
Omagate, Thüringen, Hanau, Corona

1 Für alle nicht netzaffinen Menschen: Die Zeichenkombination, kurz »Einself« genannt, kennzeichnet eine ironische Überspitzung des geschriebenen.

2 Eva Horn, Sonja Peteranderl, »›Umweltsau‹-Skandalisierung. Die Empörungsmaschine läuft heiß«, 30.12.2019, ‹www.spiegel.de/netzwelt/web/wdr-umweltsau-skandalisierung-die-empoerungsmaschine-laeuft-heiss-a-1 303 164.html›, zuletzt abgerufen am 23.12.2020.

3 »Gerichtsurteil. Björn Höcke darf als ›Faschist‹ bezeichnet werden«, 28.09.2019, ‹www.spiegel.de/politik/deutschland/bjoern-hoecke-darf-als-faschist-bezeichnet-werden-gerichtsurteil-zu-eisenach-a-1 289 131.html›, zuletzt abgerufen am 23.09.2020.

4 Vogt Ragnar, »›Herr Kemmerich war offensichtlich übermannt‹«, 07.02.2020, ‹www.tagesspiegel.de/politik/lindner-erklaert-thueringen-wahl-im-zdf-herr-kemmerich-war-offensichtlich-uebermannt/25522036.html›, zuletzt abgerufen am 23.09.2020.

5 Katharina Thoms, Markus Pfalzgraf, »Wie sich mit der AfD die Debattenkultur im Landtag von Baden-Württemberg verändert hat«, 14.12.2020, ‹www.swr.de/swraktuell/baden-wuerttemberg/parlamentsstudie-demokratie-und-debattenkultur-im-landtag-von-baden-wuerttemberg-100.html›, zuletzt abgerufen am 09.02.2021.

6 »Fall Lübcke. Welche Rolle spielt die AfD?«, 19.06.2019, ‹www.tagesschau.de/inland/luebcke-afd-101.html›, zuletzt abgerufen am 23.12.2020.

7 Ragnar Vogt, »›Herr Kemmerich war offensichtlich übermannt‹«.

8 Thomas Kemmerich auf Twitter, 08.10.2020, ‹twitter.com/KemmerichThL/status/1314156847260147714›, zuletzt abgerufen am 17.10.2020.

1943
Die Blutnächte von Plötzensee

1 »Die Blutnächte von Plötzensee«, ‹www.gedenkstaette-ploetzensee.de/die-blutnaechte-von-ploetzensee›, zuletzt abgerufen am 22.09.2020.

2 Brigitte Oleschinski, *Gedenkstätte Plötzensee*, hg. v. Gedenkstätte Deutscher Widerstand Berlin, 1995, S. 63, ‹www.gdw-berlin.de/fileadmin/bilder/publikationen/gedenkstaette_ploetzensee/deutsch-screen.pdf›, zuletzt abgerufen am 17.01.2021.

2020
Hand in Hand mit Rechten

1 Covid ist die Abkürzung für *coronavirus desease*.

2 Die Situation ist insgesamt wesentlich komplexer, als sie hier dargestellt werden kann, was auch damit zu tun hat, dass sich die Maßnahmen immer wieder neuen wissenschaftlichen Erkenntnissen anpassen. Gerade im Hinblick auf die Maskenpflicht.

3 Katharina Nocun, Pia Lamberty, *Fake Facts. Wie Verschwörungstheorien unser Denken bestimmen*, Köln 2020.

4 Schwarz und *weiß* sind hier nicht als Hautfarbe zu verstehen, sondern als kulturelle und soziale Zugehörigkeitsbeschreibung und aus Gründen der Gerechtigkeit, damit nicht »weiß« als unbenannte Norm definiert wird, von der Schwarzsein die Abweichung sei.

5 Die Bewegung gibt es seit 2013 in den USA.

6 Margot Overath, »Oury Jalloh und die Toten des Polizeireviers Des-

sau«, 2020, ‹www1.wdr.de/radio/wdr5/sendungen/tiefenblick/polizei-dessau-oury-jalloh-100.html›, zuletzt abgerufen am 23.09.2020.

7 *ECRI-Bericht über Deutschland*, 17.03.2020, ‹rm.coe.int/ecri-report-on-germany-sixth-monitoring-cycle-german-translation-/16809ce4c0›, zuletzt abgerufen am 26.01.2021.

8 »Experte warnt nach Corona-Demo-Verbot vor Gewalt am Wochenende«. 27.08.2020, ‹www.tagesspiegel.de/berlin/rechte-rufen-zum-sturm-auf-berlin-auf-experte-warnt-nach-corona-demo-verbot-vor-gewalt-am-wochenende/26130540.html›, zuletzt abgerufen am 23.12.2020.

9 Jörg Magenau, »Tag der Freiheit«, 01.08.2020, ‹www.rbb-online.de/rbbkultur/radio/programm/schema/sendungen/rbbkultur_am_morgen/archiv/20200801_0605/fruehkritik_0730.html›, zuletzt abgerufen am 23.12.2020.

10 LGBTQI = Lesbian, Gay, Bi, Trans, Queer, Intersexual.

11 »Verfassungsschutz. Demos gegen Corona-Auflagen nicht von Rechtsextremisten unterwandert«, 27.08.2020, ‹www.deutschlandfunk.de/verfassungsschutz-demos-gegen-corona-auflagen-nicht-von.2932.de.html?drn:news_id=1166247›, zuletzt abgerufen am 23.12.2020.

12 »›Dass am Bundestag die Reichsflagge wieder weht, ist nicht zu ertragen‹«, 30.08.2020, ‹www.tagesspiegel.de/politik/politik-bestuerzt-ueber-ereignisse-am-reichstag-dass-am-bundestag-die-reichsflagge-wieder-weht-ist-nicht-zu-ertragen/26141044.html›, zuletzt abgerufen am 23.01.2021.

13 Daniel Schreckenberg, »Versuchter Sturm auf den Reichstag hat ein Nachspiel«, 31.08.2020, ‹www.t-online.de/-/88488902›, zuletzt abgerufen am 24.09.2020.

14 »Polizei in NRW: Rechtsextreme Chatgruppen aufgeflogen«, 17.09.2020, ‹www.tagesschau.de/regional/nordrheinwestfalen/nrw-rechtextreme-polizei-netzwerk-101.html›, zuletzt abgerufen am 24.09.2020.

2018
Das Wettrennen ist zu Ende

1 Für alle, die diese Privilegien nicht genießen: Ich bin mir bewusst darüber, welcher Luxus das ist. Als ich damals von zu Hause ausgezogen bin und meine Eltern sich beide nicht in der Lage sahen, mich finanziell zu unterstützen, habe ich monatelang von Tütensuppen, Nudeln mit Tomatensoße und Pfannkuchen gelebt. Das waren einfach die günstigsten Lebensmittel. Das war sicher nicht gesund. Und ich erinnere mich gut an die Abende in meiner ersten eigenen Wohnung, einem ausgebauten Kellerraum, an denen ich viele, viele Tränen vergossen habe, weil ich nicht wusste, ob diese Situation jemals besser wird.

2 Die Unterlagen meines Großvaters waren in der DDR vom SED archiviert worden – es war ja nicht ganz sicher, ob mein Großvater nicht

doch Kommunist gewesen ist –, damals aber eben nur die Verhöre aus Berlin und eben nicht die, die schon in Wilhelmshaven gemacht worden sind.

Epilog

1 »Junge politische Willensbildung«, in: *Kameradschaft*, 4 (1939), S. 74ff.